진우 스님의
금강경 강설

진우 스님의 금강경 강설

1판 1쇄 인쇄 2025. 3. 17.
1판 1쇄 발행 2025. 4. 3.

지은이 진우

발행인 박강휘
편집 정선경 디자인 지은혜 마케팅 박유진 홍보 반재서
발행처 김영사
등록 1979년 5월 17일(제406-2003-036호)
주소 경기도 파주시 문발로 197(문발동) 우편번호 10881
전화 마케팅부 031)955-3100, 편집부 031)955-3200 | 팩스 031)955-3111

값은 뒤표지에 있습니다.
ISBN 979-11-7332-158-0 03220

홈페이지 www.gimmyoung.com   블로그 blog.naver.com/gybook
인스타그램 instagram.com/gimmyoung   이메일 bestbook@gimmyoung.com

좋은 독자가 좋은 책을 만듭니다.
김영사는 독자 여러분의 의견에 항상 귀 기울이고 있습니다.

진우 스님의
금강경
강설

진우 스님 강설

김영사

　어릴 적 할머니의 손을 잡고 절에 들어선 순간부터 나는 늘 집으로
돌아갈 날만 손꼽아 기다렸다. 출가자의 삶이 무엇을 의미하는지 깊
이 알지 못한 채, 그저 익숙한 세속의 세계를 그리워하는 아이에 불
과했다.

　고등학교 1학년 무렵 운동을 하다 팔목을 다쳐 글자를 쓰는 것조
차 어려워졌다. 학업도 포기한 채 깊은 절망 속에서 헤매고 있을 때,
손에 잡힌 것이 바로 《금강경》이었다. 물론 이전에도 감동받은 책
이 많았다. 이광수의 《원효대사》를 읽으며 원효 대사의 가르침에 감
화되었고, 법무장관을 역임한 황산덕 박사의 《중론송》을 접하며 불
법의 깊이를 엿본 적도 있었다. 그러나 신소천申韶天 스님의 《금강경
강의》를 숙독하면서 비로소 내 안의 번민이 멈추었다. 이미 출가한
몸이었으나 다시 한번 진정으로 출가를 결심하는 계기가 되었다.

　이후 담양 용흥사에 몽성선원을 개원하고 대중과 함께 약 8년간
정진하는 시간을 가졌다. 새벽 3시에 입선入禪하여 5시에 방선放禪한
후 아침 공양 전까지 남는 한 시간은 참으로 애매한 시간이었다. 어
영부영 보내기에는 아깝고 그렇다고 무언가를 하기에는 적절치 않
은 그 시간을 이용하여 오롯이 스스로를 돌아보기 시작했다. 출가수
행자이면서 타성에 젖지 않은지, 출가의 정신을 잊고 수행을 게을리

한 채 세속 일에 부화뇌동하고 있지는 않은지, 나 자신을 뼈저리게 참회하는 시간이 되었다.

수행을 계속 이어 가면서, 한 찰나도 화두를 놓지 않는 참선이야말로 가장 뛰어난 길임을 알게 되었다. 고락苦樂, 인과因果, 윤회輪廻를 일으키는 업業을 없애려면 반드시 참선 수행이 필요함을 절실히 체감하였다. 지금도 이 생각에는 변함이 없다. 그러나 결코 쉽지 않은 길이다. 무량겁無量劫에 걸쳐 쌓아온 업장이 쉽게 녹을 리 없기 때문이다. 더구나 내가 지은 업의 결과로 나타나는 갖가지 현상들 앞에서 그에 끄달리지 않기란 거의 불가능에 가까웠다. 그럴 때《금강경》은 먼지를 씻어주는 단비처럼 마음의 때를 씻으며 나를 맑혀 주었다. 《금강경》이야말로 중도中道와 깨달음으로 인도하는 지남指南의 경전이라 확신하는 바이다.

2020년 교육원장 소임을 맡은 후, 다시 한번 신소천 스님의《금강경 강의》를 펼쳤다. 새벽마다 아무런 참고 자료 없이 오직 스님의 글만 읽으며 내 생각을 덧입혀 나갔다. 그러다 보니 서툴고 매끄럽지 못한 부분도 있을 것이며, 혹여 잘못된 문구도 없지 않을 것이다. '무식하면 용감하다'는 말이 떠오를 정도로 감히 감당하기 어려운 작업이었다. 그러나 부끄러움을 무릅쓰고 멈추지 않은 까닭은 다름 아닌 《금강경》의 가르침이 나의 중심을 잡아주었기 때문이다.

《금강경》은 나의 생각과 감정을 정돈해 주었고, 흔들릴 때마다 나를 붙들어 준 절대적인 가르침이었다. 특히 근현대의 여러《금강경》 해설서 가운데 나는 신소천 스님의 해석에 깊이 공감하였다.《금강경》은 '조계종의 소의경전所依經典'으로서, 마음을 깨닫는 데 필요한 조건을 문자로 표현한 것이며, 나아가 부처님의 마음을 중생의 근기에 맞게 설법하신 것이라 할 수 있다. 하지만 이조차도 결국 중생의 입장에서 해석된 속제俗諦의 한계를 벗어나지 못한다. 부처님께서는 그러한 모든 표현이 단지 '이름일 뿐'이라고 하셨다.

상相이 생긴다는 것은 곧 인과因果가 발생한다는 뜻이며, 인과는 필연적으로 괴로움과 즐거움을 낳는다.《잡아함경》에서도 "이것이 생기면 저것이 생긴다此生故彼生"라고 했듯이, 분별이 존재하는 한 인과의 법칙 속에서 윤회는 계속될 수밖에 없다.

진정한 공空은 곧 묘유妙有이며, 그 공의 성품을 깨닫는 것이 곧 수행의 핵심이다. 그러나 더 솔직히 말한다면, 깨달음 이외에 이 세상에서 본래 의미 있는 것은 아무것도 없다.

즐거움과 행복은 결국 괴로움과 불행의 인과를 낳아 끊임없이 윤회를 반복할 뿐이다. 찰나마다 변화하는 현상 속에서 '성주괴공成住壞空'의 법칙은 한순간도 멈추지 않는다. 그러므로 우리가 해야 할 것은 오직 인과因果 업業의 멸滅, 즉 집착의 소멸을 통해 깨달음을 얻는 것뿐이다.《금강경》은 이를 여실하게 그리고 명확하게 가르쳐 준다.

이제 이 책을 통해《금강경》의 가르침을 다시금 나누고자 한다. 한 구절, 한 문장이 독자 여러분의 마음을 비추는 거울이 되어, 번뇌와 집착을 거두고 궁극적인 자유로 나아가는 데 작은 인연이 되기를 바란다.

마지막으로 〈법보신문〉의 김형규 전前 대표에게 깊이 감사드린다.

부족한 글이지만 문장을 다듬고 편집하여 〈법보신문〉에 연재해주었
다. 또한 〈법보신문〉의 이재형 현現 대표에게도 감사드린다. 연재된
글이 한 권의 책으로 만들어질 수 있도록 많은 노력을 기울여주었다.
그리고 변변치 않은 글을 출판하기로 과감한 결정을 내려준 김영사
의 박강휘 대표와 임직원 여러분께 깊은 감사의 뜻을 전한다.

불기 2569년 봄

대련진우大蓮眞愚 합장

【 목차 】

일러두기

1 《금강경》 한문 번역본은 신소천 스님의 《금강경 강의》에 실린 구마라집본을 바탕으로 하여 교정하였다.

2 《금강경》 한글 번역본은 신소천 스님의 《금강경 강의》를 모본으로 하여 현대어에 맞추어 수정하였다.

1

법회인유분
法會因由分

법회가 열린 이유

제일 법회인유분
第一 法會因由分

여시아문 일시 불 재사위국 기수급고독원 여대비구
如是我聞 一時 佛 在舍衛國 祇樹給孤獨園 與大比丘

중 천이백오십인구 이시 세존 식시 착의지발 입사위
衆 千二百五十人俱 爾時 世尊 食時 着衣持鉢 入舍衛

대성 걸식 어기성중 차제걸이 환지본처 반사흘
大城 乞食 於其城中 次第乞已 還至本處 飯食訖

수의발 세족이 부좌이좌
收衣鉢 洗足已 敷座而坐

1. 법회가 열린 이유

이와 같이 나는 들었습니다. 어느 때 부처님께서 사위국의 기수급고독원에서 비구스님 1,250 대중과 함께 계셨습니다. 그때 마침 세존께서는 공양 때가 되어 가사를 입으시고 발우를 들고 사위대성으로 들어가셔서 차례로 걸식하신 후 본래의 처소로 돌아와 공양을 드신 뒤 가사와 발우를 거두고 발을 씻으신 다음 자리를 펴고 앉으셨습니다.

1. 법회인유분_{法會因由分}

법회가 열린 이유

여시아문
如是我聞

이와 같이 나는 들었습니다.

"이와 같이"라 함은 부처님께서 깨달으신 내용, 즉 살아 있는 본체
本體와 심체心體, 골격을 말하는 것인데, 여기에는 무량한 법法이 포함
되어 있고, 삼라만상森羅萬象이 그대로 비친다는 뜻을 지니고 있다.

누가 들었는가? 부처님의 10대제자인 해공 제일解空第一 수보리須
菩提 존자와의 대화를, 역시 10대제자인 다문 제일多聞第一 아난阿難
존자가 그대로 들어서 전했다는 말씀이다. 그래서 "내가 '이와 같이'
들었던 것을 고스란히 전함이요, 내가 지어낸 말이 절대 아님"을 경
머리에 밝혀두는 의미이다.

그러함에 "이와 같이"라고 하는 것은,《금강경》전체의 뜻을 제일
구第一句의 한마디로써 드러냄이다. 또 "이와 같이"라 함은 금강반

야바라밀의 진리를 하나의 대명사로서, 말 밖의 말, 생각 밖의 생각을 이끌어낸다는 뜻이 들어 있다.

"이와 같이 나는 들었습니다"라는 말은, 부처님께서《금강경》에서 보이시려는 삼공처三空處(아공我空, 법공法空, 공공空空)인 청정본성清淨本性을 내가 들었다는 표현이다. 또 삼공처의 동작을 형용하여 말이 아닌 말을 들었다는 것이고, 본체 아닌 본체로서, 작용 아닌 작용으로 내가 곧 소식이요, 들은 바가 소식이라는 것이다.

즉, 진아眞我(청정 본성)인 내가 진아의 성품이 일어나서 들었다는 것이 아난 존자의 말씀이다. 그러므로 "이와 같이"의 뜻을 안 자이면 《금강경》의 본뜻을 아는 사람이니, 이렇듯 청정 본성으로서 청정한 말 밖의 말을 가르치려는 것이 부처님의 반야바라밀이다.

지금까지의 해석을 처음 듣는 이들은 그야말로 '무슨 말을 하는지 도무지 모르겠다' 할지도 모르겠다. 그래서 간단히 덧붙이자면, "이와 같이 나는 들었습니다" 하는 이 한마디 속에 엄청난 뜻이 내포되어 있다는 것이다.

"이와 같이 나는 들었습니다"의 "이와 같이"라 함은, 아난 존자 자신이 마음을 깨닫지 않고 들었다면 무슨 말씀이 오고 가는지조차도 모를 것이다. 그러니 아난 존자는 이미 깨달은 마음으로 들었으므로 이렇게 한 치 오차 없이 정확하게 들었다는 것이다. 이것은 기억한다고 해서 옮겨지는 것이 아니기 때문이다.

그러므로 "이와 같이" 속에 이미《금강경》의 본체가 스며 있고, 그 본체 자체가 이미 삼공처에 속하는 것이므로, 즉 공空 또한 공이므로 이 또한 아무런 소용이 없을 것이나, 그러함에 《금강경》의 공도리空道理가 더욱 빛을 발하여 작용한다고 하겠다.

그래서 공을 말하는데 이 또한 공이고, 이 또한 공이 다시 공이 되므로, 공이라고 하는 즉시 또 공이 되는 것을 이름하여 본체本體의 체體라 하는 것이고, 이 본체인 공이 부처님과 수보리, 그리고 이를 깨친 마음으로 들은 아난 존자, 이 셋이 말하고 듣는 것을 작용, 즉 용用이라 한다. 이를 합쳐 체용體用이라 하는데, 체를 모르면 혼령이요, 용을 모르면 송장과 같아서 체용을 모르면 혼미와 망각妄覺이 되고 만다.

따라서 "이와 같이"라는 말 속에는 《금강경》의 요체인 공의 도리와 이 공의 도리를 말하고 듣는 작용을 하는 것이니, 이러한 체와 용을 통하여 부처님의 본자성本自性을 보고 깨달아야 한다. 비유하자면, 움직이는 모든 것은 본래 공이어서 집착할 이유가 없을 것이나, 그래도 그림자처럼 움직이는 것을 엄연히 보고 듣고 감응하는 까닭에, 여기에 감성感性과 정情을 붙이게 되면 인과因果를 면치 못할 것이나, 움직이는 작용, 즉 용을 있는 그대로 보고 받아들이게 되면 체용만 살아 움직일 뿐 괴로움의 과보가 따르지 않는다는 것을 알아야 한다.

일시 불 재 사위국 기수급고독원 여대비구중 천이백오
一時 佛 在舍衛國 祇樹給孤獨園 與大比丘衆 千二百五
십 인 구
十人俱

어느 때 부처님께서 사위국의 기수급고독원에서 비구스님 1,250 대중과 함께 계셨습니다.

"어느 때―時"라는 것은, 이 경을 설하시고자 한 때이고, "불佛"은 석가세존釋迦世尊이시며, 또 불佛이란 마음을 깨쳤다는 뜻이다. "기수祇樹"는 사위국舍衛國 태자인 기타 태자가 심은 나무라는 의미이며, "사위국"은 이 경을 설법하신 나라의 이름이다. "급고독給孤獨"은 사위국의 노재상老宰相으로 돈이 많은 자선가인 '수달다'라는 이의 별칭이다. 이 별명은 고독한 사람을 잘 보살펴 준다는 뜻에서 붙인 이름이다.

"원園"을 붙인 것은, 급고독 수달다 재상이 기타 태자로부터 동산을 빌려 설법전을 세웠으므로 '기수급고독원祇樹給孤獨園'이라 한다. "비구"는 지금의 스님으로, 탁발을 하면서 수행하는 이를 가리킨다. 왜 꼭 탁발하며 수행을 할까? 시주자는 부처님께 법을 구하여 깨달음을 얻고자 함이고, 승가는 시주자에게 의식을 의지하여 식량으로 삼는 동시에 시주하는 중생에게 복을 짓게 하기 위함이다.

왜 "일시―時," "어느 때"라고 했을까? 부처님의 말씀인 법경法經은 시간을 초월하여 항상 지금 존재한다는 뜻이다. 또 한 가지는 물리적인 시간이 모두 다름이다. 시방十方 무량 국토無量國土의 무량 중생을 향한 법이기 때문이다. 사천왕천四天王天의 하루는 인간의 50년이고, 도리천忉利天의 하루는 인간의 100년에 해당한다고 한다. 그러니 모두에게 '어느 때'인 것이다.

"불佛"은 마음을 깨쳤다는 뜻인데 마음의 무엇을 깨쳤을까? 부처도 중생도 없음을 깨쳤다. 부처는 중생을 낳고 중생은 부처를 낳으니 이러한 분별 인과를 완전히 멸했다는 뜻이다. 그러함에 생사도 없고, 시비도 없으며, 고락도 없고, 극락과 지옥도 없으니, 영원불멸하여 항상 일체의 장애 없이 깨어 있음이다.

그런데 마음 깨침에 있어서도 차별이 있다. 불佛은 대각大覺과 정각正覺을 이룬 상태이다. 성문聲聞·연각緣覺은 깨쳤다고는 할 수 있으나 아직 완전한 깨침에 이른 것은 아니다. 본래 깨침에는 크고 작거나, 올바르다 그르다 하는 것이 전혀 없고, 또한 깨쳤다 함은 못 깨쳤다는 인과에 걸리고, 크게 깨쳤다 하면 이미 작게 깨침에 걸리며, 작게 깨쳤다 해도 작은 깨침이 되고, 깨침 없음을 깨쳤다 해도 작은 깨침이 된다. 그러므로 완전한 깨침이 무엇인가는 앞으로 적나라하게 설명할 것이다.

이 시   세 존   식 시   착 의 지 발   입 사 위 대 성   걸 식   어 기 성 중
爾時 世尊 食時 着衣持鉢 入舍衛大城 乞食 於其城中

차 제 걸 이   환 지 본 처   반 사 흘   수 의 발   세 족 이   부 좌 이 좌
次第乞已 還至本處 飯食訖 收衣鉢 洗足已 敷座而坐

그때 마침 세존께서는 공양 때가 되어 가사를 입으시고 발우를 들고 사위대성으로 들어가셔서 차례로 걸식하신 후 본래의 처소로 돌아와 공양을 드신 뒤 가사와 발우를 거두고 발을 씻으신 다음 자리를 펴고 앉으셨습니다.

부처님께서 공양하실 때가 되어 다른 대중과 똑같이 가사(법의)를 입고, 빈부귀천貧富貴賤을 가리지 않고 차례로 걸식乞食을 하시고, 처소로 돌아와 공양을 드신 뒤 가사와 발우를 거두고, 발을 씻고, 고요히 앉음에 있어서 평범함과 예사로움이 떠나지 않았으니, 이러한 일거수일투족으로 대중에게 말없이 큰 교훈을 보이신 것이다.

"공양 때"라 함은, 하루에 한 끼를 드시는 시간, 즉 사시(巳時, 9시~11시) 때이다. "가사袈裟"는 부처님께서 입으신 법의法衣를 말하고, "발우鉢盂"는 밥그릇으로 일명 바리때라고도 한다.

부처님께서는 탁발 걸식을 함에 빈부귀천을 가리지 않고 한 끼에 일곱 집의 공양으로 나누어 받는 것을 원칙으로 하셨다. 또 그 시절에는 맨발로 다니는 것이 관행이었으니 발을 씻고 고요히 앉으신 것은 금강삼매金剛三昧에 들기 위함이다.

빈부귀천을 가리지 않고 차례로 나누어 밥을 비시는 것은 무슨 뜻일까? 박복한 중생에게 복 심을 기회를 주기 위함이다. 가난한 이에게 밥을 빌어 복을 심어주는 것은 그렇다 치더라도 부자에게도 복을 심을 기회를 주는 것은 왜일까?

지금 잠시 복이 있어 부자로 사는 기회를 가졌으나 그 인과에 의해 다시금 가난함을 면치 못하게 되는 것은 불을 보듯 뻔한 것이므로, 있을 때 잘하라는 말과 같이, 나중을 위해서 복을 심어주기 위함이다. 하늘에 떠 있는 태양이 높고 낮은 곳과 더럽고 깨끗한 곳을 가리지 않고 빛의 혜택을 베풂과 같이, 복을 심어주는 자비심도 그와 같은 것이다.

부처님께서 행하시는 모습에는 무슨 뜻이 있을까? 대개 마음을 깨친 이가 깨치지 못한 이들에게 보여주는 네 가지 방법이 있다. 첫째, 입으로 전하고 입으로 받게 하는 법이다. 선생님이 아이들에게 말을 따라 하게 하는 것과 같다. 둘째, 입으로 전하고 마음으로 받게 하는 것이니 강의와 설법 등이 그것이다. 셋째, 행동으로 직접 보여주고 그 행동을 따라 하게 하는 것이다. 훈련과 실습을 통하는 것과 같다. 넷째, 마음으로 전하고 마음으로 받게 하는 것이니 이심전심以心傳心이 그것이다. 이로써 부처님께서 움직이는 모든 행동은 그 자체가 법法이요, 가르침이다.

부처님께서 행하시는 법은 더 구체적으로 어떤 것이 있을까?

첫째, 백천다라니주百千陀羅尼呪를 친히 소리 내시어 받아 외우게 함으로써 마침내 깨달음을 이루게 함이니, 입으로 전하고 입으로 받는 것이다.

둘째, 팔만사천법문八萬四千法門을 친히 설하시어 미혹한 중생이 귀로 들어서 마음을 깨치게 함이니, 입으로 전하고 마음으로 받는 것이다.

셋째, 부처님께서 중생의 몸으로 직접 태어나셔서 사문四門을 유관遊觀하고 출가하여 성불하고 열반까지 보여주심은 우리에게 부처님을 본보기로 삼아 배우게 함이니, 몸으로 전하고 몸으로 받는 것이다.

넷째, 마음으로 마음을 전한 삼처전심三處傳心이다. 첫 번째는, 중인도 비사리성 북서쪽에 있는 다보탑 앞에서 부처님은 앉아 있던 자리 절반을 상수제자 가섭에게 양보하여 앉도록 하셨다. 이것이 첫 번째 마음을 전한 다자탑전분반좌多子塔前分半座이다. 두 번째는, 영취산靈鷲山에서 설법을 하실 때 하늘에서 꽃비가 내렸는데, 부처님께서 그 꽃송이 하나를 들어 보이자 다른 제자들은 무슨 뜻인지 아무도 몰랐으나 가섭 존자만이 빙그레 웃었다. 이에 부처님은 묘한 법을 가섭에게 전한다고 선포하셨다. 곧 영산회상거염화靈山會上擧拈花이다. 염화시중拈華示衆 또는 염화미소拈華微笑라고도 한다. 세 번째는, 부처님께서 구시나가라 성 사라쌍수沙羅雙樹 아래서 열반하실 때, 가섭 존자가 너무 슬픈 나머지 관 주위를 세 번 돌고 세 번 절하자 두 발을 밖으로 내밀어 보이셨다. 이를 사라쌍수곽시쌍부沙羅雙樹槨示雙趺라 한다. 이렇게 세 번에 걸쳐 부처님께서는 마음으로 마음을 전하셨다.

2

선현기청분
善現起請分

수보리가 법을 청함

第二 善現起請分
제이 선현기청분

시 장로수보리 재대중중 즉종좌기 편단우견 우슬착
時 長老須菩提 在大衆中 卽從座起 偏袒右見 右膝着

지 합장공경 이백불언 희유세존 여래 선호념제보살
地 合掌恭敬 而白佛言 希有世尊 如來 善護念諸菩薩

선부촉제보살 세존 선남자 선여인 발아누다라삼먁삼
善付囑諸菩薩 世尊 善男子 善女人 發阿耨多羅三藐三

보리심 응운하주 운하항복기심 불언 선재선재 수보
菩提心 應云何住 云何降伏其心 佛言 善哉善哉 須菩

리 여여소설 여래 선호념제보살 선부촉제보살 여금
提 如汝所說 如來 善護念諸菩薩 善付囑諸菩薩 汝今

제청 당위여설 선남자 선여인 발아누다라삼먁삼보리
諦聽 當爲汝說 善男子 善女人 發阿耨多羅三藐三菩提

심 응여시주 여시항복기심 유연세존 원요욕문
心 應如是住 如是降伏其心 唯然世尊 願樂欲聞

2. 수보리가 법을 청함

이때 장로 수보리가 대중 가운데 있다가 자리에서 일어나 오른쪽 어깨를 드러내고, 오른 무릎을 땅에 대며 합장하고 공손히 부처님께 여쭈었습니다.

"희유하십니다, 세존이시여. 여래께서는 모든 보살들을 잘 보살펴 주시고 염려하시며, 모든 보살들에게 잘 당부하시고 부촉하십니다.

세존이시여, 선남자 선여인이 아누다라삼먁삼보리심을 내니 마땅히 그 마음을 어떻게 머물며 어떻게 그 마음을 항복시켜야 하오리까?"

부처님께서 말씀하셨습니다.

"훌륭하고 훌륭하구나. 수보리야, 너의 말과 같이 여래는 모든 보살들을 잘 보살피고 염려하며 모든 보살들에게 잘 당부하고 부촉하느니라. 너희들은 이제 자세히 들어라. 너희들을 위하여 말해 주리라. 선남자 선여인이 아누다라삼먁삼보리의 마음을 내었으면 마땅히 이와 같이 머물며 이와 같이 마음을 항복시킬지니라."

"예, 세존이시여. 기꺼이 듣고자 원하옵니다."

❁

2. 선현기청분善現起請分

수보리가 법을 청함

시 장로수보리 재대중중 즉종좌기 편단우견 우슬착지
時 長老須菩提 在大衆中 即從座起 偏袒右肩 右膝着地

합장공경 이백불언 희유세존 여래 선호념제보살 선부
合掌恭敬 而白佛言 希有世尊 如來 善護念諸菩薩 善付

촉제보살
囑諸菩薩

이때 장로 수보리가 대중 가운데 있다가 자리에서 일어나 오른쪽 어깨
를 드러내고, 오른 무릎을 땅에 대며 합장하고 공손히 부처님께 여쭈었
습니다.

"희유하십니다, 세존이시여. 여래께서는 모든 보살들을 잘 보살펴 주
시고 염려하시며, 모든 보살들에게 잘 당부하시고 부촉하십니다.

부처님께서는 아무 말씀 없이 고요히 앉아 계시기만 하셨는데, 수
보리須菩提 존자가 "희유하십니다, 세존이시여"라고 감탄을 하며 물
으신 것은 도대체 무슨 뜻일까?

수보리 존자는 이미 해공 제일解空第一, 즉 모든 것이 공함을 누구보다 잘 아는 분이다. 그러함에 부처님의 32상 80종호가 이미 공하여 없었다. 무슨 말이냐? 부처님의 모습, 즉 32상 80종호는 더 이상 붙일 것이 없는 완전한 모습을 뜻한다. 모두가 철저히 공하고 공하면 이것이 완전한 본공本空이 되기 때문이다.

그리하여 일체의 모습인 상相은 공의 근본처라 할 것이고 만법의 근원지가 된다. 상이 없고 만법이 없으면 공 또한 없을 것이니 이를 색즉시공色卽是空이라 하여 색色(상相)이 즉 공이고 공이 즉 색이다. 따라서 수보리 존자의 공한 눈에 비친 공이 그대로 드러난 것이므로, 이게 바로 일체유심조一切唯心造(모두 내 마음이 만든다)이다.

이때 수보리가 본공本空의 입장에서 보니, 부처님께서 이곳에서 1,250인의 대중을 이시以時의 이때에 넣어 놓으시고, 그들의 허망한 생각과 감정, 번뇌와 소승小乘(작은 깨침)을 녹여서 없애려 하심을 본 것이다. 곧 본공本空의 체體가 움직여 작용하는 용用을 일으키시는 것을 보았다. 즉, "이와 같이" 하심을 본 것이다.

세존께서 잘 호념護念하시며 부촉咐囑하시는 것을 보았다. 그러니 수보리 존자로서는 "희유하십니다, 세존이시여"를 아니할 수 없었던 것이다. 이때에 세존께서는 금강처金剛處를 말씀하시려 자리에 앉으셨고 이를 들을 1,250인 대중의 눈동자는 움직이지 않고 멈추었다.

여기서 살펴볼 것은, 세존과 수보리 존자는 이미 본공本空에 들어 계시므로 어떠한 상相에도 걸림이 없으시다는 점이다. 즉, 분별을 떠나 계시므로 우리가 생각하는 그 어떤 상상이나 감정과는 전혀 무관하다. 그야말로 상상 불허이다. 다만, 부처님이나 수보리를 보고 무슨 상상을 하거나 어떤 감정을 갖더라도 그것은 순전히 보는 이의 업상業相이라 할 것이므로 적어도 공과 색을 잘 이해해야 한다.

이 대목을 읽으면서, 그때 당시의 세존과 그 제자들의 모습을 상상하면서, 그리고 거룩한 경의 내용을 음미하고 호념護念하면서, 적어도 척박한 현실의 첨예한 대립과 조급함, 시시비비 등의 거친 삶을 살아가는 데 있어서 이를 조금이나마 녹여가는 것이다.

세존 선남자 선여인 발아누다라삼먁삼보리심[1] 응운하주
世尊 善男子 善女人 發阿耨多羅三藐三菩提心 應云何住
운하항복기심
云何降伏其心

세존이시여, 선남자 선여인이 아누다라삼먁삼보리심을 내니 마땅히 그 마음을 어떻게 머물며 어떻게 그 마음을 항복시켜야 하오리까?"

이 구절에서는 세존께서 중생이 부처나 보살을 마음에 잊지 않고 염송하며, 잘못된 망상을 일으키지 않게 하시고, 복을 닦는 중생이나 간절히 깨달음을 기원하는 이들을 옹호하고 보살피며 깊이 사랑하시는 호념과 더불어 모든 보살들에게 깨달음을 잘 부탁하여 이르시며, 불법이 후세에 잘 전달되어 영원하도록 부촉하신 그 결과가 어떠한 것인가를 수보리 존자가 이어서 여쭙고 있다.

또 부처님께서 호념해주신 결과로, "깨달음이 없던 우리들에게 큰 깨달음의 아누다라삼먁삼보리阿耨多羅三藐三菩提의 뜻이 무엇인가를

알게 하시고, 깨닫겠다는 마음을 일으켜 주셨습니다" 하고, 부처님의 호념 부촉하심이 이제 발효되게 되었다고 말씀드리는 장면이다.

아누다라삼먁삼보리는 '위없는 바른 평등이요, 바른 깨달음의 마음'이라는 뜻으로서 곧, 모든 중생이 본래 지니고 있는 참성품을 말한다. 아누다라삼먁삼보리는 형용할 수 없는 뜻으로 감히 말을 붙이지 못할뿐더러 사량思量, 즉 생각까지도 붙이지 못할 정도로 엄중한 뜻을 지니고 있음이다. 이 거룩한 뜻을 내 마음 스스로인 줄 알고 이를 깨치게 되면 곧 부처를 이룬다.

이에 수보리 존자는 선남자善男子 선여인善女人, 곧 사부대중四部大衆이 이렇게 깨달음을 이루겠다는 마음을 어떻게 머무르게 할 것이며, 안팎 장애로부터의 유혹을 어떻게 항복 받을 것인가를 겸하여 여쭙는다. 이는 아누다라삼먁삼보리심을 알게 되었다고 하여 아직 마음을 깨친 것은 아니기 때문이다.

지금까지는 소승의 마음에 만족했던 사부대중이 부처님의 호념 부촉하신 은덕으로 소승의 마음을 버리고 대승의 마음으로 돌아왔다는 것에 이르고 있다.

그렇다면 이 마음을 안팎의 장애로부터 항복 받는다는 것은 어떠한 것인가? 안으로 항복을 받는다는 의미는 이 대승심을 놓치지 않고 영원히 내 것으로 만드는 것이요, 밖으로 항복을 받는다는 것은 대승심을 놓치게 하려는 무수한 망상과 온갖 경계를 영원히 굴복시키는 것이다.

즉, 일반적으로 내가 무엇을 꼭 이루겠다고 하는 것이 보통의 마음인데, 이렇게 하고 저렇게 해야지 하는 마음은 곧 분별심으로서, 설사 원하는 일이 이루어진다 하더라도 기쁨과 즐거움, 만족한 마음이 드는 순간 곧바로 인과가 생기게 되어 슬픔과 괴로움, 불만족이라는 과보가 곧 다가올 것이니, 이는 결코 대승심이 아니다. 무분별심無分別心으로 분별심을 항복 받아야 대승심이 되기 때문이다.

그러므로 안으로 대승심을 놓치지 않고 영원히 내 것으로 만든다는 말의 의미는 곧, 수 억겁에 걸쳐 좋고 싫은 분별심으로 쌓이고 쌓인 업장을 완전히 멸한다는 뜻이다.

소승이란 이러한 이치를 머리로는 이해하지만, 분별하지 말자고 결심하더라도 분별심의 업이 사라지지 않는 것이다. 그렇기 때문에, 업장이 완전히 소멸되어 분별하지 말아야겠다는 생각조차도 없이 곧바로 무분별심의 행동으로 옮겨지는 경지가 대승심이다.

따라서 밖으로 온갖 망상과 경계의 유혹을 항복 받는다는 의미는, 어떤 상황과 인연을 만나더라도, 어떤 것을 보고 듣고 신구의身口意(행동·말·생각) 삼업三業을 겪더라도 좋다 싫다, 옳다 그르다의 고락시비苦樂是非 분별을 단 한순간도 하지 않으며, 여여如如하고 평안한 마음을 항상 유지하는 것이 분별심으로부터 항복을 받는 것이다.

수보리 존자가 바로 이 구절을 질문하는 까닭이니, 부처님은 이미 말없는 말로써 아누다라삼먁삼보리阿縟多羅三藐三菩提를 호념부촉護念咐囑하고 계신다.

불언 선재선재 수보리 여여소설 여래 선호념제보살
佛言 善哉善哉 須菩提 如汝所說 如來 善護念諸菩薩

선부촉제보살 여금제청 당위여설 선남자 선여인 발아
善付囑諸菩薩 汝今諦聽 當爲汝說 善男子 善女人 發阿

누다라삼먁삼보리심 응여시주 여시항복기심 유연세존
耨多羅三藐三菩提心 應如是住 如是降伏其心 唯然世尊

원요욕문
願樂欲聞

부처님께서 말씀하셨습니다.

"훌륭하고 훌륭하구나. 수보리야, 너의 말과 같이 여래는 모든 보살들
을 잘 보살피고 염려하며 모든 보살들에게 잘 당부하고 부촉하느니라.
너희들은 이제 자세히 들어라. 너희들을 위하여 말해 주리라. 선남자
선여인이 아누다라삼먁삼보리의 마음을 내었으면 마땅히 이와 같이 머
물며 이와 같이 마음을 항복시킬지니라."

"예, 세존이시여. 기꺼이 듣고자 원하옵니다."

세존께서 수보리의 물음을 들으시고 수보리의 마음 씀씀이를 잘
파악하시니 부처님의 뜻과 같은지라 훌륭하고 훌륭하다고 칭찬하신
것이다.

그럼 무엇이 부처님의 뜻과 같다고 하시는 것일까? 이미 설명한
대로, "수보리야, 너의 말과 같이 여래는 모든 보살을 잘 호념하여 아
누다라삼먁삼보리심을 깨닫게 하였고, 모든 보살들을 잘 부촉하여
길이길이 보리심을 갖게 하였으며, 앞으로 오는 중생들에게 길이길
이 잘 전승되도록 하신 것이다"라고 한 말씀과 같다는 것이다.

그리하여 이로써 "과연 내가 모든 보살들을 잘 호념하고 부촉하느니라"라고 하시어 수보리의 말을 완전히 인가印可하신 것이다. 그런 다음 다시 말씀하시되 "네가 물은 바에 있어서는 내 마땅히 너를 위하여 말할 것이니, 너희는 마음을 가지런히 하고 깨끗이 하여 자세히 들으라" 하고 주의를 기울이도록 하시었다.

다시 선남자 선여인에게 말씀하시되, "너희들이 이미 아누다라삼먁삼보리의 마음을 일으켰을진댄 곧, 망령된 집착과 삿된 지견知見을 여읜, 같지도 않고 다르지도 않은 참된 경지에 도달하였을 것이므로 너희의 경계가 나의 경계와 둘이 아니요, 또 그렇다고 집착하지도 않는다면 비로소 아누다라삼먁삼보리를 알 수 있을 것이다"라고 하셨다.

즉, 아누다라삼먁삼보리에 머문다느니 항복 받는다느니 하는 생각조차 말이 되지 않는다는 뜻이다. 아누다라삼먁삼보리라고 하면 이미 차생고피생此生故彼生(이것이 생기면 저것이 생긴다)하기 때문이다.

즉, 이와 반대되는 인과로 아누다라삼먁삼보리가 아닌 것이 생기게 되고, 또 머문다 하는 즉시 머물지 않는 것이 생기는 까닭에 머무는 것도 없게 되는 것이다. 하여 머무는 것이 없으면 또한 항복 받을 것조차도 없을 것이니 항복이라는 것도 없게 된다.

따라서 만약 머문다고 말할 것 같으면, 머무는 것이 없음에 머물러야 할지니, "마땅히 머물지 않는 것에 머무르라"라고 하신 것이다. 응무소주 이생기심應無所住而生其心이다. 누구든지 이를 아는 사람은 자기 스스로의 마음이 무엇인가를 아는 것이고, 이를 알지 못하는 사람은 자기 자신이 곧 주인이면서 손님 노릇을 자처하는 꼴이 된다.

그러하여 아누다라삼먁삼보리에 머물지 않는 것이 진정 아누다라삼먁삼보리라고 하신 것이고, 이를 반야바라밀般若波羅蜜이라 하고, 곧 금강삼매金剛三昧라 하며, 즉, 진여불성眞如佛性이라 한다. 이렇듯 주住(머무름)함이 없어야 진짜 주住함이 되는 것이고, 항복 받을 것이 없어야 진정 항복을 받는 것이 된다는 것을 일러주셨다.

'머무는 바 없이 머물러라'라고 한 것 이외의 허다한 말을 덧붙이는 것은 달을 손가락으로 가리키는데 달을 보지 않고 손가락이 달인 줄 알고 보는 격이다. 즉, 아누다라삼먁삼보리에 머무르지 말라고 하는 것은 손가락이고, "머무르지 말고 마음을 내어라"라고 하는 것이 진짜 달이요, 아누다라삼먁삼보리인 것이다.

이러한 뜻을 안 수보리 존자가 "유연세존唯然世尊(네, 그러하옵니다. 세존이시여) 원요욕문願樂欲聞(원하옵건데 기꺼이 듣고자 하옵니다)"라고 하신 것이고, '이와 같이'라고 하는 최상승의 제일의제第一義諦 법문을 알게 되었다는 말이다. 그럼에도 수보리 존자는 자신을 위해서가 아니라, 손가락만 보는 사람을 위해서 부처님께 묻고 또 물었던 것이다. 진정 대자대비大慈大悲의 마음이다.

《금강경》의 첫머리에 아난 존자가 부처님께 들은 내용인즉, '여시如是(이와 같이)'라고 한 대목을 그대로 알아들을 줄 아는 사람은 최상승근기最上乘根機의 소유자라고 했다. 바로 수보리 존자와 같이 마음을 깨친 사람을 가리킨다. '이와 같이'라는 의미 속에는 이미 공空의 진리와 반야般若 지혜의 제일의제 법문이 모두 들어 있기 때문이다.

다음은 "이와 같이 머물고 이와 같이 항복 받으라"고 한 대목에서 이를 알아들을 줄 아는 사람은 최상승근기 다음으로 대승의 큰 근기[大乘根機]를 가진 사람이다. "머물지 않으면서 마음을 써라"라고 하는 뜻을 잘 알기 때문이다.

그다음 "보살마하살은 이와 같이 그 마음을 항복 받으라"고 한 대목에서, 머물지 않으니 항복 받을 대상도 없다는 것, 이것이 진정한 항복을 받는 것이라는 뜻을 여실히 잘 아는 사람을 중근기中根機라고도 했다.

좀 더 구체적으로 설명하자면, 최상승근기는 어떤 행동을 하더라도 마음에 들지 않거나 못마땅한 마음이 전혀 생기지 않는다. 또 무슨 말을 하든, 오만가지 생각을 하더라도 마음이 절대 머물지 않기 때문에 좋고 싫은 감정이 전혀 생기지 않는다. 이러한 마음이 드는 것은 신구의 삼업에 마음이 머물지 않으니 청정하다는 까닭이다.

또 눈으로 보거나 귀로 듣거나 코로 냄새를 맡거나 혀로 맛을 보거나 몸으로 촉감을 느끼거나 머리로 생각을 한다 하더라도 좋다 싫다는 분별分別에 걸리지 않는다. 보면 보는 대로, 들으면 듣는 대로, 냄새·맛·촉감·생각도 마찬가지다. 이를 육근六根에 마음이 머물지 않기 때문에 청정하다는 것이다.

나아가 잠에 대한 욕심이 끊어지고, 먹는 것에 대한 욕심이 끊어지고, 무엇을 가져야 하겠다는 욕심이 끊어지고, 이성에 대한 색욕이 끊어지고, 자존심이나 권력욕·지배욕 등의 명예욕이 끊어진 상태를 말하는데, 그 어느 하나라도 마음이 그곳에 머물지 않기 때문이다. 이를 오욕락五慾樂이 완전히 끊어졌다고 하는 것이다.

최상승근기는 마음 가운데 업이 하나도 없으니 그 무엇에 다다르더라도 저절로 마음이 머물지 않는 데 비해, 대승근기는 마음이 머물지 않아야 마음을 자유자재로 쓸 수 있다는 뜻을 알고 행하기 때문에 최상승근기의 생각하기 이전에 벌써 저절로 행동이 나오는 것과는 차이가 있다고 하겠다.

즉, 대승근기는 삼업과 육근과 오욕락에 있어서 여기에 마음이 머물러서는 안 된다고 하는 생각을 거쳐서 마음을 머물지 않게 되는 것이므로 최상승근기와는 백지장 같은 차이가 생긴다. 따라서 어떤 행동을 할 때나, 말을 할 때나, 생각을 할 때의 삼업에 있어서, 마음을 끄달리지 않게 하려는 마음의 노력이 따르게 되니, 최상승근기의 '저절로 완전하게'와는 조금 차이가 있다 하겠다.

또 중근기는, 삼업과 육근과 오욕락에 빠지는 마음에 대해 즉시 항복을 받아서 다시는 끄달리지 않게 하는 마음을 말한다. 만약 욕심이 생겼다고 한다면, '내가 괜한 것에 욕심을 부리고 있구나' 하는 생각을 통해 욕심에 대한 항복을 받는 것을 말한다. 또 행동하거나 말을 하거나 생각하거나, 욕심과 성냄, 그리고 이런저런 잡생각의 탐진치 貪嗔痴(탐심·성냄·분별) 삼독심三毒心을 즉시 멈추고, 그러한 마음에 대해 항복을 받는 것을 중근기라고 한다.

따라서 부처님께서 《금강경》을 통해 말씀한 내용에 대해 그 자체로만 이해하기보다는 실생활에 있어서 나의 문제로 보고 적용시켜

나가야 할 것이다. 따라서 나의 마음 또한《금강경》속 1,250인의 제자 가운데 한 사람이라고 생각하여 행동과 말과 생각의 삼업을 청정히 해 나가야 할 것이다.

그리고《금강경》강설을 읽는 동안 기도와 참선, 보시와 정진을 함께 해나간다면 업장 소멸을 해나가는 데 있어서 많은 도움이 될 것이다.

3

대승정종분
大乘正宗分

대승을 바르게 따라서

제삼 대승정종분
第三 大乘正宗分

불고수보리 제보살마하살 응여시항복기심 소유일체
佛告須菩提 諸菩薩摩訶薩 應如是降伏其心 所有一切

중생지류 약난생 약태생 약습생 약화생 약유색 약무
衆生之類 若卵生 若胎生 若濕生 若化生 若有色 若無

색 약유상 약무상 약비유상비무상 아개영입무여열반
色 若有相 若無相 若非有相非無相 我皆令入無餘涅槃

이멸도지 여시멸도 무량무수무변중생 실무중생 득
而滅度之 如是滅度 無量無數無邊衆生 實無衆生 得

멸도자 하이고 수보리 약보살 유아상인상중생상
滅度者 何以故 須菩提 若菩薩 有我相人相衆生相

수자상 즉비보살
壽者相 卽非菩薩

3. 대승을 바르게 따라서

부처님께서 수보리에게 말씀하셨습니다.

"모든 보살마하살이 마땅히 이와 같이 그 마음을 항복 받을지니, '무릇 세상에 있는 온갖 중생으로서 알로 태어나는 것, 태로 태어나는 것, 습기로 태어나는 것, 화하여 태어나는 것, 형상이 있는 것, 형상이 없는 것, 생각이 있는 것, 생각이 없는 것, 생각이 있지도 않고 없지도 않은 것'들을 내가 모두 무여열반에 들도록 제도하리라.

이렇게 한량없고 셀 수 없는 중생들을 제도하여도 사실은 한 중생도 제도를 받은 이가 없다 하라.

무슨 까닭이겠는가, 수보리야.

만일 어떤 보살에게 아상我相, 인상人相, 중생상衆生相, 수자상壽者相이 있으면 이는 보살이 아니니라."

3. 대승정종분 大乘正宗分
대승을 바르게 따라서

불고수보리 제보살마하살 응여시항복기심 소유일체 중
佛告須菩提 諸菩薩摩訶薩 應如是降伏其心 所有一切 衆

생지류 약난생 약태생 약습생 약화생 약유색 약무색
生之類 若卵生 若胎生 若濕生 若化生 若有色 若無色

약유상 약무상 약비유상비무상 아개영입무여열반 이멸
若有相 若無相 若非有相非無相 我皆令入無餘涅槃 而滅

도지
度之

부처님께서 수보리에게 말씀하셨습니다.

"모든 보살마하살이 마땅히 이와 같이 그 마음을 항복 받을지니, '무릇 세상에 있는 온갖 중생으로서 알로 태어나는 것, 태로 태어나는 것, 습기로 태어나는 것, 화하여 태어나는 것, 형상이 있는 것, 형상이 없는 것, 생각이 있는 것, 생각이 없는 것, 생각이 있지도 않고 없지도 않은 것'들을 내가 모두 무여열반에 들도록 제도하리라.

마하摩訶는 범어(산스크리트어)이다. 심체心體, 즉 마음의 전체 모습은 광대하기가 말로써 형언할 수 없다는 뜻이다. 심체가 청정하면 쓰는 마음이 또한 자연히 광대해진다.

혹 '알로 생기는 것'으로부터 혹 '생각이 있지도 않고 없지도 않은 것'까지는 태어나는 중생의 종류별 이름이다. 이를 크게 나누면 세 가지의 세계로 나눌 수 있다. 첫째는 욕계천欲界天이다. 사천왕천四天王天, 도리천忉利天, 야마천夜摩天, 도솔천兜率天, 화락천化樂天, 타화자재천他化自在天의 여섯 하늘이 포개져 있다.

그다음 색계 18천이 있는데, 범중천梵衆天, 범보천梵輔天, 대범천大梵天, 소광천少光天, 무량광천無量光天, 광음천光音天, 소정천少淨天, 무량정천無量淨天, 변정천遍淨天, 무운천無雲天, 복생천福生天, 광과천廣果天, 무상천無想天, 무번천無煩天, 무열천無熱天, 선견천善見天, 선현천善現天, 색구경천色究竟天의 하늘이 포개져 있다.

다음은 무색계 4천이다. 공처천空處天, 식처천識處天, 무소유처천無所有處天, 비비상천非非想天이 포개져 있다. 이를 욕계·색계·무색계의 삼계三界라 하고, 합하여 28천天이다. 또 28천 속에도 가로와 세로로 무수한 하늘과 무수한 세계가 겹겹이 겹쳐져 있다. 곧 우주의 모습이다.

그리고 이 모든 세계의 중생을 종류별로 나누면, 태胎·난卵·습濕·화化, 유색有色·무색無色, 유상有想·무상無想·비유상비무상非有想非無想의 9류중생으로 나눌 수 있다. 이 가운데 인간·축생·아수라阿修羅는 태·난·습·화, 4생四生의 중생이 있고, 모든 하늘신과 지옥중地獄衆 그리고 중음신中陰身들은 오직 화생化生으로 있으며, 귀신은 태생과 화생 두 종류가 있다.

그리고 일부 하늘신과 사람, 지옥중과 귀신, 아수라, 축생, 중음신 등은 욕계에 속해 있고, 무색, 유상, 무상, 비유상비무상은 무색계에 속해 있다. 이와 같이 각각의 차별로 태어남에 따라 즐거움과 괴로움의 차이도 있을 것이니, 이는 각자의 성품(마음 씀씀이)에 따라 차별이 생긴다.

그런 까닭에 우리의 성품 가운데서도 9류중생의 근성이 모두 배어 있다. 즉 나의 성품 가운데서도 9류중생이 가지고 있는 성품이 들어 있다는 것을 알아야 한다.

즉, 숙망심宿望心은 태생의 중생에서, 부허심浮虛心은 난생, 감화심感化心은 화생, 침울심沈鬱心은 습생, 주의 주장과 집착심은 유색 중생에서, 주의 주장을 초월하여 있는 마음(주로 외도에서 수행하며 공에 집착하는 완공頑空 등)은 무색 중생에서, 이상과 사상, 지장智障(지혜의 장애)은 유상 중생에서, 외도의 적정寂靜은 무상 중생에게서, 외도의 낙공落空은 비유상비무상의 중생에게서 나오는 마음이다.

이와 같이 면밀하게 찾아보면, 우리 마음속에는 무량무수無量無數의 9류중생의 마음이 어지럽게 일어나고 어지럽게 사라지는 것을 볼 수 있다. 이러한 9류중생의 어지러운 마음을 완전히 떠난 경지를 열반涅槃이라 하는데, 이를 불생불멸의 구경무위지究竟無爲地라 하고, 청정하여 흔들림이 없는 것이 무위無爲요, 필경에는 반드시 돌아오고야 마는 것을 구경究竟이라 한다.

이러한 9류중생이 지니고 있는 마음이 각각의 사람 마음속에 들어 있는데, 실제로 오만가지 즐겁고 괴로운 감정이 나타나는 그 속에는 9류중생의 마음 모습이 모두 들어 있다고 보면 된다. 마음을 쓰는 데 있어서 9류중생의 마음 가운데 가장 비슷한 마음을 많이 쓰는 사람이 다음 세상에는 9류중생 가운데 한 가지 몸으로 태어나게 되는 것이다.

여 시 멸 도　무 량 무 수 무 변 중 생　실 무 중 생　득 멸 도 자
如是滅度　無量無數無邊衆生　實無衆生　得滅度者

이렇게 한량없고 셀 수 없는 중생들을 제도하여도 사실은 한 중생도 제도를 받은 이가 없다 하라.

이 소절은 문구만으로는 쉽게 이해할 수 없는 어려운 대목이다. 부처님께서는 분명히 중생을 제도하리라 하셨는데, 왜 갑자기 "한 중생도 제도 받은 이가 없다實無衆生 得滅度者"라고 하신 것일까?

이 대목을 설명하기 전에, 바로 앞의 소절을 좀 더 살펴보자. 일체중생의 종류에서 욕계 6천에는 하늘, 사람, 아수라, 귀신, 축생(짐승), 지옥, 중음신 등이 있는데, 모두가 태란습화의 4생으로 몸을 받는다. 즉, 탯줄로 태어나고, 알에서 나고, 습한 곳에서 나고, 저절로 화하여 나타난다는 말이다. 마음 상태인 성품으로 보면 숙망심을 가진 중생은 태생으로, 부허심은 난생으로, 감화심은 화생으로, 침울심은 습생으로 태어난다.

또 색계천 이상에는 천신, 신선, 천마, 허공신 등이 있는데, 유색 무

색, 유상 무상, 비유상비무상 등 다섯 종류의 하늘신이 있다. 하늘신들이라 해도 주의 주장과 집착심이 있으면 유색有色의 하늘신으로 태어나고, 주의 주장을 초월하여 공의 도리를 통달했다 하더라도 완공頑空, 즉 공에 집착하는 마음이 아직 남아 있으면 무색無色의 하늘신으로 태어난다.

이상과 사상, 지장智障(지혜의 장애)의 생각이 많은 중생은 유상有想의 하늘신으로 태어나고, 외도의 적정, 즉 고요한 것만 찾는 하늘신은 무상으로 태어난다. 그리고 외도의 낙공落空, 즉 이것도 공이요, 저것도 공이요, 이 생각도 공이요, 저 생각도 공이라는, 공에만 떨어진 생각을 가진 하늘신은 비유상비무상非有想非無想으로 태어나는데, 이를 모두 합쳐 9류중생이라 한다.

그러나 9류중생이 아무리 많다 해도 삼천대천세계 안에 있고, 삼천대천세계가 아무리 넓고 크다 해도 허공 안에 있는 것이며, 허공이 아무리 한없다 해도 마음속에서는 큰 바다에 튀는 한 방울의 물과 같은 것이다.

그렇다면 허공이 나의 광대한 마음속에서는 걱정할 것이 못 되는 바, 하물며 삼천대천세계와 그 안에 있는 중생 또한 큰 바다의 한 방울 물에 불과할 것이다. 그러므로 심체心體, 즉 광대한 마음을 잘 다스리기만 한다면, 9류중생이며 삼천대천세계며, 한량없는 허공인들 항복 받지 못할 것이 무엇이겠는가이다.

그리고 내 마음속에 있는 9류중생의 성품들로 치면, 마음으로부터 출가하기 이전에는 희喜 · 노怒 · 애哀 · 낙樂 · 우憂 · 수愁 · 사思 · 여慮

등의 팔만사천 번뇌 망상이 가득 차 있으나, 이는 부浮·침沈·산散·
난亂의 네 가지 종류의 중생이고, 이러한 성질의 업을 그대로 가지고
있으면 나중에 죽어서 부浮(마음이 뜬)는 난생으로, 침沈(마음이 가라앉
음)은 태생으로, 산散(마음이 흐트러짐)은 습생으로 난亂(마음이 어지러움)
은 화생으로 나게 된다. 심출가心出家(마음이 출가) 이후에는 지해智解,
분별分別, 적정寂靜, 주착住着, 법만法慢 등의 마음을 가지고 있는 출
가 중생들이 많으나, 환각幻覺, 착각錯覺, 완공頑空, 지장智障, 탐적貪
寂, 무기無記 등의 마음으로 다섯 가지 종류로 나눌 수 있다.

이렇게 아홉 가지 자심自心 중생이 삼천대천세계에 널려져 있다
하더라도 한 마음 가운데서 일어나고 사라지는 것이며, 또 한 마음이
아무리 크고 광대하다 하더라도 본래가 허망하여 나라고 할 곳이 없
는 것이므로 항상이라 할 곳이 하나도 없다는 것을 알아야 한다.

또한 한 마음도 한 마음이라 할 것이 없느니, 하물며 이 속에서 어
지러이 일어나고 사라지는 번뇌 망상과 삼라만상이 무슨 의미가 있
겠는가. 이러하니 천지 허공이 어디에 있으며, 9류중생이 어디메 있
으며, 또 부처의 마음과 중생의 마음이 어떠하단 말인가.

말하자면 번뇌와 깨달음, 선심과 악심, 부처와 중생이 모두가 마하
본심摩訶本心에서는 하잘것없는 중생이 되어 이 같은 생각을 깨닫는
마음조차도 중생의 마음인 것이다. 이같이 외계外界의 진세塵世 9류
중생이나, 내계內界의 자심自心 9류중생이나, 또는 심량心量이 광대
하다고 하는 마음이나, 대각大覺, 정각正覺 하는 것까지도 다 남음이

없는 열반에 모두 집어넣어 완전히 소멸하여 없애고 제도하여 건넬 것을 말씀하심이다.

번뇌와 깨달음, 선심과 악심, 부처와 중생이 모두가 마하본심에서는 하잘것없는 중생에 지나지 않으니 이 같은 생각을 깨닫는 마음조차도 중생의 마음이라고 했다.

참으로 이해하기 어려운 말이 아닐 수 없다. 그런데 면밀히 생각해 보면 마하본심이라는 것은 크고 광대한 마음이라는 뜻으로서 아무리 중요하다고 생각되는 것들조차 한낱 먼지에 불과하다는 것을 강조하려는 뜻이니, 하등에 집착할 이유도 없고 생각할 필요조차도 없다는 말씀이다.

즉, 마음을 우주에 비한다면 지구가 아무리 크다 해도 저 멀리 우주에서 바라다볼 때 한낱 먼지에 불과한 것과 같다는 말씀이다. 그러니 마하본심이란 우주보다도 더 크고 광대한 것이니만큼 본래의 크고 넓은 열반의 마음 즉 마하본심으로 돌아간다면, 내심內心 중생이니 외계外界 중생이니 구별할 필요도 없고, 깨달음을 이루고 못 이루고 하는 것조차도 부질없다는 뜻이다.

성품의 바다, 곧 마하본심에서는 일어나고 사라지는 것들이 환幻에 불과하다는 것이다. 저 멀리 우주 너머에는 수많은 별이 있는 것 같지만, 그 별들이 생겨나고 사라지는 것을 굳이 애태우면서 관심을 가지고 보지 않는 것과 같은 이치다. 별들이 생겨나든 사라지든 무슨 상관이 있으랴.

마음 안에 있는 내계 중생을 인因이라 한다면, 마음 밖의 외계 중생은 과果에 해당한다. 마음 안에 9류중생이 있으면 마음 밖에 9류중생이 저절로 나타난다는 의미다. 즉, 내 마음이 9류중생의 마음을 모두 가지고 있으니 마음 밖의 세계에도 9류중생들이 생겨난다는 뜻이다. 다시 말해 태, 난, 습, 화, 유색, 무색, 유상, 무상, 비유상비무상의 9류중생이 모두 내 마음에 들어 있다는 말이다.

이러한 9류중생의 성품들은 곧 희로애락喜怒哀樂 우수사려憂愁思慮, 즉 오만가지 생각과 감정이 나의 마음속에도 들어 있다는 뜻이니, 그러한 나의 생각과 감정 가운데 어느 것에 더 집착하느냐에 따라 9류중생 가운데 하나의 몸으로 태어나게 된다.

예를 들어 욕심이 많으면 태란습화 4생四生 가운데 육욕천과 삼악도에 태어날 것이고, 생각과 감정이 아직 남아 있다면 그 크기에 따라 색계와 무색계 중에 태어날 것이다.

그런데 마음 안에 있는 내계 중생의 마음을 제도하면 실제 우리의 눈으로 보이는 마음 밖에 있는 외계의 중생들도 모두 제도가 되니, 이를 반야바라밀이라 하고 정토淨土라고 한다. 실상적實相的으로 반야바라밀이라고 하는 마음 중생마저 멸도한다면 외계 중생은 따라서 열반이 되는 것이다. 《원각경》에 이르기를 "한 마음이 청정하면 많은 마음이 청정해지고 내지 시방세계가 청정하다"라고 했다.

그러니 내 마음이 부처면 일체 법계가 모두 부처이다. 그렇다면 안과 밖으로 무량無量 무수無數 무변無邊 중생을 멸도하였을지라도 만일 한 중생이라도 멸도함이 있거나 멸도한 생각이 있다면, 이 멸도한 생각이 다시 중생이 되어 실상에서는 하나가 꺼지고 다른 하나가 일어나는 것밖에 되지 않는 셈이 된다.

그러므로 한 중생도 멸도한 생각이 없이 일체중생을 멸도하여야 하느니, 그런 다음에야 남음이 없는 열반이 되는 것이므로 이것이 반야법般若法으로서 일체중생을 멸도한 것이 된다. 그래서 《금강경》의 이 구절에서 무량 무수 무변 중생을 제도했지만 실상에서는 '한 중생도 제도를 얻은 자가 없다'고 한 것이다.

요약하자면, 본래 마음은 마하본심으로서 무량 무수 무변하여 한량이 없으므로 아무리 큰 생각이나 감정도 모두 한낱 큰 바다의 한 방울 물방울에 지나지 않으니, 잠깐 생겨났다 사라지는 환幻과 같고 꿈과 같은 것이라서 없는 것이나 마찬가지이므로 집착하거나 번뇌로울 것이 하등에 없다.

그러나 생각과 감정이 있으므로 이를 멸도하려면 한 생각마저 일으키지 말아야 하느니, 왜냐하면 깨닫는다느니, 멸도를 한다느니, 제도가 된다느니, 되었다느니 하는 생각을 하게 되면 그것이 다시 원인과 씨앗이 되어 인과를 일으키게 되므로 다시 또 중생의 마음이 생겨나게 되어 궁극에는 함 없는 함이 되어야 한다는 뜻이다.

하 이 고　수 보 리　약 보 살　유 아 상 인 상 중 생 상 수 자 상　즉
何以故　須菩提　若菩薩　有我相人相衆生相壽者相　卽
비 보 살
非菩薩

무슨 까닭이겠는가, 수보리야.

만일 어떤 보살에게 아상我相, 인상人相, 중생상衆生相, 수자상壽者相이 있으면 이는 보살이 아니니라."

《금강경》에서는 아상我相, 인상人相, 중생상衆生相, 수자상壽者相, 즉 4상四相을 지니고 있으면 보살이 아니라고 한다. 이러한 4상이란 과연 무엇이며, 왜 4상을 버리지 못하면 보살이 되지 못한다고 하는 것일까?

우선 상相이라 함은 마음과 행동으로 드러내 보이는 것으로서 자기를 과시하기 위해 잘난 체, 아는 체 으스대는, 소위 자존심의 행태를 말함이니, 이는 생각을 하거나 업력業力과 습력習力, 즉 본능적으로 나오는 습성이다.

4상四相이란 나의 내면에서 분수처럼 솟아오르는 네 가지의 욕망, 즉 집착을 의미한다. 이는 서로 제각각인 것처럼 나누었지만, 아상·인상·중생상·수자상은 살아가는 가운데 드러나는 자신의 욕망과 집착을 네 가지의 형태로 나누어 놓은 것이다.

첫째, 아상我相이란, 나의 몸을 '나ego'라고 생각하는 관념이다. 4상의 근본 바탕이 된다. 몸이 '나'이므로 몸에서 요구하는 모든 것은 내가 욕망하는 것이 된다. 그러므로 몸의 욕망을 가장 우선적으로 추구한다. 내가 있으므로 네가 있고 또 모든 것이 있다.

내가 모든 것의 중심이 되고 그렇기에 이기적이 된다. 그런 의미에서 우리 모두는 아상을 가지고 있다고 보는 것이고, 아상의 크기에 의해 각자의 생각이나 성품 그리고 행동이 달라지게 된다. 따라서 아상은 모든 고통의 근원이 된다. 내가 생각한다고, 원한다고 하여 모든 일이 마음대로 이루어지지는 않기 때문이다. 그러나 아상, 즉 나를 나라고 하여 이기적인 생각을 하는 것으로부터 벗어난 사람, 즉 나에게 닥치는 모든 운명에 대해 아무 저항 없이 그대로 받아들이는 사람은 운명조차 비켜간다는 말이 있다. 이런 마음을 가진 이야말로 운명을 극복하는 최고 지혜의 소유자이다.

둘째, 인상人相이란, 나는 너와 따로 분리하여 있다고 생각하는 것이다. 나는 주체적인 인식을 가지고 있고, 너를 비롯하여 나 밖의 모든 것은 내가 생각하는 인식의 대상이다. 상대적인 현상이 시작된 것이다. 본래 마하본심의 자성自性이 나와 너, 둘로 나뉘어지게 된 것이다.

불교적 관점에서는 내가 있다는 것 자체가 세계가 있다는 증거이고, 만약 내가 없다면 내가 보는 세계도 없다고 본다. 나와 세계는 일체유심조一切唯心造로서 하나의 몸이다. 다만, 각각의 형상이 모두 다를 뿐이다. 연기적 관점에서 보면, 이 세계와 우주는 삼라만상으로서 인드라망으로 서로서로 연결되어 있기 때문에 한 몸일 수밖에 없다.

나의 몸은 우주 삼라만상이 인드라망으로 연결되어 서로서로 영향을 주고받는 연기적 입장에 있으므로, 나의 의지대로 된다고 생각하는 것은 착각이다. 그런 의미에서 나는 주체가 될 수 없을 뿐 아니라, 연기적으로 서로서로 영향을 끼치고 받는 하나의 구성원에 불과한 것이다. 거기에 불만을 갖거나 이의를 제기하는 것 자체가 고통이 된다. 따라서 나의 주체는 내 몸이 아니라 불만과 괴로움이 없는 순수한 의식이고, 나 밖의 세상 모든 것 또한 순수한 것으로 생각해야 하므로 그 속에서 서로 한 몸으로 용해되는 것이다.

그러나 우리 모두는 몸을 나라고 인식하면서 나와 너로 분리하게 된 것이니, 이 같은 분별과 차별된 생각이 온 몸과 마음에 똘똘 뭉쳐져 있으므로 서로 시비고락是非苦樂을 벗어날 수 없게 되어버린 것이다. 더군다나 나 이외의 다른 존재들은 나와 인간을 위하여 존재한다는 생각으로 매우 이기적인 인식을 하는 경향까지 있으니, 참으로 위험한 생각이 아닐 수 없다.

셋째, 중생상衆生相이란, 육체와 영혼이 함께하면서 삶을 살아가는 모든 중생을 말한다. 부처님은 각각의 모든 중생이 평등하고 존귀하다고 말씀하셨다.

모든 중생이 평등하다고 하신 것은 각각의 중생이 살아가는 형태는 모두 다르지만, 자신이 짓는 업은 각기 다르면서 같은 것이기 때문이다. 즉, 즐거움과 기쁨, 행복을 추구하는 만큼 그 인과로 말미암아 괴로움과 슬픔, 불행한 마음의 무게가 똑같이 나타나기 때문에 평등한 것이다.

그리고 존귀하다고 말씀하신 것은, 업을 짓는 분별의 마음을 완전히 없애기만 한다면, 곧 부처가 되어 근심 걱정, 번뇌 망상, 괴로움과 슬픔 그리고 모든 고통이 사라져서 생사生死가 없는 열반적정涅槃寂

靜을 이루기 때문이다.

그러나 이 모든 중생이 각각의 차별이 있는 것은 무슨 까닭일까? 이는 각자가 지은 업 때문이다. 각자 스스로가 지은 업의 크기에 따라 좋고 싫은 고락苦樂의 무게가 다르다는 것이다.

중생상은 아상과 같이 자기 스스로를 나라고 인식하는 관념이다. 좋고 싫은 고락의 분별이 없는 순수한 의식만이 진정한 주체라는 것을 모르고, 좋다 싫다, 옳다 그르다고 하는 고락시비의 분별된 의식이 곧 이 자기라고 착각하는 것을 말한다. 그러므로 중생상이란 우리 모두를 일컫는다.

고락의 인과가 없는 영원한 자성을 찾는 노력을 하는 대신 살아가는 속에서 기분이라고 하는 감각적인 즐거움과 기쁨, 행복을 찾는 데에만 정신을 쏟고 있다는 것이다.

무조건 나의 행복을 성취하기 위해 투쟁을 일삼으면서 자신이 원하는 것에 대해 수단과 방법을 가리지 않는 업성業性에만 도취되어 있으니, 계속적으로 인과가 나타나서 괴로움과 고통을 벗어날 수가 없음은 물론 영원히 육도六道(천상·인간·수라·지옥·아귀·축생)를 윤회할 수밖에 없는 것이다. 또 부처님을 믿는다 해도 진리를 찾을 생각은 멀리하고 기복祈福에만 매달리는 우스운 형태가 대다수를 이루고 있다.

중생상을 벗어나기 위해서는 모든 중생을 나와 별개인 상대로 볼 것이 아니라, 나의 업연業緣에 의해 나타난 나의 업상業相으로 봐야 한다. 왜냐하면 다른 중생을 보고 좋고 싫은 감정이 일어나는 것은, 그 중생에게 문제가 있는 것이 아니라 나의 좋고 싫은 고락의 업이 작동하는 것이기 때문이다. 따라서 먼저 나의 고락업苦樂業을 없애 나가는 것이 우선이다. 그러므로 만약 다른 중생을 나와 경쟁하거나, 적으로 보거나, 좋고 싫은 분별의 대상으로 보는 업습을 절대적으로 고쳐야 한다. 나의 고락업이 다하게 되면 다른 중생들이 모두 중생이 아님을 보게 될 것이다.

넷째, 수자상壽者相이란, 곧 살아가는 것에 집착하는 마음이다. 내가 오래오래 살아야만 한다는 욕망이 나를 지배하고 있는 것이다. 그래서 내가 다른 사람들보다 더욱 귀중해야 한다는 생각을 하게 되고, 몸을 소중히 여기며 몸에 조금이라도 이상이 있으면 화가 나고 괴로워지게 된다.

이러한 수자상을 갖게 되는 것은 인과를 모르는 탓이다. 다른 존재들보다 우월하려는 생각, 즉 수자상을 갖는 것은 자기 스스로 욕심을 부리고, 그 욕심을 채워서 즐겁고 기쁘고 행복함을 만끽하기 위함이다. 그러나 그러면 그럴수록, 그 무게만큼의 괴롭고 슬프고 불행한 과보를 받는다는 것을 모른다. 따라서 수자상을 비우기가 가장 어렵다는 이유가 여기에 있다.

그러므로 아상, 인상, 중생상, 수자상의 4상四相이 서로 다른 것이 아니다. 각각의 상은 내가 다른 것으로부터 따로 존재한다는 착각에서 만들어진 것이다. 결국 나라는 존재는 다른 것으로부터 결코 독립될 수가 없으니, 그래서 남보다 더욱 존귀하다거나 뛰어나게 좋은 것을 이룰 수가 없음이다. 더 좋은 것을 얻으려 하고 더 많은 욕심을 부릴수록 그에 따른 인과가 생겨서 얻은 만큼의 과보로 인하여 잃고 사라지는 고통과 괴로움이 생길 수밖에 없는 것이니, 4상이란 참으로 나를 힘들게 하는 원인이 되고 만다.

따라서 이러한 4상을 비워야 고통과 괴로움이 사라져서 부처를 이룸이니, 근심 걱정, 우비고뇌의 고통으로부터 벗어나기 위해서는 4상을 비우는 수밖에는 다른 도리가 없기에 그 어떤 것보다 4상을 비우는 데 총력을 기울여야 할 것이다. 기도와 참선, 보시와 정진은 곧 4상을 비우는 실천행이다.

4

묘행무주분
妙行無住分

묘행은 머무름이 없음

第四 妙行無住分

제사 묘행무주분

부차 수보리 보살어법 응무소주 행어보시 소위부주
復次 須菩諸 菩薩於法 應無所住 行於布施 所謂不住

색보시 부주성향미촉법보시 수보리 보살 응여시보
色布施 不住聲香味觸法布施 須菩提 菩薩 應如是布

시 부주어상 하이고 약보살 부주상보시 기복덕 불
施 不住於相 何以故 若菩薩 不住相布施 其福德 不

가사량 수보리 어의운하 동방허공 가사량부 불야세
可思量 須菩提 於意云何 東方虛空 可思量不 不也世

존 수보리 남서북방 사유상하허공 가사량부 불야세
尊 須菩提 南西北方 四維上下虛空 可思量不 不也世

존 수보리 보살 무주상보시복덕 역부여시 불가사량
尊 須菩提 菩薩 無住相布施福德 亦復如是 不可思量

수보리 보살 단응여소교주
須菩提 菩薩 但應如所教住

4. 묘행은 머무름이 없음

"또 수보리야, 보살은 모든 법에 머무는 바 없이 보시해야 할지니, 이른바 형상에 머물지 않고 보시하고, 소리, 냄새와 맛, 접촉, 법에도 머물지 않고 보시해야 하느니라.

수보리야, 보살은 마땅히 이와 같이 보시해야 하느니 모양에 머물지 말 것이니라.

왜냐하면 만약 보살이 상에 머물지 않고 보시한다면 그 복덕은 가히 생각으로는 헤아릴 수 없느니라.

수보리야, 동쪽의 허공을 생각으로 헤아릴 수 있겠느냐?"

"헤아릴 수 없습니다, 세존이시여."

"수보리야, 남쪽, 서쪽, 북쪽과 네 간방과 위아래의 허공을 생각으로 헤아릴 수 있겠느냐?"

"헤아릴 수 없습니다, 세존이시여."

"수보리야, 보살이 모양에 머물지 않고 보시한 복덕도 또한 이와 같아서 생각으로는 헤아릴 수 없느니라.

수보리야, 보살은 다만 이렇게 가르친 바대로 머물지니라."

4. 묘행무주분 妙行無住分
묘행은 머무름이 없음

부차 수보리 보살어법 응무소주 행어보시 소위부주색
復次 須菩提 菩薩於法 應無所住 行於布施 所謂不住色

보시 부주성향미촉법보시 수보리 보살응여시보시 부주
布施 不住聲香味觸法布施 須菩提 菩薩應如是布施 不住

어 상
於相

"또 수보리야, 보살은 모든 법에 머무는 바 없이 보시해야 할지니, 이른바 형상에 머물지 않고 보시하고, 소리, 냄새와 맛, 접촉, 법에도 머물지 않고 보시해야 하느니라.

수보리야, 보살은 마땅히 이와 같이 보시해야 하느니 모양에 머물지 말 것이니라.

"법법에 머무는 바 없이"라고 할 때의 법법이라 함은 육바라밀六波羅蜜을 말씀하심이다. 즉, 보시布施, 지계持戒, 인욕忍辱, 정진精進, 선정禪定, 지혜智慧의 여섯 가지 바라밀이다. 지혜란 일체에 마음이 머물러 집착하지 않는 것을 말하는 것으로서 모든 장애를 벗어나는 법을 잘 아는 마음이다.

선정이란, 나의 본래 마음의 자성은 걱정 근심, 우비고뇌가 없었는데, 수 억겁에 걸쳐서 욕심을 부린 탓에 그 인과로 인하여 괴로움과 고통이 끊이질 않아 왔으니, 이제 업으로 똘똘 뭉쳐진 번뇌를 고요히 쉬게 함으로써 점차적으로 숙업宿業(오래된 업)을 멸하여 가는 과정을 말한다.

정진이란, 하루 한시도 쉬지 않고 몸과 마음을 다하여 꾸준히 선정을 닦기 위해 기도·염불·참선·보시·인욕 등을 행하는 실천이다.

인욕은, 욕먹음에 원한의 마음을 갖지 않고, 남에게 교만하지 않으며, 억울하고 분하고 성내지 아니함을 말한다. 사바세계는 참아야 하는 곳이라는 의미다. 참지 않으면 인과를 벗어날 수 없을뿐더러 천상과 지옥을 계속 오고 갈 뿐이다. 좋고 싫은 고락의 분별을 참고 또 참는 것이 인욕행의 핵심이다.

지계라 함은, 몸으로 짓고 말로 짓고 생각으로 짓는 신구의身口意 삼업을 청정히 하여 못된 버릇의 업을 짓지 않도록 하는 것이다. 계를 지키지 않음은 자신의 욕망을 채우기 위함이니, 곧 욕심과 탐심, 욕망을 통해 즐거움을 얻기 위함이다. 그러므로 즐거움에는 인과가 붙으므로 괴로움의 과보를 받아야 할 것이니, 계를 지킨다는 것은 곧 인과를 낳지 않고 고통을 받지 않음이다.

보시란, 몸과 마음에 있는 일체의 것을 희사하여 나를 이롭게 하는 것을 이름한다. 무슨 말이냐? 내 것이라는 아상我相을 버리기 위함이다. 아상은 인과를 낳고 인과에는 고통이 뒤따른다. 그렇기 때문에 보시는 결국 나의 고통을 사전에 미리 방지하는 최선의 방법이 된다. 때문에 육바라밀 가운데 가장 우선으로 치는 것이다.

색色에 머물지 않는다 함에서부터 소리, 냄새와 맛, 닿음(접촉)과 법에 이르기까지 머물지 않는다는 것은 곧 6진六塵(6경六境)에 머물지 않음을 말한다. 6진 또는 6경이라 함은 6근에 상대되는 세상을 말한다. 첫째 색진色塵은 일체의 색과 일체의 형상 모양이니, 5방색과 방方 · 원圓 · 장長 · 단短을 말한다.

둘째, 성진聲塵은 귀에 들리는 일체의 소리를 이름이니, 오음육률五音六律과 희로애락의 소리와 공포 등을 말한다. 그리고 셋째, 향진香塵은 코로 맡아지는 일체의 냄새를 말한다. 넷째, 미진味塵은 혀에 알리는 일체의 맛이니, 짜고 달고 시고 쓰고 맵고 등의 맛을 의미한다.

다섯째, 촉진觸塵은 몸에 부딪치고 닿는 일체의 촉감을 말하는데, 곧 부드럽고 깔깔하고 연하고 단단하고 차고 덥고 등을 말한다. 여섯째, 법진法塵은 위의 다섯 가지 진을 상대하여 이러쿵저러쿵 좋고 싫은 분별을 하는 것이니, 일체의 선악법善惡法을 지어내게 된다.

이로써 지금부터 부처님께서는 제3단 법문을 시작하시는데, 이 《금강경》을 설하기 이전에도 저 언덕에 도달하는 법을 여섯 가지로 나누어서 말씀하신 적이 있다. 이것이 곧 육바라밀법으로 먼저 육바라밀을 알아야 하므로 이를 설명하였다.

그렇다면 부처님께서는 무슨 까닭으로 수보리를 불러 바라밀법에 머물지 말고 보시를 하라 말씀하신 것일까? 저 언덕에 도달하는 법으로는 일체중생을 멸도함을 말씀하셨고, 이어 자취를 없게 하기 위하여 4상(아상, 인상, 중생상, 수자상)에 머무름이 있으면 보살이 아니라고 하셨다.

즉, 한 점의 괴로움과 고통이 없는 곳에 이르기 위해서 저 언덕에 도달하는 법을 말씀하신 것이니, 그 법이 바로 부처님께서 설하셨던 육바라밀법을 또다시 꺼내시어 대중들이 궁금해 하는 점을 밝히려 하셨다.

대중이 궁금해 하는 것이 무엇인가? 일체중생을 무여열반에 넣어 멸도하되 4상四相에 머무름이 없어야 한다고 하셨는데, 그렇다면 육바라밀법을 말씀하시는 것에 또 머무름이 생기는 것이 되므로 머무르지 말라고 하시는 말씀과 배치되지는 않는가 하는 점이다.

왜 그럴까? 육바라밀의 첫머리에 있는 보시만 보더라도, 주고받는 사람이 있어야 보시가 되는 것이니, 나와 남이 있을 수 없는 것이고, 나와 남이 있다는 것은 곧, 아상과 인상이 벌써 생겨버리게 되므로 4상에 머물지 말라고 하신 말씀과 배치되는 것이 아닌가 하는 점이다.

그다음 지계와 인욕, 정진과 선정, 지혜가 모두 그러할지니, 이를테면 계와 계를 가지는 자가 있을 것이고, 인욕과 인욕자가 있을 것이며, 정진과 정진하는 사람이 있을 것이고, 선정과 선정자가 있을 것이며, 지혜와 지혜자가 있을 것이다. 곧 상대적이요, 상대가 있으면 4상이 없을 수가 없는 것이다.

그렇다면 4상을 빼놓고 육바라밀법을 행한다는 것은 사실상 불가능한 말이 되는 것이니, 전에 말씀하신 육바라밀과《금강경》에서 4상에 머물지 말라고 하신 말씀은 서로 배치되는 것이 아닌가 하는 의심이다.

부처님께서는 대중의 이러한 의심을 이미 아시고, 이 뜻을 밝히시려고 수보리를 불러서 즉시 말씀하신 것이다. 즉, "보살이라면 육바라밀법에도 마땅히 머무는 바 없이 보시를 행할 것이니"라고 하시고, 다음 말씀으로 육바라밀법에도 머무름 없이 행할 수 있다는 것을 보여주셨다.

그렇다면 어떻게 하는 것이 머무름 없이 행하는 보시가 되는가? 먼저 내가 있다는 생각을 하지 말아야 한다. 즉, 아상은 본디부터 잘못된 생각으로서 나라는 생각이 있으면 벌써 남이 생기는 것이고, 남이 생긴다는 것은 곧, 분별하려는 생각을 낳게 되고, 이어 육근六根(안이비설신의)에 집착하게 되므로, 육근에 집착하게 되면 일체 모두가 나와 남으로 나뉘게 되니, 나를 지키고 보존하기 위해서는 온갖 욕심을 부리게 될 수밖에 없음이다.

육근에 집착하지 않기 위해서는, 먼저 눈에 보이는 색(물질·대상)에 머물지 말아야 함이니, 색에 머물지 않게 되면 곱고 추한 것이 없어지고, 친하고 멀어지는 것이 없어지며, 따라서 나와 남이 없어지게 된다.

이어서 귀에도 코에도 혀에도 몸에도 뜻에도 머물지 않게 된다면, 결코 이것과 저것이 없어지는 동시에 좋고 싫은 것이 저절로 없어질 것이다. 이와 같이 색성향미촉법色聲香味觸法에 머물지 않고 보시를 하게 되면, 보시를 하더라도 보시한다는 생각이 없어지게 됨은 물론 곧 4상四相에 머물지 않게 된다.

이런 까닭으로 부처님께서는 "수보리야, 보살은 마땅히 이와 같이 보시하여 상相에 머물지 말지니라"라고 말씀하신 것이다.

현실에 있어서 과연 가능한 일일까? 물론 어렵고 어려운 문제이다. 그러나 세상 모든 것은 결국 변하고 없어지는 것은 너무나 당연한 이치이니, 집착할 것이 못 된다는 것을 우선 뼈저리게 체득하여야 한다. 공空을 터득해야 한다.

다음으로 인과를 절대적으로 믿어야 한다. 얻은 것만큼 잃게 되고 사라진다는 것, 즐겁고 기쁘고 행복한 것만큼 괴롭고 슬프고 불행한 과보를 받는다는 인과법을 철저히 알고 믿음으로써, 좋아하는 욕심을 없애고, 매사에 초연한 마음으로 항상 평안한 마음을 가져야 한다.

그러므로 내 것을 내 것이라고 하는 아상을 벗어나야 주어도 주는 것에 머물지 않고, 주는 물건에 머물지 않고, 받는 대상에 머물지 않게 된다. 따라서 시비가 생기지 않고, 질투와 투쟁심이 생기지 않고, 나와 남이라는 분별이 없으므로 매사에 있어서 거친 마음이 동하지 않게 되는 것이다.

하이고   약보살   부주상보시   기복덕   불가사량
何以故 若菩薩 不住相布施 其福德 不可思量

왜냐하면 만약 보살이 상에 머물지 않고 보시한다면 그 복덕은 가히 생
각으로는 헤아릴 수 없느니라.

세존께서 수보리에게 말씀하시기를 육바라밀법을 행하되 육바라
밀법에 머물지 말고 행하라 하셨다. 육바라밀법의 첫머리에 나오는
보시만 두고 말하더라도, 보시를 한다는 것에 마음이 머문다면 곧바
로 보시하는 이와 보시를 받는 이라는 두 가지 분별이 생기는 것이므
로, 그 즉시 아상과 인상이 나타나게 된다.

보시할 때 보시물에 마음이 머무는 것을 중생상이라 한다. 또 보시
에 복덕이 있음을 알아챈다면 이는 곧 수자상이 된다. 때문에 4상四
相에 마음이 머무른다면 설사 복을 받더라도 4상에 주착住着(집착하여
머무름)하는 복이 될 뿐이다.

이러한 보시는 범부의 보시에 지나지 않으니, 즉 유위有爲(한계가 있
음)의 보시가 되어 복덕을 받는 것 또한 유위의 복에 떨어지게 된다.
이를 유위법이라 하는데, 이러한 복은 아무리 큰 복을 짓더라도 마침
내 모두 새버리고 말 것이다. 그러니 새지 않는 큰 법을 닦는 보살의
입장에서는 할 바가 못 된다.

보살의 보시는 마음이 허공 같아서 청정한 육근을 지니고 있어 육
근 육진에 머무름이 없고, 육진에 머물지 않으므로 보시하는 행위도
청정하여 보시를 하는 이나 보시를 받는 이가 따로 있지 않으니, 허

공 같은 보시가 된다.

허공이 우리에게 찰나를 쉬지 않고 공기를 보시하는 것과 같이 보시하는 상이 없으며 아무런 흔적이 없는 것과 같다. 즉, 주는 시자施者와 받는 수자受者가 따로 없다. 이것이 바로 머무름이 없는 보시이고 다함이 없는 보시이며, 일어남이 없는 보시이니 진정한 보살의 보시인 것이다.

그러므로 머무름이 없는 무주상無住相의 복덕도 허공과 같이 아무런 제한이 없이 헤아릴 수 없는 복덕이요 허공과 같이 무너짐이 없는 복덕이 될지니, 이를 무루법無漏法이라 한다. 또한 허공과 같이 항상 보시하면서도 보시가 아닌 것이 되니, 이를 함이 없는 법, 즉 무위법無爲法이라 한다.

이것이 곧 색(대상)에 머물지 않는 보시이며, 소리·향기·맛·촉감·기억 등 안이비설신의에 머물지 않는 보시요, 4상四相을 떠난 보시이고, 육바라밀법에 머물지 않는 보시가 되는 것이다.

그러니 경에 이르기를, "보살은 마땅히 이와 같이 보시하여 상에 머물지 말지니라"라고 끝을 맺으신 것이고, 이어서 "이 어찌한 연고이냐?"라고 물으신 것은 무주상보시無住相布施의 광대한 복덕을 밝혀주시려 함이다.

보살의 보시는 상을 여읜 보시이며 머무름이 없는 보시이며 공한 보시이니, 과보도 공할까 염려하는 대중을 위하여 주는 이[施者]와 받는 이[受者]가 공했으므로 보시와 복덕이 공한 단멸법斷滅法으로 알까 염려함에서다.

즉, "보살은 마음이 머물지 말고 보시하라" 한 것을 "어찌한 연고인 줄 아느냐?" 다시 물으신 것은, 만약 상에 머물지 않고 보시를 할 때 상에 머물지 않는 인因(씨앗)을 진정으로 허공같이 심었다고 한다면, 그 받는 복덕 또한 허공같이 헤아릴 수 없는 무량한 복덕이 된다는 것을 알려주시려 함이다.

보시, 즉 남에게 내 것을 준다고 할 때 소위 생색을 내는 것이 보통의 마음일 것이다. 그러나 연기법에 따르면 아무리 들고 뛰어봐야 결국에는 득실과 가감이 없을진댄, 욕심이라는 바람이 불어서 바다의 파도가 출렁이는 것과 같을 뿐이다. 욕심의 바람을 그치게만 한다면 잔잔한 바다와도 같이 평온한 마음이 될 것이다.

須菩提 於意云何 東方虛空 可思量不 不也世尊
<small>수보리 어의운하 동방허공 가사량부 불야세존</small>

수보리야, 동쪽의 허공을 생각으로 헤아릴 수 있겠느냐?"
"헤아릴 수 없습니다, 세존이시여."

세존께서는 상에 머물지 않고 하는 보시의 복덕을 그냥 그 복덕이 불가사량不可思量이라고만 하시고는 부정하셨다.

왜 그럴까? 복덕은 단순히 불가사량이라는 말로도 헤아릴 수 없는, 한도 끝도 없는 까닭이다. 듣는 대중이 자기가 아는 정도에서만 불가사량이라고 짐작할 뿐 불가사량이라는 깊은 뜻을 모를까 염려하셨던 것이다.

그래서 다시 수보리를 불러 물으시고 수보리가 대답하게 하는 형식을 취하여 상에 머물지 않는 보시의 무량한 복덕을 조금이라도 더 알려주시려 말씀을 꺼내시되, "너의 생각은 어떠하냐? 저 동방 허공에 방·원·장·단과 크고 작은 색깔과 모양을 가히 생각하여 나에게 말해줄 수 있겠느냐?"라고 말씀하셨다.

수보리는 세존께서 물으신 말씀을 듣고 마음속으로 생각해보았다. 동방 허공을 헤아려보니 어디가 동방인 줄부터 몰랐다. 왜냐하면 내가 지금 생각하는 동방은 남쪽에서 보면 북방이요, 북쪽에서 보면 남방이요, 동쪽에서 보면 서방이요, 서쪽에서 보아야 동방이 된다. 사실 동방이라는 것도 없고 사방이라는 것도 없고 그저 허공일 뿐이다.

또 위에서 보면 하방下方이요 아래서 보면 상방上方이니, 동방부터가 정법正法이 없어서 제한될 수 없을뿐더러 제한이 된다 하더라도 방·원·장·단을 무슨 수로 헤아릴 재간이 있었겠는가. 그래서 부처님께서 물음에 대해 단순하게 "헤아릴 수 없습니다, 세존이시여"라고 답할 수밖에 없었다.

부처님께서 머무름 없는 보시, 즉 무주상보시無住相布施는 헤아릴 수 없는 불가사량의 복덕이라고 말씀하시고, 동방 허공에 비유하신 것에 대해 좀 더 현대적인 시각으로 해석해보자.

우선 복덕福德의 정의부터 내려보자. 일반적으로 복덕이라고 하면, 복을 지으면 나에게 이익이 크게 되돌아오는 것을 생각할 것이다. 그래서 보시하면 보시한 만큼은 물론이고 보시한 것보다 훨씬 큰 이익으로 되돌아오는 것을 생각한다.

만약 이런 보시를 생각한 것이라면 크나큰 오산이 아닐 수 없다. 왜냐하면 이익이 생기는 즉시 그 인과로 말미암아 손해라는 과보가 뒤따르게 됨이니, 결코 이익이 될 수 없을 뿐 아니라 손해의 과보를 통해 불편해지고 괴로워지는 마음을 감수할 수밖에 없다.

그러므로 보시할 때 마음이 머물지 않게 되면 인과가 생기지 않는다. 마음이 머물지 않으면 애초에 그 흔적이 어디에도 없는 것이 되므로 원인에 의한 결과도 없다. 그러니 이익에 따른 손해라는 인과가 생기지 않게 되니, 결국 그 어디에도 손해에 대해 불편한 마음이나 괴로운 마음의 과보가 생기지 않게 된다.

그렇기에, 흔적 없는 것에 대해 무엇을 측정할 것이며, 어떻게 헤아릴 수 있단 말인가. 따라서 그 복덕은 헤아릴 수 없으니 한량이 없고, 머무름이 없기 때문에 흔적조차 없어서 시작도 끝도 없으므로 이것이 진정한 복덕이요, 그래서 생각을 할 수 없는 것, 불가사량이라 한 것이다.

한마디로, 보시를 한다는 생각이 머무른다면 그 즉시 인과가 생겨서 때가 되면 불편한 마음의 한계를 일으키게 되니 괴로운 마음의 과보를 받게 되고, 마음이 머물지 않는다면 인과도 없고 과보도 없고 한량도 없고, 크고 작은 분별도 없고 잴 수도 없으므로 이를 진정한 복덕이라 하고 생각조차 할 수 없는 불가사량이라 한 것이다.

바다는 본래 평평하고 잔잔하다.
탐진치 바람이 불면 마음에 파도가 친다.
옳네 그르네, 좋네 싫네.
바람 따라 파도 치는 마음 출렁인다.

———

須菩提 南西北方 四維上下虛空 可思量不 不也世尊 須菩
提 菩薩 無住相布施福德 亦復如是 不可思量 須菩提 菩
薩 但應如所教住

(수보리 남서북방 사유상하허공 가사량부 불야세존 수보리 보살 무주상보시복덕 역부여시 불가사량 수보리 보살 단응여소교주)

"수보리야, 남쪽, 서쪽, 북쪽과 네 간방과 위아래의 허공을 생각으로
헤아릴 수 있겠느냐?"

"헤아릴 수 없습니다, 세존이시여."

"수보리야, 보살이 모양에 머물지 않고 보시한 복덕도 또한 이와 같아
서 생각으로는 헤아릴 수 없느니라.

수보리야, 보살은 다만 이렇게 가르친 바대로 머물지니라."

사유四維는 동서남북의 간방間方을 말한다. 보통 사면팔방이라 하
는데 팔방은 사면을 상하로 나눈 것이고 중앙을 더하면 5방이요, 5방
을 또 상하로 나누면 시방세계十方世界가 된다. 세존께서는 수보리가
"동방 허공을 생각으로 헤아릴 수 없습니다"라고 말하는 것을 들으
시고, 한 걸음 더 나아가 남서북방과 사유상하의 허공을 물어보시었
으니, 이 대목은 앞의 내용과 중첩되므로 생략한다.

다만 사유四維 간방間方이다, 사면팔방이다, 5방·시방세계다 하는
것들은 모두 나를 중심으로 지어낸 망상에 불과한 것이니, 나 자신이
허망한 업력으로 생겼다 사라지는 거품과도 같은 바, 나머지 사량思
量하는 것들은 더불어 허망하기 짝이 없는 망상에 지나지 않는 것이

70 진우 스님의 금강경 강설

니, 사랑이다 비사랑이다 하는 것 자체가 허망한 것이다.

왜 허망이냐? 수차례 예를 들었듯이, 본디 바다는 조용하고 적요한 것임에도 욕심이라는 바람이 불어서 파도가 일어나는 것과 같다. 그 파도를 보고 좋다 싫다, 옳다 그르다 고락시비하는 분별이야말로 허망한 것 중에 허망하기 이를 데 없는, 바보 같은 짓이라는 말씀이다.

따라서 보시에 대해 준다 안 준다, 또한 주는 것조차 마음이 머물러서는 안 된다 하는 것조차도 허망한 것이다. 또한 보살의 상에 머무름이 없는 보시의 복덕 역시 이와 같이 복이 있다 없다, 또는 복덕이 한량이 있다 없다 하는 생각마저 옳지 않다고 말씀하신 것이다.

왜냐하면 준다는 것도, 준다는 것에 머무름이 없다는 것도, 마음이 머물러서는 안 된다는 생각도, 이 모든 것 자체가 바람을 일으키는 것과 같아서 파도가 생겨나기 때문이다. 무주상보시복덕無住相布施福德 역시 생각을 일으켜서는 안 된다.

보시가 이럴진댄 지계持戒 또한 마찬가지다. 참으로 계를 지킨다는 것은 선을 행하고 악을 멀리하라는 것이 아니고, 선도 악이요 악도 악이라는 것이다. 무슨 말이냐? 생로병사는 세상의 모습이다. 다만 인연 연기에 의해 생기고 사라지는 것이므로, 어차피 살고 죽는 것은 연기緣起의 모습인 것이다.

다만 마음을 주착住着(집착하여 머무름)하지 말고 머물지 않아야 한다. 선은 악을 낳고 악은 선을 낳으니, 선과 악을 분별하게 되면 선과 악은 서로를 영원히 낳고 멸하는 것을 반복하게 된다. 그러니 선도 악도 분별하지 않으면 남는 것은 연기에 따라 자연스런 생로병사의 모습일 뿐이니, 의도적인 분별로 계를 어기지 않고 마음을 머물지 않으면 된다는 말씀이다.

즉, 지켜야 된다, 안 지키면 안 된다 하는 마음조차 머물지 않는 것이 참으로 계를 지키는 것이 된다는 말이다. 죄무자성종심기罪無自性從心起라, 죄라는 것은 마음 따라 생기는 것이니 계라는 것, 죄라는 것 모두 무분별無分別하게 되면 계는 저절로 지켜지게 된다는 말이다.

인욕, 정진, 선정, 지혜 역시 이와 같다. 이와 같이 사량이 완전히 끊어지게 되면 구경究竟의 열반에 이르러 영원한 자유를 얻을 것이니, 이야말로 머물지 않는 보시가 되고 육바라밀법이 될 것이다.

5

여리실견분
如理實見分

진여의 이치를 실상으로 봄

제오 여리실견분

第五 如理實見分

수보리 어의운하 가이신상 견여래부 불야세존 불가
須菩提 於意云何 可以身相 見如來不 不也世尊 不可

이신상 득견여래 하이고 여래소설신상 즉비신상 불
以身相 得見如來 何以故 如來所說身相 卽非身相 佛

고수보리 범소유상 개시허망 약견제상비상 즉견여래
告須菩提 凡所有相 皆是虛妄 若見諸相非相 卽見如來

5. 진여의 이치를 실상으로 봄

"수보리야, 어떻게 생각하느냐? 여래의 몸 모양으로 여래를 볼 수 있겠느냐?"

"볼 수 없습니다, 세존이시여. 몸으로써 여래를 볼 수 없습니다. 왜냐하면 여래께서 말씀하시는 몸이 여래의 몸이 아니기 때문입니다."

부처님께서 수보리에게 말씀하셨습니다.

"인연 따라 화합된 모든 모습은 모두 다 거짓이고 헛된 것이니, 만약 모든 모습을 그 모습이 아닌 것으로 알면 바로 여래의 참모습 볼 수 있으리."

5. 여리실견분如理實見分
진여의 이치를 실상으로 봄

수 보 리　어 의 운 하　가 이 신 상　견 여 래 부
須菩提 於意云何 可以身相 見如來不

"수보리야, 어떻게 생각하느냐? 여래의 몸 모양으로 여래를 볼 수 있
겠느냐?"

신상身相이란 색신色身을 말한다. 즉, 세존의 몸을 가리키니 4대 색
신은 지수화풍地水火風(흙·물·불·바람)으로 만들어진 몸이다.

우리의 몸 역시 4대 색신으로 이루어져 있다. 만약 죽음에 이르면
살과 뼈, 가죽, 손발톱, 터럭, 이빨, 때 등은 흙으로 돌아가고, 눈물, 콧
물, 침, 정액, 오줌, 피 등은 물로 돌아가며, 더운 기운은 불로 돌아가
고, 움직이는 기운은 바람으로 돌아가니 지수화풍 4대로 된 것에 대
해 의심할 여지가 없다.

부처님께서는 32가지의 상相과 80가지의 좋으신 몸의 모양을 가

지셨다. 32상相 80종호種好라고 한다. 쉽게 말해서 몸은 단정하고 금색 광명이 빛나며, 눈빛은 별과 같이 밝고 깨끗하고, 음성은 멀고 가까움 없이 들리는 것 등 서른두 가지의 모양을 완벽히 지니셨고, 여든 가지의, 결점이 하나도 없는 색신을 완벽하게 구족하셨다.

이러한 부처님의 완벽한 몸을 보는 제자들로서는 자신들의 누추한 육신에 비해 너무나도 완벽하신 부처님을 흠모하고 공경하는 마음과 존경하고 찬탄하는 마음이 간절하였다.

그러자 마침 부처님께서 상相에 머물지 아니한 복덕이 무량함에 대해 말씀하셨을 때 제자들은 마음속으로 '무량복덕이란 저렇게 구족원만하신 부처님의 상호가 아닐까' 하는 생각을 하고 있었는데, 부처님께서는 이를 아시고 이 뜻을 밝히려 수보리를 불러 물으셨다.

"네 뜻이 어떠하느냐? 나는 소위 너희들이 일컫는 여래이니라. 그렇다면 여래라는 뜻은 어디선가 왔을 것이며, 지금 머물러 있는 것을 보고 있을 것이며, 여여如如하고 완벽함을 지칭하는 것이며, 그것이 곧 내 신상의 몸으로서 여래라고 부를 것이다. 그렇다면 지금 옳은 생각을 하고 있다고 보느냐? 그렇지 않다고 보느냐?"

이렇게 물으시고, 만약 여래의 색신을 보고 복덕이 구족하다고 생각하거나 상에 머무른다면 결코 복덕이 되지 않음을 밝히셨다. 동시에 이는 색에 머무르는 생각에 지나지 않으니 옳은 생각이 아니라고 일깨워주셨다.

부러워하면 진다는 우스갯소리가 있다. 이에 비하는 것은 맞지 않지만 부처님의 색신을 보고도 부러워하는 마음이 없어야 한다는 것을 강조하기 위함이다. 왜냐하면 부처님의 색신 역시 생로병사를 면치 못하고 허망함을 벗어나지 못한다는 것을 알아야 하기 때문이다.

이렇듯 부처님의 색신을 보고도 마음이 머물지 말라 했거늘, 세상에서 가장 훌륭하고 아름다운 것을 보더라도 이는 인과의 모습이요 생로병사의 모습이며, 지수화풍 사대의 모습에 불과함을 알았을 때 비로소 분별없는 평안한 마음이 된다는 것을 잘 알아서 항상 초연한 마음을 가져야 할 것이다.

만약 남의 몸을 보고, 그건 네 몸이 아니고 나의 몸이라고 한다면 어떠할까?

우리는 보통 사람을 상대할 때 일단 나와 다른 너로 생각한다. 그리고 상대방의 몸을 보면서 그 사람의 생각과 감정을 보고 듣고 이해하며 어떤 사람이라는 것을 규정짓게 된다. 그리고 실제로 상대방 또는 각각의 사람을 연상하면서 상대 사람의 모습을 떠올리게 된다.

하지만 그 상대는 번개처럼 사라지게 되고 지수화풍 사대로 돌아가는 허깨비 같은 것이다. 결국에는 그 사람을 연상하면서 그 사람의 말과 생각과 감정이 어떠했는가에 대한 나의 생각만 남을 뿐이다. 나의 몸이나 상대의 몸이나 때가 되면 모두 사라지고 말 것이기 때문이다.

그렇다면 모두가 사라지고 마는 것일까? 몸은 사라져도 나의 생각과 감정은 남는다고 하였다. 그리고 인과·인연으로 인하여 육도六道 가운데 어느 한 곳에 나게 될 것이다. 비록 지금의 몸과는 전혀 다르게 태어나겠지만 생각과 감정의 업은 그대로 남아 있게 된다.

나의 생각과 감정의 업에 의해 지금 나타났던 인연들과 비슷한 상대들이 또 나타나게 될 것은 불을 보듯 명확하다. 왜냐하면 나의 생각과 감정이 달라지지 않았기 때문이다. 따라서 지금 내가 상대하고 있는 사람들은 완전히 나와 별개의 다른 사람이 아니라 나의 생각과 감정의 업에 따라서 나타나는 나의 모습, 나의 아바타이다. 그래서 일체유심조一切唯心造(모두 내 마음이 만든다)요, 만법유식萬法唯識(모든 것은 나의 마음에서 나온 것이다)이라 한다.

따라서 나의 생각과 감정의 업이 달라지지 않는 한, 지금 대하는 사람들과 유사한 사람들과의 인연은 계속 이어지게 될 것이고 반복하여 나타나게 될 것이다. 참고로 부처님은 업이 없으므로 좋은 사람 나쁜 사람으로 분별될 수 있는 사람이 나타나지 않는다. 업식業識 가운데 분별이 없으므로 모두가 무분별하고 평등한 사람들만 인연될 뿐이다.

그러므로 첫째, 내가 보는 상대의 몸은 지수화풍 사대에 불과한 것이요, 둘째, 따라서 내가 보는 상대의 몸은 따로 상대가 있는 것이 아니라 본래 나의 생각과 감정의 업이 거울처럼 비쳐서 나타난 나의 업식의 그림자 또는 아바타로 생각해야 한다.

더욱이 부처님의 32상 80종호의 몸조차 허상에 불과한 것이니, 사대색신四大色身과 공함으로 봐야 한다는 것이다. 그리고 진정 32상 80종호를 본다 할지라도 그것은 그렇게 보는 나의 생각과 감정의 업식으로 생각해야 한다는 것이다.

불야세존　불가이신상　득견여래　하이고　여래소설신상
不也世尊　不可以身相　得見如來　何以故　如來所說身相
즉비신상
卽非身相

"볼 수 없습니다, 세존이시여. 몸으로써 여래를 볼 수 없습니다. 왜냐하면 여래께서 말씀하시는 몸이 여래의 몸이 아니기 때문입니다."

수보리는 세존께서 물어보신 뜻을 알았다. 그러하여 수보리는 "아니옵니다, 세존이시여. 지금 여래의 신상은 아무리 서른두 가지의 상을 갖추시고 여든 가지의 좋은 모양을 지니셨다 하더라도, 이는 사대四大 색신色身에 불과하여 결국에는 늙고 죽고 썩는 것이기 때문에 이러한 여래의 몸도 우리 범부와 다르지 않아, 지地는 흙으로 돌아가고 수水는 물로 돌아가고 화火는 불로 돌아가고 풍風은 바람으로 돌아갈지니, 이러한 색신을 여래라고 보는 것은 대단히 옳은 생각이 아니옵니다"라고 하였다.

"왜 그러한가? 여래라는 뜻은 그대로 그대로 변함이 없고 중생을 위하여 나타나셨으나, 나타남이 나타난 것이 아닐지니, 무너지는 몸이 아니고, 늙는 몸이 아니며, 병드는 몸이 아니고, 죽는 몸이 아니며, 썩는 몸이 아니고, 더러운 음식을 먹고 사는 몸이 아니며, 이는 항상 머무는 몸이고, 생이 없으므로 멸도 없는 몸이며, 늙고 아픔이 없는 몸이고, 죽고 썩음이 없는 몸이며, 다함이 없는 실상법實相法의 몸이고, 금강金剛의 몸이기 때문입니다.

이렇게 항상 머물러 변함이 없고, 다함이 없는 법신法身의 여래이거늘, 연緣으로 모였다가 인연이 다하면 헤어지는 색신, 나고 늙고 병들고 죽는 생로병사의 색신, 허위이고 실이 아닌 무상無常이요, 순간으로 생겼다 사라지는 색신에 비유한다는 것은 말이 되지 않습니다.

왜 그러한가? 여래께서 말씀하신 바와 같이, 신상身相은 허망하고 실다움 없음이 물거품과 같고 찰나며, 항상恒常하지 않음이 번개와 같기에 이런 까닭으로 여래께서 말씀하신 바의 신상이 곧 신상이 아니라고 한 것입니다."

수보리는 부처님의 물으신 바에 대해 여러 가지 구체적인 예를 들어 길게 대답하였다.

요즘 자기의 몸에 대해 신경을 쓰기 시작하면서 몸을 위해 투자하고 가꾸는 사람들이 많아졌다. 다이어트는 기본이고 성형이니, 운동이니, 요가니 하면서 옛날에 비한다면 남녀노소를 막론하고 엄청나게 많은 관심을 기울이고 있다. 또한 의술이 발달하고 경제적으로 선진국에 진입하면서 우리나라 사람들의 몸이 커지고 몸매도 좋아지고, 건강하고 병도 많이 사라지고 있는 시대를 살아가고 있다. 매우 고무적인 일이 아닐 수 없다.

그런데 문제는 때가 되면 늙고 병들고 죽는 것은 어찌할 수 있는 일이 아니라는 점이다. 그럼에도 사람들은 이왕이면 좀 더 건강하고 병이 없으며, 덜 늙고 오래도록 살다가 죽는다면 이 또한 즐거움과 행복이 그만큼 길어지는 것이 아니겠는가 하는 기대를 하고 있다.

여기에는 우리가 놓치고 있는 이면이 있다. 이 세상의 모습과 이 세상을 만드는 마음의 모습은 결코 성불成佛을 하지 않고는 달라지지 않는다는 사실이다. 즐거움과 괴로움, 행복과 불행한 마음, 이 두 가지의 상반된 마음은 서로 그 무게가 같으므로 행복을 구하면 구할수록 불행 역시 똑같은 무게로 나타난다는 사실이다.

풍선 효과라는 것이 있다. 어느 한 곳을 누르면 다른 쪽이 불어나게 되고, 다른 쪽을 누르게 되면 이쪽이 불어나게 되는 법칙성이 있듯이, 중생의 삶이란 바로 이와 같은 모습으로서 양면성이 있으며 이면의 법칙이 존재한다.

부처님께서는 이와 같은 진리를 이미 아시고, 몸에 집착하지 말라고 하고 몸을 진짜 몸으로 생각해서도 안 된다고 설파하신다. 마음 바깥으로 드러난 몸에 대해 착각하는 것은 이제 더 이상 허망한 것에 신경 쓰지 말고 지금부터라도 마음의 분별심을 없애야만 모든 것이 해결될 수 있다는 것을 알아야 할 것이다.

그런데 세존께서는 세존의 몸이 곧 신상身相이 아니라는 것을 왜 다시 밝히시는 것일까? 신상이란 결코 영원하지 않고, 있다고 하는 즉시 물거품이 되어 사라지고 마는 허망 무실한 것이다. 물거품의 인연이 다하면 찾으려야 찾을 수 없고 이름만이 전해질 뿐이다.

물에 의해 거품이 일어날 뿐이지 거품이 물은 아니다. 그러므로 물의 거품이 거품이 아니요, 바람은 바람일 따름이지 거품은 아니다. 거품의 본래 고향은 물과 바람이듯이, 신상의 몸은 신상의 몸이 아니라 본래 지수화풍 4대가 인연에 따라 화합함에 있어 거짓 이름으로 신상이라 하는 것이다.

그러므로 이 신상이 인연이 다한 다음에는 찾으려 해도 찾을 수가 없다. 지수화풍은 지수화풍일 따름이지 신상이 따로 있는 것은 아니므로, 우리의 몸을 진짜 몸으로 집착하여 거기서 즐거움을 느끼게 된다면 그에 따른 인과가 생기게 되고 또한 몸으로 인한 괴로움의 과보를 받게 된다.

하물며 지수화풍 4대 역시 신상이 물거품인 것과 같이 허망하여 실재實在가 없다. 지수화풍의 실제 모습은 요즘 말로 분자와 원자에 속한다. 물론 분자와 원자까지도 실상은 아니다. 그러므로 이를 일단 공성空性이라는 가칭을 붙여주었다.

신상의 몸이 되었든 지수화풍 4대가 되었든, 또한 분자와 원자가 되었든 이러한 실상은 번갯불과 같이 빠르다. 그러나 저 번갯불이 말이 번개이지 눈 깜짝할 사이에 사라지는 것이어서 사실 있다고 할 수도 없으니 우리의 신상의 몸 역시 번갯불과 다름이 없다 할 것이다.

그렇다면 어찌하여 번갯불과 일생일대를 사는 신상의 몸을 같이 볼 것인가? 이는 신상에 애착하므로 허망과 찰나임을 깨닫지 못하는 까닭이다. 시간은 본래 공하다. 깨닫고 보면 길고 짧은 것이 없다. 다만 일생이라는 시간을 느끼는 것은 즐겁고 괴로운 고락에 집착하기 때문이다.

하루살이나 짧은 기간에 생멸하는 벌레 등의 중생이나, 수 억겁을 살아가는 여러 하늘의 중생까지도 번갯불같이 찰나와 순간의 시간일 뿐이다. 각자가 살아가는 모습은 결국 즐겁고 괴로운 고락의 업이 있기 때문이니, 애착의 정도에 따라 살아가는 시간이 짧고 길게 느낄 뿐이다.

　능히 이렇게 번개와 같이 허망하기 이를 데 없다는 안목을 잘 갖추어서 집착하지 않는 삶을 살아갈 수만 있다면, 신상의 몸에 집착하지 않을 뿐만 아니라 달관達觀의 경지에 도달하여 마음을 제대로 제도하는 경지에 이르렀다 할 것이다.

불고　수보리　범소유상　개시허망　약견제상비상　즉견여래
佛告　須菩提　凡所有相　皆是虛妄　若見諸相非相　卽見如來

　부처님께서 수보리에게 말씀하셨습니다.
　"인연 따라 화합된 모든 모습은 모두 다 거짓이고 헛된 것이니, 만약 모든 모습을 그 모습이 아닌 것으로 알면 바로 여래의 참모습 볼 수 있으리."

　이 구절은《금강경》사구게 가운데 첫 번째 사구게이다. 부처님께서는 지금까지 수보리에게 묻고 또 물으신 다음 〈여리실견분如理實見分〉의 결론으로 이렇게 말씀하신 것이다. 세상 모든 것은 결국 모두 사라지고 만다. 허망하기 이를 데가 없는 것이다.

　모든 형상이 있는 것처럼 보이지만 변하지 않는 것은 하나도 없다. 변한다는 것은 자기의 본 모습이 없다는 것이다. 그러므로 아무리 이러쿵저러쿵 따져봐야 남는 것은 그 무엇도 없다. 다만 착각하고 있는 나의 상념만이 존재하는 것처럼 생각할 뿐이다. 그러나 지금 바로 현재 나의 생각과 감정 역시 변하고 사라지는 허망한 것이다.

문제는 감정 덩어리다. 좋거나, 싫거나, 좋지도 싫지도 않은 세 가지 감정, 즉 삼수三受 작용만 윤회할 뿐이다. 그러나 이러한 감정 역시 더 좋거나 더 싫거나 하는 것이 아니라, 좋은 것이 생기는 즉시 싫고 나쁜 감정 역시 똑같이 생기므로 이 또한 허망하기 짝이 없는 수고로움일 뿐이다. 그럼에도 불구하고 모두가 좋은 것만 취하려 하니 어리석음이 하늘을 찌르고도 남는다.

보통의 사람들은 모든 대상을 나의 고정된 생각에서 보려고 하는 버릇이 있다. 이를 숙업宿業이라 한다. 부처님께서는 이러한 생각을 하지 말라고 하시고, 고정된 생각을 버려야 편치 않은 마음이 사라진다고 하신다. 즉 고정된 생각을 없애야 곧 진실된 여래를 본다는 말씀이다.

어떤 것을 보고 '좋다'라고 하는 것에 생각이 머물러 집착한다면 곧 좋지 않은 것이 생기게 된다. '예쁘다'라고 하는 것에 마음이 머물러 집착한다면 곧 예쁘지 않은 것, 싫어하는 마음이 생기게 된다. 그래서 좋은 것이나 예쁜 것이나 결국 허망하기 이를 데가 없다는 말씀이다.

만약 돈에 대하여 '가지고 싶다'거나 '아깝다'거나, '좋다'거나 '뺏고 싶다'거나, '감추고 싶다'거나 등등의 집착을 하게 된다면, 그 과보로 인하여 조금이라도 변동이 생기는 것에 대해 애를 쓰게 되고 화가 나며, 여러 가지 상념으로 인하여 마음이 불편하게 될 것은 불문가지不問可知다. 그리고 죽음으로써 나와 돈의 관계는 끊어지고 말 것이다. 결국 돈의 상相은 없는 것이 된다.

모든 것은 인연 연기緣起 따라 변하고 사라지기 마련이다. 고정된 생각에 치우쳐서 변하지 않는 것을 전제로 하여 집착하게 되지만, 결국 변하지 않는 것은 없으므로 이러한 착각이 실망으로 이어져서 괴로워하게 된다.

젊음에 대한 애착과 집착으로 인해 늙음으로 변하는 것에 애탐과 슬픔이 오고, 건강함에 대한 집착으로 인해 병으로 변하는 것에 괴로움이 찾아오며, 얻는 것에 대한 집착으로 인해 잃게 되는 변화에 고통을 느끼게 됨이니, 젊다느니 건강하다느니 얻음이니 하는 상에 대해 부처님께서는 이러한 상을 진짜라고 믿지 말고 상 아닌 비상非相으로 보라고 신신당부하신다.

부처님께서는 한마디로 모든 상은 절대로 고정되어 있지 않고 변하고 또 변하는 것이니, 이를 진짜로 알고 집착하게 되면 실망에 의한 고통과 괴로움이 생기게 되므로 그 어떤 상이라도 집착하지 말고 진짜라고 여기지 않아야 제대로 된 마음의 상, 즉 여래를 볼 것이라고 하신다.

만약 내가 억울한 일을 당했다고 믿는다면, 억울한 상相을 억울한 상으로 보지 말라는 뜻이다. 억울한 것을 억울하다고 보는데 이를 억울하게 보지 말라는 것은 무슨 궤변인가? 하고 의문을 가질 수도 있을 것이나 이렇게 의심하는 생각의 상까지도 갖지 말라고 하신다. 왜냐하면 모든 생각과 상이란 결국 허망한 것이어서 집착할 것이 못 되기 때문이다.

하늘이 있고 구름이 있다. 구름은 천변만화千變萬化하며 변하고 또

변한다. 구름에 집착하게 되면 하늘이 있는 줄도 모른다. 그러나 흘러가는 구름의 변화에 집착하지 않으면 하늘은 항상 그대로다. 우리의 삶에 있어 일상의 모든 움직임은 구름과 같다.

구름을 진실된 상으로 보고 집착하게 되면 하늘을 잊어버린다. 그러나 구름을 진실된 상으로 보지 않으면 비상非相의 하늘이 열린다. 그러나 하늘은 그 무엇도 없다. 그러므로 구름과 하늘을 모두 상으로 보지 않으면 결국 참하늘, 즉 진공묘유眞空妙有가 된다. 구름 없는 하늘이 없고 하늘 없는 구름이 없는 까닭이다.

이것이라는 상에 머물면 저것이라는 상이 나타난다. 이러한 상은 진실된 상이 아니다. '태어났다'라는 상이 생기면 '죽는다'라는 상이 따라 생긴다. '얻었다'라는 상이 생기면 '잃는다' 하는 상이 저절로 생긴다. 이것이라는 상이나 태어난다는 상, 얻는다는 상을 상 아님[非相]으로 보면 저것이다, 죽는다, 잃는다 하는 상도 생기지 않으니, 이것이 곧 여래를 보게 된다는 뜻이다.

그러므로 우리의 삶에 있어서 일어나는 모든 일에 대해 상을 붙이지 않고 있는 그대로를 모두 받아들이고 집착하지 않고 마음이 머물지 않으며, 모든 상을 비상非相으로 보는 훈련을 쌓아나가야 한다. 그렇지 않으면 자신의 허깨비 업에 매일 속아서 마음에 멍이 들게 될 것이다.

사람들은 자기가 한 행동에 대해 후회하는 경우가 많다. 이렇게 하면 좋았을 걸, 저렇게 하면 더 좋았을 걸…. 때로는 후회를 넘어 자신이 한 행동에 대해 몸서리치며 머리를 쥐어뜯기도 하고 심한 경우에는 스스로를 못살게 굴기도 한다.

이러한 후회에 따른 후유증이 생기는 것은 고정관념이라는 자기 업業에 묶여 지금보다 더 잘되기 위한 욕심이 앞섰기 때문이다. 스스로 어떤 기준을 만들어서 그 기준에 미치지 못하거나, 못하게 된다는 예측을 미리 함으로써 스스로 좌절과 상실감을 가져오게 되는 상이 또 생기게 된다.

바로 《금강경》에서 말하는, 상相이라는 모양에 마음이 머물렀기 때문이다. 잘된다는 상, 잘못된다는 상, 잘되어야 한다는 상, 자신이 세운 어떤 기준에 대한 상, 좋다는 상, 후회된다는 상 등등 스스로 상을 만들어서 스스로 갇히는 꼴이 되는 것이다. 이렇게 생각하는 상을 자신의 생각이 소유하기 때문이다. 바로 범소유상凡所有相이다.

부처님께서는 이러한 상이야말로 모두 허망하기 이를 데가 없다고 하셨다. 개시허망皆是虛妄이다. 이렇게 허망한 상에 머물지 않는 비상이 된다면 상에서 벗어나 자유로운 영혼이 된다는 의미이다.

가끔 생각지 못하게 돈이나 물건이 나가거나 잃을 때가 있다. 아까워하는 마음이 드는 것은 당연한 일이다. 심한 경우에는 좌절을 넘어 목숨을 버리기도 한다. 바로 상에 마음이 머물렀기 때문이다. 하지만 이렇게 상에 머물지 않는 마음을 갖기란 참으로 어렵다. 이번에는 업에 묶여 있기 때문이다. 사실 업 또한 스스로 만든 자업自業의 그물인데도 말이다.

일단 자기 것, 내 것이라는 아상에서 벗어나야 한다. 내 것이라니, 참으로 아둔한 생각이 아닐 수 없다. 왜냐하면 본래 자기 것이란 없을뿐더러 모든 것은 변하고 사라지고 마는 것이다. 붙잡을수록 놓치게 된다.

따라서 나갈 것은 나가게 되어 있고, 들어올 것은 반드시 들어오게 되어 있으니, 인과 인연에 맡기고 마음이 머물지 않아야 걱정 근심의 장애가 생기지 않는다. 아상을 버려라. 들고 나는 것에 쿨하게 마음 머물지 말라. 그리하여 영혼을 자유롭게 하라.

6

정신희유분
正信希有分

바른 믿음은 희유함

第六 正信希有分
제육 정신희유분

須菩提 白佛言 世尊 頗有衆生 得聞如是言說章句 生
수보리 백불언 세존 파유중생 득문여시언설장구 생

實信不 佛告須菩提 莫作是說 如來滅後 後五百歲
실신부 불고수보리 막작시설 여래멸후 후오백세

有持戒修福者 於此章句 能生信心 以此爲實 當知是人
유지계수복자 어차장구 능생신심 이차위실 당지시인

不於一佛二佛三四五佛 而種善根 已於無量千萬佛所
불어일불이불삼사오불 이종선근 이어무량천만불소

種諸善根 聞是章句 乃至一念生淨信者 須菩提 如來
종제선근 문시장구 내지일념생정신자 수보리 여래

悉知悉見 是諸衆生 得如是無量福德 何以故 是諸衆
실지실견 시제중생 득여시무량복덕 하이고 시제중

生 無復我相人相衆生相壽者相 無法相 亦無非法相
생 무부아상인상중생상수자상 무법상 역무비법상

何以故 是諸衆生 若心取相 卽爲着我人衆生壽者 若
하이고 시제중생 약심취상 즉위착아인중생수자 약

取法相 卽着我人衆生壽者 何以故 若取非法相 卽着我
취법상 즉착아인중생수자 하이고 약취비법상 즉착아

人衆生壽者 是故 不應取法 不應取非法 以是義故
인중생수자 시고 불응취법 불응취비법 이시의고

如來常說 汝等比丘 知我說法 如筏喩者 法尙應捨
여래상설 여등비구 지아설법 여벌유자 법상응사

何況非法
하황비법

6. 바른 믿음은 희유함

수보리가 부처님께 여쭈었습니다.

"세존이시여, 혹 어떤 중생이 이와 같은 말과 글귀를 듣고 참다운 믿음을 낼 수가 있겠습니까?"

부처님께서 수보리에게 말씀하셨습니다.

"그런 말 하지 마라. 여래가 멸도한 후 오백세를 뒤로 하더라도 계행을 지키고 복을 닦는 사람은 이와 같은 말과 글귀에 능히 믿음의 마음을 내어 이것을 진실이라 여길 것이니라.

마땅히 알아라. 이러한 사람은 한 분의 부처님, 두 분의 부처님, 셋, 넷, 다섯 분의 부처님에게만 선근을 심은 것이 아니요, 이미 한량없는 천만 부처님 계신 곳에서 모든 선근을 심었느니라.

이러한 말과 글귀를 듣고 한 생각에 깨끗한 믿음을 내는 자는, 수보리야, 여래는 이를 다 아시고 다 보시나니, 이 모든 중생들이 이와 같이 한량없는 복덕을 얻게 되는 것이다.

무슨 연고냐 하면 이 모든 중생들이 다시는 나라는 생각, 사람이라는 생각, 중생이라는 생각, 오래 산다는 생각이 없으며, 법이라는 생각도 없고, 법 아니라는 생각도 없기 때문이니라.

무슨 까닭이냐 하면 이 모든 중생들이 마음에 모양을 지닌다면 곧 나다, 사람이다, 중생이다, 오래 산다는 생각에 빠져들기 때문이다.

만일 법이라는 모양의 생각을 가져도 곧 나다, 사람이다, 중생이다, 오래 산다는 생각에 다시 빠져들기 때문이다.

만일 법 아니라는 생각을 지닌다 하여도 이 또한 곧 나다, 사람이다, 중생이다, 오래 산다는 생각에 빠져들기 때문이니라.

그러므로 마땅히 법도 지니지 말고, 마땅히 법 아닌 것도 지니지 말지니라.

이러한 까닭으로 여래는 항상 말하였다. '너희들 비구가 내가 설한 법이 뗏목과 같은 줄을 알라고 하였나니, 법도 마땅히 버려야 하거늘 하물며 법이 아닌 것은 말할 나위가 있겠는가?'"

6. 정신희유분 正信希有分
바른 믿음은 희유함

수보리 백불언 세존 파유중생 득문여시언설장구 생실신부
須菩提 白佛言 世尊 頗有衆生 得聞如是言說章句 生實信不

수보리가 부처님께 여쭈었습니다.

"세존이시여, 혹 어떤 중생이 이와 같은 말과 글귀를 듣고 참다운 믿음
을 낼 수가 있겠습니까?"

수보리 존자가 '범소유상 개시허망 약견제상비상 즉견여래凡所有
相 皆是虛妄 若見諸相非相 卽見如來'라는 첫 번째 사구게를 듣고 보통
의 중생들이 잘 알아들을까? 하는 의심이 생겨 부처님께 다시 여쭙
는 장면이다.

부처님께서 "머무름이 없으므로 묘한 행동이 저절로 나오고, 이러
한 묘한 행동을 원인으로 삼아서 '이것이다'라고 하는 고정관념을 없
애고 참 깨달음의 결과를 얻어라" 하심이니, 이것이야말로 깊은 인
(원인)을 심기도 하고 깊은 과(결과)도 심게 됨이다.

여기서 주住함이 없으므로 묘행妙行이 나온다[妙行無住]고 하는 것은, 정말 진정코 머무는 마음이 털끝만큼도 없다면, 무심無心 속에서 행동이 저절로 나오게 된다는 뜻이다. 이를 걸림 없는 무애행無碍行이라 한다. 사람들은 보통 생각을 한 후에 행동을 하게 된다. 이는 벌써 생각을 했기 때문에 생각에 따른 과보가 생겨서 장애가 생긴다는 뜻이다.

수보리는 중생들이 이렇게 미묘한 법을 만나서 듣기도 어렵지만, 설사 만나서 듣는다 하더라도 믿는 마음이 생기기 어려울 것이니, 이를 어찌하면 좋을까 하는 염려가 생긴 것이다.

왜냐하면 중생들의 근기는 박약하기가 미세한 티끌과 같고, 부처님께서 말씀하신 법은 깊고 멀어서 허공과 같은 것이기에, 작은 것이 큰 것을 용납하기 어렵고, 이 깊고 묘한 법은 값을 매길 수 없는 보배 구슬과 같으므로 감히 미천한 중생들이 알아듣지도 못할뿐더러 감당하기가 매우 어렵다는 것을 부처님께 에둘러 여쭈었던 것이다.

'희망이 있다' 또는 '희망이 없다'에는 두 가지 의미가 있다. 먼저 희망이 있다는 것은, 누구든 좋고 싫은 고락의 업을 모두 없애기만 한다면 중도中道의 안락처인 해탈解脱 성불成佛을 하여 모든 괴로움에서 벗어날 수 있다는 것이다.

또 하나의 희망은, 즐거움과 괴로움, 행복과 불행은 적어도 같은 무게를 지닌다는 것이다. 인생 전체와 전생·금생·내생의 삼세三世를 모두 합쳐서 계산한다면, 즐거움과 행복의 무게와 그에 따른 인과,

즉 과보로 나타나는 괴로움과 불행의 무게가 같다는 뜻이다.

한마디로, 기분이 좋은 만큼 기분이 나쁜 일이 생기고, 기분이 나쁜 만큼 기분이 좋은 일이 생기는 것을 말하는데, 이를 고락의 업이라 하고 인과 윤회의 인연이라 한다. 따라서 이 둘의 기분은 일란성 쌍둥이와 같은 것이고, 손바닥과 손등, 동전의 앞뒤와 같은 것이니 일거수일투족에 의한 기분을 잘 살펴야 한다.

그러므로 기분이 좋은 것은 그냥 좋은 것이 되고, 기분이 나쁜 일이 생기더라도 이로 인한 인과 인연으로 기분 좋은 희망을 가질 수 있으므로 그리 실망할 일도 아니고 좌절할 일도 아니다. 다만 좋고 싫음의 고락이 계속 반복 윤회하게 되어 번거로울 뿐이다.

만약 기분이 몹시 나쁜 상태의 사람을 본다면, 저 사람은 금생 또는 금생이 아닌 내생에라도 언젠가는 기분 좋은 일이 반드시 생길 것이라고 보면 틀림이 없다. 겨울이 지나면 봄이 오듯이 인과라는 윤회가 있기 때문이다. 다만 극심한 즐거움은 극심한 괴로움을 가져온다는 인과의 사실은 꼭 기억하는 것이 좋다.

그리고 희망이 없다고 생각한다면, 이는 희망이 있다는 것과 다름이 없다. 왜냐하면 없음은 있음을 전제하지 않고는 성립되지 않기 때문이다. 따라서 희망이 없다는 것은 애초에 없는 것이다.

때문에 무주無住 유주有住, 유위有爲 무위無爲의 세상에는 두 가지의 모습 이외에는 없다고 해도 과언이 아니다. 하나는 인과의 세계, 즉 우리가 사는 사바세계요, 하나는 피안彼岸의 세계, 곧 열반 적정의 완전한 경지다. 즉, 부처님의 세계다. 어느 세계이든 상관이 없다고 하는 마음을 가지게 되면 곧 보살의 마음이 된다.

불고　수보리　막작시설　여래멸후　후오백세　유지계수복
佛告　須菩提　莫作是說　如來滅後　後五百歲　有持戒修福

자　어차장구　능생신심　이차위실
者　於此章句　能生信心　以此爲實

부처님께서 수보리에게 말씀하셨습니다.

"그런 말 하지 마라. 여래가 멸도한 후 오백세를 뒤로 하더라도 계행을 지키고 복을 닦는 사람은 이와 같은 말과 글귀에 능히 믿음의 마음을 내어 이것을 진실이라 여길 것이니라.

《대집경大集經》에 이르기를, 부처님께서 열반에 드신 뒤 정법이 점차 쇠퇴해가는 다섯 개의 500세가 있다고 하였는데, "후오백세後五百歲"는 마지막 다섯 번째인 2,500년 후의 말세末世를 의미한다. 그러나 경문의 의미를 정확히 살펴보면, 한량없는 후오백세를 의미한다고 봐야 한다.

"유지계수복자有持戒修福者," 즉 계행戒行을 지킨다 함은, 계행의 굴레로 하여금 무명無明 번뇌를 단속하여 끊어낸다는 뜻이다. 복을 닦는다는 의미는 무위자성복無爲自性福의 그곳까지 간다는 뜻으로서 자성自性, 즉 자기의 성품에 비치어 계를 지님으로써 무명의 괴로운 혹을 끊고 한량없는 무위복無爲福으로 가는 사람이라는 말씀이다.

　수보리 존자가 여쭙되 "먼 훗날 후래後來의 중생들이 신심信心이 약해서 이를 알아들을 수 있을까요?" 하니 부처님께서는 "무슨 소리냐? 믿을 사람이 없다는 말은 꺼내지도 말라"라며 그렇지 않다고 말씀하시고, 이어서 "머무름 없는 묘한 행동과 변함이 없는 실체에는 반드시 뿌리 깊은 믿음과 무르익은 대근기大根器라야 믿을 수 있을지니, 대단히 어렵고도 어려운 일이다"라고 말씀하신다.

그러나 "법의 실체는 항상 밝아서 멸함이 없는 까닭에 전하고 전하는 마음의 등불은 비록 찰나라도 꺼질 날이 없을 줄 믿어라" 왜냐하면 "이러한 본성本性이 실체에는 시간적으로 과거 현재 미래의 삼세가 없고, 공간적으로는 동서남북 방위와 멀고 가까운 원근遠近, 넓고 좁음의 광협廣狹이 없으니, 그런 까닭에 본래에는 흥망성쇠, 고금우열古今優劣이 없는 것이다."

왜냐하면 시간과 공간이 초월되어 있기 때문이다. 그러니 지금이니, 후래後來니 하고 논하는 것은 본질적으로 큰 의미가 없다. 그러므로 후래 중생이 부처님 법을 잘 알아듣지 못한다고 염려할 필요가 없다. 이를 알지 못함은 설명한 대로 법성法性 자체가 시간과 공간을 초월함을 모르기 때문이다.

그러므로 여래가 멸한 후 500세에 자성이 청정한 계인 머무름 없는 무주계無住戒와 스스로 밝은 자성계自性戒를 가지고 무위의 복덕을 닦는 자가 있을 것이니, 곧, 너희와 같이 신심信心을 내어 깨달을 자가 있을 것이다.

왜 그러냐면 500세 동안에 자성을 밝힌 덕이다. 또 후오백세後五百歲도 그러하고 또 후오백세에도 그러하여 이 무주상법無住相法은 한량없도록 끊일 날이 없을지니, 이것을 실다움으로 여길 것이다.

세상이 온통 시끄럽다. 예나 지금이나 시끄럽지 않은 때가 있으랴마는, 이 모든 현상이 근본적으로 왜 일어나는지에 대한 분석은 잘하지 않는 것 같다. 그저 내 입장에서 유리한 것이 어떤 것이냐? 또는 불리한 것이 어떤 것이냐에 따라 내 편, 네 편으로 갈려서 공방을 지속하고 있으니 시끄럽지 않을 수 있겠는가.

부처님께서는 일체가 모두 허망하지 않은 것이 없다고 하신다. 이를 진정코 깨달을 때 걱정 근심과 번뇌 망상이 사라진다고 하시고, 이러한 경지에 다다라야 참 여래를 볼 것이라고 말씀하신다.

수보리 존자가 "세존께서 말씀하신 '범소유상 개시허망 약견제상 비상 즉견여래凡所有相 皆是虛妄 若見諸相非相 卽見如來'에 대해 후래 중생들이 알아들을 수 있을까요?"라고 묻는 말에 부처님께서는 전혀 걱정할 필요가 없다고 하시면서 물음에 대해 자세한 설명을 덧붙여 주시었다.

"나타난 모든 현상은 변하지 않는 것이 없고, 그러므로 결국 실체가 없다 할 것이니 모두가 공할 뿐이다. 따라서 미혹한 견해를 가진 중생이 시간과 공간이라는 조작된 조건을 스스로 만들어서 이에 묶이어 이러쿵저러쿵하며 헤어 나오지 못하고 있다"고 하신다.

이와 같은 거품과 같은 망념을 제거하고 나면 모든 형상과 망념이 사라지게 된다고 하시고, 이러한 망념을 벗어나 본래의 경지로 되돌아가서 환귀본처還歸本處(제자리로 돌아옴)함을 진실된 여래를 보는 것이라 하시고, "망념에 사로잡힌 상태에서 거품과 같은 형상을 진짜로 보는 것은 거짓됨이라"고 알려 주신다.

따라서 이러한 거품과 같은 망념에서 벗어나게 되면, 과거 현재 미래라는 허황된 망상 또한 사라지게 됨이니, 모든 형상과 일체의 그 무엇도 허공 속에 울리는 메아리와 같은 것이라고 알려주신다.

그러함에 과거와 현재 미래라는 생각 자체가 허망한 망념일지니, 언제 어느 곳의 중생이라도 이 같은 망념에서 벗어나게 된다면 일체의 거짓된 모든 형상이 사라지게 되어, 미래의 중생이 알아들을까 걱정하는 것조차 불필요하다는 말씀이다.

걱정도 팔자라는 말이 있듯이, 걱정 근심, 번뇌 망상이 본래 있는 것이 아니라 스스로 만들어내고 스스로 없애는 것이므로 나라는 것은 없는 것을 억지로 만들어내는 기계와 같은 것에 불과함이라. 이같은 진리를 하루빨리 깨달아서 온몸에 박혀 있는 잘못된 망념의 업식을 없애는 길만이 유일함이라 하겠다.

모든 것이 허망하고 거짓이며 물거품 같다고 한다면, "허무주의와 염세주의와 무엇이 다른가?" 하고 반론을 제기하는 이들도 있을 것이다. 이러한 생각을 하는 것은 그 자체가 이미 욕심을 앞세운 견해에 불과하다 할 것이다.

"모든 것은 다 허망하다"라고 깨달으라 함은 그것이 진정코 진실이기 때문이다. 따라서 의미를 두고 욕심과 집착을 하게 되면, 100퍼센트 속아 넘어갈 수밖에 없으므로 실망과 좌절에 의한 고통과 괴로움이 생길 뿐이다. 그러함에 이를 제대로 알아챔으로써 집착과 욕심을 벗어던지고 걸림 없는 무애자재無碍自在의 대자유를 얻어 일체의 고통에서 벗어남이다.

당 지 시 인　불 어 일 불 이 불 삼 사 오 불　이 종 선 근 이 어 무 량 천
當知是人　不於一佛二佛三四五佛　而種善根已於無量千

만 불 소　종 제 선 근
萬佛所　種諸善根

마땅히 알아라. 이러한 사람은 한 분의 부처님, 두 분의 부처님, 셋, 넷, 다섯 분의 부처님에게만 선근을 심은 것이 아니요, 이미 한량없는 천만 부처님 계신 곳에서 모든 선근을 심었느니라.

부처님께서는 "이렇게 신심을 가진 중생들이 깊고 깊은 말과 글귀에 대해 신심을 내는 것이 결코 수월하다고 보지는 말아야 한다. 왜냐하면 한 부처님이나 두 부처님, 셋·넷·다섯 부처님께 선근善根을 심어서 이렇게 쉽게 됨이 아니기 때문이다.

이미 한량없는 수많은 부처님께 모든 선근을 심었으므로 이와 같이 어려운 말귀에 신심이 생기는 것이니, 이 말귀의 뜻은 허공같이 광대하고 보배 구슬과 같이 고귀하여서 티끌같이 하잘것없고 풀벌레같이 미미한 근기로는 도저히 불가능한 것이지만, 500세의 기나긴 세월 속에서 한량없는 부처님께 모든 선근을 심기를 거듭하고 거듭하였던 결과 드디어 근기가 익고 익어서 크나큰 도를 감내할 만한 힘을 길러 신심이 생겨난 것이다.

그러므로 이 말귀를 알아듣고 신심을 내는 자는 과거 한량없는 부처님께 무량한 공덕을 쌓았음인 줄 마땅히 알아야 하느니, 너희들도 그러했고 나도 그러했느니라"라고 하심이다.

열차에서 내려 에스컬레이터를 탔는데, 사람들이 오른쪽에 모두 서 있고, 왼쪽으로는 걸어서 올라가고 있었다. 아마도 사람들이 왼쪽은 비워 두고 오른쪽에 붙어서 있는 것은, 바쁜 사람들을 배려하기 위한 사회적 관행이 된 것 같다.

나도 앞사람을 따라서 올라가는데 갑자기 멈춰서고 말았다. 위를 쳐다보니 한 사람이 왼쪽 계단을 막고 비켜주지 않았다. 두 사람 뒤에 있던 내가 가로막고 있는 이를 보고 "실례지만 먼저 가면 안 될까요?"하고 양해를 구했더니 버럭 화를 내면서 걸어가려면 계단으로 가라고 소리를 질렀다.

아무 소리 않고 그대로 멈춰선 채로 끝까지 올라갈 수밖에 없었다. 속으로 조금 화가 나면서 막고 선 사람이 못내 야속하다는 생각이 들었다.

그러는 순간 정신이 번쩍 들었다. 야속하다고 생각을 했던, 그리고 순간적으로 화를 낸 나 자신에 대해 참회를 했다. 분별심分別心을 일으켰기 때문이다. 빨리 올라가야 한다는 생각이 무심한 생각을 앞섰기 때문에 상대에 대한 야속함이 생기면서 화가 났던 것이다.

상대가 나에 대해 소리를 지른 것은 순전히 그 사람의 행위이다. 상대 또한 나에 대해 화를 참지 못하고 소리를 지른 것에 대한 과보는 순전히 그 사람의 몫이다. 길을 막아섰든 비켜주지 않았든 화를 내고 기분이 좋지 않은 것은 각자의 업이요, 각자의 몫일 뿐이다.

세상 모든 모습은 그대로 그대로 인연 연기로서 자연의 움직임이 되었건 사람의 행위가 되었건, 그 자체가 문제 되는 것은 아니다. 그래서 시공時空, 시비是非, 광협廣狹, 대소大小, 거래去來, 고락苦樂, 선악善惡, 생사生死 등등의 것은 그 자체로서의 모습일 뿐 아무런 문제가 되지 않는다.

다만, 각자가 가지고 있는 시비고락의 업에 의해 좋고 싫은, 옳고 그른 분별이 생기는 것이다. 그러므로 나의 분별심이 모두 멸해지면 세상에 문제될 것은 아무것도 없게 되는 것이니, 완전한 해방을 얻어서 자유자재의 몸이 되는 것이다.

그러므로 이렇게 사소한 행동에서부터 분별심을 일으키지 않는 습慣을 길러야 한다. 또한 모두 자신의 업이라는 사실을 절대로 잊어서는 안 된다. 그리고 참회해야 한다. 상대에게 무언가를 바라는 욕심을 버려야 한다. 화내거나 잔머리 쓰지 않아야 한다. 곧 분별심을 일으키지 않으면, 신구의(행동·말·생각) 삼독심이 사라지게 된다. 항상 이 화두를 놓치지 말 것이다.

문 시 장 구   내 지 일 념 생 정 신 자   수 보 리   여 래   실 지 실 견   시
聞是章句 乃至一念生淨信者 須菩提 如來 悉知悉見 是
제 중 생   득 여 시 무 량 복 덕
諸衆生 得如是無量福德

이러한 말과 글귀를 듣고 한 생각에 깨끗한 믿음을 내는 자는, 수보리야, 여래는 이를 다 아시고 다 보시나니, 이 모든 중생들이 이와 같이 한량없는 복덕을 얻게 되는 것이다.

"모든 형상은 허망한 것이니 만약 형상을 형상 아님으로 보는 자는

곧 여래를 볼 것이다凡所有相 皆是虛妄 若見諸相非相 卽見如來."

이러한 깊고 미묘한 사구게를 능히 아는 자는 근기가 매우 수승하다 할 것이다. 또 이를 아는 자는 한 생각이라도 깨끗한 마음을 잃지 않는 자로서 공을 이해하고 청정한 믿음을 지니고 있을 것이므로, 여래께서 이를 다 아시고 다 보신다는 말씀이다.

여래는 만고萬古에 남되 남음이 없고, 시방에 다하되 다함이 없고, 티끌을 용납하되 좁음이 없고, 성스러움에 처하되 더함이 없고, 평범함에 머물되 덜함이 없고, 악에 대하여 책망함이 없고, 선을 행하되 찬탄함이 없기 때문이다.

무슨 말이냐? 선과 악에 대해 분별을 여의고, 성聖과 범凡의 차별을 여의며, 넓고 좁은 광협의 공간을 여의고, 옛과 지금의 시간을 여의며, 옳고 그른 시비의 사량을 여읜 연고이다. 여래의 땅은 이와 같이 청정한 곳이니, 탕탕蕩蕩하여 미세한 티끌에 집착하지 않고, 호호浩浩하여 미세한 티끌의 버림이 없는 곳이다.

이러하여 이곳에서는 버릴 바가 없으니, 십악十惡에 대해 미워할 것이 무엇이며, 십선十善 또는 성聖을 찬양할 것이 무엇인가. 이곳에서는 고古와 금今이 없으니 부처님이 계신 적멸의 때와 지금의 때가 다른 것이 무엇이며, 이곳에는 공간과 장소가 없으니 사위국과 대한민국 서울을 가릴 것이 무엇이며, 범인凡人과 성인聖人이 없으니 부처와 중생을 찾을 것이 무엇이겠는가.

이를 잘 아는 것은 오로지 신심의 힘이니, 즉 사량 분별을 여읜 집착과 망상이 없는 깨끗한 믿음만이 있을 뿐이다. 그러니 이같이 깨끗하고 군더더기 없는 믿음만 있다면, 곧 여래께서 이를 아심이요 보심이다. 내가 곧 여래를 알고 여래를 보는 것이다. 아니다. 여래가 곧 나요 내가 여래인 것이다.

아이들은 싸움이 잦다. 싸움을 하다가도 언제 그랬냐는 듯이 서로 좋아라 한다. 아이들이라고 해서 이유 없이 싸우지는 않는다. 아이들 나름대로 서로의 주장을 첨예하게 펼치다가 끝내 싸움으로 이어지기 일쑤다.

이렇게 싸우는 아이들을 말리는 어른의 입장에서는 아이들 싸움의 이유에 대해 그다지 관심은 없다. 그저 말릴 뿐이다. 그리고 잘잘못을 떠나 싸움을 한 두 아이 모두에게 벌을 주기 일쑤다. 아이들은 서로 불만을 갖는다. 나는 잘못이 없고 상대 아이가 잘못했다고 생각하면서도 어른이 주는 벌이 무서워 억지로 화해를 하기도 한다.

어른들은 어떨까? 불보살이나 신장님이 어른들의 싸움을 보는 시각 또한 어른이 아이들의 싸움을 보듯 하지는 않을까? 어른이라고 해서 아이들과 크게 다르진 않을 것이다. 잘잘못이란 일반적 또는 사회적·인간적·법적으로는 중요할지 모르겠지만, 진리의 차원에서는 전혀 중요하지 않다.

왜냐하면 모두가 결국은 공하기 때문이다. 바람 불어 파도가 이는 것과 같다는 뜻이다. 바람은 바람일 뿐 좋은 바람 나쁜 바람, 정의로운 바람 불의의 바람으로 분별하며 탓할 수 있을까? 그렇다고 바람을 재판할 수 있을까? 이와 같이 바람과 같은 욕심으로 마음이 출렁이는 것이다. 욕심이라는 바람을 빼면 마음의 바다는 그저 공할 뿐이다.

아상我相은 바람과 같다. 아상의 바람이 불지 않으면 분별된 인상 人相이라는 파도가 생기지 않는다. 또한 중생상衆生相이라는 이런저 런 파도가 생기지 않는다. 그리고 바람이 불지 않으면 파도가 생기지 않을 것이라는 생각이 오래 살아남는다. 바람과 파도라는 생각 또한 분별심이기 때문에, 이런 생각이 오래 살아남는 것을 수자상壽者相이 라 한다.

삶의 시시비비, 희로애락은 바람 불어 파도치는 것과 같은 현상이 다. 나라는 아상의 바람이 불어 생기기 때문이다. 나라는 아상의 욕 심이 강할수록 바람은 강해지고 인상人相의 파도는 크게 출렁이게 된다. 그러니 좋다 싫다, 옳다 그르다는 분별심이 크면 클수록 마 음의 파도는 거칠어질 뿐이다.

아상(나)이라는 바람은 이렇게 무서운 인과를 낳는다. 아이들의 싸 움을 말리듯이, 아상의 바람을 말려야 한다.

하이고 시제중생 무부아상 인상 중생상 수자상 무법
何以故 是諸衆生 無復我相 人相 衆生相 壽者相 無法
상   역무비법상
相 亦無非法相

무슨 연고냐 하면 이 모든 중생들이 다시는 나라는 생각, 사람이라는 생각, 중생이라는 생각, 오래 산다는 생각이 없으며, 법이라는 생각도 없고, 법 아니라는 생각도 없기 때문이니라.

그렇다면 이 모든 중생이 여래가 곧 나이고, 내가 곧 여래라고 생각하는 복을 얻게 되는 것은 어떤 까닭이냐? 이 역시 모든 중생이 일체의 분별된 상이 없음에서 온다.

즉, 아상이 없으므로 아(나)가 공했고, 아가 공하므로 아我를 두고 일어나는 일체의 번뇌 망상, 집착, 탐욕, 업력 등이 일어나지 않으므로 이러한 이유로 모든 괴로움에서 벗어났으니, 바로 복을 받게 된 연유이다.

또한 인상이 없음이다. 인상이 없으면 인(사람)이 공하고, 인人이 공하면 인人을 두고 일어나는 일체의 번뇌 망상, 분별과 집착, 진에瞋恚(성냄), 업력이 나타나지 않음이다. 이러한 연고로 복을 받게 된 것이다.

또 중생상이 없음이니, 중생상이 없으면 곧 중생이 공하므로 중생을 두고 일어나는 일체의 망상, 집착, 치암痴暗의 업력이 사라진 것이므로 이러한 이유로 복을 받게 되는 것이다.

또한 아와 인과 중생의 3상이 사라짐에 따라 탐진치 삼독심이 생기지 않으니, 삼독심이 없으면 삼취정계三聚淨戒를 실현하여 계정혜 삼학이 둘이 아님을 알아서, 비로소 청정자성淸淨自性에 생멸이 없음을 맛보고 생멸이 끊어짐을 맛볼 때, 이곳이 '무량수지無量壽地요, 열반의 땅'인 줄 아는 수자상이 생기게 된다. 이러한 수자상마저 없음이다.

수자상이 없으면 열반이 공하고, 열반이 공했으므로 열반을 두고 일어나는 일체의 깨달음과 증득證得, 얻은 바가 없음을 아는 것이니, 이러한 연고로 복을 받게 되는 것이다.

또 이와 같은 4상(아상, 인상, 중생상, 수자상)을 모두 떠나서 적멸한 피안에 이르렀을지라도 만약 이러한 법이 정법正法이요, 반야법般若法이요, 큰 법이라 하며 집착하거나 다른 법은 삿된 법이라고 분별한다면, 이러한 생각까지도 참법을 모르고 법에 집착하는 법집法執에 해당하는 것이다.

친하게 지내는 이에게서 기분 상하는 말을 들었다. 물론 절친한 상대는 너무나 임의로워서 농담으로 말했는지는 모르겠으나 듣는 이의 입장에서는 몹시 기분이 나쁘다. 그리고 이내 기분이 나쁜 자신의 감정 상태를 점검한다.

모든 관계, 모든 현상, 모든 일은 억겁의 셀 수 없는 시간과 끝이 없는 우주 삼라만상의 인연에 의해 서로서로 영향을 주고받으며 상의상존相依相存하면서 생로병사 성주괴공으로 일어나는 모습들이다. 여기에 좋다 싫다, 옳다 그르다라는 단순한 생각을 붙여서는 안 된다. 그저 분별없이 있는 그대로 볼 뿐이다.

기분 나쁜 말을 하게 된 상대는 이러한 인연 연기에 의해 그렇게 말했을 뿐이다. 이런 말에 대해 기분 나쁘다는 감정을 갖는 것은 나 자신이다. 만약 나에게 기분이 좋고 기분이 나쁜 인과의 업, 즉 좋고 나쁜 분별 감정이 없었더라면 상대의 말이 기분 나쁘게 들리지 않았을 것이다.

그러므로 다시 말해서, 내가 보고 듣는 일들은 연기의 현상 모습이다. 필연적으로 일어날 수밖에 없는 연기의 시절 인연이다. 이를 두고 좋다 싫다 이러쿵저러쿵 감정을 갖는 것은 무조건, 지극히 나의 분별업일 뿐이니 결국 누구의 탓도 아닌 나의 자업자득自業自得이다.

이러한 진리의 모습을 이해시키기 위해 모두가 공일 뿐이라는 것을 부처님께서는 강조하신다. 순전히 자신의 생각과 감정만이 남게 되는데, 이러한 생각과 감정마저 공하다고 알려주신다.

그러니 그 어디에도 더구나 공하다고 하는 생각마저도 공하다고 하는 것을 재차 삼차 강조하기 위해 4상四相이 공하고, 공함이 또 공하고, 공하다는 것을 깨친 마음까지도 공하고, 깨친 마음이 공했다고 하는 것까지도 공하니, 그 어떤 것에도 머무름 없이 완전히 동화되어 마음이 자유자재하는 것을 진공묘유眞空妙有라고 하신다.

이러한 진리를 깨치게 되면, 그 어떤 것에도 걸림 없는 완전한 마음의 평화가 이루어지게 된다는 뜻이다.

'이것이 정법이다, 반야법이다, 큰 법이다'라고 하며 이에 집착하면서 다른 법은 삿된 법이라고 분별을 한다면, 이 같은 생각은 법에 대한 집착, 즉 법집法執이다.

또 법상法相(4상을 여의는 법)이 없음이다. 법상이 없으면 법상이 공했으므로 또한 4상(아상, 인상, 중생상, 수자상)이 공하고, 4상법四相法이라는 이름까지도 공하여 비로소 아상과 수자상이라는 생각이 공하고 법이라는 생각이 공함에 이르는 것이니, 이러한 까닭으로 복을 받게 되는 것이다.

또 아상이 공하고 법이 공한 곳에 이르렀을지라도 이에 머무르는 것만 능사로 알아서 이를 끊고 멸할 수 없는 묘용妙用의 자취를 알지 못하니 곧 비법상非法相이 된다. 즉, 진짜 진리인 실상을 드러내기 위하여 막히고 가렸던 고정된 생각을 벗어던지라고 거짓된 법을 부정하였더니, 진짜 진리마저 보지 못하는 묘용의 정법을 생각하지 못한다는 말씀이다.

곧 진리를 드러내기 위하여 혼란 복잡한 생각을 일으키지 말라고 하는 것인데, 이를테면 기계가 돌아가는 법을 알기 위해 기계를 멈추었는데, 정지한 상태가 기계의 본분인 줄 아는 것과 같다.

이러한 비법상이 없음이다. 비법상이 없으면 비법상이 공하고, 비법상이 공했으면 아법구공我法具空이 공하여, 이를 완공頑空을 벗어났다고 하고 단멸을 벗어난 것이 되므로 진공묘유眞空妙有와 합치하는 복을 받게 되는 것이다.

즉, 이것이 법이다 하면 법에 머무르고 마는데, 법에 머무르는 상을 벗어난 것을 비법상이라 한다. 그러나 비법상이라는 것에 또 머물게 됨이 없어야 비법상이 공했다고 하는 것이다.

아공我空과 법공法空 아법구공我法具空을 합하여 삼공三空이라 하고, 삼삼매三三昧, 또는 삼해탈三解脫이라고도 하는데, 이러한 삼공마저 공하여 완전한 석공析空이 되니, 복을 받는다는 말씀이다. 완공은 공에 집착하는 것을 말하고, 단멸은 악취공惡趣空을 말하는데, 이 세상은 한 번뿐이라는 허무주의로 생각하는 공이다.

이렇게 공이라는 견해까지도 벗어나야 있는 그대로의 연기 모습을 아무런 괴로운 감정 없이 자연스럽게 대처하게 되는 것을 진공묘유라고 한다.

요즘 들어 하루가 다르게 체력이 떨어진다는 느낌을 받게 된다. 이만큼 살아온 것만으로도 다행이라 여겨야 하겠지만, 생각한 것만큼 말을 듣지 않는 몸이 되다 보니 당장 불편하다는 생각이 드는 것은 어쩔 수 없는 것 같다.

내가 보는 세상의 모든 것은 연기의 모습이라 누누이 강조했다. 나나 너나 우리 모두가 행동하는 모습들은 이런 모습이든 저런 모습이든 우주 삼라만상과 인드라망으로 얽히고설키어 어느 하나라도 우연한 것이 없는 필연적인 모습들이다.

그러니 무엇이 좋고 무엇이 나쁘며, 어떤 것이 옳고 어떤 것이 그른가를 따진다는 건 바로 4상四相을 일으키는 것이므로, 이러한 4상은 지극히 잘못된 것이다. 그러나 4상을 잘못된 것이라고 보는 법상法相 또한 잘못된 것이어서 마음이 아직 청정하지 못하므로 잘못되었다는 상이 생겼기 때문이다. 그러므로 이를 법상이 아닌 비법상으로 봐야 하는 것이다.

하지만 이렇게 법상이라는 상이 또 생겼으므로 이 또한 비법상이라는 상이 또 생겨나고 말았으니, 이 또한 상을 떠난 것이 아니므로, 아직 청정한 마음이 되지 않은 것이어서 이는 말이나 글, 생각으로는 도저히 얻을 수 없다는 말씀이다.

그리하여 몸이 힘들다는 상도 갖지 말아야 하며, 몸이 힘들다는 상을 갖지 말라는 생각마저도 갖지 말아야 하며, 그리하여 몸도 떠나고 마음도 떠난 무위무상無爲無相, 무상청정無相淸淨의 깨달음을 온 마음과 온몸으로 체득할 뿐, 단 한 톨이라도 분별심을 가져서는 안 될 것이다.

그러나 어찌 이를 넘볼 자격이나 될까? 그러니 아무 생각 말고 그저 성실하고 차분하게 행동하며 살 뿐이다. 매사 그러려니 그러려니 할 뿐 다만 기도와 참선, 보시와 정진으로 복덕부터 다져 나갈 일이다.

하 이 고　시 제 중 생　약 심 취 상　즉 위　착 아 인 중 생 수 자　약 취
何以故　是諸衆生　若心取相　卽爲　着我人衆生壽者　若取

법 상　즉 착 아 인 중 생 수 자
法相　卽着我人衆生壽者

무슨 까닭이냐 하면 이 모든 중생들이 마음에 모양을 지닌다면 곧 나다, 사람이다, 중생이다, 오래 산다는 생각에 빠져들기 때문이다.
만일 법이라는 모양의 생각을 가져도 곧 나다, 사람이다, 중생이다, 오래 산다는 생각에 다시 빠져들기 때문이다.

그렇다면 무슨 까닭으로 4상四相과 법상法相과 비법상非法相이 모두 없어야 무량복덕을 받을 수 있는가? 이렇게 깨끗한 믿음이 있는 모든 중생이 만약 마음에 아상·인상·중생상·수자상이 있거나, 또는 이러한 4상이 없다는 상마저도 취하게 된다면, 이는 또다시 4상에 도로 주저앉게 되는 것이어서 깨끗한 믿음이라 할 수 없으니, 곧 여래가 나이고 내가 여래인 무량복덕을 받을 수 없음이다.

왜 그럴까? 이렇게 무량하고 깨끗한 믿음의 복덕 성품은 청정한

마음의 깨달음이 아니고는 얻을 수 없는 까닭이다. 또 이에 한층 더 나아가 이와 같은 4상이 없고, 4상이 없다는 상까지 없는 무법無法의 법상까지 없다는 상을 또 취하게 되면 이 또한 4상에 도로 머무르게 되는 것이므로 깨끗한 믿음이라 할 수 없음이니, 여래라는 무량복덕을 받을 수 없는 것이다.

왜 또 그러하냐? 이러한 무량한 청정복덕에는 무상청정한 믿음의 깨달음이 아니면 진정코 얻을 수 없는 연유이다. 이 무슨 말이냐? 내 마음이 청정하여 무위無爲 무상無相의 청정실상清淨實相을 믿게 됨은 내 마음이 모든 상을 무위무상의 청정실상이 되는 때인 까닭이다.

사람들이 음악 특히 노래를 듣는 것은 즐거운 감정을 갖기 위함이다. 즐거운 마음이 들게 되면 노래를 하고 싶고 듣고 싶은 마음이 들면서, 자신의 감정에 몰입하여 웃기도 하고 울기도 한다. 감정이 일어나는 것은 과거에 있었던 온갖 경험을 되살리게 되면서 마음의 업성業性, 즉 그때 그 시절의 감성을 건드리기 때문이다.

마음공부를 하는 수행자들은 일체의 감정을 드러내지 않기 위하여 모든 오락, 가무, 음주를 금지한다. 왜냐하면 감정은 작거나 크거나 인과를 지니고 있기 때문이니, 즐거운 감정은 괴로운 감정을 낳고, 기쁜 감정은 슬픈 감정을 낳으며, 행복한 감정은 불행한 감정을 낳는다. 이를 4상四相이라 하고 인과의 법칙이라 한다.

따라서 감정이란 4상의 뿌리라 할 수 있다. 오온(색·수·상·행·식) 가운데 수온에 해당하며, 수온은 고락사苦樂捨(괴로움·즐거움·무감각)

삼수三受의 감정 작용을 말한다. 그러므로 이런 감정이 하나 생기면 저런 반대의 감정 하나가 똑같이 생기게 되니, 이를 업보, 과보라고 한다.

4상을 여읜 상을 법상이라 했다. 법상마저 여읜 상을 비법상이라 했다. 그렇다면 비법상이면 끝일까? 상을 상 아닌 것으로 본다 해도, 상 아닌 것으로 보는 법상이 생겼으니 비법상이 생길 수밖에 없고, 비법상이 생겼으니 이를 다시 비법상으로 보지 않는 비비법상非非法相이 생겨야 한다. 이는 다시 아상·인상·중생상·수자상이 되니, 도돌이표와 같다.

이 모든 것은 생각이라는 것에 머물러 또다시 생각하게 되므로 인과를 벗어날 수 없다. 우리네 삶이란 바로, 생각과 감정에서 벗어나지 못하는 것이어서, 돌고 돌고 또 돌며 윤회할 수밖에 없으니, 이를 벗어나는 길은 상을 완전히 여의는 것이다. 그러므로《금강경》을 깨치지 못하면 윤회와 인과를 벗어날 수 없다.

하 이 고　약 취 비 법 상　즉 착 아 인 중 생 수 자
何以故 若取非法相 卽着我人衆生壽者

만일 법 아니라는 생각을 지닌다 하여도 이 또한 곧 나다, 사람이다, 중생이다, 오래 산다는 생각에 빠져들기 때문이니라.

그럼 4상에도 머물지 않고 4상법에도 머물지 않으며 또 머물면 안 된다는 생각의 법상에도 착着하지 않으면 일체법을 쓰지 않고 끊겨

서 멸한 듯한 그곳, 즉 비법상을 취할 것인가? 이것이 무위무상의 청정실상인 그곳인가?

절대로 아니다. 왜냐하면 만약 비법상이라도 취取하게 되면, 도리어 아·인·중생·수자상에 머물게 되는 탓이니, 이는 4상이 없는 정신, 즉 깨끗한 마음이 못되므로 무량복덕을 받을 수 없다.

왜 그러한가? 깨끗한 믿음이라는 깨끗함에는 4상을 떠난 법상으로서, 법상을 떠난 비법상까지도 용납되지 못하기 때문이다. 이 깨끗함에는 얼씬만 해도 4상이 되는 까닭이니, 이 깨끗함에는 집착함도 4상이 되고, 집착함을 떠남도 4상이 된다는 것을 알아야 한다.

비법상까지 여읜다면 어디로 가는 걸까? 내 마음이 청정하여 4상이 없으므로 아도 인도 중생도 없고 또한 수자상의 득처까지 없을지라도, '마음에 없다는 것을 알 때에는' 아직도 중생집을 면치 못하는 것이다.

영화 〈기생충〉이 세계 3대 영화제인 칸 영화제에서 황금종려상을 받은 데 이어 세계 최고라 할 수 있는 미국의 아카데미 상 가운데 가장 중요한 상 4부문을 수상했다. 한국 영화사상 위대한 업적으로 평가받을 만한 역사를 만들어냈다.

전문가가 아니라서 이 영화에 대한 평가를 자세히 할 수는 없겠으나, 기택(송광호)이 "절대 실패하지 않는 가장 좋은 계획은 무계획"이라고 아들 기우에게 말하는 대목에 강한 인상을 받았다.

계획이라는 것은 계획대로 되지 않는다는 전제가 있기 때문에 오히려 계획을 세우게 되는 것이다. 바꾸어 말하면, 모두가 계획한 대로 된다면 계획을 세울 필요가 없다. 그러므로 계획을 세우지 않는 '무계획'이야말로 가장 완벽한 계획이 된다는 것이다.

이 말 속에는 불교적인 의미가 짙게 스며 있다고 본다. 사람들은 살아가면서 누구나 간절히 원하는 것이 있을 것이다. 간절히 원한다는 것은 원하는 대로 잘 되지 않는 것이 있기 때문에 원하게 되는 것이다. 그러므로 원한다는 것 자체가 이미 원하지 않는 것을 만들어내는 것이다.

부처님께서는 원하는 마음이 없어야 원하지 않는 것이 나타나지 않는다고 말씀하신다. 상을 내면 이미 상을 내는 데 따른 과보를 받게 된다고 하신다. 그래서 노력과 정진을 통해 상을 없앴다고 스스로 생각하는 이에게 부처님께서는 아직 상을 떠난 것이 아니라고 말씀하신다.

왜냐하면 상을 떠났다고 하는 상이 남아 있기 때문이다. 그래서 이러한 법상이 남아 있으니 이 또한 떠나야 한다고 하시고 이를 비법상이라고 하신다. 하지만 상을 떠난 법상이 아직 남아 있어서, 이러한 법상이라는 상을 다시 떠나야 비법상이 된다고 했으나, 비법상이라는 상이 또다시 남아 있는 한, 4상四相을 떠난 것이 아니라고 말씀하신다.

그렇다면 어떻게 해야 하느냐고? 아직도 모르겠다고? 그러한 생각까지 놓아버리라고 한다. 유구무언有口無言이요, 언어도단言語道斷이요, 불립문자不立文字요, 교외별전敎外別傳이요, 직지인심直指人心이다. 조사스님들은 이러할 때, 방棒(몽둥이)과 할喝(소리)을 하신다.

　비법상까지 여읜다면 어디로 가는 걸까? 내 마음이 청정하여 4상이 없으므로, 아도 인도 중생도 없고, 또한 수자상의 득처까지 없을지라도, '마음에 없다는 것을 알 때'에는 이미 '마음이 없다는 것을 아는 것'이 생기므로 이 또한 중생집衆生執을 면치 못하는 것이라고 하였다.

　왜 그러냐? 이것은 청정심淸淨心과 청정을 깨닫는 마음이 이미 둘이 되었으니 아상, 인상이요, 따라서 청정이 있으매 비청정非淸淨이 생겼으므로 중생상이 되었고, 또 청정을 얻은 것으로 하여 마음을 깨달았다는 열반처를 느낄지니 수자상이 된다.

　따라서 이는 아무리 깨달음을 알았다 하더라도 중생분별계衆生分別界에서 노는 것이므로 중생집을 면치 못하게 되는 것이다. 또 능히 중생집을 떼어내서 중생분별계를 떠났다 하더라도 떠났다라고 하는 법상이 오히려 남는 것이므로 또 법집을 면할 수 없다.

　그러하여 법상과 비법상이 모두가 법집에 속한다 할 것이다. 그렇다면 법집 중에서 법상과 비법상을 어떻게 분별하게 되는 것일까? 법상은 중생분별계를 떠났을지라도 오히려 지키던 법, 가졌던 법은 모두 분별계를 여의었다 할지라도, 또다시 얻었다 하는 법은 남아 있을 것이다.

　일체의 분별은 이제 없다 할지라도 법 하나는 가지고 놓지 못할 것이니, 이것을 법상의 법집이라고 하는 것이다. 비유하자면 배를 타고 강을 건넜을지라도 이 배가 나를 이곳까지 오게 해준 것만을 생각하고 차마 배에서 내릴 생각을 하지 않는 것과 같다. 이와 같이 법상이라는 것에 집착하게 되면 다시 4상에 집착하는 것이 된다.

왜냐하면 법에 걸림이 있으면 법에 걸려 있는 놈도 있을 것이니 걸려진 놈은 아상이요, 법은 인상이 된다. 또 정법이라는 것에 집착하는 고로, 이미 정법이 있게 되면 사법邪法이 없을 수 없을 것이니 중생상이 된다.

또 4상을 떠나야 정법正法이 된다고 한다면 이미 정법이라는 법상의 분별이 생기므로, 사법邪法 또는 비법상이라는 상이 또 생기게 되고, 이러한 정법과 비법상이 최고의 깨달음이라 하고 만고불변의 대진리라고 하게 된다면 이를 수자상이라 할 것이다.

이렇게 법상이 아무리 4상을 여읜다 하더라도 법집에 불과하게 되고 이것이 법집이 속한 법상이 되는 것이다.

목소리만 들어도 싫은 사람이 있다. 절대로 보고 싶지 않고 근처에 있는 것조차 짜증 나고 생각만 해도 화가 치밀어 오르는 사람이 있다. 물론 정도에 따라 다르긴 하겠지만 누구나 이런 사람이 한둘은 있을 것이다.

왜 그럴까? 여러 이유가 있겠지만, 근본적인 원인을 알지 못하면 밉거나 싫은 사람은 계속 나타나게 될 것이고, 죽어서 다음 생에까지도 무수히 나타나고 또 나타날 것이다. 그렇다면 근본 원인은 과연 무엇이며 어디에 문제가 있는 것일까?

첫째는, 내가 원하는 대로 따라주지 않기 때문이다. 나의 욕심 때문이다. 욕심은 왜 생기는가? 나 스스로 괴롭지 않고 즐겁기 위해 좋은 것을 얻기 위함이다. 그러나 이런 좋은 것에는 인과가 생겨서 좋은 것을 얻은 만큼 싫고 나쁜 것이 나타나게 되어 있다. 과보이다.

그러므로 상대가 잘못했기 때문에 싫고 미운 것이라고 생각한다면 이는 겉으로 나타난 가짜 원인에 불과하다. 진짜 원인은 무엇일까? 즐겁고 좋은 것을 얻으려는 욕심에 의한 과보로, 싫고 괴로운 업이 나타날 때, 밉고 싫은 사람이 인연 지어지게 되는 것이다. 그러니 근본 원인은 밉고 싫은 상대에게 있는 것이 아니라, 나 스스로 좋은 것을 얻음으로 하여 나타나는 인과의 과보가 원인이다.

그러니 밉고 싫은 상대를 더욱 미워하고 싫어하게 된다면, 이는 지금의 상대보다 더한 밉고 싫은 상대가 계속 나타날 것이기 때문에 내 마음속에 있는 인과의 업인 밉고 싫은 마음의 상을 놓아야 한다. 바로 아상이요, 인상이요, 중생상이며, 수자상의 4상이다.

좋다는 상, 싫다는 상을 놓고, 이러한 분별된 상을 놓았다 하더라도 무엇을 놓았다고 하는 법상法相이 남아 있으면 법집法執에 불과한 집착이다. 또 법상을 여의었다 하여 비법상이라고 하는 또 하나의 상이 생기게 되면, 이 또한 비법상에 머물게 되는 법집法執이 된다.

그러므로 밉다는 생각, 미운 사람, 밉다는 생각까지 버려야지 하는 생각, 이러한 생각을 하게 되는 미운 상대, 미운 상대를 밉다고 하는 생각까지 버려야지 하는 생각, 이렇게 버려야지 하는 생각까지 하지 말아야지 하는 생각조차도 없어져야 다시는 밉다 싫다는 생각이 일어나지 않을 것이니, 그리하여 모두를 놓아버린 줄 아는 그곳까지 정진해야 할 것이다.

능히 4상에 머물지 않으면 중생집衆生執(중생에 대한 집착)을 여의게 되고, 중생집을 여의게 되었으므로 일체 중생계에 분별이 없어졌다. 그리하여 드디어 법집을 여의게 되었고, 법집을 여의게 되면 일체법에 대한 모든 집착이 없어졌다. 그러면 어떻게 되는 것인가?

4상과 중생집 그리고 법집까지 여의어 얻은 법에는, 설사 집착이 없다 할지라도 법을 여의었다는 진제眞諦의 법을 알아챌지니 이를 비법상非法相이라 한다.

비유하자면 능히 배를 놓고 피안의 언덕에 올랐다 할지라도 피안에 도달한 줄 알아챘다면 실은 못 오른 것이나 다름이 없다. 왜냐하면 피안의 언덕은 법을 놓거나 취함이 있는 것이 아니기 때문이다.

무슨 까닭이냐? 이 배는 배를 놓았다고 하면 놓았다고 하는 생각 속에 이미 배를 태우는 상이 들어 있기 때문이요, 배를 생각하는 그 생각 속에는 이미 배를 취하거나 놓았다고 하는 생각이 들어 있기 때문이다.

무슨 이유인가? 저 언덕은 오름 없이 오르는 것이고, 이 배는 버림 없이 버려야 함에도 불구하고 이 배를 버림 없이 버릴 줄 모른다면, 항상 이 배에 실려 있는 것이나 마찬가지이니, 이 배에 실려 있으면 법상이나 비법상을 구분할 것 없이 4상에 집착함이 되는 것이다.

왜 또 그러냐? 비법상을 얻으면 얻었다는 생각이 남으니, 얻었다는 생각 속에는 이미 무엇으로부터 얻었다는 것이 있을 것이고, 그러므로 법상法相과 4상四相을 떠난 것이라는 생각을 하게 되어 그 생각 속에 4상과 법상이 들어 있으니 아직 집착하고 있는 것이 되어 4상을 떠나지 않는 것이 되기 때문이다.

그리하여 비법상과 법상이 분별되므로 오히려 분별하는 사법邪法을 없애지 못하게 되니, 중생상인 것이다. 또 법상을 여읨으로 하여 피안에 도달한 느낌이 있을 것이니, 이는 수자상인 것이다.

오래전 교통사고를 당한 적이 있다. 그것도 똑같은 상황이 두 번씩이나 일어났다. 한 번은, 천천히 가고 있는데 봉고차가 중앙선을 넘어 정면으로 돌진해오는 것을 핸들을 틀어 오른쪽 갓길로 가까스로 피하면서 5미터 아래 논바닥으로 차가 천천히 넘어가면서 뒤집힌 사건이다. 크게 다치지는 않았지만 눈 깜짝할 사이에 목숨이 오고 갔다.

또 한 번은, 신호대기 차선에 정차해 있는데 돌진해 오는 차를 보고 순간적으로 핸들을 오른쪽으로 틀면서 비키려는 사이에 운전석 문을 스치면서 뒤쪽을 강하게 부딪치는 바람에 안에 타고 있던 몇 사람이 심하게 다친 적이 있다. 상대의 졸음운전 때문이었다.

아무런 잘못이 없는데도 불구하고 이런 사고가 생기는 것은 도대체 어떤 연고일까? 물론 상대방의 일방적인 잘못으로 일어난 일이겠지만, 왜 하필 아무 잘못도 없는 나에게 이런 일이 생기는 것일까? 대개는 무척 재수가 없는 탓으로 돌리는 것이 일반적인 생각이다.

그러나 세상 모든 것은 서로 인드라망으로 연결되어 있다. 따라서 우연이란 없는 것이다. 서로서로 연결되어 있으므로 어디서부터 원인을 찾을지는 불가능하다. 물론 직접적인 원인이 있을 것이나, 직접적인 원인 또한 다른 그 무엇으로부터 영향을 받은 것이기 때문에 근본적인 원인은 될 수 없다.

사고를 당하는 것은 우주 삼라만상이 움직이는 데 있어서 하나의 현상에 불과하다. 연기적인 과정이다. 다만, 내가 사고를 당하여 고통을 받고 괴로움을 느끼는 것은, 지난 과거 즐겁고 좋았던 때의 인과가 사고로 나타나는 시절 인연의 때를 만난 것이다. 사고라는 연기 작용과 내 마음의 고락 인과가 동시에 맞닥뜨리게 되는 줄탁동시啐啄同時의 현상이다.

그러므로 연기 현상이요, 내 마음의 고락 인과 업의 모습이니, 그 어떤 것에도 이의를 달 수가 없다. 화가 나는 상, 고통이라는 상, 억울하다는 상, 재수가 없다는 상, 상대 탓을 하는 상 등 이 모든 상, 즉 4상(아·인·중생·수자)을 떠나야 한다.

그리고 이를 이해하는 법상法相, 법상이라는 것까지도 없애는 비법상非法相, 나아가 비법상이라는 생각까지도 모두 여의는 것이 이름하여 진제이다. 더 이상 생각의 머리를 굴리지 않고 바로 이 자리에서 모두를 여의는 것이 진제이다. 그러므로 묻지도 따지지도 말고 그대로 마음을 놓아버리는 방하착放下着이 정답이다.

진제眞諦는 부처님의 마음 상태를 말한다. 진실하여 거짓이나 틀림이 없고, 평등하고 차별이 없는 이치와 공과 평등의 참된 성질을 뜻한다. 또 평등과 무차별의 이치를 말하며, 출세간의 법을 뜻한다.

따라서 비법상이 아무리 법상을 여읜다 하더라도 오히려 법집에 불과하다고 했다. 그러니 진제에는 도달 못한 것이다. 이것은 법집에 속한 비법상이다.

그런데 이러한 비법상을 모두 여의고 버리면 그다음은 어디일까? 물론 진제라고 답할 것이다. 그러나 진제를 얻음이 있으면 참으로 비법상을 여읜 것이 아니요, 따라서 진정한 진제가 아닌 것이다.

진제는 법상을 여읜 것도 아니요, 비법상을 여읜 것도 아니다. 또 법상·비법상에 머무는 것도 아니다. 왜냐하면 진제는 법상·비법상을 여의고 또한 머무는 것에 있는 것도 아니요, 법상·비법상을 여의지도 않고 머물지도 않는 것이다.

왜 또 그러할까? 진제는 법상·비법상을 여의든 여의지 않든 아무런 상관이 없다. 그러므로 비법상을 여의면 어디로 가는 것일까 하는 생각도 떠난 것을 말한다. 만일 비법상을 여의고 어디로 가는 곳이 있다면, 비법상을 여의는 것이 없이 여의어야 할 것이다.

비법상을 여의든 놓든 모두 다 머물게 된다는 것을 모르는 것이다. 비법상은 여의는 것 없이 여의어야 할 것이니, 진제는 여의든 여의지 않든 본래가 움직임이 없는 까닭이다. 그러므로 오고 간다든가 중간에 있다든가 하는 의문은 옳은 것이 아니다.

두 사람이 심하게 다투고 있다. 두 사람은 화가 머리끝까지 나서 소리를 지르며 온갖 욕설과 함께 미친 것같이 싸우는 중이다. 이를 보는 제3자는 불편하기 이를 데 없다. 말려야 하나? 어떻게 하지?

내가 기분이 나쁘고 화가 나는 것은
상대방 때문이 아니다.
내 마음속 기분 나쁨과 화내는 마음이
상대라는 인연으로 나타난 것이다.

이때 두 사람이 무엇 때문에 다투는지는 알 수 없으나 싸우는 내용과 발단은 그리 중요하지 않다. 왜냐하면 싸우는 연유는 무시이래로부터 지금까지 이어져 오기 때문이다. 즉, 자신들의 좋고 싫은 고락의 업이 작동하여, 싸우는 현재는 고업苦業(고통, 괴로움)이 나타나는 시간으로서 둘 다 괴로운 시간이 도래하여 싸우는 인연이 지어진 것이다.

이를 보는 제3자가 불편함을 느꼈다면, 더 나아가 큰 고통과 괴로움을 느꼈다면, 이 제3자 또한 자신의 고업이 나타나는 시간이 되었다는 말이다. 이를 고업을 모두 함께 느끼는 공업共業이라 한다. 자신들의 고락 인과 업을 없애지 않는 한 이러한 일들은 계속 나타나게 될 것이다.

싸우는 두 사람은 연기에 의해 싸울 수밖에 없는 업을 지녔으므로 싸우다가도 화해할 수도 있고, 제3자 또한 고락의 업식에 의해 함께 싸울 수도 있으며, 뜯어말리다가 오히려 더욱 화가 나 속이 터질 수도 있다.

여기서 반드시 알아야 할 것은, 그 어떤 현상이 벌어지든 모두가 연기의 모습에 해당하는 것으로 절대로 가타부타 따질 것은 아니다. 인과가 계속 이어지기 때문이다. 문제는, 각자의 좋고 싫은 고락업이 얼마나 작동하느냐의 차이만 있다.

모두 상을 떠나야 한다. 이런 모습 저런 모습 모두가 상이다. 무엇 때문에 싸운다는 생각, 나와 너라는 생각, 마음에 들지 않는다는 생각, 옳다 그르다라는 생각, 반드시 이기고야 말겠다는 생각, 이 모든 생각을 떠나고 버려야 한다.

일단 아무 생각을 하지 않는다. 그러면서 일은 일대로 하면 된다. 그리고 상을 놓아야 한다. 모든 집착에서 벗어나야 한다. 무조건 내려놓아야 한다. 제발 이유를 달지 말라, 물음도 갖지 말라, 이유를 달지 말고 물음도 갖지 말라는 생각까지도 하지 말라. 그대로 방하착放下着(그대로 놓음)이다.

시고　불응취법　불응취비법　이시의고　여래상설　여등비
是故 不應取法 不應取非法 以是義故 如來常說 汝等比

구　지아설법　여벌유자　법상응사　하황비법
丘 知我說法 如筏喩者 法尙應捨 何況非法

그러므로 마땅히 법도 지니지 말고, 마땅히 법 아닌 것도 지니지 말지니라.

이러한 까닭으로 여래는 항상 말하였다. '너희들 비구가 내가 설한 법이 뗏목과 같은 줄을 알라고 하였나니, 법도 마땅히 버려야 하거늘 하물며 법이 아닌 것은 말할 나위가 있겠는가?'"

이러한 연고로 부처님께서 다시 진제眞諦를 바르게 하기 위해 말씀하신다. 진제에는 법상·비법상을 취하고 버리는 취사의 양면까지 여읜 법, 이러한 양면을 버린 법까지도 취하지 말아야 한다고 강조하신다. 이중 삼중으로 취하고 버리는 생각까지도 떠나라고 하심이다.

법상이든 비법상이든 그 어떤 법이라도 취하게 되면 이는 진제법이 아니라 법집이 되는 것이다. 따라서 '4상四相을 떠나는 것이 곧 법이다'라고 하는 법상까지도 버려야 함이요, 법상을 떠나야 한다는 비법상도 결국 버려야 함이다. 그리고 마지막으로 취한다, 버린다 하는 양면까지도 떠나는 것이 진제이다.

이러한 까닭으로, 여래께서 항상 말씀하시기를, 법을 비유하여 뗏목과 같이 저 언덕에 도달하게 하는 법(법상·비법상을 여읜 법)도 결국에는 버리고야 말 것이거늘, 하물며 저 언덕에 도달하는 법도 못 되는 비법非法(법상·비법상 등의 법)이겠느냐? 하신다.

어떤 사람이 뗏목을 타고 저 언덕에 도달하면 이 뗏목이 저 언덕에 도달하게 해준 진제법이지만 저 언덕에 도달한 후에는 오히려 뗏목을 버리지 않을 수 없는 것이다. 이 뗏목을 버리지 않고서는 저 언덕에 오를 수 없는 탓이다.

이와 같이 진제법인 뗏목도 이러하건댄 저 언덕에 도달하지도 못하는 비법이야말로 말할 것도 없다 하신다. 옛 성인도 "부처님께서 일체법을 설하신 것은 일체의 마음을 비우기 위함이시니, 내가 일체 마음이 없는데 일체법은 무엇에 쓰리오?"라고 말씀하신다.

과연 자기의 일체 번뇌 망상을 없애기 위하여 법을 쓰는 것인데, 번뇌 망상이 없는 바에야 어떠한 법인들 소용이 있겠는가 말이다. 이때 법은 병 없는 사람에게는 약도 도리어 독이 되는 것과 같이, 일체 마음이 없는 사람에게는 법도 도리어 망상이 되는 것이다.

병을 놓아버린 건강한 사람, 즉 저 언덕에는 병을 낫게 하는 참된 약, 곧 진실법도 소용이 없는 것인데, 병에 해당치 않는 약, 곧 비법이야말로 무슨 소용이 있겠는가 하는 말씀이다. 이러한 자리라야 진실로 머무름이 없고 앉을 자리가 없는 곳이라 할 것이니, 머무름과 앉음이 없으면서 머무름과 앉음 없이 머무름과 앉음이 없는 까닭이다.

인생에서 가장 즐거운 때가 언제였을까? 누구나 즐겁고 기쁠 때가 한두 번 이상은 있었을 것이다. 만약 즐겁고 행복한 때가 한번도 없었다면 이는 역설적으로 괴롭고 슬픈 때가 없었다는 말이 된다.

그러나 즐겁고 기쁘고 행복한 때가 있었을지라도 그것도 잠시, 그보다 더 좋은 것을 원하는 마음이 이어서 생기기 때문에 희락喜樂의 행복은 지속될 수가 없다. 즐겁고 기쁜 마음도 생로병사하기 때문이다.

최고의 즐거움과 최상의 기쁨, 더없이 행복함의 그것은 바로 진제라 하고 아누다라삼먁삼보리의 깨달음이다. 더 이상의 최고 최상은 없다. 하지만 즐거움은 괴로움의 과보가 생기고, 기쁨은 슬픔이라는 과보가 생기며, 행복은 불행이라는 과보가 생긴다. 인과법이다.

그러므로 최고 최상의 자리인 진제 또는 아누다라삼먁삼보리를 이루었다 할지라도 곧바로 생로병사하여 사라지게 될 것이니, 마음을 깨달았다고 하는 즉시, 깨닫지 못한 마음의 과보가 생기기 때문에 진제 또는 아누다라삼먁삼보리라고 하는 순간, 이는 진정한 진제와 아누다라삼먁삼보리의 깨달음이라고 할 수가 없다.

그렇다면 무엇을 보고 깨달음이라 하고 진제라고 하며 아누다라삼먁삼보리라고 할 것인가? 즐겁고 기쁘고 편안하고 행복하다면, 그 즉시 괴로움과 슬픔과 불편과 불행의 과보가 생기듯이 깨달음도 이와 같은 까닭에 즐거움과 괴로움, 기쁨과 슬픔, 편안과 불편, 행복과

불행이라는 두 가지 양변을 떠나야 한다. 이렇듯 진제와 아누다라삼
먁삼보리의 깨달음마저 완전히 떠나야 진정한 진제요 아누다라삼먁
삼보리라 할 것이다.

따라서 그 어떤 것을 보거나, 듣거나, 부딪치거나, 생각을 하더라도
'이것이다, 저것이다' 하는 두 가지의 생각과 감정을 분별하지 않아야
하느니, 일상의 생활에서도 그 어떤 인연과 환경에 처할지라도 가타
부타의 감정을 일으키지 않는 훈련과 연습, 마음 수행을 해 나가야 할
것이다. 부처님께서는 이를 강조하기 위하여 〈제7 무득무설분無得無
說分〉에서 얻을 것도 설할 것도 없음이라 하셨다.

7

무득무설분

無得無說分

얻을 것도 설할 것도 없음

제칠 무득무설분
第七 無得無說分

수보리 어의운하 여래 득아누다라삼먁삼보리야 여
須菩提 於意云何 如來 得阿耨多羅三藐三菩提耶 如

래 유소설법야 수보리언 여아해불소설의 무유정법
來 有所說法耶 須菩提言 如我解佛所說義 無有定法

명아누다라삼먁삼보리 역무유정법 여래가설 하이고
名阿耨多羅三藐三菩提 亦無有定法 如來可說 何以故

여래소설법 개불가취 불가설 비법 비비법 소이자하
如來所說法 皆不可取 不可說 非法 非非法 所以者何

일체현성 개이무위법 이유차별
一切賢聖 皆以無爲法 而有差別

7. 얻을 것도 설할 것도 없음

"수보리야, 어떻게 생각하느냐? 여래가 아누다라삼먁삼보리를 얻었다고 보느냐? 여래가 법을 설했다고 보느냐?"

수보리가 부처님께 대답하였습니다.

"세존께서 말씀하신 바 뜻을 제가 알기로는 정한 법이 있지 아니한 것이 이름 하여 아누다라삼먁삼보리라 하옵겠고, 또한 정한 법이 있지 아니함을 여래께서 가히 설하신 것이라 여깁니다.

어떤 연고입니까? 여래께서 말씀하신 법은 모두 다 취할 수 없고 가히 다 말할 수 없으며 법이 법이 아니며 법 아님도 아니옵니다.

그 이유는 바로 모든 현인과 성인들께서 다함이 없는 무위無爲의 법法으로써 여러 가지 차별을 두었기 때문입니다."

7. 무득무설분 無得無說分
얻을 것도 설할 것도 없음

수보리 어의운하 여래 득아누다라삼먁삼보리야 여래
須菩提 於意云何 如來 得阿縟多羅三藐三菩提耶 如來

유소설법야
有所說法耶

"수보리야, 어떻게 생각하느냐? 여래가 아누다라삼먁삼보리를 얻었
다고 보느냐? 여래가 법을 설했다고 보느냐?"

세존께서 이 말씀을 하시고 대중이 바로 알아들었을까 하는 의문
이 드시었다. 무엇을 못 알아들을까 염려하셨을까? 구경의 땅인 진
제, 곧 여래의 땅인 아누다라삼먁삼보리에는 그 무엇도 두지 않거늘
진제법이 아닌, 아누다라삼먁삼보리가 아닌 법이야 말할 것도 없다
하심이다.

그렇다면 진제법과 아누다라샴막삼보리를 얻는다는 것은 무엇이
며, 지금 여래가 말씀하시는 법은 곧 무엇인가 하는 의문이 들 수밖
에 없다.

그래서 수보리를 불러 물어보시기를 "나 여래가 진실로 그 아누다라삼먁삼보리를 얻었느냐?" 하고 일깨우셨으니 이 말씀 속에는 너희들이 나더러 얻었다고 하는 소위 아누다라삼먁삼보리는, 아누다라삼먁삼보리면서도 아누다라삼먁삼보리가 아니므로 아누다라삼먁삼보리가 되는 것이다.

아누다라삼먁삼보리 자체가 이러한 것이니, 나도 이것을 얻을 때 얻으면서 얻음이 없이 얻은 것이므로 묘하게 합하게 되는 것이니, 얻음이 곧 아누다라삼먁삼보리요 아누다라삼먁삼보리가 곧 얻음이 되어 어떠한 것이 아누다라삼먁삼보리이며 어떠한 것이 얻음인지 모르겠노라 하심이다.

왜냐하면 아누다라삼먁삼보리도 본래 없는 것이요 얻음도 본래 없는 것이니, 만약 얻음이 있으면 아누다라삼먁삼보리가 아닌 것이 되고, 아누다라삼먁삼보리를 얻었다고 하면 진정 얻음이 아닌 것이 된다.

자고 일어나면 사람을 대한다. 가족은 물론 친구, 이웃 사람 그리고 수많은 모르는 사람들. 살면서 사람을 대하지 않고 사는 사람은 거의 없을 것이다. 마음 제대로 먹고 묵언默言(말하지 않음)하면서 아무도 보지 않고 무문관無門關에서 수행하는 스님들을 제외하고 말이다.

80억이 넘는 지구촌 사람들, 그리고 셀 수 없는 수많은 생명들, 이 모든 중생은 각자 자신의 업에 의해 살아간다. 어느 한 사람, 어느 한 중생도 비슷한 업을 가질 수는 있겠으나 똑같은 업을 가진 이는 없다.

업業은 살아가는 모습, 형태, 모양, 습관, 과보果報 등 그 사람의 전체 모습을 말한다. 그러나 엄밀히 따지면 업은 누구나 똑같다고 했다. 사는 모습, 사는 형태를 불문하고, 어떻게 살아가든 결국은 즐겁고 기쁘고 행복한 마음 감정으로 귀결되어 인과업에 의해 고락이 반복 윤회하게 된다.

그리고 즐겁고 기쁘고 행복하고 좋은 감정을 느끼고 경험한 만큼, 똑같은 질량의 괴롭고 슬프고 불행한 나쁜 감정을 받는 것이 업의 본모습이라고 했다. 또 이를 분별심이라고 했다. 좋은 것을 분별하니 나쁜 과보가 생긴다. 조금 분별하면 조금의 인과가 생기고, 많이 분별하면 많은 인과가 생기는 것이 인과의 법칙이다.

그래서 시시비비, 즉 이러쿵저러쿵, 옳네 그르네 하는 것은 아무런 의미가 없다. 결국 내 마음에 들기 위해 따지게 되는 것이고, 마음에 든다는 것은 즐겁고 좋은 마음을 갖기 위한 욕심이니, 그렇게 되면 인과가 생겨서 즐거움을 얻은 만큼의 괴로운 과보를 받게 됨이다.

그리하여 결국은 아주 미세한 분별심도 없어야 인과가 생기지 않게 되어 괴로움의 과보를 받지 않게 되는 것이므로, 이런 측면에서 '아누다라삼먁삼보리'라는 마지막 깨달음조차도 깨달음이라는 분별심을 내지 않아야 한다는 뜻이다. 당연히 인과에 걸리기 때문이다.

그러니 진정한 깨달음, 진정한 진제, 진정한 아누다라삼먁삼보리라는 것은 분별을 하면 안 되기 때문에, 깨달음이라든지 진제라든지 하는 생각과 말이 붙게 되면 이미 진정한 깨침이 아니게 된다는 것을 부처님께서는 강조하신다.

'아누다라삼먁삼보리'를 얻었다고 하면 이미 '아누다라삼먁삼보리'가 아닌 것이 된다. 얻었다고 함은 본래 없는 것이다. 왜냐? 얻는다는 것은 잃는다는 것을 전제로 하고 있기 때문이고, 생긴 것은 변하고 사라지는 것이므로 얻는다는 것은 애초에 성립이 되지 않는다.

그러므로 얻는다 하면 벌써 유有(있음)가 되고, '아누다라삼먁삼보리'는 있다 없다를 떠난 까닭이다. 따라서 '아누다라삼먁삼보리'란, '얻는다'거나 '증證했다'거나 하는 의미를 붙이게 되면 이미 '아누다라삼먁삼보리'가 되지 않기 때문에, 부처님께서 "내가 '아누다라삼먁삼보리'를 얻었느냐?" 하고 물으신 말씀 속에는 이러한 뜻이 들어 있는 것이다.

또 "내가 설한 법이 있느냐?" 하고 물으신 말씀 속에도 이와 똑같은 뜻이 포함되어 있다. '아누다라삼먁삼보리'에는 법法이니 비법非法이니 하는 군더더기의 말이 붙을 수가 없는 것이므로 내가 설한 법 또한 이와 같다는 말씀을 거꾸로 물으신 것이다.

그러므로 여래가 설하시게 된 것은, 우리에게 '아누다라삼먁삼보리'를 알려주기 위해 설법을 하면 이미 아누다라삼먁삼보리가 되지 않음에도 불구하고 억지로 설해주신 것이니, 여래의 입장에서는 설한 것이 없는 것이 된다. 따라서 설說도 법法도 없다는 말이다.

왜? 아누다라삼먁삼보리는 본래 법이 붙을 수 없으니 설인들 붙을 것인가 하는가? 만약 설이 있다면 설이 아닌 것을 설하여 설 아님을 알리려고 하는 것이니, 결국은 설이 아닌 줄 알아야 한다는 것이다.

이제는 잠잠해졌지만 얼마 전까지 코로나19 바이러스로 인해 전세계적으로 수많은 사람들이 목숨을 잃었다. 국경을 초월하여 여러

대륙에 걸쳐 인류를 위협하는 감염병을 일러 팬데믹pandemic이라고 한다. 팬데믹이라고 하면 보통 코로나19를 떠올리지만, 14세기에 중앙아시아와 유럽에서 창궐했던 흑사병도 이에 속한다.

교통이 더욱 발달한 현대에는 치명적인 감염병이 쉽게 팬데믹 현상을 일으킬 수 있다. 부처님 법을 배우는 불자라면 이러한 현상을 불교적인 관점에서 정확히 살펴보고, 불안감을 떨쳐버리고 담담하고 의연한 자세로 잘 대처할 필요가 있겠다.

일체의 모든 현상은 연기의 법칙에 의하고, 또한 업의 작용이다. 나에게 닥쳐오는 모든 현상은 나의 업이라는 뜻이다.

한마디로, 얻은 것이 있으니 잃는 것도 있다. 연기와 인과는 한 치의 오차도 없다고 했다. 모든 현상은 필연적인 연기의 모습이다. 나타날 것은 반드시 나타난다. 세상 사람 모두의 욕심으로 인해 모두에게 공업의 과보가 나타나는 것이다.

또한 개개인의 욕심으로 인해 개개인마다 고통의 과보를 받게 되는데, 다만 인과의 과보가 나타나는 시간이 달라서 때로는 착하게 살고 있는 사람에게 억울한 일이 생기기도 한다. 자신도 모르는 전생의 과보가 현재의 고통으로 나타나기도 한다는 말이다.

그래서 조심한다고 하여 나타날 것이 나타나지 않는 것이 아니요, 조심하지 않는다고 하여 안 나타날 것이 나타나지도 않는 것이다. 즉, 자신이 지은 업은 반드시 자신에게 돌아온다는 말이다.

그렇다면 이를 어쩌란 말이냐? 마냥 손 놓고 있으란 말인가? 아니다. 자신의 업을 멸해 나가야 한다. 업을 멸하기 위한 가장 좋은 방법은 인연 연기에 맡기고 욕심 없는 마음, 좋고 싫은 분별을 하지 않는 마음, 탐진치 삼독의 마음을 지금이라도 내려놓는 것이다.

업을 의심하지 말라. 의심하지 않고 온 마음으로 일체를 부처님께 맡기면 된다. 어떤 현상이 벌어지더라도 집착하지 않는 신심을 가지면 모든 마구니는 물러나게 되어 있다. 그저 맹목적으로 믿으라는 뜻으로 받아들이면 안 된다. 업은 피해서 될 일이 아니다. 탐진치의 삼독심을 철저히 무시하고 따르지 않으면 된다.

바로 아누다라삼먁삼보리에 대해서까지도 이러쿵저러쿵하지 않고 무심하면 된다는 뜻이다. 그리고 그 무엇이건 간에 끄달리는 마음, 좋은 것을 분별하여 집착하는 마음을 내려놓는다면 모든 재앙과 업보는 절로 물러갈 것이다.

더욱 적극적으로 업을 멸하기 위해서는 기도와 참선, 보시와 정진을 같이 병행하면 된다. 아누다라삼먁삼보리는 바로 이런 것이다.

수보리언 여아해불소설의 무유정법명아누다라삼먁삼보
須菩提言 如我解佛所說義 無有定法名阿耨多羅三藐三菩

리 역무유정법 여래가설
提 亦無有定法 如來可說

수보리가 부처님께 대답하였습니다.

"세존께서 말씀하신 바 뜻을 제가 알기로는 정한 법이 있지 아니한 것이 이름 하여 아누다라삼먁삼보리라 하옵겠고, 또한 정한 법이 있지 아니함을 여래께서 가히 설하신 것이라 여깁니다.

부처님의 깊으신 뜻을 수보리는 드디어 알아차렸다. 그래서 세존께 이렇게 말씀을 드리니, 소위 아누다라삼먁삼보리법 자체는 정한 법 [定法]이 없거니, 얻음이라고 하거나 얻음이 아니라고 할 수 없고, 얻음이 그러하니 행함 역시 그렇다고 할 수도, 아니 그렇다고 할 수도 없는 것이며, 설함도 아니라고 하거나 그렇다고 할 수 없는 것이다.

왜 그러한가? 아누다라삼먁삼보리가 아니므로 아누다라삼먁삼보리이니, 아누다라삼먁삼보리가 없는 바가 아니므로 정한 법이 없음이요, 또 이 법을 얻음에도 얻음이 없음으로 얻음을 삼으니, 얻음이 없음이 아니므로 정한 바 없이 얻음이라고 이름하는 것이다.

이는 얻음과 법이 일시에 공하여 아누다라삼먁삼보리에 머무르거나 아누다라삼먁삼보리를 정하거나, 또 그렇게 할 자가 없는 이것이 바로 아누다라삼먁삼보리인 까닭이다.

이곳, 즉 아누다라삼먁삼보리가 머무르고 정함이 없는 것이기 때문에 취하거나 버림이 자재로울 것이요, 이곳은 정한 법이 없는지라 머무르고 떠남이 자유로울 것이기 때문이다.

또 얻음과 버림이 머물고 떠나는 것을 두지 않음이라. 때와 인연에 따라 들고 남이 자재함에 일정한 곳이 따로 있지 않을 것이며, 일정한 법이 따로 있지 않을지니, 이러하므로 경에 이르기를 정법이 있지 아니함이 아누다라삼먁삼보리요, 정법이 있지 아니함으로 여래가 가히 설하신 것이라고 하였다.

마음공부를 하다 보면, 마음먹은 대로, 하고 싶은 대로 할 수 있는 신통神通이라는 초능력의 보너스가 생기기도 한다. 소위 여섯 가지의 육신통六神通이 단계별로 생기게 되는데 첫째, 마음대로 갈 수 있고 뭐든지 변신할 수 있는 신족통神足通이 생긴다.

두 번째로, 모든 것을 막힘없이 꿰뚫어 환히 볼 수 있는 천안통天眼通이 생기고, 셋째, 모든 소리를 마음대로 들을 수 있는 천이통天耳通, 넷째, 남의 마음속을 아는 타심통他心通, 다섯째, 나와 남의 지난 과거 전생을 명경처럼 알 수 있는 숙명통宿命通, 마지막으로, 번뇌를 모두 끊고 내세에 더 이상 생사 생멸하지 않는 누진통漏盡通이 생긴다.

이쯤 되면 그 어떤 신도 부럽지 않은 전지전능의 능력이라 할 수 있다. 하지만 불교에서 이러한 초능력은 군더더기에 불과하다. 간단하게 말하면, 이 또한 기분에 지나지 않는, 그래서 기분이 좋은 만큼의 기분 나쁜 인과를 받아야 하는 것이기 때문이다.

그러므로 부처님께서는 좋은 감정이라는 것은 인과를 낳게 되므로 나쁜 감정의 과보를 받게 될 뿐 결코 얻는 게 얻는 것이 아니라고 말씀하신다. 따라서 얻으려는 마음, 얻었다고 하는 생각, 하물며 깨달음을 구하려는 마음, 깨쳤다는 생각조차 하지 말라는 것이다. 이는 얻음이 아니요, 깨침도 아니요, 얻는 즉시 잃게 되는 과보가 따를 뿐이다.

따라서 정법正法이라고 하면 이미 정법이 아닌 인과가 생겨나게 되고, 비법非法이라고 하면 다시 비비법非非法이 생겨날 수밖에 없으므로, 이 또한 생각이나 감정으로 해결될 문제가 아니라고 한 것이다.

그래서 이것이다, 저것이다라고 하는 분별을 붙이게 되면, 이미 인과에 걸리게 되어 좋은 마음은 싫고 나쁜 마음의 과보를 생겨나게 하기 때문에 이 두 가지의 분별을 떠나야 비로소 인과가 없는 중도를 이룰 수가 있다는 말씀이다.

그러니 아무리 세상이 발전하고 과학이 발달하며, 뼈를 깎는 수행을 통해 육신통을 이룬다 할지라도 좋고 싫은 분별의 마음을 가지고 있는 한, 지금 같은 난리가 없을 수가 없고, 고통과 괴로움은 계속하여 나타날 수밖에 없다는 것이다.

코로나19는 물론, 지구상의 일체 재난과 재앙 역시 인간이 욕심을 부리는 한 계속하여 나타나게 될 것이다. 이를 해결하기 위해서는 각자가 분별 인과를 벗어나는 마음 수행이 유일한 방법이 될 것이다. 각자의 분별 인과의 업을 없애기 위해서는, 단계 단계 체계적으로 부처님 가르침을 진실로 알고 실천해 나가야 할 것이다.

하이고　여래소설법　개불가취　불가설　비법　비비법
何以故　如來所說法　皆不可取　不可說　非法　非非法

어떤 연고입니까? 여래께서 말씀하신 법은 모두 다 취할 수 없고 가히 다 말할 수 없으며 법이 법이 아니며 법 아님도 아니옵니다.

어떤 이유로 그러한 것인가? 아누다라삼먁삼보리를 아누다라삼먁삼보리라고 하면, 이미 아누다라삼먁삼보리가 아닌 인과가 생겨나는 고로 인연을 따라 머물며 때를 따라 들고 남이 자유자재한지라 정법이 있고 없고를 떠난 것이니, 여래께서 아무리 말씀하셔도 정법이라고 하면 정법이 아닌 인과가 생기는 연고로 이같이 정법을 초월한 법을 말씀하심인지라 여래의 말씀을 정법이라 할 수도 없음이다.

또 여래께서 설하시는 법은 가히 취할 수도 없고 말할 수도 없는 것이다. 다시 한번 강조하면, 정법이라고 하면 이미 정법이 아닌 인과가 생기므로 정법이라 할 수 없는 것이다.

이런 까닭에 부처님께서 "법도 아니요 비법도 아니다"라고 하셨으니, 정법을 정법이라 할 수도 없고 정법이 아니라 할 수도 없는지라 이를 비법이라고 하겠다. 그러나 또 비법이라고 하면 비법이 아니라고 하는 인과가 생겨나므로 다시 비법이라 할 수도 없으니, 결국 정법도 비법도 아닌 말과 생각을 떠난 자리인 것이다.

불법佛法, 즉 부처님의 말씀인 법을 따르고자 하는 것은, 한 찰나 한 순간에도 불편한 마음이거나 고통스런 마음, 괴로운 마음, 조금이라도 못마땅한 마음을 벗어나고자 함이다.

부처님의 말씀을 그대로 실행에 옮기기만 한다면, 곧바로 한 점의 고민과 걱정 근심, 온갖 고통과 괴로운 마음에서 벗어날 수가 있겠으나, 이를 실행하기가 힘든 것은 수 억겁의 긴 시간 동안 쌓여온, 금강석보다 더 단단한 업습業習(업의 버릇) 때문일 것이다.

따라서 이 단락의 가르침은 우리가 대하는 좋고 싫은 일체의 차별된 모습에 마음을 끄달리지 말라는 교훈이다. 나의 본래 마음은 좋고 싫은 고락의 차별이 전혀 없는 것이기에, 좋고 싫고, 옳고 그른 고락 시비의 분별된 가짜 마음을 일으키지만 않으면 그대로 아누다라삼먁삼보리의 청정한 자성을 찾을 수 있다는 말씀이다.

그 어떤 것에도 좋고 싫은, 옳고 그른 분별만 하지 않으면, 그대로 본래의 청정 자성으로서 일체의 고통에서 벗어날 것이니, 너무나 간단하면서도 이보다 더 쉬울 수는 없다 할 것이나, 거꾸로 이를 극복하기란 너무나 힘들고 이보다 더 어려울 수 없다는 것이다.

하지만 이를 극복하지 않는다면 영원히 인과의 괴로움을 벗어날 수 없으니, 지금부터라도 마음 수행을 게을리할 수가 없다 하겠다. 하지만 생각이나 감정으로는 절대 이를 넘어설 수 없다 할 것이니, 우선 기도와 참선, 보시와 정진을 통해서 하루빨리 계획을 세우고 하나하나 실행해나가야 할 것이다.

소 이 자 하　일 체 현 성　개 이 무 위 법　이 유 차 별
所以者何　一切賢聖　皆以無爲法　而有差別

그 이유는 바로 모든 현인과 성인들께서 다함이 없는 무위無爲의 법法으로써 여러 가지 차별을 두었기 때문입니다.”

아누다라삼먁삼보리는 다함이 없는 청정한 본연의 자성自性이다. 여기에는 임의로 조작한다는 것은 불가능하다. 곧 자성, 즉 다함이 없는 법에 머물러 다함이 없는 법을 행사하되, 인연을 따르고 때를 따라서 출몰하는 것이니, 이에 가지가지의 차별이 있게 되는 것이다.

무슨 말인가? 그 어떤 것에도 움직이지 않고 변하지 않는 아누다라삼먁삼보리의 청정한 자성을 말한다는 것은, 곧 움직이고 변하는 모습의 상대 세계도 있다는 반증이 되는 것이니, 이를 차별이 있다고

말하는 것이다.

그러나 움직이고 변하는 차별의 세계라 할지라도, 이를 차별로 보거나 차별을 짓지 않음이 중요하다. 곧 아누다라삼먁삼보리의 성품은 정법이되 정법에도 걸리지 않는 까닭을 말하는 것이다.

즉, 정법이라고 규정하게 되면, 다함이 있는 법인 유위법이 되므로 다함이 없는 무위법이 될 수가 없고, 다함이 없는 무위법은 다함이 없는 무위법이기 때문에 다함이 있는 유위법이 될 수가 없음이다.

따라서 여래법如來法은 취할 수 없고 설할 수 없으며, 그래서 법이 아닌 비법非法이요, 비법도 아닌 비비법非非法이기 때문에, 정법이 될 수도 없음인 고로, 일체 성현들이 무량무수의 차별을 보이는 것이니, 곧 온갖 차별신差別身의 모습으로 중생을 제도하심이다.

무슨 말이냐? 여래와 보살은 차별이 없는 마음 상태이나, 중생을 제도하기 위하여 뗏목이라는 차별을 두고, 피안이라는 차별을 두고, 강을 건넌다는 차별을 두고, 강을 건넌 다음에는 뗏목을 버리라는 차별을 두고, 저 언덕의 피안이 있다는 차별을 두어서 중생을 제도함이다. 그러나 여래와 보살은 중생이라는 차별이 없고, 아누다라삼먁삼보리라는 차별이 없으며, 정법이라는 차별이 없고, 정법이 아니라는 차별이 없으며, 일체 모든 것에도 차별이 없음이나, 중생들이 알아듣기 쉽게 하기 위하여 차별을 예로 들어서 제도한다는 뜻이다.

기분이 나빠지는 데에는 여러 가지 형태의 종류가 있다. 마음먹은 대로 잘되지 않을 때, 화가 나면서 기분이 나빠지게 되기도 하고, 또 몸이 아파서 고통스러울 때는 기분이 나쁜 정도가 아니다.

남들로부터 자존심과 명예가 짓밟힐 때도 엄청나게 약이 오르면서 기분이 나빠진다. 그래서 대부분 드러나게 또는 잠재적으로 복수를 다짐하기도 한다. 그리고 정情을 받지 못하거나 너무나 정을 주고 싶을 때도 안타까운 마음에 기분이 나빠지게 된다.

이렇듯 기분이 나쁘다는 것은 성이 나고, 화가 나며, 약이 오르면서 좋지 않은 감정이 생기는 것을 말한다. 이같이 기분이 나빠지는 원인은 대부분 어떤 대상 때문이라고 생각하기가 십상이나, 나 스스로 지금까지 그만큼 즐기고 기뻐했고 행복했던 경험의 결과, 즉 인과 때문이라는 것을 먼저 알아차려야 한다.

그러므로 내가 그 무엇을 얻어서 기분이 좋아졌다면, 그만큼의 얻은 대가로 인하여 기분이 좋은 만큼의 기분 나쁜 인과를 치러야 한다. 만약 내가 어떤 형태로든 기분이 나쁘고, 화가 나고, 성이 나며, 약이 오르거나, 고통과 괴로움을 느낀다면, 이는 바로 무엇을 얻어서 즐거웠던 만큼의 과보가 생긴 것이라고 생각하면 틀림이 없다.

따라서 내가 어떤 사람의 언행 때문에 화가 나거나 약이 오르거나 기분이 몹시 나쁘다면, 이는 나의 업보로 말미암아 기분 나쁜 사람이 내 앞에 나타나는 시절 인연을 만난 것이므로, 기분 나쁜 사람 때문이 아니라 나의 업보가 원인이라는 것을 번개같이 알아채고, 나의 인과 업보에 대해 먼저 참회해야 한다.

8

의법출생분
依法出生分

법에 의해 모든 가르침이 나온다

제팔 의법출생분
第八 依法出生分

수보리 어의운하 약인 만삼천대천세계칠보 이용보
須菩提 於意云何 若人 滿三千大千世界七寶 以用布

시 시인 소득복덕 영위다부 수보리언 심다 세존 하
施 是人 所得福德 寧爲多不 須菩提言 甚多 世尊 何

이고 시복덕 즉비복덕성 시고 여래설복덕다 약부유
以故 是福德 卽非福德性 是故 如來說福德多 若復有

인 어차경중 수지내지사구게등 위타인설 기복승피
人 於此經中 受持乃至四句偈等 爲他人說 其福勝彼

하이고 수보리 일체제불 급제불 아누다라삼먁삼보
何以故 須菩提 一切諸佛 及諸佛 阿耨多羅三藐三菩

리법 개종차경출 수보리 소위불법자 즉비불법
提法 皆從此經出 須菩提 所謂佛法者 卽非佛法

8. 법에 의해 모든 가르침이 나온다

"수보리야, 어떻게 생각하느냐? 만약 어떤 사람이 삼천대천세계에 가득 찬 칠보를 보시한다면, 이 사람이 받는 복덕은 얼마나 많겠느냐?"

수보리가 대답하였습니다.

"매우 많겠습니다, 세존이시여. 왜냐하면 이 복덕은 곧 복덕의 성품이 아니기 때문에 여래께서 복덕이 많다고 말씀하셨습니다."

"만약 또 어떤 사람이 이 경 가운데서 네 글귀로 된 한 게송만이라도 제대로 알아서 다른 사람을 위해 말해준다면, 그 복덕은 칠보로 보시한 복덕보다 더욱 수승하리라.

왜냐하면, 수보리야, 모든 부처님과 일체 부처님의 아누다라삼먁삼보리법이 모두 다 이 경에서 나왔기 때문이니라. 수보리야, 이른바 불법이라는 것 또한 불법이 아니니라."

8. 의법출생분 依法出生分

법에 의해 모든 가르침이 나온다

수보리 어의운하 약인 만삼천대천세계칠보 이용보시 시
須菩提 於意云何 若人 滿三千大千世界七寶 以用布施 是

인 소득복덕 영위다부
人 所得福德 寧爲多不

"수보리야, 어떻게 생각하느냐? 만약 어떤 사람이 삼천대천세계에 가
득 찬 칠보를 보시한다면, 이 사람이 받는 복덕은 얼마나 많겠느냐?"

삼천대천세계三千大千世界란 엄청나게 많은 세계가 있다는 표현이
다. 1소천一小千이 1,000개면 1중천一中千이라 하고, 1중천이 1,000개
면 1대천一大千이 된다. 불교의 세계관은 종縱으로는 욕계欲界, 색계
色界, 무색계無色界의 3계가 있고, 횡橫으로는 1대천一大千이 있다. 그
러니 삼천대천세계에는 얼마나 많은 세계가 있겠는가.

칠보는 금, 은, 유리, 산호, 진주, 마뇌, 파리(수정)의 일곱 가지의 보
석을 말한다.

보시에는 두 가지가 있는데, 재보시와 법보시이다. 재보시는 재물

을 조건 없이 주는 것을 말하고, 법보시는 정법을 다른 사람이 깨닫도록 하기 위한 일체의 행동과 말, 불사佛事(부처님의 가르침에 관계된 일) 등을 말한다.

"일체 성인은 무위법을 써서 차별이 있는 것입니다"라고 한 수보리의 대답에 부처님께서는 침묵으로 인정하시고, 무위법의 공덕에 대해 말씀하실 요량으로 수보리에게 다시 물어보신 것이다.

무위법은 '함이 없는 법'이라는 뜻인데, 함이 없다는 것은 이것이라고 하는 '함'이 있으면 벌써 저것이라는 '함'이 생기는 것이므로, 생겨나는 함이 있으면 생로병사와 성주괴공成住壞空이 생기고, 즐거움이라는 함이 생기면 괴로움이라는 함의 인과가 생기는 까닭이니, 이러한 분별이 없는 것을 '함이 없는 무위법'이라고 한다.

삶에 있어 돈은 필수불가결하다. 돈 때문에 부부는 물론 부모, 형제 하물며 자식까지도 철천지원수가 되기도 한다. 그래서 '돈이 원수다'라는 말까지 생겼다. 그래서 돈은 삶의 전부라고 할 수도 있겠으나, 그렇다면 돈에 대한 개념을 어떻게 정리해야 할 것인가?

일단 돈이 없는 사람은 돈과 인과 인연이 없다고 생각해야 한다. 그러므로 돈에 대해 집착하는 마음을 내려놓아야 한다. 인연이 없는 돈은 절대 생기지 않는다. 그렇기에 쉽지는 않겠지만, 우선은 돈에 대해 더 이상 기대하지 않는 것이 좋다.

희망을 꺾는 것이 아니다. 돈에 대한 집착을 끊기 위해서는 돈이 있으면 무조건 행복하고 좋다는 생각을 버려야 한다. 돈이 많다고 하여 기분이 계속 좋거나 행복한 것과는 별개이기 때문이다.

왜냐하면 돈과 명예와 권력을 가지고 잘생기거나 장수하고 건강이 좋으면, 무조건 기분 좋고 행복하다고 생각하기 쉬우나, 이같이 조건과 환경이 아무리 좋다 하더라도 좋고 싫은 고락의 인과는 따로 작동함을 알아야 하니, 행복한 만큼의 불행한 인과가 생기기 때문이다.

한때 있다는 것은 한때 없다는 인과가 생기는 것이므로, 해가 떴다고 하여 계속 머물러 있을 수는 없거니와 결국 해는 지기 마련인 것과 같은 이치다. 또 한 가지 이유는, 있다는 것은 한계가 있다는 것이니, 더 있는 것에 비한다면 없는 것이나 마찬가지기 때문에 결코 만족할 수 없으므로 항상 부족함이 따르기 때문이다.

그런 까닭으로, 부처님께서 삼천대천세계에 가득 찬 보석을 모두 다 준다 하여도 복덕이 크지 않다고 하심은 바로 돈이라는 상, 있다는 상, 많다는 상, 준다는 상이 없어야 비로소 무상의 복덕이 되어 괴로움의 인과를 받지 않는다고 하심이다.

그러므로 돈에 대해 집착하지 않고, 있으면 있는 대로 없으면 없는 대로, 들어오면 들어오는 대로, 나가면 나가는 대로, 인과 인연의 소치로 생각하여 초연한 마음을 갖는 것만이 스스로의 마음을 항상 평안케 할 것이다.

수보리언 심다세존 하이고 시복덕 즉비복덕성 시고 여
須菩提言 甚多世尊 何以故 是福德 卽非福德性 是故 如

래설복덕다
來說福德多

수보리가 대답하였습니다.

"매우 많겠습니다, 세존이시여. 왜냐하면 이 복덕은 곧 복덕의 성품이 아니기 때문에 여래께서 복덕이 많다고 말씀하셨습니다."

여기서 수보리가 많다고 말씀드리는 것은, 일반적인 생각으로 많은 것이 아니다. 삼천대천세계에 가득 찬 칠보도 결코 적은 것은 아니지만, 이것은 상에 집착한 재물 보시에 불과한 것이므로 아무리 많다 해도 끝이 있는 것이요 다함이 있는 것이니, 한때의 많은 것일 뿐이다.

그러므로 "대단히 많습니다"라고 하는 대답은 사실은 적다는 말이나 마찬가지다. 왜냐하면 많다는 것은 이미 인과에 해당하는 것이므로, 이보다 더 많은 것에 비하면 적은 것이 되는 것이요, 한때의 많은 것이 지나가면 점점 적어질 것이고 사라질 것이요, 그리고 적은 것의 과보를 받을 것이기 때문이다.

또한 칠보의 보시로 생기는 복덕은 아무리 많다 해도 유상有相에 속하는 물질 보시에 지나지 않으니, 있다는 것은 곧 없다는 것의 인과가 생기기 때문에 다함이 없는 무상無相의 묘법妙法과는 완전히 다른 것이다.

그리하여 수보리는 부처님께 말씀드리기를, "만약 다함이 없고 셀 수 없으며 생각으로 미칠 수 없는, 상이 없는 무상의 복덕이라 한다면, 부처님께서 다함이 있는, 많다고 하는 말씀을 결코 하지 않으셨을 것입니다"라고 한 것이다.

출가수행자로 몇십 년 사는 동안 많은 시주자의 도움으로 적어도 물질적으로는 비교적 아쉬움 없이 지내온 것 같다. 아울러 도움이 필요한 이들에게 아무런 대가 없이 나름 도와준 기억도 있다. 물론 부당한 일을 겪은 적도 있다.

그래도 수행을 해오면서 그나마 다행인 것은, 물질의 들고 남에 어느 정도는 초연해졌다는 점이다. 물론 부처님 법이 그만큼 위대하기 때문일 것이다. 그 가운데는 《금강경》의 가르침이 뒷받침되었다고 하겠다.

내 것이라는 상을 세우지 않으니 들어오고 나감에 집착하지 않으려는 마음이 어느 정도 정리가 되고 더 이상의 상은 없다고 내심 자부한다. 물론 분위기를 무겁게 하지 않으려고 말로는 얼마든지 아쉬움을 표현하지만 말이다.

세상의 상은 모두 꿈속의 모습들이다. 언젠가 깨고 나면 부질없는 일들이었다는 것을 깨달을 것이다. 바로 공空의 모습이다. 모든 세상 모습은 가감이 없고 득실이 없는 연기와 인과의 모습이지만 이마저도 깨고 나면 꿈이다.

설사 이를 잘 알면서도 욕심내고 화내고 잡생각의 삼독심을 털어 버리지 못하는 것은 찌든 업 때문이다. 그만큼 업이란 두텁기가 이루 말할 수 없다. 그러니 어찌하겠는가. 이제부터라도 업을 멸하기 위하여 정진해야 한다.

그전에 굳건한 믿음을 가져야 한다. 지금 내가 힘들고 아쉽고 어렵고 고통스럽고 괴로움을 느끼는 것은 나의 업보 때문이다. 남 탓을 하는 것은 또 다른 업을 지어서 더 큰 고통을 낳게 된다. 부처님이 말씀하신 법을 굳게 믿는 신심으로 탐진치 삼독심을 멸해 나가야 한다.

이런 부처님 법을 믿는 굳은 신심信心이야말로 삼천대천세계의 칠보를 보시하는 공덕보다 더 크다 하지 않았는가.

약부유인　어차경중　수지내지사구게등　위타인설　기복승피
若復有人　於此經中　受持乃至四句偈等　爲他人說　其福勝彼

"만약 또 어떤 사람이 이 경 가운데서 네 글귀로 된 한 게송만이라도 제대로 알아서 다른 사람을 위해 말해준다면, 그 복덕은 칠보로 보시한 복덕보다 더욱 수승하리라.

만약 또다시 어떤 사람이란, 삼천대천세계의 칠보를 모두 보시한 사람과는 다른, 사구게 등을 지닌 사람들이라는 말이다.

사구게는 무위법이니, 더 이상의 말이 필요 없는 경지를 말한다. 말을 여읜다는 것은 생각이 완벽하여 좋고 나쁜 유위법이 아니기 때문에 모든 행동 또한 완벽할 수밖에 없으니, 일체의 걸림이 없고 걱정과 고민이 한 톨도 없다는 뜻이다.

하지만 중생이 알아듣기 위해서는 어떠한 사구게라도 한 구절은 객격客格이고, 한 구절은 논격論格이요, 한 구절은 결론격結論格인 법문으로 구성되어 법문체를 완성시켜야 하기 때문에 게송으로 표현할 수밖에 없다.

"무릇 있다는 것은, 상은 모두 허망한 것이니 만약 상을 상 아님으로 보면(논격) 곧 여래를 봄(결론격)과 같다"라고 한 이런 사구게에 불과한 것임에도, 마음에 그 뜻을 제대로 새기고 이를 다시 사람들을 위하여 알 수 있도록 하는 것이 바로 자리이타自利利他(나와 남이 모두 이득)이다.

그러므로 이를 믿고 체득하기만 한다면 저 삼천대천세계에 가득 찬 칠보를 모두 보시하는 복덕보다도 더 훌륭하다는 말씀이다.

요즘 많은 사람들이 스포츠에 열광한다. 스포츠는 주어진 규칙에 따라 타인과 경쟁하여 승리하는 것을 목표로 한다. 승부를 겨루기에 한쪽이 승리하면 다른 한쪽은 패배할 수밖에 없다. 지고 있는 상황이더라도 역전에 재역전을 거듭하다 극적인 반전이 일어나기도 하는 등 결과를 쉬이 예측할 수 없어서 '각본 없는 드라마'라고 불리기도 한다. 선수들의 경기를 보며 울고 웃는 사이 쌓인 스트레스가 한꺼번에 날아가는 듯한 카타르시스를 느낀다.

하지만 세상이 돌아가는 움직임 속에는 한쪽이 생겨나는 대신 다른 한쪽은 여지없이 사라지게 된다. 건강도 생겨나는 것이다. 생겨났으므로 사라지는 인과를 받게 되는데, 그 과보로 병이 들고 아프고 결국 죽는다.

한쪽이 생겨나면 다른 한쪽이 똑같이 생겨나는 것이 사바세계의 모습이고 인과의 법칙이라 했다. 태어남이 생겨나면 죽음도 생겨난다는 뜻이다. 깨달음이 생겨나면 어리석음도 생겨난다. 그러므로 부처님께서는 아누다라삼먁삼보리법이 생겨나면 아누다라삼먁삼보리법이 아닌 것도 생겨나므로, 이 또한 법이 아닌 비법이라 하시고, 비법도 아닌 비비법이라 하셨다.

따라서 "소위불법자 즉비불법所謂佛法者 卽非佛法"이라 하시니, 즉 불법佛法이 생겨나면 불법 아닌 것 또한 생겨나므로 불법이라는 것 역시 불법이 아니라고 하신 것이다. 그러니 이것이라는 상의 분별을 없애야 저것이라는 분별상이 생겨나지 않으므로, 철저히 분별심을 없애고 중도를 행해야 한다고 하심이다.

그러므로 우리네 일상생활에서도 이러한 화두를 한시도 놓치지 않아야 탐진치 삼독심을 경계하게 되어 인과를 받지 않을 것이므로 어떤 상황에서도 탐하지 말고 성내지 않으며, 분별하지 않는 중도의 습을 길러야 한다.

그리하여 순간순간 찰나찰나 분별하지 않는 중도의 마음을 지속해 나갈 때, 비로소《금강경》의 진면목을 알게 되어 부처님의 화신이 강림하게 될 것이다.

하 이 고　수 보 리　일 체 제 불　급 제 불　아 누 다 라 삼 먁 삼 보 리
何以故　須菩提　一切諸佛　及諸佛　阿耨多羅三藐三菩提

법　개 종 차 경 출　수 보 리　소 위 불 법 자　즉 비 불 법
法　皆從此經出　須菩提　所謂佛法者　卽非佛法

왜냐하면, 수보리야, 모든 부처님과 일체 부처님의 아누다라삼먁삼보리법이 모두 다 이 경에서 나왔기 때문이니라. 수보리야, 이른바 불법이라는 것 또한 불법이 아니니라."

모든 부처님과 모든 깨달음이《금강경》에서 나왔다는 것은 무위와 무루를 말하는 것이니, 곧 더함이 없으니 모자람이 없고, 얻을 것이 없으니 잃을 것이 없으며, 나타남이 없으니 사라질 것도 없음이다.

이것이 바로 아누다라삼먁삼보리법이요 불법의 이치이다. 그러나 불법의 이치라 하는 즉시 불법의 이치가 아닌 것이 곧바로 나타남이니 즉비불법卽非佛法이라, 즉 이 또한 진정한 불법이라 할 수 없다 할 것이다.

복이란 원하는 바를 얻는 것이다. 얻은 것은 잃고 사라지는 인과를 낳는다. 마치 아침노을과 같고 저녁연기와 같이 허망하여 복이 다하면 사라지는 재물 보시가 될 뿐이다. 그러나 사구게는 항상 머물러 사라지지 않고 변치 않는 묘법이므로 곧 법보시가 된다.

돌아가신 영가를 위한 49재를 지낼 때면 영가를 위한 법문을 정성껏 준비한다. 살았을 적에 돈이 많았든 적었든 지위가 높았든 낮았든 그 삶이 비교적 편안했든 힘들었든 간에 영가에게는 육도윤회의 굴레에 다시 떨어지기 전 얻을 수 있는 마지막 기회이기 때문이다.

사실, 산 사람이나 죽은 사람이나 별 차이는 없다. 차이라면 육신이 있고 없고의 차이일 뿐 고락의 감정은 같다 할 것이다. 여기서 같다는 것은, 생각과 감정이 똑같다는 것이 아니라 좋고 싫은 고락의 과보가 같다는 말이다.

고락의 과보가 같다는 것은 얻음과 잃음이 같이 생기고, 옳음과 그름이 같이 생기며, 즐거움과 괴로움이 같이 생긴다는 뜻이다. 바로 인과의 법칙이다. 이것은 자연적으로나 과학적으로도 얼마든지 증명되는 것이니, 이것이 생기면 저것이 똑같이 생기는 것은 연기의 진리이기 때문이다.

따라서 부처님께서는 얼음이라고 하면 이미 얼음이 생기듯이 불법佛法을 불법이라고 하면 이미 불법을 얻었으므로 불법을 잃는 것이 나타나기 때문에 진정한 불법이 아니라고 하시고, 아누다라삼먁삼보리를 깨닫는다고 하면, 깨달음을 얻음으로써 이미 깨달음을 잃게 되는 것이 나타나기 때문에, 깨달음이라고 할 수 없다고 하신 것이다.

누구나 괴롭고 불행한 감정을 멀리 여의고 즐겁고 행복한 감정을 갖기 위해 살아간다. 열심히 살아간다는 의미는 바로 이것을 얻기 위함이다. 돈과 명예와 권력과 자존심을 얻기 위해 온갖 행태를 일삼고 발버둥치며 살아들 간다.

그러나 아이러니하게도 즐겁고 행복한 감정을 가지면 괴롭고 불행한 감정이 함께 생기게 된다는 것을 좀처럼 자각하지 못한다. 그러므로 내가 어떤 일을 하고 사는 것이 가장 행복한 것일까라고 생각하는 것은 참으로 어리석은 생각이 아닐 수 없다.

9

일상무상분
一相無相分

한 상조차도 상이 없음

第九 一相無相分

제구 일상무상분

須菩提 於意云何 須陀洹 能作是念 我得須陀洹果不
수보리 어의운하 수다원 능작시념 아득수다원과부

須菩提言 不也世尊 何以故 須陀洹 名爲入流 而無所
수보리언 불야세존 하이고 수다원 명위입류 이무소

入 不入色聲香味觸法 是名須陀洹 須菩提 於意云何
입 불입색성향미촉법 시명수다원 수보리 어의운하

斯陀含 能作是念 我得斯陀含果不 須菩提言 不也世
사다함 능작시념 아득사다함과부 수보리언 불야세

尊 何以故 斯陀含 名一往來 而實無往來 是名斯陀含
존 하이고 사다함 명일왕래 이실무왕래 시명사다함

須菩提 於意云何 阿那含 能作是念 我得阿那含果不
수보리 어의운하 아나함 능작시념 아득아나함과부

須菩提言 不也世尊 何以故 阿那含 名爲不來 而實無
수보리언 불야세존 하이고 아나함 명위불래 이실무

不來 是故 名阿那含 輸菩提 於意云何 阿羅漢 能作是
불래 시고 명아나함 수보리 어의운하 아라한 능작시

念 我得阿羅漢道不 須菩提言 不也世尊 何以故 實無
념 아득아라한도부 수보리언 불야세존 하이고 실무

有法 名阿羅漢 世尊 若阿羅漢 作是念 我得阿羅漢道
유법 명아라한 세존 약아라한 작시념 아득아라한도

卽爲着我人衆生壽者 世尊 佛說我得無諍三昧 人中最
즉위착아인중생수자 세존 불설아득무쟁삼매 인중최

위제일　시제일이욕아라한　세존　아부작시념　아시이
爲第一 是第一離欲阿羅漢 世尊 我不作是念 我是離

욕아라한　세존　아약작시념　아득아라한도　세존　즉불
欲阿羅漢 世尊 我若作是念 我得阿羅漢道 世尊 卽不

설수보리　시요아란나행자　이수보리　실무소행　이명
說須菩提 是樂阿蘭那行者 以須菩提 實無所行 而名

수보리　시요아란나행
須菩提 是樂阿蘭那行

9. 한 상조차도 상이 없음

"수보리야, 어떻게 생각하느냐? 수다원이 스스로 '나는 수다원과를 얻었다'고 생각하겠느냐?"

수보리가 대답하였습니다.

"아닙니다, 세존이시여. 왜냐하면 수다원은 성인의 흐름 속에 들었다고는 하지만 사실은 들어간 일이 없습니다. 빛, 소리, 냄새, 맛, 닿음, 법 등 육경에 들어가지 않으므로 이름을 수다원이라 합니다."

"수보리야, 어떻게 생각하느냐? 사다함이 스스로 '내가 사다함과를 얻었다'고 생각하겠느냐?"

수보리가 대답하였습니다.

"아닙니다, 세존이시여. 왜냐하면 사다함은 한 번 왔다 간다고 하나, 실은 왕래한다는 생각이 없으므로 그 이름을 사다함이라 하나이다."

"수보리야, 어떻게 생각하느냐? 아나함이 '내가 아나함과를 얻었다'고 생각하겠느냐?"

수보리가 대답하였습니다.

"아닙니다, 세존이시여. 왜냐하면 아나함은 다시 오지 않는 것이겠지만, 실은 다시 오지 않는다는 생각을 하지 않으므로 이름

하여 아나함이라 합니다."

"수보리야, 어떻게 생각하느냐? 아라한이 '내가 아라한과를 얻었다' 하고 생각하겠느냐?"

"아닙니다, 세존이시여. 왜냐하면 실은 법이 있는 것이 아님을 여실히 아는 이를 아라한이라 이름하기 때문입니다. 세존이시여, 만일 아라한이 '내가 아라한과를 얻었다'고 생각한다면 이는 곧 나다, 사람이다, 중생이다, 오래 산다는 등의 상에 빠져드는 것입니다.

세존께서 수보리 저를 '다툼 없는 삼매를 얻은 이 가운데 제일이다'라고 말씀하셨는데, 이것이 첫째가는 욕심을 여읜 아라한이오나, 세존이시여, 저는 욕심을 여읜 아라한이라는 생각을 갖지 않습니다. 세존이시여, 제가 만일 '내가 아라한과의 도를 얻었다'고 생각한다면, 세존께서는 저에 아란나행을 즐기는 자라고 말씀하지 않으셨겠지만, 제가 실제로 행하는 바가 없기 때문에 수보리는 아란나행을 즐기는 것이라고 이름하신 것입니다."

9. 일상무상분相無相分
한 상相조차도 상相이 없음

수보리 어의운하 수다원 능작시념 아득수다원과부
須菩提 於意云何 須陀洹 能作是念 我得須陀洹果不

"수보리야, 어떻게 생각하느냐? 수다원이 스스로 '나는 수다원과를
얻었다'고 생각하겠느냐?"

수다원須陀洹, 사다함斯陀含, 아나함阿那含, 아라한阿羅漢은 소승불
교에 있어서 성문 4과라고 하는데 도의 깊이를 말하는 등급이다. 수
다원은 초과初果로서 흐름[流]에 든다는 뜻이다. 즉, 성인의 경지인
성인류聖人流에 들어간다는 말이다.

어느 정도일까? 욕계, 색계, 무색계의 삼계를 봄에 있어서 견혹見惑
을 다 끊었다는 것이다. 견혹이란, 일체의 보고 보이는 것에 대해 분
별하는 마음을 뜻한다.

부처님께서는 불법佛法을 불법이라고 하면 이미 불법이 아니라고
하시면서, 그러하기에 가히 설할 것이 없다 하시었다. 그렇다면 아누

다라삼먁삼보리법은 설이 아니고 무엇이며, 부처님께서 가지신 불과
佛果는 이루심이 아니고 무엇인가?

이를 아신 부처님께서는 "내가 불과에 있으나 불과라는 상에 머물
지 않으니 부처와 중생을 모두 떠났으므로 불과를 이룬 것이 없다"
하신 것이고, 또 아누다라삼먁삼보리법을 얻었으나 이 법을 설하면
이미 정법이 아니므로 설이 없다 하신 것이다.

이를 깨우쳐 주시기 위해 성문 4과를 얻은 아라한에게 먼저 성문
승의 4과라는 상에 머물지 않고 얻어짐과 얻을 것이 없다는 것을 알
아야 진정으로 4과를 얻게 된다는 사실을 깨우쳐 주심이니, 차후에
불과와 불법까지도 깨우치게 하기 위함이다.

그러므로 수보리를 불러서 초과인 수다원과부터 말씀을 꺼내시어
물으신 것이다.

보이는 것, 들리는 것, 내가 감지하고 있는 나 밖의 일체 모습들은
연기의 모습이다. 사실 원인을 따지려는 것은 대단히 무의미하다. 왜
냐하면 직접적인 원인을 규정해보려고는 하지만, 실은 우주 삼라만
상 자체가 한 덩어리이기 때문에 원인을 찾고자 하는 것은 그 자체가
성립되지 않기 때문이다.

그리고 모든 것은 결국 생겨났다 머물렀다 변했다 사라지고 마는
성주괴공成住壞空의 과정일 뿐이다. 문제는 이 모든 것을 보고 듣고
육근六根(눈·귀·코·혀·몸·생각)으로 감지하려는 나의 마음이다. 보는
내가 편하면 좋은 일이 되고, 듣는 내가 불편하면 좋지 않은 일이 되

는 것이다.

이렇듯 세상의 모든 움직임은 연기에 따라 생겨나고 사라진다. 그래서 사실은 누구의 탓을 할 수도 없고 할 필요도 없다. 만물은 서로가 서로에게 영향을 주고받기 때문에 어디서 원인을 찾고 어디서 결과를 찾을 수도 없고 찾을 필요도 없다. 나를 포함하여 시방세계 전체가 생로병사 성주괴공으로 연기할 뿐이기 때문이다.

문제는 각자의 업이다. 어차피 인과 연기에 의해 한 치 오차 없이 돌아가는 세상인데, 나의 생각과 감정의 업만 좋고 싫고를 거듭하며 달밤에 홀로 춤을 추고 있는 꼴이다. 누구든 이렇게 완벽하게 돌아가는 세상을, 어떻게 보고 들으며 좋다 싫다는 감정의 업을 어떻게 처리하는가만 남을 뿐이다. 물론 이 또한 여몽환포영如夢幻泡影 여로역여전如露亦如電인데도 말이다.

부처님께서는 바로 이러한 연기의 모습에 대해 육근이 간섭하지 않으면 수다원이라 하시고, 만약 조금이라도 감정을 얹어서 이러쿵저러쿵하게 되면 이는 수다원과가 아니라고 수보리를 통해 말씀하시려는 것이다.

수 보 리 언　불 야 세 존　하 이 고　수 다 원　명 위 입 류　이 무 소 입
須菩提言　不也世尊　何以故　須陀洹　名爲入流　而無所入
불 입 색 성 향 미 촉 법　시 명 수 다 원
不入色聲香味觸法　是名須陀洹

수보리가 대답하였습니다.

"아닙니다, 세존이시여. 왜냐하면 수다원은 성인의 흐름 속에 들었다

고는 하지만 사실은 들어간 일이 없습니다. 빛, 소리, 냄새, 맛, 닿음, 법 등 육경에 들어가지 않으므로 이름을 수다원이라 합니다."

수보리는 부처님께서 물으신 뜻을 잘 아는 까닭에 이렇게 대답을 하였다. 수다원이 만일 내가 수다원과를 얻었다고 생각을 하면 얻었다는 상에 집착하는 것이 되므로 수다원이 될 수 없는 것이다.

또 일찍이 성인류에 들어간 바가 없을 뿐만 아니라 색, 성, 향, 미, 촉, 법 등 육진의 경계인 육경에도 끌려들지 않는다는 말이다. 이렇게 육경에 끌려들지 않기 때문에 수다원이라는 이름을 갖게 되는 것이니, 수다원과를 얻었다는 생각을 하지 않는다는 뜻이다.

육경(색·성·향·미·촉·법)에 끌려들지 않는다 함은, 보이는 것, 들리는 것, 냄새, 맛, 촉감, 생각 등을 대한다 하더라도 좋다 싫다는 분별을 하지 않는다는 뜻이다. 더 나아가 좋고 싫은 구별은 할 수 있을지언정 고락의 감정이 일어나지 않는다는 것이다.

왜냐하면 보이는 것, 들리는 것, 향·미·촉·법 등의 대상들은 서로서로 주고받는 영향으로 변하는 것이므로 애초에 좋다 나쁘다거나, 옳고 그르다고 할 수 없는 연기법이기 때문이다. 다만 육경의 대상을 구분을 짓고 좋다 싫다 분별하는 것은, 각자의 고락 업식이 일어나고 사라지는 인과로 인하여 생로병사할 뿐이기 때문이다.

이후부터 성문 4과에 대하여 하나하나씩 부처님께서 물으시고 수보리로 하여금 대답하게 하시어 성문 4과의 취득이 없음을 알리신 후에 세존께서 하려던 말씀을 하시는 것이다.

근세에 들어 13계통의 종교에서 500여 개에 달할 만큼 많은 신흥 종교가 부침을 했다. 지금도 여러 신흥 종교들이 많이 활동하고 있으나 대개는 유행처럼 왔다가 금방 사라지곤 한다. 지금은 역사가 가장 긴 종교라고 할 수 있는 불교와 기독교의 개신교, 천주교, 성공회 그리고 이슬람교 등만 남아 있는 편이며, 그동안 수만 가지의 신흥 종교가 나타났다 사라지곤 하였다.

불교적인 관점에서 볼 때 이 또한 인과 연기의 소치라고 할 수 있겠다. 무엇이 옳고 무엇이 그른지, 어떤 것이 좋고 어떤 것이 싫고 나쁜지는 결국 각자 개개인의 업에 따라 생겨나는 것이므로, 시비고락을 섣불리 논할 수는 없는 노릇이다.

이렇게 말하면 매우 무책임한 것으로 들릴지 모르겠으나, 세상사 모두가 이것이 생기면 저것이 생기기 마련이다. 즉 부처님이 말씀하신 차생고피생此生故彼生의 인과 현상이다. 좋은 것을 구할수록 싫고 나쁜 과보의 업이 생겨난다는 것이다.

그러므로 문제는 각자 스스로의 업이라 하겠다. 업이 좋은 사람은 좋고 싫은 분별심이 적은 까닭에 싫고 나쁜 인연을 좀처럼 만나지 않게 된다. 반대로 업이 두터운 사람은 좋은 것을 얻으려는 욕심이 크므로 그만큼의 큰 과보를 받아야 하기 때문에 고통과 괴로움이 클 수밖에 없다.

만약 코로나19를 만나게 되어 고통을 당하게 된다면, 이는 내가 지어 놓은 좋고 싫은 분별分別 업에 의한 인과 연기의 소산이라 할 수 있겠다. 그러나 탐욕이 적고 성내지 않으며, 좋고 싫은 분별을 크게 하지 않는 사람은, 코로나19의 수만 배가 엄습하더라도 악연의 고통이 되지 않을 것이다. 인과의 업은 한 치 오차가 없기 때문이다.

조심하지 않고 무모하게 행동하지 말아야 하는 것은 기본이라 할수 있겠으나, 진정한 불자라면 지나치게 불안한 마음을 갖지 않고, 부처님께서 말씀하신 인과 연기에 대한 신심을 굳게 가지고 오히려좋고 싫은 분별의 인과 업을 멸하고자 기도와 참선과 보시에 더욱 정진해야 할 것이다.

사다함이란, 바로 한 번 잘못 보고, 한 번 잘못 듣고, 한 번 잘못 냄새 맡고, 맛보고, 접촉하고, 한 번 잘못 생각한 이후에 다시는 잘못하지 않는 일래一來를 뜻하는 것이니, 우리도 이제부터는 잘못 보고, 잘못 듣고, 잘못 생각하는 어리석음을 다시는 범하지 않는 사다함이 되어야 할 것이다.

수보리 어의운하 사다함 능작시념 아득사다함과부 수
須菩提 於意云何 斯陀含 能作是念 我得斯陀含果不 須

보리언 불야세존 하이고 사다함 명일왕래 이실무왕래
菩提言 不也世尊 何以故 斯陀含 名一往來 而實無往來

시명사다함
是名斯陀含

"수보리야, 어떻게 생각하느냐? 사다함이 스스로 '내가 사다함과를 얻었다'고 생각하겠느냐?"

수보리가 대답하였습니다.

"아닙니다, 세존이시여. 왜냐하면 사다함은 한 번 왔다 간다고 하나, 실은 왕래한다는 생각이 없으므로 그 이름을 사다함이라 하나이다."

사다함은 성문 4과 가운데 제2과의 이름이다. 한 번 왕래한다는 뜻이다. 즉 망념이 잠깐 나타났다가 곧바로 깨달아서 깨끗한 자성의 바다에 파도를 한 번 치고 갈 뿐임을 의미한다.

사다함은 욕계 9품(상3품, 중3품, 하3품)과 사혹思惑(안이비설신) 5근이 색성향미촉 5진을 대할 때 일어나는 탐애貪愛와 미혹迷惑 중에 앞 6품을 끊고 뒤 3품이 남아서 욕계에 잠깐 왔다 가는 것이니, 한 번 왕래한다는 뜻이다.

초과인 수다원이 비록 성류聖流에 든다 해도 든다는 생각이 없으니, 수다원이라는 이름을 갖는다고 한 것과 같은 이유이다. 사다함과를 얻었다고 생각한다면 사다함이 아니고, 사다함이 한 번 왔다 간다고 생각한다거나, 사다함과를 얻었다고 생각하는 것조차 없어야 사다함이라는 이름을 붙인다는 것이다.

사다함은 욕계 9품의 수혹修惑(修道에서 끊는 번뇌) 중 제1품에서 제5품의 수혹을 단멸한 성자가 더욱 정진하여 제6품의 수혹을 단멸하였을 때 그 성자를 말하며, 망념이 엷고 본 성품이 가까워서, 안근이 모든 색경계色境界를 대하는 데 있어서 망념이 일생一生 일멸一滅을 지을지니 일왕래一往來라고 한다. 즉, 앞생각 다음에 곧 뒷생각이 사라지면서 깨닫게 되고, 앞생각에 머물면 곧 뒷생각이 떠나게 되어 집착하지 않게 되는 고로, 이를 제2과 사다함이라 이름한다.

이러한 이유로 만약 사다함이 사다함과를 얻었다는 생각을 하게 되면 제2의 생멸에 떨어지는 것이 되니, 사다함이라 할 수 없다는 말이다. 이는 얻었다는 상에 머무르게 되므로 곧 잃게 되는 인과를 짓게 되는 것이니, 사다함이라고 할 수 없다는 것이 된다.

얼마 전, 10년 전 방영된, 법정 스님의 다큐멘터리 프로그램을 잠깐 짬을 내어 다시 보았다. 열반하신 지 벌써 10년이 지났다고 생각하니 그야말로 세월의 무상함을 다시 한번 실감케 된다.

법정 스님은 무소유를 몸소 실천하고 사신 분으로 유명하다. 그리고 감동적이고 섬세한 글솜씨로 많은 사람들의 심금을 울리면서 불교를 알리는 데 많은 기여를 하셨다. 아울러 스님의 무소유한 모습을 보고 감화를 받은 여신도 길상화로부터 큰 기루를 시주 받아 길상사吉祥寺라는 절로 재탄생시킨 일화도 유명하다.

다큐멘터리를 보면서 내내 복이 많은 스님이라는 생각을 하게 되었다. 스님께서는 살고자 하는 삶을 살 수 있었으니 말이다. 욕심을 내려놓을 수 있다는 것은 엄청난 복 중의 복이 아닐 수 없다. 보통은 욕심을 부리지 못해서 안달이 아니던가. 그래서 스스로 인과에 걸려 울고불고하지 않는가.

스님께서는 책을 좋아하셨다 한다. 그러나 좋아하는 책에 대한 집착마저 버렸다 하셨다. 놓지 못한 것은 단 하나, 차를 따라 마시는 다구茶具라 하셨다. 이 또한 곧 놓을 것이라고 말씀하셨으니 아마도 다구에서도 집착을 떠나셨으리라.

비록 지병으로 돌아가셨으나 항상 하시던 말씀처럼 죽음이 죽음이 아니고 다시 태어나는 시작이라서 마음이 설렌다고 하셨으니, 아마도 겨울이 지나 다시 봄을 맞는 듯 새로운 삶이 시작되었으리라 짐작해 본다.

욕심부려 얻은 것이 나의 눈앞을 가리는 것보다 눈앞에 있는 나의 것이라는 놈을 놓음으로써 비로소 보이게 되는 인생이 더욱 아름답지 않을까 생각해보는 시간이었다.

완전하고 완벽한 행복의 대명사 아라한! 그 4과 중 제3과에 해당하는 아나함이란, 욕심에 의해 인과에 걸려 괴로움을 당하는 윤회 도상에서 완전히 벗어나 다시는 돌아가지 않는 경지를 말한다.

부처님께서는 내가 아나함이라는 과果를 얻었다고 생각하는 것조차 용납지 않으셨으니, 내가 얻었다고 하면 이미 잃게 되는 인과에 걸리게 됨이니, 진정한 아나함은 아나함과를 얻었다는 생각조차 하지 않는 경지를 일러주심이다.

법정 스님께서도 당신이 무소유로 살았다고 생각하신다거나, 깨끗함과 깔끔한 것에 집착하셨다면, 이는 이미 그런 생각을 소유하셨으니 진정한 무소유가 되지 못할 것이다. 그러나 아마도 그 어디에도 집착하지 않아야 한다는 생각조차 집착하지 않으셨으리라 짐작하니, 내 마음도 무소유한 것 같아 편안해지는 듯하다.

수보리 어의운하 아나함 능작시념 아득아나함과부 수
須菩提 於意云何 阿那含 能作是念 我得阿那含果不 須

보리언 불야세존 하이고 아나함 명위불래 이실무불래
菩提言 不也世尊 何以故 阿那含 名爲不來 而實無不來

시고 명아나함
是故 名阿那含

"수보리야, 어떻게 생각하느냐? 아나함이 '내가 아나함과를 얻었다'
고 생각하겠느냐?"

수보리가 대답하였습니다.

"아닙니다, 세존이시여. 왜냐하면 아나함은 다시 오지 않는 것이겠지
만, 실은 다시 오지 않는다는 생각을 하지 않으므로 이름하여 아나함이
라 합니다."

아나함은 성문 4과 중에 제3과에 해당하는 이름이다. 망념을 다시
는 생각하지 않는다 하여 불래不來라 하고, 욕심으로부터 완전히 벗
어났다는 뜻이다. 망념이 오지 않는다면 욕심에서 벗어날 것이기 때
문이고, 제2과 사다함에서 남은 욕계의 후3품後三品 사혹思惑마저
완전히 끊어져 다시는 욕계에 오지 않는다는 말이다.

즉, 보살이 4상(아·인·중생·수자상)에 머물면 곧 보살이 아니라는 말씀
과 같은 뜻으로, 법을 듣는 보살들로부터 무아無我·무법無法·무득無
得의 묘법과 무위無爲·무주無住·무상無相의 진리를 일깨워주심이다.

이에 수보리는 "아나함이 망념에 물들지 아니하면 마음이 깨끗하
고, 마음이 깨끗하면 마음이 공하여 아상이 없을 것이며, 모든 욕심
으로부터 벗어났으면 육진 심식心識의 사혹思惑이 끊어져서 얼음이

없을 것이니 오고 갈 것이 무엇이며, 머무를 것이 어디에 있겠습니까? 이러한 이유로 그 이름을 아나함이라 한 것입니다. 그러하건대 무슨 과를 얻었다고 생각하겠습니까?"라고 하였다.

10여 년 전 어느 날 검찰청의 아는 검사에게서 전화가 왔다. 절에 중년 남자 한 명을 보낼 테니 혹시 거두어줄 수 있겠느냐고 물었다. 자초지종을 들어보니 유명 대학을 나와 재벌 그룹의 빌딩 건축 설계에 일원으로 참가할 만큼 유능한 건축 설계사였다.

어느 날 다니던 회사를 그만두고 갑자기 노숙자 생활을 하게 되었는데, 문 닫힌 식당에 몰래 들어가 밥을 훔쳐 먹다가 들켜서 검찰 조사를 받게 되었다 한다. 정신적으로 아무 문제가 없으니 스님께서 잘 제도하여 다시 가정으로 돌아갈 수 있도록 거두어 달라는 부탁이었다.

일단 만나보니 아무 문제가 없었다. 다만 어느 날 갑자기 사는 것에 대한 흥미를 잃고 노숙자 생활을 하게 되었는데, 그렇게 불편함을 느끼지 못하고 지내오다가 피치 못할 죄를 범하게 되었고, 검사의 배려로 절에서 생활하는 것도 괜찮다는 생각에 오게 되었다고 했다.

업무능력이 뛰어나고 나름 부지런하여 약 2년 정도 절밥을 먹었으나, 결국 더 이상 버티지 못하고 다시 노숙 생활을 하겠다며 떠나갔다. 자유를 위해서라고 했다. 그 후의 소식은 지금까지 모르고 있다. 평양 감사도 제 싫으면 그만이라는 말을 실감했다.

결론적으로, 누구나 어디서 어떤 삶을 살든, 사는 형태에 차이는 없다. 그래서 크게 중요치 않다. 모든 중생은 고락 감정의 업이 인과로 작용할 뿐이다. 아이는 아이대로 노인은 노인대로, 부자는 부자대로 가난한 이는 가난한 이대로, 높은 사람은 높은 대로, 서민은 서민대로, 즐거움과 괴로움, 기쁨과 슬픔의 차이가 없다는 말이다.

그러므로 가장 크고 중요한 문제는 각자가 지니고 있는 좋고 싫은 고락업의 감정이다. 이러한 감정은 인과로 나타나게 된다. 즐거운 감정의 인과로 괴로운 감정의 과보가 생기는 것이다. 이와 같은 감정의 업을 가지고 있으면 중생이라 하고, 이를 벗어나면 아라한이요, 보살이며, 부처이다.

원하는 것을 성취한다는 것은 곧, 괴로움을 피하고 즐거움을 맛보기 위함이다. 그러나 이는 인과를 피할 수 없으므로, 좋고 즐겁고 기쁘고 행복한 것을 얻는다 하여 해결될 문제가 아니다. 곧 인과가 생겨서 싫고 괴롭고 슬프고 불행한 일을 만나는 과보가 생기기 때문이다.

그래서 어떤 움직임과 말과 생각의 삼독을 완전히 여의어야 아라한과를 얻게 된다. 하물며 얻게 된다는 생각마저 없어야 진정한 아라한과를 이룰 수 있다고 부처님께서는 강조하신다.

이를 실현하기 위해서는 그 어떤 말과 생각, 행동에 있어서 좋고 싫은 고락의 감정을 얹어서는 안 된다. 거의 불가능에 가깝다. 그러니 끊임없는 자기 절제와 수행이 필요하다. 세상에 공짜는 없다. 그러하여 기도와 참선, 보시와 정진이 절대적으로 필요하다.

업이 두터운 사람은
좋은 것을 얻으려는 욕심이 크므로
그만큼 과보도 커서 고통과 괴로움이 크다.
좋은 것을 구할수록 싫고 나쁜 과보가 생겨난다.

====

수보리 어의운하 아라한 능작시념 아득아라한도부 수
輸菩提 於意云何 阿羅漢 能作是念 我得阿羅漢道不 須

보리언 불야세존 하이고 실무유법 명아라한 세존 약아
菩提言 不也世尊 何以故 實無有法 名阿羅漢 世尊 若阿

라한 작시념 아득아라한도 즉위착아인중생수자
羅漢 作是念 我得阿羅漢道 卽爲着我人衆生壽者

"수보리야, 어떻게 생각하느냐? 아라한이 '내가 아라한과를 얻었다'
하고 생각하겠느냐?"

"아닙니다, 세존이시여. 왜냐하면 실은 법이 있는 것이 아님을 여실히
아는 이를 아라한이라 이름하기 때문입니다. 세존이시여, 만일 아라한
이 '내가 아라한과를 얻었다'고 생각한다면 이는 곧 나다, 사람이다,
중생이다, 오래 산다는 등의 상에 빠져드는 것입니다.

아라한은 수다원, 사다함, 아나함, 아라한 가운데 마지막 제4과, 즉
더 이상 배움이 필요 없다는 뜻으로 무학無學이라 한다. 또 살적殺賊
(도적을 죽인다)의 뜻도 있다.

삼계의 무명인 번뇌, 즉 여섯 도적(눈·귀·코·혀·몸·생각에 머무는)을
죽여서 사혹思惑을 멸도했으므로 이미 구경의 진리를 성취했음이다.

곧 더불어 모든 사량(생각)이 사라졌으므로 그 마음이 청정한 바도
없고, 이렇다 할 법도 없고, 가히 얻을 것도 없고, 본래 성품이 스스로
공했으니 어찌 아라한과를 얻었다는 생각을 할 수 있겠는가 말이다.

따라서 아라한이 스스로 아라한과를 얻었다 한다면 이는 곧 얻은
바의 마음이 생기는 것이 되므로 아상·인상·중생상·수자상에 머무

는 꼴이 된다. 이러한 4상에 마음이 머무르게 된다면 아라한이라 할 수 없는 것이다.

　아무것도 하기 싫을 때가 있다. 사람을 만나기 싫을 때도 있다. 때로는 나 자신이 싫을 때도 있다. 가끔은, 아주 가끔은 살고 싶은 생각이 없을 때도 있다. 또 어떤 사람은 머리 깎고 산으로 들어가 볼까나 생각하기도 한다. 누구나 한 번쯤은 이런 생각을 해봤을 것이다. 이렇듯 사는 게 그리 쉬운 게 아니다. 그래도 어떡하겠는가. 한번 태어난 인생, 최선을 다하며 살아야 하지 않겠는가?
　그런데 최선을 다한다는 것은 과연 어떤 것인가? 대부분의 사람들은 자기가 원하는 것을 성취하는 것이라고 생각할 것이다. 물론 백번 지당한 말이다. 그러나 욕심이 크면 큰 인과를 낳고, 작으면 작은 대로 인과를 낳는다는 사실을 알아야 한다.
　그러므로 이것도 싫고 저것도 싫고 나도 싫고 너도 싫다는 감정을 갖는다는 것은, 고락의 인과 중에 괴로운 인과가 나타날 때이다. 따라서 이런 시절 인연이 지나면, 곧 괴로운 인과는 사라질 것이고, 이어서 즐겁고 편안한 시절 인연도 올 것이다.

　아란나행阿蘭那行이란, 싫은 감정이 단 하나도 들지 않는 경지다. 그러기 위해서는 욕심 역시 하나도 없어야 한다. 욕심을 부린 만큼의 즐거움이 있는 반면, 딱 그만큼의 괴로움도 받게 된다. 이것이 좋고 싫고, 저것이 옳고 그름이 문제가 아니라, 이것이 즐거우면 저것이 괴롭고, 이것이 기쁘면 저것이 슬프고, 이것이 행복하면 저것이 불행하다는 것을 분명히 알아야 한다.

좋아도 좋고 싫어도 좋다. 옳아도 좋고 틀려도 좋다. 중요한 것은 무엇을 선택하든 즐겁고 괴로운 고락이 문제다. 이것을 인과라고 하고 업이라고 한다. 아라한은 좋고 싫든, 옳고 그르든 이에 상관없이 즐겁고 괴로운 고락의 인과에 머물거나 집착하지 않는 것을 말한다.

생각과 감정으로 조어하기란 참으로 어렵다. 그래서 수행이 필요하다. 기도, 참선, 보시, 정진만이 이를 해결할 수 있다.

世尊 佛說我得無諍三昧 人中最爲第一 是第一離欲阿羅
漢 世尊[2] 我不作是念 我是離欲阿羅漢 世尊 我若作是念
我得阿羅漢道 世尊 卽不說須菩提 是樂阿蘭那行者 以須
菩提 實無所行 而名須菩提 是樂阿蘭那行

세존께서 수보리 저를 '다툼 없는 삼매를 얻은 이 가운데 제일이다'라고 말씀하셨는데, 이것이 첫째가는 욕심을 여읜 아라한이오나, 세존이시여, 저는 욕심을 여읜 아라한이라는 생각을 갖지 않습니다. 세존이시여, 제가 만일 '내가 아라한과의 도를 얻었다'고 생각한다면, 세존께서는 저에게 아란나행을 즐기는 자라고 말씀하지 않으셨겠지만, 제가 실제로 행하는 바가 없기 때문에 수보리는 아란나행을 즐기는 것이라고 이름하신 것입니다."

다툼이 없는 삼매[無諍三昧]란, 마음이 흔들리지 않고 움직이지 않아서 적멸자성寂滅自性에 항상 머물러 생멸이 안정되었다는 뜻이다. 대체로 다툼이란 욕심에 의해 생기는 것이니, 욕심을 떠났기 때문에 다툼이 있을 수가 없다.

욕심이 생기는 것은 두 가지 까닭이 있으니, 하나는 알지 못하는 것이요, 하나는 앎이 있음이다. 만일 알지 못함을 없애려면 상에 머물지 않아야 할 것이고, 앎을 여의려면 무상無相에 머물지 않아야 다툼이 없을 것이다.

수보리 존자는 "부처님께서 저를 지목하여 '다툼 없는 삼매를 얻음에 있어 사람 중에 제일이다'라고 말씀하셨습니다. 그러나 저는 이런 생각을 갖지 않습니다. 제가 욕심을 여읜 아라한이거니 하는 생각은 추호도 없습니다. 왜냐하면 제가 조금이라도 이를 염두에 두었다면 세존께서 수보리를 가리켜 아란나행을 즐기는 자라고 아니하셨을 것입니다. 저는 다툼 없는 삼매에 있으나 실은 머물러 집착함이 없고 얻었다는 상이 없으므로 아란나행을 즐긴다는 말을 듣는 것입니다"라고 하였다.

이는 소위 세존께서 "불佛과 법法이라는 것은 곧 불과 법이 아니니라"고 하신 말씀에 불과 법에 대해 정확히 알지 못하는 대중들에게 명쾌한 답을 하심으로, 성문승인 자신들이 얻은 4과를 스스로 깨닫게 하여 불과 법도 그러함을 가르치려 하심이다.

얼마 전 뉴스에서 우리나라의 탈종교화 현상에 대한 기사를 보았다. '믿는 종교가 없다'는 응답률이 50%를 넘었다고 한다. 믿는 종교가 있는 경우, 불교나 천주교, 개신교 등 전통적인 종교 외에 신흥 종교의 신도 수가 생각보다 많았다. 개신교 계통의 어떤 신흥 종교의 경우 정확하지는 않지만 신도 수가 대략 25만 명에서 30만 명 선으로 추정된다고 한다.

역사적으로, 이교도 혹은 사이비 종교는 수없는 부침을 해왔다. 유행처럼 붐을 일으켰다가 어느새 갑자기 사라지기도 하는데, 주로 교주教主에게 문제가 생기면 함께 사라지는 것이 보통이다. 이들은 엄청난 신도 수를 자랑하는데 주로 젊은이들이 많고, 여성들이 약 70%를 차지한다고 한다. 일반 사회에서는 사이비 종교로 취급 받는데도 왜 사람들이 모여드는 것일까?

《금강경》의 입장에서 보면 이 또한 상을 짓기 좋아하는 사람들이 유유상종類類相從으로 모인 종교적 집단이겠다. 이렇게 모이는 이유를 찾는 데 있어서 가장 합리적 공통점은 흥미와 긴장감에 의한 짜릿함, 불확실한 세상 속에서의 희망, 그리고 가장 중요한 요소는 최면 효과에 의한 의식의 쏠림 현상일 것이다.

아무튼 옳고 그름을 떠나서 이 모든 현상이 일어나는 것은 개개인의 고락 분별업에 의한 공업共業의 형성이다. 그러므로 이러한 고정되고 편향된 의식을 우선적으로 바꾸는 것이 중요하다.

아무리 좋은 생각, 좋은 감정, 좋은 행동일지라도 인과에 걸리게 됨이니, 그리하여 나쁜 생각, 나쁜 감정, 나쁜 행동을 하게 되는 것이다. 따라서 한 생각이라도 집착하고 연연하고 미련을 가지게 되면, 곧바로 나쁜 인과가 작용하게 된다는 것을 분명히 알고 그 무엇에도 끌리지 말아야 할 것이다.

　젊은이들이여, 난세의 난관을 헤쳐나가려면 정신력이 강해야 한다. 그러기 위해서는 불교만큼 명확하고 합리적인 종교를 찾아보기 어려우니, 인과와 연기, 공과 중도를 제대로 알기만 하면 그 즉시 모든 고통은 사라지고 모든 괴로움에서 해탈하게 될 것이다. 그래서 다시 희망을 가져본다.

10

장엄정토분
莊嚴淨土分

정토를 장엄함

第十 莊嚴淨土分

제십 장엄정토분

불고수보리 어의운하 여래 석재연등불소 어법유소
佛告須菩提 於意云何 如來 昔在燃燈佛所 於法有所

득부 불야세존 여래재연등불소 어법실무소득 수보
得不 不也世尊 如來在燃燈佛所 於法實無所得 須菩

리 어의운하 보살 장엄불토부 불야세존 하이고 장
提 於意云何 菩薩 莊嚴佛土不 不也世尊 何以故 莊

엄불토자 즉비장엄 시명장엄 시고 수보리 제보살마
嚴佛土者 卽非莊嚴 是名莊嚴 是故 須菩提 諸菩薩摩

하살 응여시생청정심 불응주색생심 불응주성향미촉
訶薩 應如是生淸淨心 不應住色生心 不應住聲香味觸

법생심 응무소주 이생기심 수보리 비여유인 신여수
法生心 應無所住 而生其心 須菩提 非如有人 身如須

미산왕 어의운하 시신위대부 수보리언 심대세존 하
彌山王 於意云何 是身爲大不 須菩提言 甚大世尊 何

이고 불설비신 시명대신
以故 佛說非身 是名大身

10. 정토를 장엄함

부처님께서 수보리에게 말씀하셨습니다.

"너는 어떻게 생각하느냐? 여래가 전생에 연등불 회상에서 얻은 법이 있겠느냐?"

"아닙니다, 세존이시여. 여래께서 연등불 회상에서 실로 얻은 법이 없습니다."

"수보리야, 어떻게 생각하느냐? 보살이 불국토를 장엄하느냐?"

"아닙니다, 세존이시여. 왜냐하면 불국토를 '장엄한다' 하지만 '장엄한다'라고 하면 이미 장엄함이 아니고 그 이름을 장엄이라고 합니다."

"이러한 고로, 수보리야, 모든 보살마하살은 마땅히 이렇게 청정한 마음을 지녀야 할지니, 마땅히 형상에 머물러 마음을 내지 말며, 소리·냄새·맛·닿음·생각에 머물러 마음을 내지도 말아야 하느니, 마땅히 그 어디에도 머무는 바 없이 마음을 내어야 하느니라.

수보리야, 비유하건대 만일 어떤 사람의 몸이 수미산왕만 하다면 어떻게 생각하느냐? 이 몸을 크다 하겠느냐?"

수보리가 대답하였습니다.

"대단히 큽니다, 세존이시여. 왜냐하면 부처님께서 말씀하시기를 큰 몸이 큰 몸이 아니고 이름하여 부르기를 큰 몸이라고 하셨기 때문입니다."

10. 장엄정토분 莊嚴淨土分

정토를 장엄함

불고 수보리 어의운하 여래 석재연등불소 어법유소득
佛告 須菩提 於意云何 如來 昔在燃燈佛所 於法有所得

부 불야세존 여래재연등불소 어법실무소득
不 不也世尊 如來在燃燈佛所 於法實無所得

부처님께서 수보리에게 말씀하셨습니다.

"너는 어떻게 생각하느냐? 여래가 전생에 연등불 회상에서 얻은 법이
있겠느냐?"

"아닙니다, 세존이시여. 여래께서 연등불 회상에서 실로 얻은 법이 없
습니다."

석가모니 부처님께서 과거 전생에 스스로 성불하겠다는 서원을 세
우고 '유동보살'로 보살계를 닦고 있을 때, 어느 날 연등불燃燈佛이
오신다는 소식을 듣고는 길가에서 기다리다가 7송이의 연꽃을 부처
에게 공양하였다. 연등불은 미소를 띠며 이를 받으시고 "너는 미래
세에 석가모니불이라는 부처가 될 것이다"라는 수기授記를 주셨다고

한다.

혹은 연등불이 오신다는 말을 듣고는 공양물을 준비하지 못해 스스로 진흙 길에 엎드려 몸을 밟고 지나가시게 하여 수기를 받았다고도 한다. 이를 연등불수기燃燈佛授記라 하며, 불교에서 보살의 개념이 생긴 연유이기도 하다.

세존께서 수보리에게 그동안 불佛과 법法을 얻었느냐고 몇 번에 걸쳐 물으셨다. 수보리는 얻은 바가 없다고 하고, 얻었다고 하면 이미 얻은 것이 아니므로 스스로 얻은 바가 없이 얻어야 한다고도 했다.

그리고 다시 세존께서는 자신의 과거세에 연등불로부터 수기를 받았던 것을 되새기며 수보리에게 내가 얻은 바가 있느냐고 다시 한번 물으셨다. 그러자 수보리는 실로 얻은 바가 없다고 하였다.

얻는다는 것은 이미 수자상이므로 아누다라삼먁삼보리가 아니다. 얻었다고 생각한다면 도적을 자식으로 둔 것이나 다름없다. 하물며 먼저 부처님과 나중 부처님이 법을 주고받는다는 것은 있을 수가 없다. 이러한 까닭에 무엇인가 있다 또는 없다, 얻었다 또는 잃었다고 하는 등의 생각과 감정은 이미 인과를 낳을 뿐이니, 정신은 뚜렷이 깨어 있되 이것이라는 상이 생기면 이미 저것이라는 인과에 걸리게 되므로 아누다라삼먁삼보리가 아닌 것이다.

그러므로 상대적인 상을 완전히 떠나는 것이 진정한 깨달음의 길이 될 것이니, 부단한 정진만이 해탈의 길로 인도할 것이다.

옛날에는 잘 모르던 불치병 가운데 하나인 암이 현대인들에게 많이 발병하고 있다. 현대의학이 엄청나게 발달하고는 있으나 아직까지 특효약은 없는 형편이다. 암이 생기는 원인에는 유전적인 요소와 함께 잘못된 식습관 그리고 스트레스가 가장 큰 원인으로 꼽히고 있다 한다.

유전적인 원인을 살펴보면 전생의 업과 연결 지을 수도 있을 것 같다. 역시 전생부터 쌓아온 탐욕에 의한 업과가 시절 인연에 의해 지금 나타난다고 볼 수 있다. 부모의 업과 나의 업이 비슷하기 때문에 유유상종으로 나타나는 현상이다.

식습관은 식욕에 의한 즐거움의 과보로 인하여 고업苦業의 인과가 지금 바로 나타나는 업과라고 할 수 있다. 그리고 스트레스에 의한 발병은 역시 무엇이 되었든 내가 원하는 방향으로 잘 되지 않았을 때 속이 상하면서 생기는 업보로 볼 수 있다.

자신은 별로 욕심을 부리지 않았는데 암이 생긴다고 생각할 수 있겠으나, 겉으로 드러나지 않은 잠재적인 욕심까지도 기인하는 것이니만큼 위의 세 가지 원인이 가장 크게 작용한다고 할 수 있을 것이다.

이 세 가지의 원인 모두 내가 원하는 것을 얻으려 하는 데서 기인하는 것이니, 원하는 것을 성취함에서 오는 즐거움과 기쁨, 행복에 대한 인과 작용으로 고통과 괴로움의 과보가 암으로 발병된다고 봐야 한다는 것이다.

그러므로 결과에 대한 의심을 하는 것은 또 하나의 스트레스가 될 수 있으니, 부처님께서 설하시는 《금강경》의 말씀을 정확히 이해하게 된다면 암이라는 상, 스트레스라는 상, 병이라는 상, 괴로움이라는 상, 억울하다는 상, 건강이라는 상, 나아야 한다는 상까지도 일으키지 않아야 한다.

그리하여 연기를 믿고, 인과를 믿고, 이렇게 가르쳐주시는 부처님을 믿고, 더이상의 의심이나 불만을 갖지 않고 신심으로 정진한다면, 업이 멸해지고 인과가 사라지는 동시에, 일체의 암이나 병들이 함께 사라지면서 나의 육신과 정신은 불국토의 장엄으로 바뀌게 될 것이다.

須菩提 於意云何 菩薩 莊嚴佛土不 不也世尊 何以故 莊
嚴佛土者 卽非莊嚴 是名莊嚴

"수보리야, 어떻게 생각하느냐? 보살이 불국토를 장엄하느냐?"

"아닙니다, 세존이시여. 왜냐하면 불국토를 '장엄한다' 하지만 '장엄한다'라고 하면 이미 장엄함이 아니고 그 이름을 장엄이라고 합니다."

장엄莊嚴은 굉장한 엄숙함이고, 불토佛土는 불국토佛國土를 말함이니, 완전한 적정처를 뜻한다. 불토를 장엄한다는 것은 각종 유형의 불사佛事를 가리키는 것이 아니라, 한 생각을 깨치면 불토요, 모든 행동에 있어서 걸림이 없는 것을 장엄이라 한다.

"보살법은 본래 이러하건대 불佛의 과果가 이러하거늘 실상 얻을 바 법法과 과果가 없습니다."

세존께서 수보리의 답을 들으시고 다시 물으시기를 보살이 불토를 장엄하느냐고 강조하여 물으시니, 수보리가 다시 답하기를 불토를 장엄함이 곧 장엄이 아니고 그 이름이 장엄일 뿐이라고 하였다.

그러한 가운데 다른 대중의 눈에는, 하늘에서 꽃비가 내리고 땅이 육종진동六種震動하는 등 칠보와 향기로 공양하는 가운데 천룡팔부天龍八部가 호위하며 실로 삼천위의三千威儀를 갖추는 장엄이 저절로 이루어지는 것이다.

선택에 대한 고민을 깔끔하게 해결하는 방법에 대해 생각해보자. 이것을 선택할까? 저것을 선택할 것인가? '한 번의 선택이 평생을 좌우한다'는 말이 진리처럼 회자되기도 한다. 하물며 군에 입대하여 어느 줄에 서느냐에 따라 제대 때까지의 편안 정도를 가늠한다고도 한다.

하루에도 몇 번씩 선택할 일들이 생기곤 한다. 나라를 운영하는 이는 말할 것도 없고, 사업을 하는 이들을 비롯하여 하물며 어린아이들까지도 나름 심각하게 선택에 대한 고민을 하게 된다.

어떤 직업을 선택할 것인가? 어떤 학교를 선택할까? 결혼을 해야 할 것인가 말아야 할 것인가? 이 사람을 사귈까 말까? 돈을 꿔줘야 할까 말아야 할까? 말을 들어줄까 말까? 주말을 어떻게 보내야 할까? 산으로 갈까 바다로 갈까? 이 음식을 먹을까 저 음식을 먹을까?

누구나 이 같은 고민을 하지 않고 사는 사람은 없다. 그러나 선택에 대한 현실적인 고민과는 달리, 종국적으로는 그 무엇을 선택하든 결과적으로 같다는 것을 알게 된다면 선택에 대한 고민은 그만큼 줄

어들 것이다. 왜? 선택의 결과와는 상관없이 본질은 따로 있기 때문이다.

본질은 무엇일까? 선택을 하려는 근본적인 이유는 조금이라도 나에게 유리한 것을 차지하려고 하는 본능의 발로이다. 궁극적으로는 불리한 것을 피하고 유리한 것을 선택함으로써 스스로 만족감과 희열감을 만끽하고 싶은 욕망에서 비롯한다.

선택을 잘했다고 믿는 동시에 즐거움과 기쁨, 행복감이 생기게 된다. 그러나 이와 동시에 인과가 발생하게 되니, 즐거움과 기쁨, 행복한 만큼의 괴로움과 슬픔, 불행한 과보가 생기게 되어 언젠가는 시절인연으로 만나게 된다는 사실이다.

그러므로 어떤 것을 선택하든 한 번은 잘 선택하게 되고, 동시에 한 번은 잘못 선택하는 필연적인 인연을 만나게 된다는 것이니 나의 의지와는 상관이 없다. 선택이란 결국 욕심의 발로인 만큼 이 또한 인과를 피할 수가 없다.

가장 좋은 선택의 방법은, 무엇을 선택하든 불안해하거나 조바심을 내지 말고, 인과를 믿고 연기를 믿으며, 선택하는 대상에 대해 상을 일으키지 않는 마음을 가져야 한다. 어차피 이것을 선택하면 다음엔 저것을 선택하게 되는 인과·인연을 만나게 될 것이기 때문이다.

따라서 때로는 불리한 선택을 했다고 하여 실망할 필요가 없다. 물론 다음엔 좋은 것을 선택하게 되는 과보도 있겠으나, 어떤 것을 선택하든 선택의 대상에 대한 상, 즉 집착과 미련을 갖지 않는다면, 그 어떤 선택의 기로에 서더라도 마음에 걸림이 없으므로 무엇을 선택하든 항상 좋은 인연으로 장엄하게 된다는 것을 믿어야 한다.

그러므로 어떤 것을 선택하든 좋고 싫은 고락의 상을 갖지 않는다면, 그 어떤 선택의 대상도 불토가 되고 장엄이 되어 늘 분별없는 완전한 선택을 하게 된다는 사실을 알아야 한다. 따라서 그 어떤 선택이 되었든 후회하지 말 것이다.

수보리는 이어, "상을 여읜 보살의 불토로 볼 때, 장엄불토莊嚴佛土가 곧 장엄이 아니요 그 이름이 장엄일 뿐입니다. 왜냐하면 불토가 곧 정토이니 마음이 청정하면 정토이고, 마음이 청정하면 자연히 일만 행一萬行이 구족할 것입니다. 이것이 장엄입니다."

"또한 마음이 청정하면 세계가 청정하고 마음이 청정치 못하면 세계가 청정치 못하오니, 불토의 장엄을 어찌 마음에서 구하지 않고 다른 데서 구하오리이까?"

"불토를 장엄함은 마음 밖에 있지 않은즉 마음이 청정하면 식심識心과 망념妄念이 쉬게 되고, 제업諸業이 공하여 청정한 마음이 또한 공할지니, 불토는 어느 마음에서 삼을 것이며 장엄은 어느 마음에서 구할 것입니까? 이러한 이유로 불토를 장엄함이 곧 장엄이 아니요, 비록 상을 여읜 보살장엄菩薩莊嚴이라 할지라도 한마디 한마디 말하는 가운데 그 이름이 장엄일 뿐입니다"라는 뜻으로 세존께 말씀드린 것이다.

눈으로 보는 것 중 보고 싶은 것이 더 많을까? 보고 싶지 않은 것이 더 많을까? 귀로 듣는 것 중에 듣고 싶은 것이 더 많을까? 듣고 싶지 않은 것이 더 많을까? 냄새·맛·촉감·기억 가운데 역시 좋은 것이 더 많을까? 싫은 것이 더 많을까?

원리적으로만 따진다면, 좋고 싫은 것은 서로 상대적이기 때문에 좋은 만큼 싫어지고 싫은 만큼 좋아지므로, 어느 것이 더 많거나 크다고 할 수 없는 것이니, 결국 좋고 싫은 것은 우열을 가리기 힘들다고 봐야 한다.

아름다운 것, 더 아름다운 것, 더더욱 아름다운 것을 볼라치면, 추한 것, 더 추한 것, 더더욱 추한 것이 선명하게 드러나게 될 것이다. 또한 더 좋은 소리, 더 좋은 향기, 더 좋은 맛, 더 좋은 촉감, 더 좋은 기억에 의해, 더 싫은 소리, 더 싫은 향기, 더 싫은 맛, 더 싫은 감촉, 더 나쁜 기억 등이 더불어 생겨나게 될 것이다.

그러므로 돈과 명예, 권력과 인물, 건강과 수명 등에 있어서, 더 좋은 조건과 환경을 가진 사람이나 또 그렇지 못한 사람이나 안이비설신의의 육근(눈·귀·코·혀·몸·생각)으로 느끼는 좋고 싫은 감정의 인과는 다를 수가 없다.

따라서 살아가는 조건과 환경은 연기와 인과에 따라 시절 인연으로 나타나는 것일 뿐 육근과 육진(형상·소리·냄새·맛·촉감·기억)에 의한 감정의 윤회는 사람마다 다를 수가 없는 것이다.

때문에 부처님께서는, 이렇게 좋고 싫은 감정의 인과가 반복 윤회를 거듭하는 이 자체로서 피곤함과 괴로움을 가져온다고 하시고 이를 벗어나는 방법에 대해 설해주시니, 좋고 싫은 감정을 머무르게 하지 않는 것만이 인과 윤회고輪廻苦를 벗어나는 길이라고 설파하심이다.

그리하여 눈·귀·코·혀·몸·생각의 육근으로 감지되는 대상에 대해 감정을 쏟지 말고, 좋다 싫다는 분별된 마음이 머무르게 하지 말아야 한다고 하심이다.

그렇게 해야 감정이 일어나는 생生과 좋은 감정이 사라지는 사死와 멸滅을 벗어날 수 있으니, 그러한 집착된 마음을 벗어난 다음에 오는 평온하고 평안한 상태에서, 저절로 움직여지는 마음으로 행하는 것이 진정한 자유자재행이라고 강조하심이다.

시고 수보리 제보살마하살 응여시생청정심 불응주색생
是故 須菩提 諸菩薩摩訶薩 應如是生清淨心 不應住色生
심 불응주성향미촉법생심 응무소주 이생기심
心 不應住聲香味觸法生心 應無所住 而生其心

"이러한 고로, 수보리야, 모든 보살마하살은 마땅히 이렇게 청정한 마음을 지녀야 할지니, 마땅히 형상에 머물러 마음을 내지 말며, 소리·냄새·맛·닿음·생각에 머물러 마음을 내지도 말아야 하느니, 마땅히 그 어디에도 머무는 바 없이 마음을 내어야 하느니라.

세존께서 수보리의 말에 수긍하시고 이어, "응당 보살마하살은 이와 같은 청정심淸淨心을 내야 할지니, 금·은·유리 등 칠보의 색장엄色莊嚴에 마음을 머무르지 말지며, 하늘 풍류와 육종진동六種震動 등 일체의 성장엄聲莊嚴에 마음이 머물지 말아야 하느니라" 하셨다.

그리고 "도향塗香, 말향末香, 소향燒香 등 일체의 향장엄香莊嚴에 마음이 머물지 말아야 하며, 천인天人의 헌공 등 일체의 미장엄味莊嚴에 마음이 머물지 말아야 한다. 또 하늘 옷과 금침衾枕, 좌복 등 일체 촉장엄觸莊嚴에 마음이 머물지 말아야 하며, 아누다라삼먁삼보리법, 불가사의의 크고 작은 모든 법 등 일체의 법장엄法莊嚴에 마음이 머물지 말아야 하느니라. 그리하여 응당 그 마음을 청정히 하여 머무는 바 없이 그 마음을 살아나게 할 것이다" 하시었다.

또한 "이와 같이 상이 있는 모든 장엄과 상을 떠난 장엄 등 있고 없고, 안이나 밖이나 유무내외有無內外에 마음이 철저히 머물지 아니하여, 눈이 일체색一切色을 대할 때 색경계色境界에 머물지 아니하며, 귀와 코와 혀와 몸과 뜻이 일체 성향미촉법의 모든 경계를 대할 때 위의 다섯 경계에 머물지 아니하면, 이는 일체 처소와 일체 경계에 마음을 내지 않는 것이 되느니라" 하시었다.

좋고 싫은 일들이 한꺼번에 벌어지는 것은 공업共業의 소치다. 공업이란 많은 이들이 함께 받는 업을 말한다. 업은 좋은 것을 구하는 만큼 똑같이 싫고 나쁜 과보가 저절로 생기는 것을 뜻한다고 했다.

한마디로 업이 옅은 사람, 즉 욕심이 없어서 좋고 싫은 고락의 감정이 그만큼 작은 사람들은 힘들고 어려운 일을 당하지 않는다. 설사 그런 일이 다가온다 하더라도 마음의 동요 없이 항상 중도적인 여여한 마음을 지니므로 걱정 근심, 고통과 괴로움이 없거나 작다.

반대로 업이 큰 사람, 즉 욕심이 많은 사람은, 좋고 싫은 고락의 감정을 그만큼 많이 느끼게 되는 고로 힘들고 어려운 일들이 자주 많이 다가온다. 또 아무것도 아닌 일에도 걱정 근심, 고통과 괴로움을 크게 느끼게 된다.

따라서 부처님과 부처님 법, 즉 부처님께서 말씀하신 연기와 인과, 공과 중도를 여실히 잘 알아서 굳건한 신심이 꽉 들어찬 이들은 육근에 의해 육진 경계에 끄달리지 않는다.

그러니 연기와 인과는 내가 만들어서 내가 받게 되는 것이고, 공과 중도는 사물을 비추는 거울과 같은 것으로서 아무리 사물이 움직인다 하더라도 거울 속의 그림에 불과할 뿐이다. 곧 공과 중도의 마음이란, 사물을 있는 그대로 비추기는 하지만 거울은 있는 그대로일 뿐이니, 거울과 같은 마음을 중도와 공에 비유하는 것이다.

그러므로 우리 불자들은 부처님과 불법에 대한 신심을 굳건히 갖기만 한다면, 좋지 않은 업은 멀리 사라져 다가오지 않을 것이다. 또한 중도와 공한 마음을 가짐으로써 저절로 가질 것은 가지고, 해야 할 일은 열심히 하고, 받아들여야 할 것은 받아들이고, 막을 것은 철저히 막아지는, 지범개차持犯開遮가 자유자재로 이루어지게 될 것이다.

그러니 연기와 인과에 대한 신심과, 공과 중도에 대한 믿음으로써 모든 경계로부터 자유로워져야 할 것이다.

소위 청정한 마음이라 함은 불이 꺼져 차갑게 식은 재[灰]와 같이 적연함을 이름이고, 토목과 같이 고연固然함을 이름이다. 정신이 혼미하여 넘어질 것 같은 혼도昏倒와 같이 죽음에 임하는 것을 이름이

아니며, 형상, 소리, 향기, 맛, 촉감, 생각의 육진·육경에 머물지 않을
뿐이다.

이 육진 경계에 머물지 않는다고 해서 그 마음의 본심조차 끊어지
고 사라지는 단멸을 말하는 것이 아니다. 이 본마음은 사연死然한 적
멸의 단공斷空이 아니고, 고연한 토목이나 화석이 아니다. 단지 모든
경계를 따르지 않을 뿐 영영불매靈靈不昧한 본마음은 항상 여여한 것
이다.

그러므로 경에 이르기를 "마땅히 머무른 바 없이 그 마음을 내어
라"라고 하심이다. 이는 곧 육진 경계에 걸리어 그 마음을 상실치 말
고, 육진 경계에서 육진 경계에 끌리지 아니한 가운데 그 본마음을
살리라 하심이다.

비유하면 거울이 만 가지 물상을 비칠 때 거울 속에 비록 만 가지
물상의 그림자들이 움직일지라도 거울의 밝음만은 만 가지 물상에
집착하지 않는 것과 같다. 그 밝음을 잃지 않고 항상 여여할지니, 이
마음이 항상 이와 같다.

얼마 전 TV 채널을 돌리다가 우연히 한 채널의 예능프로그램을 잠
깐 보는 순간 깜짝 놀랄 멘트를 들었다. 선녀보살로 분장한 전직 농
구선수 MC가 트로트 서바이벌 프로그램에 출전했던 상담 가수의 고
민에 대해 '인생에는 좋고 싫은 고락苦樂의 총량이 있다'고 하면서
'지금의 시련은 좋았던 시절이 있었던 만큼의 과보이고 또다시 좋은
시절이 올 것'이라는 맥락의 조언을 해주는 장면이었다.

일반인이 그러한 생각을 하고 있다는 데 대해서 적잖이 놀라움을 금치 못했다. 물론 일반적으로 충분히 생각할 수 있는 것이기는 하나, 인과에 대한 인식을 하고 있다는 것은 참으로 가상한 일이 아닐 수 없었다.

어려운 일이 닥쳤을 때 감정에 휘둘리지 않고 나 스스로 지은 인과의 업보라고 생각할 수만 있다면, 그 어떤 고통과 괴로움도 충분히 반감시킬 수 있을 것이다.

더 나아가서, 모든 일에 있어서 그 일 자체에 문제가 있는 것이 아니라 나의 좋고 싫은 고락의 인과가 문제의 본질이라는 것을 항상 잊지 않는다면, 청정 자성으로 들어가서 때와 장소를 불문하고 어떤 인연을 만나더라도 늘 마음이 자재하고 평안할 수 있음이니, 순간순간 찰나에라도 본질을 잊어버리지 않아야 할 것이다.

본질은 의외로 간단하다. 더 좋거나 더 싫고 나쁜 것은 없다. 좋은 만큼 싫고 나쁘고, 싫고 나쁜 만큼 좋은 것이다. 만고불변의 인과법칙이다. 다만 좋고 나쁜 시절 인연의 시차가 있을 뿐이다.

이렇게 반복되는 윤회고輪廻苦를 벗어나려면, 좋고 싫은 고락을 분별하지 않으면 된다. 물론 어렵다. 업습이 깊어서이다. 그래서 인과와 연기, 공과 중도를 여실히 잘 알아야 한다. 그리고 끊임없는 정진을 통해 분별심을 여의어야 한다. 그뿐이다.

수보리 비여유인 신여수미산왕 어의운하 시신위대부
須菩提 譬如有人 身如須彌山王 於意云何 是身爲大不

수보리야! 비유하건대 만일 어떤 사람의 몸이 수미산왕만 하다면 어떻게 생각하느냐? 이 몸을 크다 하겠느냐?"

수미산왕須彌山王은 산의 높이와 너비가 336만 리나 된다고 한다. 지금의 계산법으로는 84만 킬로미터. 지구를 157바퀴 반을 도는 높이와 너비이니 상상하기 어려울 정도로 크다. 물론 상징적으로 크다는 표현을 하기 위함이다. 수미는 묘妙히 높다는 뜻이요, 산왕山王이라 함은 뭇 산 가운데 가장 크다는 뜻으로 마음이 그만큼 한량없다는 표현이다.

부처님은 법신法身, 보신報身, 화신化身의 삼신불三身佛로 나뉜다.

법신은 청정 자성을 가리킨다. 청정 자성은 있다 없다의 분별 인과를 떠난 자리이므로, 불과佛果요 아누다라삼먁삼보리법이니, 얻었다고도 할 수 없고 얻지 않았다 할 수도 없으며, 깨달았다고도 할 수 없고 깨닫지 않았다 할 수도 없는, 생각을 붙이거나 말을 할 수 없는 중도의 몸이다.

그러므로 중생과 부처가 따로 없고, 상대적인 것을 떠나 절대적인 자리이니, 이름하여 피안이요, 실상 그 자체요, 해탈이요 열반이며, 청정 자성 또는 청정 본심이라고 부른다.

보신은 천 장丈의 노사나신盧舍那身이다. 우리 중생들의 눈으로는 볼 수가 없는 어마어마하게 큰 몸이다. 우주 전체가 부처님의 몸이니 부처님 몸 아닌 것이 어디에 있겠는가. 이를 보신이라 하고 노사나불 盧舍那佛이라 이름한다. 즉, 비유하자면 파리가 우리의 몸 전체를 보지 못하는 것과 같이 우리도 우주 전체의 부처님 몸을 보지 못하는 격이다.

화신은 부처님께서 중생을 위하여 화작化作한 몸이다. 우리가 보는 대상 하나하나가 모두 부처님의 모습이다. 내가 보는 대상이 부처님이 아닌 것이 없기 때문에 언제나 나를 돌봐주심에도 업이 두터워 부처님의 모습으로 보지 못한다. 그리하여 석가모니 부처님으로 화작하여 우리를 인도하여 주심이다.

2019년 시작된 신종 코로나바이러스 감염증(코로나19)으로 인한 팬데믹이 어느덧 막을 내렸다. 2022년 3월 전 세계 누적 공식 사망자가 600만 명을 넘어섰고, 비공식 집계에 따르면 사망자 수는 1,500만 명이 넘는다. 다행히 우리나라는 세계적인 보건의료 체계를 갖춘 덕분에 잘 대응하였다.

바이러스는 역사적으로 인류사에 있어서 대재앙으로 이어져 왔다. 2015년 '중동호흡기증후군' 메르스MERS를 비롯하여, 2014년 서아프리카에서 에볼라가 창궐해 1만 1,310명이 숨졌다. 최근에는 콩고 등에서 재발하여 2015년 지카Zika 바이러스가 84개국에 퍼졌다.

또 2009년 '신종플루'에 의해 한국에서는 76여만 명이 감염되어 270명이 사망하였고, 2002년 '사스SARS(중중급성호흡기증후군)'는 중국 349명, 홍콩 299명 등 750여 명을 사망케 했다.

문헌에 등장하는 가장 오랜 '공포의 감염 질환'은 나병癩病이다. 11세기 십자군 전쟁 도중 중동 지역에서 처음 발생한 나병균은 유럽으로 옮겨진 이후 무려 200년간 인류를 집단적 공포에 빠뜨렸다.

'페스트Pest'로 불리는 흑사병 역시 유럽 인구의 3분의 1가량을 앗아간 전염병이다. 흑사병으로 유럽 총인구의 30~60%가 죽었다. 흑사병 이전의 세계 인구는 4억 5천만 명 정도로 추산되는데, 14세기를 거치며 3억 5천만 명~3억 7500만 명 정도로 거의 1억 명이 줄었다.

천연두는 인류 역사에서 아즈텍 제국과 잉카 제국을 사라지게 한 주범이다. 1492년 스페인 여왕의 후원을 받은 콜럼버스가 아메리카에 발을 디딘 뒤 천연두 등 전염병이 같이 넘어가 면역력이 없던 현지 원주민의 절반이 넘는 30여만 명이 천연두로 사망했다.

20세기에 가장 크게 유행한 것은 스페인 독감Spanish influenza이다. 1차 세계대전 뒤 귀환 병사들을 통해 세계에 전파되기 시작한 1918년부터 2년여 동안 창궐한 스페인 독감으로 동서양을 망라해 5천만 명이 숨지는 참사가 터졌다. 제1차 세계대전에서 죽은 사람이 1,500만 명 정도였으니, 얼마나 큰 인명 손실을 가져왔는지 가히 짐작할 수 있다.

한국에서는 흔히 무오년戊午年 독감이라고 하는데, 740만 명을 감염시켰고 14만 명을 사망에 이르게 했다. 1957년에는 아시아 독감, 1968년에는 홍콩 독감으로 각각 100만여 명, 80만여 명이 숨지는 참사가 이어졌다

이 밖에도 인류 역사 이래 창궐한 전염병은 헤아릴 수 없이 많다.

어찌 보면 인간끼리의 싸움인 전쟁보다도 훨씬 공포스러운 죽음의 안내자다.

이 같은 현상은 왜 일어날까? 불교적인 관점에서 한번 살펴볼 필요가 있을 것 같다. 부처님 말씀 가운데 《금강경》의 관점에서 보면 이러한 현상, 이런 모습들 또한 바다의 파도가 철썩거리는 현상일 뿐이다. 만약 이 엄청난 일들을 파도에 비유하냐고 의문을 가지고 있는 분이 있다면, 이는 그분의 업성業性이다.

각자가 가지고 있는 자업들이 한꺼번에 나타난 현상을 공업共業이라 했다. 또 업은 인과라 했다. 인과는 좋고 싫은 고락苦樂이다. 고락은 이것이 생기면 저것이 생기는 차생고피생此生故彼生이라 했다. 그러므로 더 좋거나 더 나쁠 수가 없다. 고락의 총량은 똑같다.

그러므로 공업의 고락 인과는 역사적으로도 시절 인연이 된다. 평화로운 공업이 있다면 그에 상응한 불편한 공업이 나타나게 된다. 문명이 발달하고 과학이 아무리 발달해도 고락의 업은 항상한다.

그 가운데에는 자업自業이 공업에 속하는 이도 있을 것이나, 그렇지 않고 공업에 영향을 받지 않는 자업도 있을 것이다. 그러므로 공업에도 흔들리지 않는 자업이야말로 아무리 큰 공업일지라도 범접지 못할 것이다.

청정한 자업은 분별하지 않는 중도의 마음이다. 중도의 마음은 인과가 닿지 못한다. 고업苦業의 마구니, 공업의 마구니를 물리치려면 기도와 참선, 보시 정진이 절대적으로 필요하다. 내 자업이 청정하면 공업도 청정해진다.

수 보 리 언　심 대 세 존　하 이 고　불 설 비 신　시 명 대 신
須菩提言　甚大世尊　何以故　佛說非身　是名大身

수보리가 대답하였습니다.

"대단히 큽니다, 세존이시여. 왜냐하면 부처님께서 말씀하시기를 큰 몸
이 큰 몸이 아니고 이름하여 부르기를 큰 몸이라고 하셨기 때문입니다."

　부처님께서 수미산에 비유하며 "이 몸이 크다 하여 장엄하다 하겠
느냐? 크다는 것이 정말 큰 것이냐?" 물었다. 이에 수보리가 답하기
를 "대단히 큽니다, 세존이시여." 하였다. 그러나 수보리가 대단히 크
다고 말씀드린 것은 사량思量(생각)으로서 크다는 말이 아니다.

　수미산왕須彌山王이 다함이 있고 상이 있는 이상 아무리 크다 해도
사량으로서 크다는 것이니, 큰 것은 더 큰 것에 의해 작은 것이 되고,
크다는 상이 있으면 작다는 상이 생기므로 크다 작다라는 사량과 상
은 분별된 생각과 말에 불과할 뿐이다.

　따라서 법신과 보신, 화신의 삼신 부처님 역시 상이 있고 사량으로
써 삼신불이라고 한다면, 이는 법신과 보신, 화신의 삼신불이 아닌
것이다.

　따라서 수보리는 "세존이시여, 다함이 없고 상이 없는 몸 아닌 몸
이라야 비사량非思量 비언설非言說의 큰 몸입니다" 하고, 이를 일러
"이름하여 대단히 크다는 것"이라고 말씀드린 것이다.

　세계에서 가장 큰 10대 교회 가운데 여섯 개가 우리나라에 있고,

또 50대 교회 중에 36개 전후가 우리나라에 있다는 통계가 있다. 아마 단일 교회 가운데서는 여의도에 있는 모 교회가 세계에서 가장 크다는 설도 있다. 알 만한 교회 가운데 위에 언급한 여의도에 있는 모 교회를 비롯하여 몇몇 큰 교회들은, 단일 교회 신도 수가 수만 명에서 수십만 명에 이르기까지 그 신도 수가 상상을 초월할 정도로 어마어마하다.

그런데 그 큰 교회들은 내부적으로 세습 논란에 빠진 교회들이 적지 않고, 어떤 신흥 교회는 논란의 중심에 서 있기도 하다. 그럼에도 불구하고 특히 사회적으로 명망이 있는 정치인이나 유명인들, 특히 명예와 부와 권력을 가진 이들을 비롯하여 고학력의 스펙을 가진 젊은 신자들이 많다고도 한다.

이에 비해 불교 쪽은 한마디로 맹숭맹숭하다는 느낌을 갖지 않을 수 없다. 물론 불교 쪽 역시 여러 가지 문제가 없다는 것은 아니다. 문제는 사회적인 영향력이나 파급 효과 면에서 속된 말로 불교 쪽은 비교가 되지 않으니 차치하고 하는 말이다.

남의 종교에 대해 말하는 것은 주제넘은 일인 줄 안다. 다만, 세간에 화제가 되고 있는 일들이 왜 일어날까 하는 의구심에서 한번 짚어 보고자 하는 노파심에서다.

그렇다면 한마디로 평범한 사람들이 이 모든 문제들을 차치하고 광신적으로 몰려드는 이유는 무엇일까? 혹시 물질만능주의에 입각한 더 큰 욕심을 채우기 위한 일환은 아닐까 하는 의구심이 드는 것이 사실이다. 물론 대다수의 신자들이 아닌 일부를 말하는 것이다.

또한 특정 종교를 폄훼할 생각은 추호도 없다는 것을 전제한다.

사회적으로 경쟁과 물질에만 기반을 두다 보니 무조건 잘 먹고 잘 살기 위해 신앙에서조차 이해관계와 더불어 자신의 욕심을 채우기 위한 기복적 신앙은 아닌지, 강한 우려와 함께 정신사적 차원에서 염려를 금할 수가 없다.

개인적인 생각으로는 아마도 전지전능한 하나님이라는 뜻 역시 분별을 버린, 그래서 둘이 아닌 자성自性의 자리, 그러므로 하나라고 하는 표현을 쓰는 것이 아닌가 생각한다. 그렇다면 그 누구도 욕심을 부린 만큼의 과보를 얻게 되는 인과법을 벗어날 수 없음이니, 불교 신도이든 기독교 신자이든, 고락의 인과는 피할 수 없음이다.

그러므로 그 어떤 신앙일지라도 분별하지 않는 중도의 마음이 되지 않고서는 인과는 물론, 괴로운 마음의 고업苦業을 면할 수 없음은 너무나 자명한 일로서, 신앙의 방향을 더욱 정확히 해야 할 것인즉, 다시 한번 자신의 종교, 내지는 신앙의 본질을 잘 알고 믿는 마음을 갖춰야 할 것 같다.

11

무위복승분
無爲福勝分

무위복의 수승함

제십일 무위복승분
第十一 無爲福勝分

수보리 여항하중 소유사수 여시사등항하 어의운하
須菩提 如恒河中 所有沙數 如是沙等恒河 於意云何

시제항하사 영위다부 수보리언 심다세존 단제항하
是諸恒河沙 寧爲多不 須菩提言 甚多世尊 但諸恒河

상다무수 하황기사 수보리 아금실언고여 약유선남자
尙多無數 河況其沙 須菩提 我今實言告汝 若有善男子

선여인 이칠보 만이소항하사수 삼천대천세계 이용보
善女人 以七寶 滿爾所恒河沙數 三千大千世界 以用布

시 득복다부 수보리언 심다세존 불고수보리 약선남
施 得福多不 須菩提言 甚多世尊 佛告須菩提 若善男

자선여인 어차경중 내지수지사구게등 위타인설 이차
子善女人 於此經中 乃至受持四句偈等 爲他人說 而此

복덕 승전복덕
福德 勝前福德

11. 무위복의 수승함

"수보리야, 항하에 있는 모래 수만큼 항하가 많다면 어떻게 생각하느냐? 이 모든 항하의 모래수가 많다고 하지 않겠느냐?"

수보리가 대답하였습니다.

"대단히 많겠습니다, 세존이시여. 저 모래 수만큼의 모든 항하들만 하여도 수없이 많은 것이온데, 하물며 그 모래 수이겠습니까?"

"수보리야, 내가 지금 너에게 진실로 이르노니, 만약 어떤 선남자 선여인이 그렇게 많은 항하의 모래만큼 삼천대천세계를 칠보로 가득히 채워서 보시한다면, 그 복덕이 많지 않겠느냐?"

수보리가 대답하였습니다.

"대단히 많겠습니다, 세존이시여."

부처님께서 수보리에게 말씀하셨습니다.

"만약 선남자 선여인이 이 경 가운데서 네 글귀로 된 한 게송만이라도 받아 지니고, 다른 사람을 위하여 알려준다면 그 복덕이야말로 앞에서 말한 칠보로 보시한 복덕보다 더 나으리라."

11. 무위복승분無爲福勝分
무위복의 수승함

수보리 여항하중 소유사수 여시사등항하 어의운하 시
須菩提 如恒河中 所有沙數 如是沙等恒河 於意云何 是

제항하사 영위다부 수보리언 심다세존 단제항하 상다무
諸恒河沙 寧爲多不 須菩提言 甚多世尊 但諸恒河 尙多無

수 하황기사
數 何況其沙

"수보리야, 항하에 있는 모래 수만큼 항하가 많다면 어떻게 생각하느
냐? 이 모든 항하의 모래 수가 많다고 하지 않겠느냐?"

수보리가 대답하였습니다.

"대단히 많겠습니다, 세존이시여. 저 모래 수만큼의 모든 항하들만 하
여도 수없이 많은 것이온데, 하물며 그 모래 수이겠습니까?"

항하恒河는 천축국 인도에 있는 강의 이름이니, 주위가 16km에
달할 만큼 넓고 크며 모래가 가늘기로 유명한 강이다. 부처님께서 이
곳에서 법을 많이 설하시어 이 항하를 예로 들었다.

가히 부처를 이룰 것조차 없으며, 불토를 가히 장엄할 것조차 없음이요, 불보佛報(노사나불)를 가히 취하고 머무를 것조차 없음이고, 비록 수미산왕의 큰 몸이라 할 것조차 없음이니, 모두 말뿐이며 실지로 큰 몸이 아닌 유명무실한 몸이므로 크다는 것조차 헛말에 지나지 않는다 하셨다.

"오직 부처님이 말씀하신바 청정한 본마음, 즉 몸이 아닌 몸이라야 바야흐로 큰 몸이 될 것입니다"라고 한 수보리의 말에 부처님께서는 옳다고 여기시고, 다시 한번 말머리를 돌려서 수보리에게 이와 같이 물으셨다.

이에 수보리는 "항하의 모래 수도 어마어마할 것이온데, 그 모래 수만큼의 항하가 또 헤아릴 수 없이 많은 것도 모자라 그 모든 항하의 모래 수를 어찌 말로 헤아릴 수 있겠습니까?" 하고 말씀드렸다.

이는 법에 공功과 덕德이 수승함을 재차 드러내실 의향으로 이와 같은 비유를 드심이니, 불가사의한 공덕을 인식하게 하실 뜻을 담고 있으므로 복덕의 많고 적음을 헤아려보게 하실 심산이셨다.

불교의 근본정신에 대해 잠시 짚어보자. 불교는 임시로 어려움을 땜질하기 위한 종교가 아니다. 또 부처님의 힘을 빌려서 나의 욕심을 채우기 위해 믿는 신앙은 더더욱 아니다.

곧 세상의 질서와 이치는, 욕심을 부려 얻게 되는 것에는 무조건 대가가 따른다는 인과의 법칙이 적용된다. 요령을 부리거나 잔머리를 쓴다고 될 일이 아니다. 세상에 좋은 것은 없다. 아니, 좋은 것을 얻으려 하면 그 즉시 싫고 나쁜 것이 생기게 되니, 이러한 고락업苦樂業은 항상 함께 얻고 함께 받게 된다는 사실을 알아야 한다.

그러므로 부처님은 이러한 마음 상태에서는 괴로움을 면키 어렵다고 하시고, 좋고 싫은 두 가지 고락의 업을 모두 없애야 한다고 하신다. 아니 좋은 것을 분별하지 않고 얻지 않는다면, 싫고 나쁜 것은 자동으로 생기지 않게 된다.

따라서 그 어떤 일이든지 고락의 업이 작용된다는 것을 알아야 한다. 직업이나 장소와는 사실상 무관하다. 직업에 귀천을 찾고, 장소에 호오好惡를 따지는 것은 착각이다. 이러한 생각을 갖는 것 자체가 이미 고락업의 작용이다. 어디서 무엇을 하며 살아가든 좋은 일은 있을 것이고, 좋은 일이 있으면 당연히 싫고 나쁜 일이 있을 것이다.

부처님께서 항하의 모래 수와 같은 많은 세계에 칠보를 꽉 채워서 보시를 하는 것은 공덕이기는 하지만《금강경》에서 말씀하신 법에는 비교할 수 없이 작다고 하셨다.

이 말씀의 뜻은, 아무리 좋은 것도 인과와 대가가 따르게 되니, 이와 같이 마음에 드는 좋은 것을 구하려는 마음으로는 절대 고통과 괴로움을 해결할 수 없다는 것이다. 그렇다면 이미 답은 정해져 있다. 바로 좋고 싫고의 고락을 분별하는 마음을 무분별의 마음으로 돌리는 수밖에 없다.

그리하여 아누다라삼먁삼보리법을 얻어야 한다. 뭐가 뭔지 잘 모르겠다는 분들은 우선 기도, 참선, 보시, 정진부터 시작해야 할 것이다.

수보리 아금실언고여 약유선남자선여인 이칠보 만이소
須菩提 我今實言告汝 若有善男子善女人 以七寶 滿爾所

항하사수 삼천대천세계 이용보시 득복다부 수보리언
恒河沙數 三千大千世界 以用布施 得福多不 須菩提言

심다세존
甚多世尊

"수보리야, 내가 지금 너에게 진실로 이르노니, 만약 어떤 선남자 선여
인이 그렇게 많은 항하의 모래만큼 삼천대천세계를 칠보로 가득히 채
워서 보시한다면, 그 복덕이 많지 않겠느냐?"

수보리가 대답하였습니다.

"대단히 많겠습니다, 세존이시여."

부처님께서 앞에서도 공덕功德을 말씀하시고, 이번에는 복덕福德
에 대해 말씀하시는 것은 진정한 공덕과 복덕이 무엇인가에 대해 정
확히 알려주시기 위함이다.

세상에서 말하는 공덕과 복덕은 아무리 크다 해도 다함의 한계가
있고, 또 생겨난 것은 반드시 사라진다는 생멸이 있다는 것을 여실히
알리기 위함이고, 재물이라는 탐욕의 대상과 이러한 재물을 남을 위
해 보시하여 얻은 공덕이라 하더라도 이 또한 한계가 있음을 알게 하
기 위함이다.

그러므로 이《금강경》에서 말하는 유루有漏와 유위有爲의 법을 떠
나야 유무有無의 인과가 없는 아누다라삼먁삼보리의 진실된 법을 알
게 됨이니, 이를 강조하기 위하여 수미산왕과 항하, 그리고 칠보와

삼천대천세계의 비유를 드는 것이다.

따라서 모든 공덕의 기본 가운데 기본은 보시이다. 일단 보시를 하게 되면 공덕이 쌓이게 되어 공과 중도를 얻는 데 있어 좋은 인연을 만나게 된다. 다만, 보시를 통하여 얻은 복덕으로 원력願力의 힘이 생길 때 드디어 보시와 공덕과 복덕이라는 상마저 여의게 되어 비로소 보리를 얻게 된다는 것이다.

세상에는 별별 사람이 많다. 천차만별이라 하지 않는가. 주관적으로는 이상한 사람도 많다. 좋은 사람도 많지만 나쁜 사람도 많다. 하지만 비슷한 사람은 있어도 똑같은 사람은 없다. 이렇게 다양한 사람들을 어떻게 대하고 살 것인가.

가끔은 눈물겹도록 고마운 사람도 있지만, 죽여도 시원치 않을 만큼 너무너무 미운 사람도 있다. 은혜를 원수로 갚는 사람이 있는가 하면, 원수 같은 사람이 내 생명을 구해주는 경우도 있을 것이다. 어제의 동지가 오늘의 적이 되는가 하면 어제의 적이 오늘의 동지가 되기도 한다.

별별 인연이 다 있는 가운데 사람의 속성에 대해 살펴보자. 우선 전제할 것은, 사람을 좋다 나쁘다 판단하는 것은 사실 본질과는 상관이 없다는 것이다. 무슨 말이냐고 이의를 제기하는 분도 있겠으나 사람은 누구나 각자 가지고 있는 고락의 인과로 살아가기 때문이다.

좋고 싫은 고락의 업은 누구나 똑같다고 했다. 물론 삼세(전생·금생·내생)라는 긴 시간에 걸쳐서 업이 발생하기 때문에 쉽게 느끼지는 못한다. 그리고 좋은 시절과 나쁜 시절의 때가 다르게 다가온다.

그러니 좋고 싫은 것 가운데 좋은 것만 얻으려 하는 것은 매우 어리석은 생각이다. 왜냐하면 높이 올라갔으면 또 그만큼 내려와야 하고, 밀물과 썰물, 일출과 일몰, 춘하추동, 생사, 생멸과 같은 이치이다. 이것이 나타나는 때와 반대의 저것이 나타나는 때가 다를 뿐이다.

다만 좋고 싫은 고락의 업이 큰 사람은 좋은 일도 크지만 나쁜 일도 크게 다가온다. 반대로 업이 작은 사람은 좋은 일도 적고 나쁜 일도 적다. 한마디로 다이내믹한 업을 가지고 있는 사람은 고락의 업이 크게 나타나지만, 도를 많이 닦은 사람일수록 좋은 일도 나쁜 일도 작게 다가온다. 참고로 불보살은 분별업이 아예 없다.

따라서 부처님께서는 이러한 고락의 업을 모두 멸해야만 성불할 수 있다고 하신다. 그렇다고 업을 완전히 없애기도 어렵지만, 설사 업을 멸한다 하더라도 그게 무슨 맛이 있겠느냐고 할 수 있으나, 알고 하는 것과 모르고 하는 것 가운데 어느 것이 더 수승한가를 생각하면 될 것이다.

그러므로 사람마다 즐겁고 기쁘고 행복하기 위하여 자신이 원하는 욕심을 채우려 무엇이든 물불 가리지 않으며 무조건 행동하고 살아간다는 것은 참으로 무모한 삶이 아닐 수 없다. 삼세의 인과가 따르기 때문이다.

부처님께서는 바로 이러한 진리를 알려주기 위하여 항하의 모래 수만큼의 삼천대천세계에 칠보를 가득 채워 보시할지라도 이는 고락의 인과 업이 따르기 때문이니, 가상한 일이기는 하지만 위에 설명한 내용을 여실히 잘 아는 것에 비할 바가 아니라고 말씀하신 것이다. 그렇다면 이제 어떻게 살아야 할 것인가?

불고수보리　약선남자선여인　어차경중　내지수지사구게
佛告須菩提　若善男子善女人　於此經中　乃至受持四句偈

등　위타인설　이차복덕　승전복덕
等　爲他人說　而此福德　勝前福德

부처님께서 수보리에게 말씀하셨습니다.
"만약 선남자 선여인이 이 경 가운데서 네 글귀로 된 한 게송만이라도 받아 지니고, 다른 사람을 위하여 알려준다면 그 복덕이야말로 앞에서 말한 칠보로 보시한 복덕보다 더 나으리라."

부처님께서는 수보리가 "대단히 많습니다"라고 한 말을 듣고 이에 대한 설명을 하셨다. "그 누구라도 이 경의 네 글귀의 경구 가운데 한 게송만이라도 믿고 지녀서, 그 묘리를 잘 알아 마음을 청정히 한다면, 자신의 진여보리眞如菩提로 삼공묘지三空妙智에 부합하게 되고 대도大道를 이룰 것이니, 그 얻은바 공덕이야말로 항하의 모래 수만큼의 모든 세계에 칠보를 가득 채워 보시하는 것보다 그 복덕이 더욱 클 것이다"라고 말씀하셨다.
"그러나 이보다도 더 큰 것이 있으니, 진공묘의眞空妙義에 능히 밝아서 남을 위해 설명하고 알아듣게 하여 자성을 밝혀줌으로써 생사의 언덕을 벗어나 열반의 피안에 이르게 한다면 이 사람이야말로 자리이타를 겸한 사람이라 할 것이다."

"그 복덕이야말로 무위의 복덕이므로, 그 얻는바 이익을 항하의 모래 수 같은 삼천대천세계의 칠보로 보시하는 것과 어찌 비교할 수 있겠는가"하신 것이다.

왜냐하면 칠보의 보시는 아무리 많이 한다 해도 유위법, 유루법인 물질 보시에 불과할 것이요, 또 아무리 대도를 알았다 하더라도 자기 혼자만 소화하고 남에게 이르지 못한다면 이 역시 소승법을 면치 못할 것이요, 자타를 정복하여 자타를 살리지 못한 까닭이다.

그러나 능히 하나의 사구게라 할지라도 무위법, 무루법의 진여진리眞如眞理가 실려 있는 무상법보시無相法布施가 되는 것이므로 다함이 있는 유위의 한계를 능히 벗어날 것이다.

최고의 기도는 무엇인가? 최고의 기도는 어떻게 해야 하는가? 물론 기도란 자신이 원하는 것을 성취하기 위해 부처님이나 신장 등께 정성을 다하는 것이다. 정성이란 일반적으로 물질적인 것을 포함하여 마음을 오롯이 모으는 것을 말한다.

그런데 정성에는 두 가지 형태가 있다. 하나는 자신이 원하는 욕심을 채우기 위한 기도이다. 이는 인과의 인연에 따라 어느 정도 성취할 수는 있으나 성취에 따른 즐거움과 기쁨, 행복은 인과의 과보가 따르게 되므로 그만큼의 불행과 괴로움도 감수해야 한다. 따라서 결과적으로는 속된 말로 본전에 지나지 않는다.

그렇다면 진정한 기도란 무엇일까? 진리를 여법如法히 알고 체득하여 전법傳法 회향廻向하는 것이다. 진리란 부처님과 부처님 말씀인

법, 그리고 이를 실행하는 이들인 수행자, 즉 불법승佛法僧 삼보三寶를 여실히 믿고 공경하며 호지護持(감싸 지님)하는 것을 말한다.

또한 진리는 부처님께서 말씀하신 법인 경전을 말하는데, 그 가운데《금강경》 사구게 등이 있다. 게송의 공통된 뜻은 좋다 싫다의 고락을 분별하지 않고 마음을 머물게 하여 집착하지 않는 것을 말한다. 이러한 마음을 가질 때 하늘신과 인간, 수라 그리고 천룡팔부의 신장이 감복하여 공경하고 공양하게 된다.

따라서 기도의 처소인 법당과 법당에 모셔진 부처님의 형상 등은 곧 부처님의 진리를 가상假像의 모습으로 꾸민 도량으로서 이는 곧 부처님의 불佛과 부처님의 진리인 법法이 담겨져 있는 고로 불법을 오롯이 수지 독송하는 나와 수행자(스님)들을 승僧으로 보아, 이를 불법승佛法僧 삼보三寶라고 이름한다.

그러므로 진정한 기도란, 부처님의 진리를 여법히 잘 아는 것이고, 진리를 체득하려면 분별하지 않는 참선의 마음을 가져야 하며, 참다운 참선의 마음을 갖추려면 탐진치(탐욕·성냄·분별) 삼독심을 버리고, 어떠한 선연善緣과 악연惡緣이 닥치더라도 마음이 머물러 집착하지 않아야 한다.

그렇지 않으면 마음을 잘못 쓴 대가인 인과에 걸려 업보와 과보를 받아야 하므로 고통과 괴로움이 항상 따르게 되고, 육도 윤회를 면치 못하게 된다. 그러니 진정한 기도와 참선의 마음, 그리고 괴로운 마음을 비우기 위한 보시를 늘 멈추지 말고 정진해야 한다.

12

존중정교분
尊重正教分

바른 가르침을 존중함

第十二 尊重正教分
제 십 이　존 중 정 교 분

부차수보리　수설시경　내지사구게등　당지차처　일체세
復次須菩提　隨說是經　乃至四句偈等　當知此處　一切世

간천인아수라　개응공양　여불탑묘　하황유인　진능수지
間天人阿修羅　皆應供養　如佛塔廟　何況有人　盡能受持

독송　수보리　당지시인　성취최상제일희유지법　약시
讀誦　須菩提　當知是人　成就最上第一希有之法　若是

경전　소재지처　즉위유불　약존중제자
經典　所在之處　卽爲有佛　若尊重第子

12. 바른 가르침을 존중함

"또 수보리야, 어디에서나 이 경을 설할 때 네 글귀로 된 사구게의 한 게송만이라도 마땅히 알지니라. 이에 대해 일체 세간의 천상, 인간, 아수라들이 모두 다 마땅히 공경하기를 부처님의 탑묘와 같이할 것이거늘, 하물며 어떤 사람이 이 경을 받아 지녀 읽고 외워서 능히 더 잘 안다면 말할 것이 있겠느냐.

수보리야, 마땅히 알아라. 이 사람은 가장 높고 제일 희유한 법을 성취한 것이니, 만일 이 경전이 있는 곳이면 곧 부처님이 계신 곳이고 이 제자는 존중받을지니라."

12. 존중정교분 尊重正敎分
바른 가르침을 존중함

부차수보리 수설시경 내지사구게등 당지차처 일체세간
復次須菩提 隨說是經 乃至四句偈等 當知此處 一切世間

천인아수라 개응공양 여불탑묘 하황유인 진능수지독송
天人阿修羅 皆應供養 如佛塔廟 何況有人 盡能受持讀誦

"또 수보리야, 어디에서나 이 경을 설할 때 네 글귀로 된 사구게의 한 게송만이라도 마땅히 알지니라. 이에 대해 일체 세간의 천상, 인간, 아수라들이 모두 다 마땅히 공경하기를 부처님의 탑묘와 같이할 것이거늘, 하물며 어떤 사람이 이 경을 받아 지녀 읽고 외워서 능히 더 잘 안다면 말할 것이 있겠느냐.

하늘·사람·아수라는 천취天趣·인취人趣·아수라취阿修羅趣로서 세간에 사는 중생의 업보에 따라 여섯 갈래로 나뉜 것이니, 이를 삼선도三善道라 하고, 지옥취地獄趣, 아귀취餓鬼趣, 축생취丑生趣의 삼악도三惡道를 더하여 육도라 한다.

여기서 삼악도를 말하지 않은 것은 죄가 중하고 지혜가 박약하여 반야의 묘법妙法을 알아듣지 못하는 까닭이다. 탑은 불사리佛舍利를 모신 것이고, 묘廟는 부처님의 형상을 모신 법당法堂을 말한다.

사구게 가운데 한 게송만이라도 능히 그 뜻을 깨달아 나와 남을 제도한다면, 이는 항하의 모래 수만큼의 삼천대천세계에 칠보를 가득 채워 보시하는 것보다 더욱 복덕이 수승하다 하였다. 그러므로 천상과 사람, 아수라 등이 공경하기를 불탑과 법당에 공양하듯 한다는 것이다.

왜냐하면 불탑과 법당이 귀중한 것이 아니라 바로 부처님의 법이 있기 때문이다. 부처라 함은 형상과 사리를 이름하는 것이 아니라 진리를 말하는 것이다. 또한 사구게가 귀중한 것이 아니다. 사구게에 담긴 진리가 귀중한 것이다.

진리가 있으면 그 자체가 부처님이요, 부처님이 계시면 천·인·아수라가 응당 부처님(진리)이 계신 탑묘塔廟를 공경하며 청법聽法하고 호법護法할 것이 아니겠는가. 하물며 어떤 사람이 이 경의 진리를 능히 알고 제도한다면, 그 어떤 이가 곧 법이요, 불이며, 무주무상의 보리법일 것이다.

이러한 경을 설하는 장소가 있다면 이곳에 바로 진리가 있으므로, 천룡팔부가 공경하고 공양하거늘 심心이면 곧 부처요, 구口이면 곧 법法이요, 심구상응心口相應이면 곧 승僧이니, 이러한 삼보야말로 더 말할 것이 있겠는가.

자연이나 사회나 개인이나 위기는 항상 온다. 연기 현상의 시절 인연이요, 인과 작용이다. 이와 같이 세상의 모습과 마음의 모양은 다르지 않다. 문제는 이를 대하는 감정이다. 일어나는 모든 현상은 필연이다. 당연한 결과라는 말이다. 다만 그 원인을 정확히 모를 뿐이다. 그러니 겸허히 받아들이는 방법 이외는 없다.

누구나 늙고 병들고 언젠가는 사라진다. 너무나 당연한 소치겠지만 사람에 따라 받아들이는 마음이 다르다. 오고 가는 필연적 연기 현상을 거부감 없이 잘 받아들일 줄 아는 이는 그래도 덜 힘들겠지만, 억울하다거나 슬프고 힘들게 받아들이는 이의 마음은 매우 괴롭다.

이와 같이 힘든 일이 닥쳤을 때, 인과의 인연 소치로 받아들일 줄 아는 마음을 가져야 한다. 이를 갖추려면 평소에 훈련과 마음 수행이 꼭 필요하다. 적어도 인생만사 새옹지마塞翁之馬라는 것만이라도 알아야 한다. 그리고 좀 더 품덕品德을 갖추려면 좋고 싫은 고락의 분별심에 의해 좋은 일 나쁜 일의 인과가 생겨난다는 것을 체득해야 한다.

어떤 경우이든 고통과 괴로운 일이 생기는 것은 순전히 우연이 아닌 필연이다. 어찌되었든 내가 희락의 즐거움을 맛본 만큼 딱 그만큼의 과보로 다가온다는 것이다. 의심할 필요도 없다. 이것이 법이다. 그러니 이러쿵저러쿵 마음 써봐야 속만 상한다. 고락의 감정과 세상은 우연과 운, 재수, 요행과 로또가 없다. 결과적으로 인과가 윤회하는 시절 인연만 있을 뿐이다.

그러니《금강경》사구게를 완벽히 알아야 한다. 그리고 삼보를 호지護持해야 한다. 조금 어렵고 힘들더라도 마음공부와 수행을 반드시 해야 한다. 마음에 들고 안 들고, 재미가 있고 없고를 따져서는 안 된다. 그래야 눈물 흘릴 일이 없을 것이다.

須菩提 當知是人 成就最上第一希有之法 若是經典 所在

수보리 당지시인 성취최상제일희유지법 약시경전 소재

之處 即爲有佛 若尊重第子

지처 즉위유불 약존중제자

수보리야, 마땅히 알아라. 이 사람은 가장 높고 제일 희유한 법을 성취한 것이니, 만일 이 경전이 있는 곳이면 곧 부처님이 계신 곳이고 이 제자는 존중받을지니라."

《금강경》 사구게를 여실히 잘 알아 지닌 사람은 진실로 무상무주無相無住의 진리인 무상정등정각無上正等正覺의 법을 성취한 것이니, 이 법은 오직 하나의 드문 법이다.

이렇게 희유한 아누다라삼먁삼보리법의 이 경전이 있는 곳은 곧 부처님이 계신 곳이요, 부처님의 법이 있는 곳이니, 곧 불보佛寶와 법보法寶가 있는 곳이면 이를 배워 수행하는 승보僧寶가 없을 수 없는 것이다.

왜냐하면 부처님이 있고 부처님 법이 있으면 그 제자가 있게 되는 법이니, 불법승 삼보를 이룰 것이다. 바꾸어 말하면 경전이 있으면 곧 읽는 사람이 있으니 승보인 것이요, 이 경전이 있으면 곧 보리법이 담겨 있으니 법보요, 보리법은 곧 깨달음을 말하는 것이니 불보인 것이다. 삼보를 합하면 반야바라밀이 된다.

보寶는 귀중하다는 이름이다. 불보는 근본인 체성體性을 완전하게 깨달아 있고 없고의 유무도 아니요, 그렇다고 공도 아닌 저 언덕의 피안을 이름함이다. 법보는 유무도 아니요 공도 아니며, 그렇다고 저 언덕이 끊어지고 없어졌다는 것도 아닌 고로 중생을 바로 깨닫게 하는 법의 이치를 말한다.

승보는 이 법을 행하여 자리이타 하는 모든 보살을 이름함이다. 이 같은 보살은 이理와 사事를 화합하고 능히 유와 무에 집착하지 않으며, 불보와 법보를 융화融和하여 스스로 삼보일체가 되는 책임자일 것이다.

사람은 혼자 살 수 없다. 그러므로 삶에 있어서 사람과의 관계를 어떻게 맺느냐에 따라 삶의 모습이 달라지게 된다. 부모 형제 등 가족 간의 관계는 물론, 친구와 이성 간, 직장동료, 이웃 사람, 사회적 파트너 등 그 어떤 사람을 대하든 평생을 상대하며 살아갈 수밖에 없기 때문이다.

때로는 마음이 맞는 상대가 있는가 하면, 때로는 전혀 마음이 맞지 않는 상대도 있을 것이다. 당연히 마음이 맞는 사람을 대할 때는 즐겁고 기쁘고 행복하고 기분이 좋을 것이다. 하지만 마음이 맞지 않는 사람을 대할 때는 죽을 맛이기도 하다.

원론적으로 보면 이 또한 마음 맞는 사람이 있으니 마음 맞지 않는 사람이 생기는 것은 너무나 당연한 인과 현상이다. 그러나 이를 인과적으로 바라보는 이는 드물다. 무조건 마음이 맞으면 좋은 사람, 그렇지 않으면 싫은 사람으로 분별할 따름이다.

그러므로 마음에 맞는 사람만을 골라서 찾으려 하는 사람은 마음이 맞지 않고 너무나 싫은 사람이 더욱 나타날 수밖에 없다. 이는 자신이 원한다고 되는 일이 아니다. 원하는 만큼 원하지 않는 것 또한 똑같이 나타날 수밖에 없는 이치가 인과이다.

따라서 재주를 부려 머리를 쓰거나 요령으로 되는 것이 아니다. 물론 개성적으로 볼 수도 있으나, 문제는 싫은 사람을 만났을 때의 마음의 부담과 괴로움이다. 상대를 싫어하거나 물리치기만 한다고 될 일이 아니다. 그러므로 이를 근본적으로 해결하기 위해서는 좋고 싫은 분별심을 멸하는 방법밖에는 없다.

그러니 사람을 만나지 않고는 살 수 없는 까닭에 마음에 들지 않거나 마음이 맞지 않고 싫은 사람을 대할 때 항상 고락의 인과를 놓치지 말아야 한다. 그리하여 분별 인과가 화두가 되어야 한다. 그러려면 이러한 사람을 만났을 때 이 사람이 싫거나 나쁜 사람이 아니라, '이 사람을 싫게 생각하는 나의 인과업이 발동하였구나' 하고 자신을 돌아봐야 한다.

싫거나 피하고 싶은 사람은 당연히 이러저러한 이유가 있을 것이다. 상대의 말도 안 되는 행동이 싫어하게 되는 이유가 되겠지만, 이럴 때일수록 싫은 감정이 나타나는 자신의 인과업을 생각하면서 미워하거나 싫은 감정을 자제하고 차분하게 대해야 한다.

자신이 원하는 대로 따라와 주지 않을 때는 마음을 비우고 설득해야 한다. 설사 설득이 잘 되지 않는다고 포기하지 말고 감정을 잘 조절하면서 대해야 한다. 그래도 어렵다고 판단되면 뒤끝 없이 깨끗하게 포기하면 된다. 그러나 중요한 것은 이렇든 저렇든 싫은 감정, 나쁜 감정이 일어나지 않도록 자신을 잘 살펴야 한다.

'금강반야바라밀金剛般若波羅蜜'이란 바로 이러한 좋고 싫은 분별의 감정을 티끌만 한 것이라도 완전히 사라지게 하는 것이 목적이다. 이를 피안이라 하고 해탈 열반, 정등각, 반야라고도 한다. 티끌만큼의 좋고 싫은 분별의 감정이 있으면 티끌만큼의 괴로움이 생기고, 열근의 좋고 싫은 분별의 감정이 생기면 열 근의 괴로움이 생긴다.

그리하여 어떤 일, 어떤 모습, 어떤 상이든 이렇게 되고 저렇게 되고, 옳다거나 그르다거나 이러쿵저러쿵 따지는 것은 사실 큰 의미가 없다. 문제는 마음에 일어나는 좋고 싫은 분별 감정의 인과이다. 그래서 부처님께서는 '금강반야바라밀'을 통해 이를 깨우치려 하시는 것이다.

13

여법수지분
如法受持分

법답게 받아 지님

제십삼 여법수지분
第十三 如法受持分

이시 수보리 백불언 세존 당하명차경 아등운하봉지
爾時 須菩提 白佛言 世尊 當何名此經 我等云何奉持

불고수보리 시경 명위금강반야바라밀 이시명자 여당
佛告須菩提 是經 名爲金剛般若波羅蜜 以是名字 汝當

봉지 소이자하 수보리 불설반야바라밀 즉비반야바
奉持 所以者何 須菩提 佛說般若波羅蜜 卽非般若波

라밀 시명반야바라밀 수보리 어의운하 여래유소설
羅蜜 是名般若波羅蜜 須菩提 於意云何 如來有所說

법부 수보리백불언 세존 여래무소설 수보리 어의운
法不 須菩提白佛言 世尊 如來無所說 須菩提 於意云

하 삼천대천세계 소유미진 시위다부 수보리언 심다
何 三千大千世界 所有微塵 是爲多不 須菩提言 甚多

세존 수보리 제미진 여래설비미진 시명미진 여래설
世尊 須菩提 諸微塵 如來說非微塵 是名微塵 如來說

세계 비세계 시명세계 수보리 어의운하 가이삼십이
世界 非世界 是名世界 須菩提 於意云何 可以三十二

상 견여래부 불야세존 불가이삼십이상 득견여래 하이
相 見如來不 不也世尊 不可以三十二相 得見如來 何以

고 여래설삼십이상 즉시비상 시명삼십이상 수보리
故 如來說三十二相 卽是非相 是名三十二相 須菩提

약유선남자 선여인 이항하사등신명보시 약부유인
若有善男子 善女人 以恒河沙等身命布施 若復有人

어차경중 내지수지사구게등 위타인설 기복심다
於此經中 乃至受持四句偈等 爲他人說 其福甚多

13. 법답게 받아 지님

그때 수보리가 부처님께 여쭈었습니다.

"세존이시여, 이 경의 이름을 무엇이라고 하며, 저희들은 어떻게 받아 지녀야 하나이까?"

부처님께서 수보리에게 말씀하셨습니다.

"이 경의 이름은 '금강반야바라밀경'이니, 이 이름으로 너희들이 받들어 지닐지니라.

무슨 까닭이냐 하면, 수보리야, 부처님이 반야바라밀이라고 말씀하는 것은 곧 반야바라밀이 아니라 그 이름이 반야바라밀이니라.

수보리야, 어떻게 생각하느냐? 여래가 법을 말한 바가 있겠느냐?"

수보리가 부처님께 말씀드렸습니다.

"세존이시여, 여래께서는 아무것도 말씀하신 바가 없습니다."

"수보리야, 어떻게 생각하느냐? 삼천대천세계에 있는 모든 아주 작은 티끌이 많다고 생각하느냐?"

수보리가 대답하였습니다.

"매우 많습니다, 세존이시여."

"수보리야, 여래가 말한 모든 티끌은 티끌이 아니요, 그 이름이 티끌이며, 여래가 설한 세계 또한 세계가 아니라 그 이름이 세계이니라.

　수보리야, 어떻게 생각하느냐? 가히 삼십이상으로 여래를 볼 수 있다고 할 수 있지 않겠느냐?"

　"아닙니다, 세존이시여. 가히 삼십이상으로 여래를 보는 것은 옳지 않습니다.

　왜냐하면 여래께서 삼십이상이라고 말씀하시는 것은 곧 진짜 상이 아니라 그 이름이 삼십이상이기 때문입니다."

　"수보리야, 만약 어떤 선남자나 선여인이 항하의 모래와 같이 많은 목숨을 보시하였더라도, 만일 어떤 사람이 이 경 가운데 사구게만이라도 받아 지녀 남을 위해 말해준다면, 목숨을 살려주는 복보다 더 큰 복이라 할 것이다."

13. 여법수지분 如法受持分
법답게 받아 지님

이시 수보리 백불언 세존 당하명차경 아등운하봉지 불
爾時 須菩提 白佛言 世尊 當何名此經 我等云何奉持 佛

고수보리 시경 명위금강반야바라밀 이시명자 여당봉지
告須菩提 是經 名爲金剛般若波羅蜜 以是名字 汝當奉持

그때 수보리가 부처님께 여쭈었습니다.

"세존이시여, 이 경의 이름을 무엇이라고 하며, 저희들은 어떻게 받아 지녀야 하나이까?"

부처님께서 수보리에게 말씀하셨습니다.

"이 경의 이름은 '금강반야바라밀경'이니, 이 이름으로 너희들이 받들어 지닐지니라.

수보리는 이에 말이 끊어졌고 이치가 다하였다. 더 나아갈 길도 없고 물러설 곳도 없었으니, 스스로 머무름이 없고 분별의 상이 없으며 본래부터 저 언덕에 도달한 것과 같은 오직 한 마음이었다.

그러나 그 마음이란 생각조차 없어서 머무름이 없고 분별상이 없다는 생각까지도 두지 않았으며, 피안에 도달함을 깨닫지도 아니하였다. 진정으로 반야바라밀이 곧 부처님과 더불어 합해졌을 때 이 모든 일체를 떠나 있음이다.

그리하여 이곳은 말과 이름을 붙일 수가 없는 것이다. 그러나 이름과 말을 해야 알아듣는 중생들에게는 어쩔 수 없이 이름과 말을 하지 않을 수가 없다. 그리하여 세존께 "이 경을 무어라 이름하오리까" 하고 물은 것이다.

또 "이 경을 받아 알기는 오히려 쉽겠으나, 이 경에 들어 있는 존귀한 뜻을 알기는 너무나 어려운 일이니, 어떻게 하면 이 경의 진정한 뜻을 깨칠 수가 있겠습니까" 하고 이름과 법을 여쭈었다.

그리하여 세존께서 수보리에게 이르기를, "이 자리, 이 경은 남음이 없는 열반이요, 다함이 없는 청정한 반야지혜요, 생멸이 없는 금강의 땅이요, 머무름이 없고 분별상이 없는 여래장이요, 정등정각의 보리법이니, 그런대로 이름하여 금강반야바라밀"이라 하셨다.

요즘 뉴스를 보면 즐겁거나 기쁜 소식을 보기가 참 어렵다. 전쟁과 지역 분쟁, 계속되는 경기 침체, 기후 변동으로 인한 기상이변 등 모조리 하강국면이다. 이대로 가다가는 대공황을 맞을 위험이 있다는 조심스런 예측도 있다. 불교적 관점에서는 이 또한 인과가 공업共業으로 나타나는 현상 가운데 하나이다. 한마디로 그동안 많은 사람들이 즐거운 낙업樂業을 누려왔으니 그에 대한 과보로 괴로운 고업苦業이 공업으로 나타나는 것이다.

이럴 때 과연 마음을 어떻게 가져야 할 것인가? 물론 이러한 사태를 보고 마음 편할 사람이 어디 있겠는가. 그러나 만약 불보살과 마음을 깨친 조사들은 과연 어떤 마음을 가지고 계실까? 당연히 마음에 동요가 없을 것이다. 좋고 싫은 고락의 분별심이 없기 때문이다.

마음이 불편하고 괴롭다는 것은 곧 편하고 즐거운 시절이 있었던 인과에 대한 과보이다. 속된 말로 인과에는 절대 에누리가 없다. 세상에는 결과적으로 공짜가 없다. 그래서 더하고 덜한 것도 없다. 더하면 덜하고 덜하면 더한 것이 인과이니, 더도 덜도 없는 것이 무분별이요 '금강반야바라밀'이다.

모진 소리가 아니라 당연히 일어날 것이 일어나는 것이요, 연기의 흐름이요 소치이다. 다만 이에 힘들고 고통스러운 이는, 인과의 업에 따라 자신의 고업이 나타나는 시절 인연이라고 보면 된다.

인과로 치면 더 좋을 수도 없고 더 나쁠 수도 없으니, 좋은 만큼 나쁜 것이고 나쁜 만큼 좋은 것이므로, 그래서 좋은 시절 인연이 있었으므로 싫고 나쁜 시절 인연이 오는 것이다.

이럴 때 지혜를 갖춘 사람은 나쁜 현상을 나쁘게 보지 않는다. 연기와 인과의 흐름으로 볼 뿐이다. 그리고 앞날을 걱정하지 않는다. 연기와 인과 현상을 있는 그대로 보고 받아들인다. 이유 없이 생기는 것은 없다. 올 것은 막아도 오고 갈 것은 잡아도 간다. 그러므로 이를 보는 마음이 힘들지 않다. 마음이 항상 평화롭다. 무엇에도 머무르지 않고 걸리지 않으며 집착하지 않는다.

또 현명한 이는 싫고 나쁜 것이 가고, 좋은 것이 오길 바라지 않는다. 왜냐하면 좋은 것을 분별하는 만큼 싫고 나쁜 것이 더욱 짙고 선명하게 다가오기 때문이다. 연기려니 인과려니 하고 그러려니 하며, 여여한 마음으로 항상 평안을 누린다.

세상의 움직임은 연기의 모습일 뿐 실은 좋고 나쁜 것이 없다. 그러니 만약 내가 스스로 불편한 마음을 가지고 있다면, 무엇 때문에 내가 힘들다고 생각할 것이냐 이는 잘못된 착각이다. 실은 나의 업식 속에 숨어 있는 좋고 싫은 분별심 때문에 불편한 마음이 생기는 것이다.

부처님께서는 금강반야바라밀을 이름조차 붙일 수 없는 가짜라고 했다. 또한 한 점의 생각조차도 분별을 일으켜 괴로움의 인과를 받는다고 하였으니, 좋다 싫다라는 분별이야말로 얼마나 많은 인과의 업을 지어 괴로움으로 다가오게 할 것인가 말이다. 왜 이러한 분별을 멸해야 하느냐면, 고통과 괴로움의 과보로 다가오기 때문이다. 그러니 항상 이를 잊지 말고 몸·입·생각의 삼업을 청정히 해야 하느니, 분별심이 없으면 모두가 이루어진다.

소 이 자 하　수 보 리　불 설 반 야 바 라 밀　즉 비 반 야 바 라 밀　시 명
所以者何　須菩提　佛說般若波羅蜜　卽非般若波羅蜜　是名

반 야 바 라 밀
般若波羅蜜

무슨 까닭이냐 하면, 수보리야, 부처님이 반야바라밀이라고 말씀하는 것은 곧 반야바라밀이 아니라 그 이름이 반야바라밀이니라.

이 《금강경》은 이름을 붙일 수도 없고 말을 할 수도 없다. 왜냐하면 말을 하고 이름을 붙이는 즉시 이러쿵저러쿵 상이 생기기 때문이고, 이것이라고 하면 저것이 생겨서 인과를 일으키기 때문이다.

그러나 부처님께서는 중생을 위해서는 달리 방법이 없으니, 중생을 알아듣게 하기 위하여 거짓 이름을 세웠으니 바로 '금강반야바라밀'이라고 하셨다.

그러니 단지 이름뿐임을 명심하여 절대로 상을 내지 말고 마음이 머물러서는 안 된다. 또 말과 생각을 하지 않는 이심전심以心傳心으로 뜻을 합해야 할 것이며, 좋다 싫다는 분별 망상을 부려서는 안 된다.

만약 가히 얻을 '금강반야바라밀'이 있다면 이는 이미 정하는 법이 되어 생기지도 않으므로 사라지지도 않는 불생불멸不生不滅의 금강지가 아닌 것이다. 또 만약 이름을 붙일 '금강반야바라밀경'이 있다고 한다면 이는 벌써 이름에 상이 붙게 됨이요, 완전히 남음이 없는 무여열반無餘涅槃의 피안에 이르지 못할 것이다.

그러므로 만약 '금강반야바라밀'을 얻었다고 한다면, '금강반야바라밀'이라는 것 자체가 없는 줄 알고 난 연후일 것이니, '금강반야바라밀'이 어느 곳에 있을 것이며, 이름이 어찌 붙을 것인가.

'금강반야바라밀'이라고 한다면 이름자를 여의고 본래의 성품이 밝게 비칠 때 영혼이 밝고 밝은 영명靈明이 되므로, 거짓 이름을 억지로 붙여서 진정한 '금강반야바라밀'이라는 것이다.

또 분별이 없는 본 성품에 이르러 묘妙하게 응하고 비지 아니하여서, 억지로 이름하여 '금강반야바라밀'이라는 것이며, 고요를 즐기는 담적湛寂이 되니, 이름하여 '금강반야바라밀'이라 하고, 본 성품에 이르러 걸림이 없고 자재하여 억지로 이름 붙여서 '금강반야바라밀'이라는 것이다.

언쟁言爭을 할 때가 많다. 언쟁이란 말로 다투는 말다툼이다. 나의 주장과 상대의 주장이 서로 어긋나서 각자의 주장을 관철시키려 쟁투하는 것이다. 여기서 근본적인 의문이 든다. 왜 이기려고 하는 것일까? 당연히 나의 주장이 옳다고 믿기 때문이다. 아니 옳다고 주장하는 경우도 있겠지만, 설사 옳지 않더라도 고집을 부리고 억지를 부려서까지 이기고 싶어 한다. 상대를 이기는 것이 나에게 유리하다고 생각하기 때문이다.

왜 유리하다고 생각할까? 물론 이기면 기분이 좋고 지면 기분이 나쁘기 때문이다. 기분이 좋고 나쁜 것과 상관이 없다면 굳이 고집하여 이기려 할 필요가 없을 것이다. 결론적으로 이 모든 현상은 결국 기분이 좋고 나쁨의 문제라 하겠다.

그러나 기분이 좋고 나쁨은 분별이다. 분별은 인과를 낳는다. 인과는 좋고 싫은 고락의 연속이다. 즉 즐거움에 따른 괴로움의 과보를 받는다. 그러므로 기분이 좋으면 기분 나쁜 과보를 받게 된다. 밀물이 들어올 때가 있으면 썰물이 나갈 때가 있는 것과 같다. 들어오고 나감에 단 1밀리미터의 차이도 없다. 기분이 좋고 나쁜 고락의 인과도 이와 같다.

그러니 기분이 좋은 때가 있으면 기분이 나쁜 때가 반드시 있게 되는데, 이를 과보라 하고 시절 인연이라고 했다. 따라서 만약 언쟁을 통해 설사 내 주장이 관철되어 기분이 좋았다면, 그 과보로 인하여 기분이 나쁜 시절 인연이 반드시 오게 되어 있다는 것을 명심해야 한다.

때문에 사실 이기고 지는 것이 문제가 아니라, 기분이 좋고 나쁜 인과가 진짜 본질이라는 것을 알아야 한다. 그래서 부처님께서는 시비是非와 고락苦樂, 선악善惡과 정의正義와 불의不義 등의 분별에 머물지 말고 집착하지 말라고 신신당부하셨다.

따라서 결국은 좋고 싫은 고락의 감정에 의한 인과가 문제의 본질이니만큼 언쟁이든 주장이든, 이렇게 되든 저렇게 되든, 어떤 경우이든 기분에 의한 분별을 하지 않아야 한다. 다시 한번 강조하건대 기분이 좋은 만큼 기분이 나쁜 과보를 언젠가는 받아야 한다는 것을 명심해야 한다.

거울은 항상 밝고 여여하게 만상을 있는 그대로 비치듯 마음도 거울과 같이 있는 그대로 비치고 받아들일 뿐 시비고락을 하지 않아야 하거니, 갖가지 상에 대해 무슨 말이 필요할 것이며, 무슨 시비가 있을 것인가.

언쟁을 하더라도 또는 이기고 지더라도 기분이 좋은 것에 집착하고 걸리지 말아야 할지니, 그렇다면 굳이 이기려 하거나 지지 않으려고 할 필요가 없지 않겠는가. 하물며 세존께서는 최고 최상의 금강반야바라밀조차도 마음이 머물지 말아야 한다고 하지 않으시던가.

수보리 어의운하 여래유소설법부 수보리백불언 세존
須菩提 於意云何 如來有所說法不 須菩提白佛言 世尊
여래무소설
如來無所說

수보리야, 어떻게 생각하느냐? 여래가 법을 말한 바가 있겠느냐?"

수보리가 부처님께 말씀드렸습니다.

"세존이시여, 여래께서 아무것도 말씀하신 바가 없습니다."

금강반야바라밀은 이렇듯 말을 할 수 없고 이름을 붙일 수 없는 경지라 했거늘, 만약 "여래께서 금강반야바라밀을 말씀하신다고 생각하는 대중이 있다면, 이는 법을 들을 줄 모르는 자의 생각일 것이다"라고 하심이다.

"금강반야바라밀이 언설言說과 이름을 여의었다"고 했다면, 이미 적나라한 본체가 드러났음이니, 이 자체가 여래지如來地(여래가 머무는 땅)인지라 말과 이름이 없고 법과 아상이 벌써 공하였으므로, 무슨 말이 있을 것이며 무슨 법이 있을 것인가.

만약 말을 하고 이름을 붙인 것이라면 대중을 위하여 거짓 법에 불과한 것이니, 이는 대중의 상으로 세운 법이요 대중들을 위한 말로서, 대중의 상으로 생각하고 대중의 상으로 말하는 것에 불과한 것이다.

굳이 마음으로 비유하자면, 밝은 거울에 비친 천태만상의 모습들은 거울이 만들어낸 것들이 아닌 것이요 거울은 항상 밝은 거울일 뿐이니, 거울에는 일어나고 꺼짐이 없는 것이다. 마음도 거울과 같아서, 밖에서 무슨 일이 일어날지언정 항상 그대로 밝을 뿐이다.

그러므로 수보리는 이미 금강반야바라밀에 도달하였고, 피안을 건너 분별하지 않는 곳에 있는지라, 즉 불佛과 법法을 여실히 잘 알아서 불법과 자신의 승僧을 포함해 삼보를 하나로 실현한 까닭이다. 그런 연유로 수보리는 "여래께서 말씀하신 바가 없습니다"라고 답을 한 것이다.

러시아의 대문호 톨스토이Lev N. Tolstoy(1828-1910)가 쓴 《사람은 얼마만큼의 땅이 필요한가?》라는 단편 소설이 있다. 가난한 농부 파홈은 '땅만 충분히 가질 수 있다면 악마도 두렵지 않다'고 호언장담한다. 이 말을 들은 악마가 파홈에게 땅을 주어 유혹하겠다고 마음먹는다. 열심히 돈을 모은 파홈은 이웃 마을에서 굉장히 넓은 땅을 살 수 있다는 소문을 들었다. 1,000루블을 지불하고, '해 뜰 때부터 해 질 때까지 걸어서 도달한 땅을 모두 갖게 되는 계약'을 하게 된다. 그는 조금이라도 땅을 더 차지하기 위해 하루 종일 먹지도 쉬지도 않고 걷고 또 걸었다. 그러나 출발점으로 다시 돌아왔을 때는 너무나 지쳐서 그 자리에 고꾸라져 죽음을 맞게 된다. 결국 그가 차지한 땅은 겨우 2평 남짓한 무덤뿐이었다.

사람들은 무조건 많이 차지하는 것을 원한다. '많다'라는 의미는 상대적인 마음의 관념이다. 많다는 것은 더 많은 것에 비해서는 항상 적은 것이 된다. 그래서 아무리 많은 것도 더 많은 것에 비해서는 많은 것이 되지 못한다.

누구나 대부분 부자 되기를 원한다. 자기보다 더 많은 재산을 가진

이에 대해 부러운 마음을 갖는 것은 인지상정이다. 재산뿐만이 아니라 자기가 가지지 못한 것은 모두 해당된다. 그러나 부자는 항상 스스로 부족하다. 본인보다 더 큰 부자를 쳐다보기 때문이다. 따라서 부자라고 하여 더 많이 행복한 것은 결코 아니다.

그래서 부처님께서는 무소유해야 한다고 말씀하셨다. 그러나 물질이나 명예를 무조건 갖지 않는 것만이 무소유가 아니다. '많다 적다,' '좋다 싫다'라는 분별심을 소유하지 않는 것이 진정한 무소유이다. 거꾸로 '나는 거지로 살아야지' 하는 생각을 한다면 이는 '아무것도 갖지 말아야지' 하는 분별심을 소유하는 꼴이므로 진정한 무소유가 아니다.

'있고 없고'는 연기와 인과에 따라올 때 오고 갈 때 가는 것이다. '있다 없다'라는 분별된 생각을 갖지 않으면 유무를 떠난 중도의 마음이 된다. 이를 진짜 무소유라고 하는 것이다. 그러므로 무엇을 차지하려고 하는 소유심도 큰 문제지만, 굳이 갖지 않아야 한다는 분별심 역시 이에 못지않게 경계해야 한다.

마음이 머물러 집착하는 것은 인과에 걸려서 결국은 괴로움의 과보를 받게 되기 때문이다. 그저 인연 연기에 맡기고 '있고 없고'에 대해 분별하지 않고 그러한 마음을 소유하지 않고 무소유하면 되는 것이다.

중생으로서 윤회의 수레바퀴에서 벗어나고 인과에서 벗어나려면 스스로의 고정된 관념에서 벗어나지 않으면 절대로 고통과 괴로움을 비껴갈 수 없다. 생각이나 감정으로 해결될 문제가 절대 아니기 때문이다. 그러니 생각을 완전히 전환시켜서 부처님께서 말씀하신 내용을 충분히 이해하고 실천하는 단계까지 접어들어야 한다. 아직도 이러쿵저러쿵 생각만으로 잔머리를 써서는 수미산의 초입에도 도달하지 못한다.

수보리 어의운하 삼천대천세계 소유미진 시위다부 수보
須菩提 於意云何 三千大千世界 所有微塵 是爲多不 須菩

리언 심다세존
提言 甚多世尊

"수보리야, 어떻게 생각하느냐? 삼천대천세계에 있는 모든 아주 작은 티끌이 많다고 생각하느냐?"

수보리가 대답하였습니다.

"매우 많습니다, 세존이시여."

아상, 인상, 중생상, 수자상의 4상을 여읜 저 언덕, 즉 피안과 오고 감의 분별이 없는 여래와 삼라만상의 일체 모든 것이 분별이 없고 머묾이 없는 완전하고 완벽한 법의 몸, 즉 법신에는 문자와 언어가 모두 공하고, 육진 심식이 공하고, 얻음과 얻는 것이 공하고, 법과 내가 공하였으니, 일체가 돈탕頓蕩한 깨달음으로 쓸어버렸으므로 세계니 신상이니가 모두 사라졌다.

이러한 마음에서 일어나는 형상 없는 모든 법상法相은 마음의 일이므로 없을 수도 있다 하겠으나, 지금 내가 보고 듣고 하는 이 세계의 모든 형체들은 도대체 무엇이란 말인가? 이렇게 집착이 다하지 못하고 사량 분별이 공하지 못한 대중들은 의심이 가시지 않을 수가 없다.

그래서 부처님께서는 이러한 의심을 깨뜨려 주시기 위하여 수보리에게 다시 물어서 결론을 지으시려는 것이다. 이에 수보리는 "매우 많습니다"라고 대답을 드렸다. 하지만 수보리의 대답은 대중들이 가진 일반적인 생각을 대중의 입장에서 말한 것이지 진여 성품의 경지에서 답을 한 것은 아니다. 어쨌든 이 역시 언설과 사량을 떠난 많음은 아닌 것이다.

미진微塵이란 본래 없는 것이다. 미진이라고 이름하는 것은 일시적인 모양을 보고 이름을 붙인 것으로서 미진이 미진이 아니라 다른 모습으로 항상 변화하기 때문에 미진이라고 할 수 없는 것이다.

또 미진의 수가 한량없다 해도 한량없는 것 역시 끝이 있을 것이니, 지구의 먼지가 아무리 많다 해도 우주에 비하면 아무것도 아니고, 우주의 먼지가 아무리 많다 해도 더 큰 우주에 비하면 또 아무것도 아닌 것이다. 이렇듯 많다는 개념에 항상 속아서 더 많은 것에 집착하고 머무는 마음을 갖기 때문에, 항상 모자라는 것이 따르고 부족한 것이 따른다.

인생을 살아오면서 지금까지 가장 후회되는 일은 과연 무엇일까? 물론 한두 가지가 아니겠지만 누구나 한 번쯤은 생각해봄 직하지 않을까? 이와 관련된 책도 여러 권 출간되었고 리서치 조사도 있었다. 그 내용들을 살펴보면 대체로 금전적으로 여유로운 생활을 위해 자신의 꿈을 포기했던 것, 일에 몰입하느라 가족이나 친구를 소홀히 했던 것, 사랑과 같은 감정 표현을 더 하지 못했던 것 등이 주를 이룬다.

물론 충분히 이해가 되고 하나같이 공감 가는 내용이 아닐 수 없다. 그러나 순전히 불교적인 관점에서나 소납의 입장으로는, 대단히 미안한 말이지만, 대체로 이러한 생각을 가지고 임종을 맞이하게 된다면 본인이 생각하는 후회와는 별개로 모두가 아쉬운 인생살이가 아니었나 하는 생각을 지울 수 없다.

각자가 가지고 있는 견해에 대해 당연히 존중하고 함부로 이러쿵저러쿵할 수는 없겠으나, 적어도 나는 누구인가? 왜 태어나게 되었고 왜 죽는지? 그리고 사후에는 어떻게 되는지? 하는 정도는 알고 가야 하지 않을까 하는 노파심이 든다.

'금강반야바라밀'은 내가 누구이며, 어떻게 살아야 하며, 사후에는 어떻게 되는지에 대한 명쾌하고 분명한 부처님의 최상승 법문 내용이 적나라하게 실려 있다. 물론 잘 이해하고 체득하여 내 것으로 소화한다는 전제하에서다.

죽을 때 후회를 한다는 것은 참으로 불행한 일이 아닐 수 없다. 물론 후회조차 할 수 없는 지경에서 죽음을 맞이하는 이들도 있겠으나, 부처님 법을 여실히 잘 안다면 적어도 죽음을 두려워하거나 후회하는 마음을 갖지 않게 된다.

아직도 욕심을 내거나 화를 내거나, 무엇에 대해서건 못마땅한 마음을 가지고 있다면, 부처님 법을 여실히 잘 알지 못하다는 증거이다. 이는 신심이 부족한 탓일 것이며, 신심이 부족하다는 것은 적어도 연기와 인과 그리고 공에 대해 아직도 체득하고 있지 않다는 반증이니, 더욱 정진에 정진을 거듭할 일이다.

須菩提 諸微塵 如來說非微塵 是名微塵 如來說世界 非
世界 是名世界

"수보리야, 여래가 말한 모든 티끌은 티끌이 아니요, 그 이름이 티끌이며, 여래가 설한 세계 또한 세계가 아니라 그 이름이 세계이니라.

세존께서 삼천대천세계에 먼지가 많으냐 물으심에 수보리가 "매우 많습니다"라고 한 대답에 대하여 부처님께서는 그 이름이 먼지이고 '많다'라고 생각하는 것 또한 상대적인 분별심에 불과하다고 하셨다.

이렇게 말씀하신 것은 우선 먼지라는 것은 일시적으로 나타난 나의 상에 불과한 것이고, 이 또한 언제나 변하고 변하여 다른 모습으로 바뀔 수 있는 것이므로 먼지가 본래 먼지가 아니라고 한 것이다.

또 하나 다른 뜻은, 먼지에 의한 다른 생각이 꼬리를 물고 일어날 것이기 때문이다. 예를 들어 먼지가 음식에 들어간다면? 눈에 들어간다면? 깨끗하지 못하다는 등등의 분별된 생각으로 말미암아 좋고 싫은 고락의 감정이 생기게 되고, 고락의 분별 인과로 인하여 기분이 나빠지게 되는 결과를 계속 낳게 된다는 것이다.

그러므로 먼지에 대해 굳이 분별된 생각과 감정을 갖지 말고 있는 그대로 보고 받아들이고, 나머지는 인연 연기에 맡기면 될 뿐이다. 그래서 이름이 먼지라고 알고 있으면 된다.

또 '삼천대천세계'라는 것 또한 내가 보는 분별된 관점에서 보게 되면, 크다 작다, 많다 적다, 좋다 싫다는 등의 분별된 감정이 생긴다. 이렇게 되면 좋다고 하게 된 그 인과로 인하여 저렇게 되면 나쁘고 싫다고 하게 되는 과보가 항상 따르므로 그 이름이 삼천대천세계라고 하는 것이고, 정녕 좋고 싫은 삼천대천세계가 아니라고 하는 것을 분명히 알아야 한다.

은사스님께서 지병이 도지셔서 서울의 모 대학병원에 모셔 놓고 숙소로 돌아오는 길에 택시를 탔다. 기사님이 비교적 나이가 들어 보이는 분이었는데, 습관을 잘못 들였는지 거의 난폭 운전 수준에 멀미가 날 지경이었다.

살짝 화가 나기 일보 직전이었으나 나의 고락 인과의 업을 생각하고 이내 참았다. 물론 한마디할 수도 있었고, 언쟁을 할 수도 있었고, 화를 낼 수도 있었고, 변명을 들을 수도 있었으나, 이 가운데 어떤 말과 행동을 선택했더라도, 나 스스로 화가 나고 기분이 나쁜 것은 순전히 나의 고락 인과업이요, 따라서 오롯이 나의 몫이다.

객관적으로는 택시 기사의 난폭 운전이 잘못이라는 것에는 누구도 이의가 없을 것이다. 그러나 기분이 나쁜 것은 바로 나다. 택시 기사와의 시비를 통해 설사 상대를 굴복시킨다 하더라도 나의 기분이 좋고 나쁜 것은 엄연히 나의 고락업의 움직임인 것이다.

따라서 어떻게 보면 대단히 사소한 문제 같지만, 이로 인하여 발생한 나의 좋고 싫은 고락업이 또 다른 인연과 연결되면서 계속적인 여파가 이어질 것을 생각하면 단순한 문제가 결코 아닌 것이다. 이보다 더 큰 사건 사고가 계속 이어질 개연성이 있을뿐더러 그때마다 좋고 싫은 고락의 기분이 크게 출렁일 소지가 충분한 것이다.

이것은 단순히 참는다는, 또는 참아야 한다는 차원의 문제가 아니다. 기분이 나빠지게 되는 원천적인 나의 고락업이 모든 문제의 근본임을 직시해야 하는 것이다. 그래서 나와 나의 기분을 흔들어 놓은 상대 또는 대상과는 분리하여 생각해야 한다.

상대 또는 내가 보는 대상은, 나의 육근(눈·귀·코·혀·몸·생각)과 육식(육근으로 보고 인식함)에서 감지되는 대상인 육경(물질·소리·향기·냄새·촉감·기억)이다. 육근을 통해서 육경을 감지하는 육식을 일으키는 것이다. 따라서 육근과 육경과 육식은 모두가 한 몸인 것이다. 따라서 상대 또는 대상 또한 나의 몸과 다를 바가 없다고 할 것이다.

또 한 가지는, 상대 또는 대상인 육경을 통해 육식으로 감지되는 것은 좋고 싫은 두 가지 분별심으로 요약된다. 상대 또는 대상에 대해 좋고 싫은 감정이 드는 것은 순전히 나의 고락업이라는 말이다. 좋고 싫은 고락업은 상대 또는 대상이 만드는 것이 아니라 저절로 만들어지는 인과이다. 즉, 좋은 것이 생기는 즉시 싫고 나쁜 것이 저절로 생긴다는 말이다.

따라서 《금강경》을 통하여 부처님께서 계속적으로 말씀하시는 것이 바로 상이다. 상은 분별이다. 그래서 부처라는, 법이라는, 금강반

야바라밀이라는, 아누다라삼먁삼보리라는, 32상이라는, 이 모든 상
또한 이름뿐이라는 것이니, 그 어떤 상이라도 머물러 집착하면 이는
아무것도 아니라는 말씀을 하신 것이다.

수 보 리　어 의 운 하　가 이 삼 십 이 상　견 여 래 부
須菩提　於意云何　可以三十二相　見如來不

수보리야, 어떻게 생각하느냐? 가히 삼십이상으로 여래를 볼 수 있다
고 할 수 있지 않겠느냐?"

32상은 안이비설신의 육근 등의 형상으로 나타난 모양을 말함이
다. 즉, 소리와 모습 등의 형상으로 나타낸 성색불聲色佛이다.

청중들은 세계와 미진이 세계와 미진이 아니요, 그 이름이 세계와
미진이라 하는 부처님의 말씀을 듣고 개개물물이 다 법신임을 깨달
아 세계와 미진에 대한 상과 마음으로 느끼는 상이 모두 공하여 금강
반야바라밀이자 법신임을 알아들었으나, 이에는 얻은 자가 있으므로
곧 신상에 대한 집착함마저 떨치지는 못한 것이다.

32상은 완벽한 몸을 말한다. 곧 부처님의 신상이다. 그러므로 만약
마음을 깨쳐서 모두가 공한 금강반야바라밀을 얻게 되면 부처님의
신상인 32상이 된다고 전제하는 것이다.

따라서 깨달으면 깨닫는 대로 32상이 될 것이어서 결코 신상만은
공하지 못할 것으로 지레짐작하는 한편, 만약 깨치지 못한다면 32상
의 신상보身相報를 얻지 못한다고 지레짐작하는 것이다. 그리하여 신

상이 없다면 법신도 금강반야바라밀도 얻지 못한다고 믿는 것이다.

이를 알려주기 위하여 부처님께서는 수보리에게 "가히 32신상으로 여래를 볼 수 있겠느냐"고 물은 것이다. 수보리는 과연 어떤 대답을 할 것이며, 세존께서는 어떻게 말씀을 하실 것인가?

어린아이가 혼자서 철없이 놀고 있다. 얼굴과 손과 온몸에는 온갖 음식물이 묻어 있고, 온 방바닥은 난장판을 만들어 놓고, 하물며 귀중하게 여겼던 청자 병도 깨져 있다. 그래도 뭐가 그리 즐거운지 천진난만하게 깔깔대고 웃으며 놀고 있다.

이를 본 엄마는 은근히 속이 탄다. 귀여운 자식을 뭐라고 야단칠 수도 없고, 그렇다고 마냥 그대로 놓아둘 수도 없는 노릇이다. 이런 광경들은 흔히 볼 수 있는 장면들이지만 그 누구도 문제라고 생각하는 이는 드물다.

굳이 따지자면 문제를 일으킨 것은 아이였으나, 철모르는 아이가 마음이 불편할 리 만무할 것이고, 분명 속이 타고 불편한 쪽은 부모일 것이다. 만약 아이가 아니고 어른이 그랬다면 아마도 싸움이 나도 크게 났을 일이다.

여기서 심각히 생각해볼 것은, 잘잘못을 떠나서 마음이 불편하고 화가 나는 쪽이 분명히 있다는 사실이다. 대개는 상대방이 잘못을 저질렀을 때 서로가 시비를 가리느라 성을 내기도 하고 화가 나서 마음이 불편해지기도 한다.

마음이 불편하게 되는 것은 상을 가졌기 때문이다. 옳다는 상, 잘못이라는 상, 나와 너라는 상, 싫다는 상, 밉다는 상 등의 모든 상은 스스로의 마음이 만들어낸 환화幻化일 것이다. 환화란 거짓된 마음의 상을 말하는데, 왜 거짓된 것인가? 모든 상은 변하고 사라지게 되는 것이어서 진실이 아니기 때문이다.

이런 상이 생기므로 그 반대의 저런 상이 저절로 생기게 된다. 인과의 상이다. 인과의 상은 좋고 싫은 고락의 상을 낳는다. 그러므로 괴로운 상을 피할 수 없다. 부처님께서는 그래서 거짓된 마음속 환화의 상을 가지지 말라고 강조하신다. 설사 부처라는 상마저도 가져서는 안 된다고 하신다.

그러나 진정으로 상이 아닌 것은, 상에다가 좋다 싫다는 고락의 상을 붙이지 않는 것이다. 얼마든지 이런 상, 저런 상을 말해도 좋다. 다만, 좋고 싫은 고락을 분별하지 않고 있는 상을 그대로 보면 된다. 옳거나 그르다는 시비를 할 수도 있으나 고락 감정의 분별상을 내지 않으면 된다.

하물며 화를 낼 수도 있다. 그러나 화를 내는 동시에 좋고 싫은 고락의 감정 상을 일으키지 않아야 한다. 어린아이는 정작 고락의 분별상을 내지 않는데, 옆에서 보는 엄마가 고락의 분별 감정을 일으키는 것은 순전히 엄마의 인과업이 스스로 작동하는 것이다. 그렇다면 누가 손해일까?

가끔은 말리는 시누이가 더 미운 경우가 있다. 정작 시누이는 아무렇지 않은데 내가 더 화가 나는 것은 왜일까? 나의 고락의 인과업이 나타나는 것이다. 그러니 불교의 최고 가치란 언제 어느 곳 어떤 상황에서도 내 마음이 스스로 편안한 것이다. 그러려면 좋고 싫은 고락의 인과 감정을 드러내지 않아야 한다.

결코 쉽지 않다. 그래서 마음공부를 해야 한다. 마음공부에 있어서 가장 기초적으로 해야 할 것은 바로 기도와 참선, 보시와 정진이다. 뭐니 뭐니 해도 나의 업을 멸하는 것만이 모든 일이 저절로 저절로 풀리게 되는 원천이 되기 때문이다.

불야세존 불가이삼십이상 득견여래 하이고 여래설
不也世尊 不可以三十二相 得見如來 何以故 如來說

삼십이상 즉시비상 시명삼십이상
三十二相 卽是非相 是名三十二相

"아닙니다, 세존이시여. 가히 삼십이상으로 여래를 보는 것은 옳지 않습니다.

왜냐하면 여래께서 삼십이상이라고 말씀하시는 것은 곧 진짜 상이 아니라 그 이름이 삼십이상이기 때문입니다."

32상이 왜 상이 아니냐 하면, 본래 마음속에 있는 망념으로 인하여 만들어진 것이기 때문이다.

마음속으로 지은 거짓된 환심幻心은 결국 공한 것에 지나지 않으므로, 신상과 세계상을 별달리 보는 자는 마음을 신상 속에서 찾는 그릇된 생각을 하는 것이니, 세계와 허공이 모두 마음속에 있는 줄 모르는 까닭이다.

따라서 신상에 의해 마음이 생기게 된다면, 신상을 여의고는 금강반야바라밀이 있을 수 없게 되는 것이어서, 이는 뒤집힌 생각이다. 마음에 의하여 신상도 있고, 마음을 여의고는 세계도 신상도 바라밀도 없다고 하여야 바른 생각일 것이니, 이 마음속에서는 세계나 신상이나 바라밀이나 모두가 거짓된 환화로 존재하는 것이다.

그러므로 미진이라 해도 아니 되고, 32상이라 해도 아니 되며, 금강반야바라밀이라 해도 아니 되고, 큰마음이라 해도 아니 되니, 이 모두는 출입과 대소와 내외가 함께 없어져서, 작기도 크기도 하는 거짓된 환화상이 곧 마음인 것이요, 거짓된 마음이 곧 환화상이며, 보화신報化身이 곧 법신이요, 법신이 곧 보화신인 것이다.

이로써 마음으로 짓는 모든 상은 그 자체가 분별을 낳고 좋고 싫은 고락의 인과를 계속 낳게 되므로, 이는 진정한 마음과는 천리만리 떨어진 것이니, 이름하여 진정한 마음의 가치가 아닌 것이다. 따라서 마음에 일체의 모든 법을 두지 않음으로써 스스로 구족한 본래 법신을 맛보아야 할 것이다.

매일매일 스스로 이해하고 체득하려는 화두는 단 하나, 그 어떤 것에도 마음이 머물게 하지 말자는 것이다. 즉, 좋고 싫은 고락을 분별하지 말자는 것이 단 하나의 화두이다. 그저 말할 뿐이고, 그저 행동할 뿐이고, 그저 그렇게 할 뿐이다.

털끝만큼의 사량분별도 고락의 인과를 낳을 뿐이다. 그리하여 《금강반야바라밀경》의 부처님 말씀에 눈물이 날 정도로 감응할 따름이다. 이 또한 분별이겠으나 분별이라는 분별 또한 분별이므로 항상 방하착放下着(그대로 놓음)을 시도할 뿐이다.

그리고 항상 걸림의 장애가 생기지 않도록 놓고 또 놓을 뿐이다. 상대의 험한 말을 듣고 움직이는 감정을 놓고 또 놓는다. 어떤 일이 되었건 잘되고 잘못되고의 지레 걱정도 놓는다. 단 하나의 의심도 놓는다. 인과의 인연 연기에 맡길 뿐이다. 그래서 그 어떤 현상이 다가와도 항상 마음을 평화롭게 할 뿐이다.

이것이 부처님께서 말씀하신 진정한 뜻이라는 것을 늘 잊지 않고 화두로 삼고 살아갈 뿐이다.

수보리 약유선남자 선여인 이항하사등신명보시 약부유인
須菩提 若有善男子 善女人 以恒河沙等身命布施 若復有人
어차경중 내지수지사구게등 위타인설 기복심다
於此經中 乃至受持四句偈等 爲他人說 其福甚多

"수보리야, 만약 어떤 선남자나 선여인이 항하의 모래와 같이 많은 목숨을 보시하였더라도, 만일 어떤 사람이 이 경 가운데 사구게만이라도 받아 지녀 남을 위해 말해준다면, 목숨을 살려주는 복보다 더 큰 복이라 할 것이다."

아누다라삼먁삼보리와 금강반야바라밀과 여래는 법신처法身處, 즉 법의 몸이 있는 그곳을 이름한다. 그러나 법이 이미 공했으므로 모두가 공했다 할 것이다. 그래서 법을 얻었다 함도 공하고, 얻은 자도 공하고, 얻은 것이 공하고, 마음이 머무는 그곳이 공하고, 이러한 설명이 공하고, 이름이 공하고, 모습이 공하고, 깨달음이 공하다 함이다.

공하다는 것은, 모든 것이 변하고 사라지는 것이어서 실체가 없는 것을 말하니, 세계는 세계가 아니요, 신상이 신상이 아니요, 금강반 야바라밀이 금강반야바라밀이 아니어서, 돈연頓然히 공하다 할 것이 므로, 그래서 일체가 돈연히 실답다 할 것이다.

그 어떤 것에도 마음이 머물지 않고 집착하지 않으므로, 좋다 싫다 는 고락 인과의 감정을 일으킬 아무런 이유가 없는 고로, 있는 그대 로 보고 있는 그대로 받아들이는 맑고 밝은 청정한 마음, 이를 돈연 히 실답다 하는 것이다.

진정한 돈연의 실다움은, 돈연히 공하다는 것조차 두지 않음이요, 돈연히 공함은 돈연 또한 실다움을 두지 않는 것이니, 이렇게 양쪽의 변을 모두 여읜 자재 본연한 법신을 말함이다. 한마디로 그 어떤 것 에도 마음이 머물지 않는 것을 뜻한다.

이치가 이에 이르게 되면 말이 다하고 이치가 끊어졌다 함이니, 따 라서 소납이 이렇게 설명하는 이 자체도 이미 틀렸다 할 것이다. 그 러나 이러한 설명까지도 하지 않으면 이조차 짐작을 하지 못할 것이 므로, 가정하고 이름하여 억지로 설하는 것이니, 짐작을 잘해야 할 것이다.

노파심에서 하나 덧붙이자면, 털끝만 한 것이라도 말을 하거나 생 각을 하게 된다면, 이는 곧바로 이것이 생기면 반대의 저것이 나타나 는 분별을 낳게 되므로 좋고 싫은 고락과 옳고 그른 시비가 동시에 생기게 되는 것이어서 말과 생각을 하더라도 시비고락을 붙이면 실 답지 않다는 것을 알아야 한다.

요즘 뉴스를 보면 전 세계가 평안하지 않다. 팬데믹이 조금 수그러 드는가 했는데 비참하고 잔혹한 전쟁, 자국의 이익만 우선하는 보호 무역주의, 정치적 불안정 등 혼란스러운 상황이 계속되고 있다. 일반 직장인들보다 자영업을 하는 국민들은 한마디로 죽을 지경에 이를 형편이다. 이러다가 모두 파산하지 않을까 하는 염려도 높다. 국민 한 사람 한 사람이 받는 스트레스는 나날이 쌓여만 가고 있다.

하지만 시작이 있으니 끝도 있는 법. 절망이 있다는 것은 희망이 있다는 반증이니, 바닥이 다하면 반등의 시점은 분명히 있을 것이므로 이런 때야말로 좋고 싫은 고락의 분별을 하지 않는 중도의 마음이 절실한 시점이라 하겠다.

이런 엄혹한 때에 이런 말을 하면 비난을 받을 수도 있겠지만, 소납은 걱정하는 마음은 간절하되 마음이 불편하거나 불안하지는 않다. 왜냐하면 인과의 법칙을 믿기 때문이다. 공업共業이든 자업自業이든 좋고 싫은 두 고락의 질량은 같다는 것이다.

받은 만큼 잃게 되고, 들어온 만큼 나가기 때문이며, 즐거운 만큼 괴롭고, 기쁜 만큼 슬프며, 행복한 만큼 불행하고, 희열을 느낀 만큼 고통을 느끼기 때문이다. 다만 시절 인연에 따라 이것과 저것이 나타나는 시점이 다를 뿐이다.

그러므로 인과를 받지 않으려면 있는 그대로 보고 받아들이면 그만인 것이니, 그래서 항상 좋다 싫다 분별하지 않고, 이런 것과 저런 것으로 구별할 뿐이다. 따라서 늘 마음은 중도적으로 편안함을 유지하는 것이다.

기분이 좋고 나쁨은 분별이다.
분별은 인과를 낳는다.
인과는 좋고 싫은 고락의 연속이다.
즐거움에 따른 괴로움의 과보를 받게 마련이다.

이러면 어떡하지? 저러면 또 어떡하지? 좋으면 좋은 대로 싫은 마음이 생기고, 싫으면 싫은 대로 더 좋은 마음을 찾게 되어 항상 마음이 불편하고 불안하게 되므로 분별하지 않는 마음을 갖는 것이 모든 문제를 해결하는 근본 열쇠가 된다는 것을 깨달아야 한다.

세간에서 가장 소중하게 여기는 것 가운데 목숨보다 더한 것은 없을 것이다. 이렇듯 소중한 목숨을 아끼지 않고 보시를 하되, 한두 번이 아니요 다생 겁을 드나들며 항하의 모래알과 같이 많이 남을 위해 목숨을 보시했다면 과연 그 복이 얼마인가를 수보리에게 물으셨다.

이렇게 목숨을 수도 없이 보시한 공덕이야말로 이루 말할 수 없이 크겠으나, 《금강경》의 사구게에 불과한 구절 하나만이라도 제대로 남을 위해 설법한다면, 이 복덕이야말로 수억의 목숨을 보시한 공덕보다 더 크다 하심이다.

과연 상식적으로 납득이 가는 말씀일까? 당연히 의심이 들겠으나 부처님께서 이렇게 말씀하셨으니 일단은 믿을 수밖에 없지 않겠는가? 그 이유에 대해 간단히 설명해보고자 한다.

우선 남을 위해 목숨까지 보시하는 것은 웬만한 마음으로는 가능치 않은 일이다. 그러나 만약 이러한 마음이 든다면 그것은, 남을 위한다는 명분 이전에 그렇게 하고 싶은 마음이 앞서기 때문일 것이다. 그렇게 하고 싶다는 마음은 숭고한 마음이라고 칭찬할 대목이겠으나, 그 이전에, 그렇게 하고 싶다는 마음을 가진다는 것은, 그렇게 하는 것이 그렇게 하고 싶지 않은 마음보다 더 좋다고 판단되는 마음이 우선하기 때문이다.

그렇다면 이와 같이 좋다는 마음이 들게 되는 것은 동시에 좋지 않다는 상대적인 마음이 있기 때문이니 이를 분별심이라 하고, 아주 미세한 분별심이라도 좋고 싫은 고락의 인과가 발생하므로 이를 여의지 않는 한 좋고 싫은 고락의 분별심은 계속 이어져서 좋다 싫다는 분별 인과가 계속 나타날 것이다.

따라서 아무리 어려운 보시라 하더라도 이러한 분별심으로 보시를 한다면, 좋고 싫은 고락의 인과가 계속 나타나게 되어 윤회로 이어질 것은 명약관화하다. 이와 반대로 좋다 싫다는 두 분별심을 완벽하게 여읠 수 있는 《금강경》의 사구게를 깨달아 고락의 인과를 완전히 벗어나게 된다면, 이야말로 더 없는 성불이요, 더 없는 복덕이요, 더 없는 공덕이 아닐 수 없는 것이니, 분별심으로 목숨을 보시하는 것에 비교할 수 없이 복덕이 크다는 말씀이다.

그러나 부처님께서는 이를 잘 알아듣지 못하는 대중들을 위해 복덕을 비교하셨으니, 처음에는 하나의 삼천대천세계의 칠보 보시로 비교하셨고, 다음에는 항하의 모래처럼 많은 삼천대천세계의 칠보 보시로 비교하셨으며, 지금에는 항하의 모래알 수와 같이 수많은 신명身命 보시를 비교하셨다.

〈제15. 지경공덕분持經功德分〉에서는 아침에도 한낮에도 다시 저녁에도 항하의 모래알 수같이 많은 목숨 보시를 말씀하시니, 점점 어려움을 증가시켜서 비교하심이다. 이는 좋고 싫은 고락의 분별이 없는 아누다라삼먁삼보리와 금강반야바라밀과 여래와 중도를 알게 하기 위한 방편설이니, 부처님의 눈물겨운 설법에 감복할 뿐이다.

가끔 사람의 됨됨이나 행동을 볼 때 참으로 기가 막히고 이해할 수 없는 사람이 있다. 중요한 자리를 차지하고 있는 사람이거나, 돈이 많은 사람이거나, 재수가 좋은 사람이거나, 많은 사람들을 거느리고 있는 사람이거나 등등 과분한 복을 누리고 있다고 생각되는 사람들 가운데 그런 경우가 특히 두드러지는 것 같다.

아무리 생각해도 도저히 그럴 역량이 아님에도 그러한 복이 어디에 붙어 있는지 도저히 알 수 없는 사람들을 많이 보게 된다. 더구나 인품은 고사하고 성품도 좋지 않으며, 인색하고 어리석으며 인물은 모과보다 더 보잘것없는데도 말이다.

물론 그 반대의 경우도 있다. 그야말로 실력도 뛰어나고, 인품과 인물도 빠지지 않고, 하물며 점잖기도 하지만, 하는 일은 사사건건 잘 풀리지 않고, 사기도 많이 당하고, 번번이 낙마하고, 그야말로 지지리도 복이 없어 참으로 아깝다고 생각되는 사람들도 많이 보게 된다.

아무리 살펴봐도 나보다 더 못난 사람들이 득세하는 것을 보면 세상이 공평치 않다고 생각되는 것은 물론 억울한 생각에 속도 상하고 세상 살맛 나지 않는 경우가 다반사이다.

결론부터 말하자면, 내가 잘못 생각하고 있는 것은 아닌지 다시 한 번 되돌아볼 필요가 있다. 그 첫째 이유는, 세상은 무조건 공평하기 때문이다. 팥 심은 데 팥 나고 콩 심은 데 콩 난다. 자업자득自業自得이요, 자작자수自作自受며, 업인업과業因業果이다. 내가 모르는 무언가의 이유가 반드시 있다는 말이다.

그러니 보이는 그대로 받아들이면 된다. 다만 일시적으로는 불공평할 수도 있겠으나, 결국에는 공평해진다. 알고 보면 세상은 완벽하게 돌아가고 있다. 내 마음이 비뚤면 세상이 비뚤게 보이게 된다. 이를 인정하지 못하는 사람은 스스로 불편할 뿐이다.

또 하나의 이유는 공성空性이다. 세상 모든 것은 변하고 사라진다. 성주괴공이다. 그러니 잠깐 물거품처럼 일어났다 사라질 뿐이다. 그러므로 결과는 같다. 더욱 중요한 것은 겉으로 보이는 것이 다가 아니라는 말이다.

아무리 잘 나가는 듯 보이는 사람도 각자가 가지고 있는 좋고 싫은 고락의 업에 따라 과보를 받게 된다. 그러므로 보이는 것은 껍데기에 불과하다. 아무리 높은 자리에 있고 돈이 많고 인물 좋고 떵떵거리는 듯 산다 하더라도 그 속은 알 수가 없는 것이다.

결국은 누구나 자신이 가지고 있는 탐진치 삼독심을 얼마나 많이 지니고 있느냐에 따라 고락이 좌우된다. 즉, 고락의 업이 크면 클수록 괴로움의 과보도 많이 받게 되는 것이니, 잘 사는 듯하지만 고통이 많은 사람이 있는가 하면, 평범하게 사는 듯하지만 탐진치 삼독심이 적어 마음이 평화로운 사람도 있는 것이다.

그러니 부러워하거나 억울해하거나 선망할 필요는 없다. 모두가 인연 연기에 의해 완벽하게 돌아가고 있으니 있는 그대로만 보고 받아들이면 된다. 스스로의 업만 생각하고 업을 멸해나가면 된다.

적어도 부처님의 최고 설법인《금강경》을 읽고 이해하고 실천하려는 이들이라면, 자부심을 가져야 한다. 세간의 여몽환포영如夢幻泡影 (꿈·환·물거품·그림자) 여로역여전如露亦如電(이슬·번개) 같은 일들에 대

해 시시비비하거나 일희일비하는 것은, 참으로 부끄러운 일이 아닐
수 없다.

14

이상적멸분
離相寂滅分

상을 떠나 적멸에 들다

이시 수보리 문설시경 심해의취 체루비읍 이백불언
爾時 須菩提 聞說是經 深解義趣 涕淚悲泣 而白佛言

희유세존 불설여시심심경전 아종석래 소득혜안 미증
希有世尊 佛說如是甚深經典 我從昔來 所得慧眼 未曾

득문여시지경 세존 약부유인 득문시경 신심청정 즉
得聞如是之經 世尊 若復有人 得聞是經 信心淸淨 卽

생실상 당지시인 성취제일희유공덕 세존 시실상자
生實相 當知是人 成就第一希有功德 世尊 是實相者

즉시비상 시고 여래설명실상 세존 아금득문여시경
卽是非相 是故 如來說名實相 世尊 我今得聞如是經

전 신해수지 부족위난 약당래세 후오백세 기유중생
典 信解受持 不足爲難 若當來世 後五百歲 其有衆生

득문시경 신해수지 시인 즉위제일희유 하이고 차인
得聞是經 信解受持 是人 卽爲第一希有 何以故 此人

무아상 무인상 무중생상 무수자상 소이자하 아상
無我相 無人相 無衆生相 無壽者相 所以者何 我相

즉시비상 인상중생상수자상 즉시비상 하이고 이일체
卽是非相 人相衆生相壽者相 卽是非相 何以故 離一切

제상 즉명제불 불고수보리 여시여시 약부유인 득문
諸相 卽名諸佛 佛告須菩提 如是如是 若復有人 得聞

시경 불경불포불외 당지시인 심위희유 하이고 수보리
是經 不驚不怖不畏 當知是人 甚爲希有 何以故 須菩提

여래설제일바라밀　즉비제일바라밀　시명제일바라밀
如來說第一波羅蜜　卽非第一波羅蜜　是名第一波羅蜜

수보리　인욕바라밀　여래설　비인욕바라밀　시명인욕바
須菩提　忍辱波羅蜜　如來說　非忍辱波羅蜜　是名忍辱波

라밀　하이고　수보리　여아석위가리왕　할절신체　아어
羅蜜　何以故　須菩提　如我昔爲歌利王　割截身體　我於

이시　무아상　무인상　무중생상　무수자상　하이고　아
爾時　無我相　無人相　無衆生相　無壽者相　何以故　我

어왕석절절지해시　약유아상인상중생상수자상　응생진
於往昔節節支解時　若有我相人相衆生相壽者相　應生瞋

한　수보리　우념과거　어오백세　작인욕선인　어이소세
恨　須菩提　又念過去　於五百歲　作忍辱仙人　於爾所世

무아상　무인상　무중생상　무수자상　시고　수보리　보
無我相　無人相　無衆生相　無壽者相　是故　須菩提　菩

살　응리일체상　발아누다라삼먁삼보리심　불응주색생
薩　應離一切相　發阿耨多羅三藐三菩提心　不應住色生

심　불응주성향미촉법생심　응생무소주심　약심유주　즉
心　不應住聲香味觸法生心　應生無所住心　若心有住　卽

위비주　시고　불설보살심　불응주색보시　수보리　보살
爲非住　是故　佛說菩薩心　不應住色布施　須菩提　菩薩

위이익일체중생　응여시보시　여래설일체제상　즉시비
爲利益一切衆生　應如是布施　如來說一切諸相　卽是非

상 우설일체중생 즉비중생 수보리 여래 시진어자
相 又說一切眾生 即非眾生 須菩提 如來 是眞語者

실어자 여어자 불광어자 불이어자 수보리 여래 소
實語者 如語者 不誑語者 不異語者 須菩提 如來 所

득법 차법 무실무허 수보리 약보살 심주어법 이행
得法 此法 無實無虛 須菩提 若菩薩 心住於法 而行

보시 여인입암 즉무소견 약보살 심부주법 이행보시
布施 如人入闇 即無所見 若菩薩 心不住法 而行布施

여인유목 일광명조 견종종색 수보리 당래지세 약유
如人有目 日光明照 見種種色 須菩提 當來之世 若有

선남자 선여인 능어차경 수지독송 즉위여래 이불지
善男子 善女人 能於此經 受持讀誦 即爲如來 以佛智

혜 실지시인 실견시인 개득성취 무량무변공덕
慧 悉知是人 實見是人 皆得成就 無量無邊功德

14. 상을 떠나 적멸에 들다

이때에 수보리가 이 경에 대한 말씀을 듣고 그 깊은 뜻을 잘 이해하고 흐느껴 울면서, 부처님께 말씀드렸습니다.

"희유하십니다, 세존이시여. 부처님께서 이렇게 심히 깊은 경전을 설하시는데 제가 예로부터 좇아오면서 얻은 지혜의 눈으로는 일찍이 이와 같은 경을 얻어 듣지 못하였습니다.

세존이시여, 만약 어떤 사람이 이 경의 말씀을 듣고 신심이 청정하면 곧 바로 실상을 알 것이니, 이 사람은 제일 희유한 공덕을 성취할 줄로 마땅히 알 것입니다.

세존이시여, 이 실상은 진실된 상이 아니므로, 여래께서 그 이름을 실상이라 하셨습니다.

세존이시여, 제가 이제 이와 같은 경전을 얻어 듣고, 믿고 족히 알아서 받아 지니는 것은 어렵지 않습니다만, 만약 이다음 세상 후오백세에 어떤 중생이 이 경을 들어서 믿고 알아서 잘 받아 지니게 되면, 그 사람이 곧 제일 희유하다 하겠습니다.

왜냐하면 그 사람은 나라는 생각도 없고, 사람이라는 생각도 없고, 중생이라는 생각도 없고, 오래 산다는 생각도 없기 때문입니다.

왜 그런 것인가 하면, 나라는 생각은 곧 상이 아니요, 사람이다,

중생이다, 오래 산다는 생각도 곧 상이 아닌 것입니다. 왜냐하면 일체의 모든 상을 여의어야 부처라 이름하기 때문입니다."

부처님께서 수보리에게 말씀하셨습니다.

"이러하고 이러하구나! 만약 어떤 사람이 이 경을 듣고서도 놀라지 않고 겁내지도 않으며 두려워하지도 않는다면 이 사람은 참으로 희유한 사람인 줄 마땅히 알라.

왜냐하면, 수보리야, 여래가 설한 제일바라밀이란 제일바라밀이 아니라 그 이름이 제일바라밀이기 때문이니라.

수보리야, 인욕바라밀도 여래는 인욕바라밀이 아니라 그 이름이 인욕바라밀이라 하느니라.

무슨 까닭이냐 하면, 내가 옛적에 가리왕에게 사지가 갈기갈기 찢길 적에도 아상, 인상, 중생상, 수자상이 없었느니라.

왜냐하면 내가 전생에 사지가 갈기갈기 찢길 적에 만일 아상, 인상, 중생상, 수자상이라는 생각이 있었다면 당연히 성을 내고 원망하였을 것이기 때문이니라.

수보리야, 여래는 과거 오백 생 동안 인욕수행자였는데 그때 아상이 없었고 인상이 없었고 중생상이 없었고 수자상이 없었다.

그러므로 수보리야, 보살은 마땅히 모든 상을 떠나서 아누다라삼먁삼보리의 마음을 낼 것이니, 마땅히 형상에 머물러서 마음을 내지 말며, 마땅히 소리·냄새·맛·닿음·법에 머물러서 마음을 내지도 말아야 한다.

만약 마음이 머물러 있을지라도 머물러 있는 것이 아니다.

이런 까닭으로 보살의 마음은 응당 색에 머물러 보시하지 않는다고 여래는 설하였다.

수보리야, 보살은 일체중생을 이익 되게 하기 위하여 이와 같이 보시를 해야 할 것이니라.

여래가 설한 일체 모든 상은 곧 상이 아니요, 또한 온갖 중생이라 말씀하신 것도 곧 중생이 아니니라.

수보리야, 여래는 참된 말만 하는 이며, 실다운 말만 하는 이며, 맞는 말만 하는 이며, 속이지 않는 말만 하는 이며, 다르지 아니한 말만 하는 이니라.

수보리야, 여래가 얻은바 이 법은 진실하지도 않고 허망하지도 않느니라.

수보리야, 만약 보살이 마음을 법에 머물러서 보시를 한다면, 어두운 곳에 들어간 사람이 아무것도 볼 수 없는 것과 같고, 만약 보살이 마음을 법에 머물지 않고 보시한다면, 눈 밝은 사람이 햇빛 아래 가지가지의 사물을 보는 것과 같으니라.

　수보리야, 오는 세상에 만일 어느 선남자 선여인이 능히 이 경을 받아 지녀서 읽고 외운다면 곧 여래가 부처의 지혜로써 이 사람을 다 알고 다 보니, 한량없고 가없는 공덕을 모두 다 성취하게 되느니라."

14. 이상적멸분 離相寂滅分
상을 떠나 적멸에 들다

이시 수보리 문설시경 심해의취 체루비읍 이백불언 희
爾時 須菩提 聞說是經 深解義趣 涕淚悲泣 而白佛言 希

유세존 불설여시심심경전 아종석래 소득혜안 미증득문
有世尊 佛說如是甚深經典 我從昔來 所得慧眼 未曾得聞

여시지경
如是之經

이때에 수보리가 이 경에 대한 말씀을 듣고 그 깊은 뜻을 잘 이해하고 흐느껴 울면서, 부처님께 말씀드렸습니다.

"희유하십니다, 세존이시여. 부처님께서 이렇게 심히 깊은 경전을 설하시는데 제가 예로부터 좇아오면서 얻은 지혜의 눈으로는 일찍이 이와 같은 경을 얻어 듣지 못하였습니다.

부처님께서《금강경》을 설하시기 이전에도 목숨을 던지는 복덕에 대해, "오늘의 여래가 된 것은 억겁의 전생을 거쳐 오면서 목숨을 아끼지 않고 보시한 까닭"이라고 말씀하신 적이 있다.

수보리는 이에 대해 깊은 감명을 받고, 목숨을 내놓는 보시는 수행인도 행하기 어려운 일인 동시에, 도를 얻음에 있어서는 이러한 복덕이 반드시 필요한 행임을 알았던 것이니, 이제 금강반야바라밀을 얻음에 있어서도 목숨이 목숨 아닌 줄을 알아서 목숨을 지푸라기같이 던질 수 있는 보시를 행해야 그 복덕으로 여래가 되는 것도 알았다.

　나아가 목숨이 목숨이 아니라는 것, 항하의 모래알과 같이 많은 신명(목숨) 보시를 하더라도 보시가 보시 아님을 알아야 한다는 것, 그리고 《금강경》 사구게 하나만이라도 여실히 깨닫는다면 그 어떤 보시보다 큰 복덕이 된다는 것을 깨달은 것이다.

　이때에 수보리는 최후의 한 막마저 터짐을 깨달았고, 드디어 온 우주에 걸쳐서 진리 전체가 여실히 드러남을 알게 되었다. 이에 수보리는 흐느껴 울었고, 감동에 못 이겨 부처님께서 설하신 아누다라삼먁삼보리가 희유하였고, 부처님께서 이끌어 주신 방편법이 희유하였고, 후세에게 전하시려 호념 부촉하시던 은혜가 희유하였고, 말과 글 밖의 법을 전수하심이 희유함을 외쳤다.

　또한 경전 가운데서도 가장 희유하고, 법 가운데서도 가장 희유하니, 전생부터 지금까지 이어오면서 지혜의 눈으로도 일찍이 들어보지 못한 희유한 가르침에 대해 알지 못하였다고 고백하게 된 것이다.

세존 약부유인 득문시경 신심청정 즉생실상 당지시인
世尊 若復有人 得聞是經 信心淸淨 卽生實相 當知是人
성취제일희유공덕 세존 시실상자 즉시비상 시고 여래
成就第一希有功德 世尊 是實相者 卽是非相 是故 如來
설명실상
說名實相

세존이시여, 만약 어떤 사람이 이 경의 말씀을 듣고 신심이 청정하면 곧 바로 실상을 알 것이니, 이 사람은 제일 희유한 공덕을 성취할 줄로 마땅히 알 것입니다.

세존이시여, 이 실상은 진실된 상이 아니므로, 여래께서 그 이름을 실상이라 하셨습니다.

수보리는 왜 일찍이 듣지 못하던 경이라 했을까? 이 경이 참으로 희유하므로 누구든 이 경을 듣고 믿는 마음이 청정하기만 하면 청정한 반야의 묘한 땅[妙地]과 그 뜻이 합하여 실상법신實相法身이 됨을 알았다.

또 신심만 청정하면 이것이 곧 실상법신이고, 이를 깨달은 사람이야말로 마땅히 제일 희유한 최상의 공덕을 성취할 줄로 아는 까닭이다.

왜냐하면 이를 깨친 사람은 마음이 청정하여 4상(아·인·중생·수자)에 집착하지 않아 관찰(보는 마음)이 청정했고, 관찰함이 청정하므로 믿는 마음이 청정하여, 이 경전을 들음에 곧 마음이 머물지 않고 상이 없는 무주무상無住無相의 실상實相이 된 것이다.

머물지 않고 상이 없는 무주무상의 실상이면 이는 곧 아누다라삼막삼보리요, 금강반야바라밀이요, 제불제조諸佛諸祖이니 이것이 제일 희유한 공덕의 성취가 되는 것이다.

그러나 실상實相이라 하면 또 실상이 아니 되는 고로, 실상이라는 상은 상을 말하는 상이 아니고, 일체상을 여의어 실다운 이치인 원허태공圓虛太空(큰 공마저 비어서 이름하여 원만한)의 청정 법신을 이름함이니, 그 자리는 형체도 없고 흔적도 없고 상모相貌(상의 모양)도 없기에 상이라 할 것이 못 된다. 이런 까닭에 실상이라 한 것은, 여래께서 그 이름을 실상이라 하심에 불과한 것이다.

어떻게 하면 말을 잘할 수 있을까? 대학 진학의 면접시험이나 직장 입사를 위한 면접시험이나 공무원의 면접시험에서도 말을 어떻게 잘 하느냐에 따라 합격과 불합격이 결정되는 시대이다.

또, 말 한마디에 천 냥 빚을 갚는다고 했다. 오는 말이 고와야 가는 말이 곱다고도 한다. 그만큼 말이란 나의 호감도를 높이기 위한 중요한 교류 수단이다. 그리고 직접적인 이익과도 연결되어 있다. 그런데 문제는, 말 기술을 배워 말을 잘 하더라도 평생 동안 잘 할 수는 없는 노릇이다.

말은 기술이 아니라 복합적인 마음의 표현을 전달하는 것이기 때문이다. 말에 진실성이 없으면 단순히 말을 잘 하더라도 금방 탄로나게 된다. 그런데 말을 잘 하기가 쉽지 않다. 선천적으로 말을 곱게 하는 사람도 있겠으나, 말 또한 상대적이기 때문에 상대에 대한 호불호의 감정에 따라 말씨에 그대로 묻어 나오게 된다.

아무튼 말을 잘 하는 가장 좋은 방법은 역시 부처님 법에 대해 청정한 신심이 돈독해야 한다. 불법에 대한 신심이 투철한 사람은 말이 험하지 않고, 진심에서 우러나오는 말을 하게 되므로 상대방이 호감을 갖게 된다. 만약 아무리 말을 잘 해도 상대에게 인정을 받지 못한다면, 이는 아직 부처님 법에 대한 신심이 부족하여 믿음이 청정하지 못하다는 반증이니 스스로 참회해야 한다.

말은 생각에서 나온다. 생각이란 본능적으로 유리한 것을 선택하기 위한 수단이다. 그래서 좋고 싫은 고락이 생각으로 구성된다. 따라서 말을 하는 이유 역시 좋고 싫은 고락을 선택하기 위함이니, 고락의 분별심이 클수록 말에 따른 구설이 크게 따르게 되며, 분별심이 작을수록 말에 따른 구설이 작게 따른다.

따라서 말을 잘 하면 물론 좋기는 하겠으나, 무조건 잘 하려 해서 잘 하게 되는 것이 아니다. 근본적인 해결책은 좋고 싫은 분별심을 갖지 않는 것이다. 그래야 인과가 생기지 않고 말에 대한 집착심이 없어져서 걱정 근심이 생기지 않게 된다.

말을 잘 하려고 하는 생각이 지나치게 되면 걱정 근심이 생긴다. 걱정 근심은 집착에서 나온다. 집착은 업을 낳아 계속 이어진다. 그래서 매번 반복하여 걱정 근심이 끊이지 않는다. 그러므로 말이라는 상, 말을 잘 해야 한다는 상, 말을 잘 못한다는 상, 내 말에 상대가 어떻게 반응할 것인가에 대한 상 등등의 상은 진실된 실상이 아니니 이러한 분별상을 떠나야 한다.

인과는 모든 문제의 원인을 말한다. 인과를 제외하고 공의 도리는 물론 유식, 중론, 화엄, 법화, 반야, 나아가 격외도리인 선이 왜 필요할 것인가. 원인을 모르고 어떻게 문제를 해결할 수 있다는 말인가.

즉 인과를 벗어나기 위해 어떤 수행을 할 것이며, 궁극적으로 마음을 깨쳐야 인과를 벗어날 수 있음을 알 것인즉 오직 인과를 벗어나는 길이 곧 해탈이요, 열반이요, 성불이므로 인과는 중생의 모든 모습 그 자체인 것이다.

평면적인 인과법은 선인선과善因善果 악인악과惡因惡果로 해석된다. 좋은 원인을 지어야 좋은 결과를 맺고, 나쁜 원인을 지으면 나쁜 결과를 맺는다는 것이다. 물론 맞는 말이다. 그러나 단순히 이러한 설명만으로는 인과법을 제대로 이해했다고 볼 수 없다.

인과는 마음의 모양이다. 하나가 생기면 다른 반대의 하나가 저절로 생기는 것이 인과의 기본 법칙이다. 마음의 근·경인 12처와 육식을 더한 18계, 이 모두 인과에서 비롯된다. 고락의 분별이 생긴다. 그래서 마음이 인과요, 마음이 만들어내는 세상도 인과의 모습이다.

기본적으로 인간과 모든 중생은 누구나 즐거움과 기쁨, 행복과 희열을 추구한다. 이것이 원인이 되어 걱정 근심, 고통과 괴로움, 불행과 불안 불편, 이 모든 우비고뇌의 과보가 생긴다. 바로 인과의 법칙에서 비롯된다.

배가 너무 고프면 고통스럽다. 배가 불러야 고통도 사라진다. 배고픔이 없어지면 고통도 사라짐과 동시에 기분이 좋아지고 즐거워진다. 따라서 고통과 즐거움은 낮과 밤과 같다. 이러한 현상이 바로 중생의 삶이요, 현실이다. 이것이 인과의 모습이다.

인과를 해결하기 위하여 인과에 대해 정확히 알아야 한다. 그리고 그 수단으로서 공의 도리를 알아야 하며, 유식과 중관, 화엄과 법화, 금강 등의 부처님 말씀을 청정히 들어야 하고, 더 나아가 선의 경지에 들어가야 한다.

모든 욕심은 인과에 따라 괴로움의 과보, 즉 대가를 치르게 된다. 이를 알지 못하면 그 어떤 것으로도 괴로움을 피할 수 없다. 그러므로 인과는 현실이요, 실전이다. 인과와의 전쟁에서 이겨야 비로소 중도의 피안에 도달할 수 있다. 과연 인과를 얼마나 절실하게 체득하느냐에 따라《금강경》을 이해할 수 있을 것이다.

세존 아금득문여시경전 신해수지 부족위난 약당래세
世尊 我今得聞如是經典 信解受持 不足爲難 若當來世

후오백세 기유중생 득문시경 신해수지 시인 즉위제일
後五百歲 其有衆生 得聞是經 信解受持 是人 卽爲第一

희유 하이고 차인 무아상 무인상[3] 무중생상[4] 무수자상[5]
希有 何以故 此人 無我相 無人相 無衆生相 無壽者相

세존이시여, 제가 이제 이와 같은 경전을 얻어 듣고, 믿고 족히 알아서 받아 지니는 것은 어렵지 않습니다만, 만약 이다음 세상 후오백세에 어떤 중생이 이 경을 들어서 믿고 알아서 잘 받아 지니게 되면, 그 사람이 곧 제일 희유하다 하겠습니다.

왜냐하면 그 사람은 나라는 생각도 없고, 사람이라는 생각도 없고, 중생이라는 생각도 없고, 오래 산다는 생각도 없기 때문입니다.

"세존이시여, 우리들은 희유한 공덕을 성취한다는 실상實相 또한 그 이름뿐이요, 그 상이 상 아님을 아는 즉시 흔적이 없으며, 지극히 청정하므로 체상體相마저 사라졌음이니, 상이 상 아님을 아는 실상의 도리인 금강반야바라밀을 여실히 믿고 알아서 받아 지니기란 참으로 어렵고 어렵습니다.

그러나 우리는 다행히 여래를 친히 모시고 호념 부촉하오니, 이를 믿고 알아서 받아 지닐 수 있는 은덕을 입은지라 무엇이 어렵겠습니까?

하지만 장차 다가오는 세상인 오백세 후의 중생들이 이 경을 들어서 믿고 알며 받아 지니기는 참으로 어렵다 할 것입니다. 그러나 만약 이를 깨닫는 이가 있다면, 이 사람이야말로 제일 희유한 사람이라 할 것입니다.

왜냐하면 부처님의 은덕이 멀어진 지가 오백세 후의 일이건만, 이를 능히 깨닫는다는 것은 청정 본연의 자성을 밝힘이요, 여래가 항상 머무는 것을 알았음이요, 청정 자성을 반조하여 업력을 다 멸하였으므로, 희유하다 아니 할 수 없는 것입니다.

무슨 까닭으로 제일 희유할까요? 이 사람은 아상·인상·중생상·수자상이 없는 이유입니다. 4상에 머무는 마음이 없으므로 자성이 청정하고, 자성이 청정하므로 청정 실상인 이 경을 듣는 동시에 마음과 일체가 되므로, 제일 희유한 사람이 되는 것입니다."

감정을 드러내지 않는 사람, 아니 감정이란 애초에 없는 사람, 아마 이런 사람이 있다면 세상에서 제일 강하고 무섭고 틈이 없는 사람일 것이다. 이런 사람이 있기나 할까? 사람이 어떻게 감정을 드러내지 않을 수 있을까? 가능하기나 할까? 만약 가능하다면 어떻게 하면 그렇게 될 수 있을까? 방법은 있을까?

감정이 없으면 사람인가? 무슨 재미로 사나? 목석이나 로봇과 무엇이 다른가? 그러함에도 불교의 최고 목적은 감정을 멸하는 것이다. 결론적으로, 감정을 완전히 멸한다면 이름하여 청정과 지혜와 자비만 남게 된다. 이를 부처라 한다.

반대로 중생은 감정만 남아 있다. 그래서 유정有情이라 한다. 감정은 좋고 싫은 고락의 인과를 낳기 때문에, 즐거움도 있으나 즐거움의 질량만큼 똑같은 무게의 고통과 괴로움이 따른다. 그래서 중생의 삶은 인과의 연속이다. 다만 즐거움과 괴로움이 생기는 시간이 다를 뿐이다. 이를 시절 인연이라 한다.

부러우면 진다는 우스갯소리가 있다. 어떤 상황에서도 기분 나쁜 감정이 생기는 것은 자기의 업이고 자기 몫이다. 자업자득이며 인과의 소치다. 즐거움을 알기 때문에 괴로움이 생긴다. 즐거움이 없으면 괴로움도 없다. 이런 말을 계속 듣다 보면 지루하고 싫증이 날 수도 있다. 이 또한 기분이 좋지 않은 인과에 의한 분별업의 소산이다.

돈도 없고, 힘도 없고, 건강도 나쁘고, 사업도 망하고, 직장도 잘리고, 공부도 못하고, 남에게 인정도 못 받고, 욕도 듣고, 말다툼도 잦고, 짜증도 나고, 사람도 싫고, 듣기도 싫고, 보기도 싫고, 말하기도 싫고 등등… 이렇게 기분 나쁜 일은 팔만사천 가지도 넘는다.

기분 나쁜 감정이 드는 것은 그만큼 기분 좋아지려고 하는 욕심을 갖고 있기 때문이다. 그리고 과거에 기분 좋은 즐거움과 기쁨 그리고 행복을 맛봤기 때문이다. 기분 나쁜 것이 그냥 생기는 게 아니다. 그러므로 부처님께서는 좋은 것을 바라지 말라 하셨다. 일체의 상에 머물지 말고, 갖지도 말고, 생각하지도 말라 하셨다.

모든 상이란 곧 감정을 말한다. 그러므로 좋은 감정이든 싫고 나쁜 감정이든 정에 머물지 말라고 하신다. 인과가 생겨서 고통과 괴로움이 같이 생기기 때문이다. 그리고 모든 일체의 상은 공이 아닌 것이 없어서 일체의 모든 것은 변하고 사라지기 때문에 머무를 수도 없거니와 머물러 봐야 모두 잃게 된다.

그러므로 무조건 상을 상으로 보지 말고 집착하지도 말고 머물지도 말라 하셨다. 기분이 나쁜 것, 즉 괴롭고 고통스러우면 그 자체가 손해요, 자기 몫이다. 그래서 무조건 기분이 나쁘지 않아야 한다. 그러기 위해서는 모든 상을 상으로 보지 말 것이다. 물론 감정을 없애기란 참으로 어렵다. 그래서 인과를 알아야 하고, 공을 알아야 기분이 나쁘지 않게 된다.

소 이 자 하　아 상　즉 시 비 상　인 상 중 생 상 수 자 상　즉 시 비 상
所以者何　我相　卽是非相　人相衆生相壽者相　卽是非相

하 이 고　이 일 체 제 상　즉 명 제 불
何以故　離一切諸相　卽名諸佛

왜 그런 것인가 하면, 나라는 생각은 곧 상이 아니요, 사람이다, 중생이다, 오래 산다는 생각도 곧 상이 아닌 것입니다. 왜냐하면 일체의 모든

상을 여의어야 부처라 이름하기 때문입니다."

4상이라는 상 또한 없어야 제일 희유한 사람이 된다는 뜻이다. 나라는 생각의 상, 사람이라는 생각의 상, 중생이라는 생각의 상, 오래 산다는 생각의 상, 이 모든 상이 없어야 하겠지만, 이러한 상이 없어야 한다는 생각까지도 집착하지 않아야 한다는 것이다.

4상이란 본래 이름뿐인 상일진대 4상이 없다는 것은 곧 4상이 4상 아님을 아는 것인 줄 필경에는 알 것이니, 4상이란 본래 공한 것이므로 상이 있을 리 만무하다는 말이다. 그리하여 4상이라는 상만 공한 것이 아니라, 4상을 말하는 설법도 공한 것이다.

그런데 이렇게까지 구경의 상마저 없어야 한다는 것은 무슨 까닭일까? 일체의 모든 상을 없애면 곧 이름하여 부처가 되기 때문이다.

일체의 상을 여의면 마음이 공적하여 일체의 상을 여의었다는 마음까지 머물지 않을 것이요, 일체의 상을 여읜다는 생각까지 마음에 두지 않으면 일체의 상을 떠남도 없을 것이니, 이같이 일체상을 떠남이 없는 것이 참으로 일체상을 떠남이 되는 것이므로, 이러한 경지를 곧 부처라 이름하는 것이다.

수조에서 살아가는 금붕어의 기억력은 3초라고 한다. 이 말이 확실한지는 검증을 해보지 않았으나, 일단 가정을 해본다면 참으로 신기한 일이기도 하거니와 더불어 여러 가지 생각을 하게 된다.

이런 기억력을 가지고 있다면 과연 좋을 것인가, 나쁠 것인가? 선뜻 결론 내기가 쉽지 않다. 만약 이런 기억을 가진 사람이라면? 아마도 좋고 싫은 경계는 없을 것 같다. 굳이 대비한다면 치매가 심하게 걸린 사람과 비슷하지 않을까?

불교적인 관점에서 본다면, 집착하고 머무는 시간이 매우 짧아서, 좋고 싫은 고락의 인과 또한 매우 짧기 때문에 적어도 분별로 인한 고통의 과보는 없을 듯싶다. 그러나 마음을 깨치지 않고 업력을 가진 상태에서는 일시적으로 나타나는 한정된 모습에 불과할 것이다.

이 또한 업의 소산일 수 있으니, 상당한 시간이 지나거나 다음 생의 업을 받았을 때는 업의 모습이 달라질 것이기 때문이다. 왜 이런 뚱딴지같은 가정을 했느냐 하면, 어떻게 하면 만고의 원인인 감정을 처리할 것인가를 논하기 위해서다.

업이 되었든 분별이 되었든, 인과, 인연, 공, 중도, 깨달음, 해탈, 참선, 수행, 아누다라삼먁삼보리, 반야, 견성, 성불 등등의 모든 불교적인 언어와 문자, 그리고 부처님의 법 등은 모두 고통과 괴로움의 느낌인 감정을 어떻게 처리하느냐와 직결되어 있다.

그래서 모든 문제는 감정이 원인이 되므로 이러한 감정을 잘 처리하는 방법을 여실히 아는 이가 바로 부처에 근접했다 할 것이다. 어떤 상황에서도 괴롭거나 고통스럽거나, 기분이 나쁘지 않은 것이 관건이기 때문이다.

극단적으로 죽음을 앞에 두고도 두렵지 않고, 화가 나지 않으며, 전혀 기분이 나쁘지 않은 상태라고 한다면, 그리고 좋고 싫은 분별된 감정이 전혀 일어나지 않고 그러면서도 생생히 이 모든 현상을 꿰뚫고 있으며, 맑고 밝은 정신을 가지고 있다면, 이런 상태야말로 부처의 경지에 도달했다 할 것이다.

그렇다면 과연 이러한 경지에 도달하려면 어떤 방법으로 마음을 다스릴 것인가. 이 주제야말로 《금강경》을 이해하려는 이유일 것이니, 앞으로 이 방법에 대한 구체적인 수행지침이 어떤 것인가에 대해 면밀히 살펴볼 일이다.

불고수보리　여시여시　약부유인　득문시경　불경불포불외
佛告須菩提　如是如是　若復有人　得聞是經　不驚不怖不畏
당지시인　심위희유
當知是人　甚爲希有

부처님께서 수보리에게 말씀하셨습니다.

"이러하고 이러하구나! 만약 어떤 사람이 이 경을 듣고서도 놀라지 않고 겁내지도 않으며 두려워하지도 않는다면 이 사람은 참으로 희유한 사람인 줄 마땅히 알라.

부처님께서 수보리의 말을 들어보니 그 말이 딱히 맞는지라 수보리를 불러 인가印可하셨다. "너의 말이 내가 말한 이치에 딱 들어맞는 고로 이에 허하노라" 하시었다.

"후대에 어떤 사람이든 이 경을 듣고, 말과 생각 밖의 이치에 머물고 집착하는 것은 참으로 허망하다는 것을 알아서, 놀라지도 않고 더하지도 않으며, 두려워하지도 않고 다함이 없으며, 상이 없는 실재의 면에 다다라서 생각에 미동이 없다면 이 사람이야말로 희유한 사람이다"라고 말씀하신다.

만약 대승의 근기가 아니라면 갑작스레 이 법을 들을 때 의심과 공포와 경악을 하지 않을 수 없으리라. 그럼에도 이같이 심히 묘한 반야의 이치에 놀라지 않는다 함은 큰 그릇이 분명하므로, 이 경을 받아 지닐 자격이 충분하다 할 것이다

"이렇게 수승한 근기를 가진 사람이 이 법을 굳게 믿고 체득하여 자기 것으로 받아 지니며 물러서지 아니한다면, 자신의 업력이 자연 소멸하여 청정 자성이 드러날 것이다. 이렇게 되면 부처라 이름할 것이니, 제일 희유한 공덕을 성취함일지라, 심히 희유하다 아니 할 수 없다"고 말씀하시었다.

한마디로 말하여, 어떤 상황을 맞더라도 티끌만 한 정情(감정)이 일어나지 않는 사람이야말로 가장 희유한 사람이라는 뜻이다. 이러한 중생의 마음인 정을 어떻게 잠재울 것인가.

사람들이 참 똑똑하다. 아니 똑똑하려고 애를 쓴다. 똑똑해야 손해를 덜 보고 무시당하지 않는다고 생각하기 때문이다. 돈이나 물질에 더 큰 가치를 둔 사람은 자존심과 명예가 조금 훼손당하더라도 애써 참으려 노력한다. 자존심과 명예에 더 큰 가치를 둔 사람은 돈과 물질을 손해 보더라도 눌러 참으려 애를 쓴다.

이같이 사람들은 어느 쪽에 더 큰 가치를 두느냐에 따라 참고 견디기도 하고, 반대로 어느 것 하나라도 잃지 않으려고 물불 가리지 않고 싸워 이기려고도 한다. 시대와 사회가 더욱 발전 발달할수록 차지하려는 탐진치(탐욕·성냄·분별) 삼독심은 더욱 강해진다.

불교적 해법은 간단하다. 상을 두지 않는 것이다. 돈이라는 상, 내 것이라는 아상, 차지해야 한다는 상, 자존심과 명예를 지키려는 상, 이기려고 하는 상, 무시당하지 않아야 한다는 상 등등의 상을 두지 말라는 것이 부처님의 설법이다.

부처님께서 현실을 너무 모르시고 이렇게 말씀하시는 것일까? 물론 아니다. 인因(원인)이 생김에 의해 과果(결과)가 생기는 것은 만고 불변의 법칙이다. 욕심을 채우는 만큼 기분 좋은 감정이 생기는 대신 똑같은 질량의 기분 좋지 않은 감정이 생기므로, 삼독심은 삼악도(지옥·아귀·축생의 고통)를 만든다.

그리고 모든 것은 생로병사하고 성주괴공의 연기를 면할 수 없음을 알아야 한다. 결국엔 모두가 공이고 공으로 돌아간다. 그러니 마음이 머물러 집착하여 즐거움을 얻으려 하면 할수록 그 대가로서 그만큼의 괴로움만 생길 뿐이다. 그러니 애초에 이러니저러니 분별상을 두지 않는 것만이 고업苦業(괴로움)이 생기지 않는 유일한 방법이다.

분별하지 않는 상을 갖지 않으려면 인과와 공 그리고 연기와 중도에 대한 확고한 믿음이 있어야 한다. 믿고 또 믿는 신심이 충만하더라도 이미 억겁을 거치면서 찌들어온 탐진치 삼독의 습관을 줄이기에는 역부족일 것이다.

그러므로 참된 기도와 보시, 참선과 정진이 필요하다. 그러기 위해서는 일을 할 때나, 말을 할 때나, 생각할 때 반드시 신구의 삼업을 끊임없이 고쳐 나가야 한다. 가장 좋은 방법은 항상 인과를 생각하는 것이다. 특히 감정이 복받칠 때 더욱 공과 인과를 생각해야 한다.

이렇게 하든 저렇게 하든 결국엔 아무리 귀한 것도 사라질 것이다. 얻은 만큼 잃을 것이며, 즐긴 만큼 괴로울 것이므로, 이렇다저렇다 상을 내지 않는 것만이 유일한 길이니, 손해 볼 것 같은 생각은 애초에 하지 말라. 그러니 상대가 어떻게 나오든 불편해하지 말라. 그저 묵묵히 감정을 자제하라. 무소의 뿔처럼 혼자서 가라.

하 이 고　수 보 리　여 래 설 제 일 바 라 밀　즉 비 제 일 바 라 밀[6]　시 명
何以故　須菩提　如來說第一波羅蜜　卽非第一波羅蜜　是名
제 일 바 라 밀
第一波羅蜜

왜냐하면, 수보리야, 여래가 설한 제일바라밀이란 제일바라밀이 아니라 그 이름이 제일바라밀이기 때문이니라.

제일바라밀第一波羅蜜은 보시바라밀을 말한다. 육바라밀의 첫 번째 바라밀이 보시바라밀이기 때문이다. 부처님께서 이 경을 처음 설하실 때 무주상보시를 찬탄하시기를 그 복덕이 무량하여 시방 허공과 같이 헤아릴 수 없음이다 하셨다.

왜냐하면 생김과 시작과 원인이라는 상이 없으니 인因 자체가 무상無相이요, 따라서 그 결과인 과果 역시 상이 없는 무상일 수밖에 없는 까닭이니, 이와 같이 상이 없는 무상의 인과는 곧 부처를 이름함이다.

이 경을 수지 독송하여 마음을 깨친 이가 제일 희유하다 하였는데, 이는 4상이 없는 까닭이다. 왜냐? 4상이 4상 아님을 앎이요, 4상이 4상 아님을 알면 어떻게 되는가? 곧 상을 여읜 부처라 이름함이다.

이렇게 마음을 깨친 이는 보시바라밀도 보시바라밀이 아니요, 이름이 보시바라밀일 뿐이라는 것을 앎이니, 왜냐? 무주상보시의 복덕이 아무리 헤아릴 수 없는 시방 허공과 같다 하지만, 이 경의 뜻으로 봐서는 무량 복덕이 무량 복덕 아님이요, 그 이름이 무량 복덕이고, 무주상도 무주상이 아니요 그 이름이 무주상인 것이다.

결국 말하자면 진실된 무주상보시라고 한다면 무주상보시인 줄도 몰라야 하느니, 바로 이 같은 상을 갖지 않는 것이 진정한 무주상보시인 줄 알아야 한다.

그러므로 보시바라밀이 보시바라밀이 아니고 그 이름이 보시바라밀이다. 그런 까닭에 제일바라밀이 제일바라밀이 아니요, 그 이름이 제일바라밀이라 하신 것이다.

어떤 불자가 하소연을 쏟아낸다. 남편이 그동안 잘 다녔던 회사가 파산하는 바람에 직장을 잃게 되었다는 것이다. 본인도 빚을 내어 시장에서 조그만 생선가게를 열었는데 코로나19 때문에 이자도 내지 못할 형편이 되었고, 더군다나 자식은 자식대로 속을 썩이고 있으니, 정말 죽고 싶어도 죽을 힘도 없어 막막하기가 이루 말할 수가 없다고 했다.

참으로 딱하기 그지없는 지경이었으나 물질적으로 도와주는 것 이외에 딱히 해결할 방법도 없거니와 위로해줄 말도 적당치 않았다. 이렇게 세상에는 기막힌 일이 한두 가지가 아니다. 이런 절박한 신세에다 대고 인과가 어떻다느니, 복덕이 어떻다느니, 인연이 어떻다느니

하는 말들은 속에 불을 지를 뿐이다.

그래도 살아야 되지 않겠느냐, 시련은 잠깐 지나갈 뿐 머지않아 옛 말할 날이 올 것이라고 적당히 위로의 말만 건넸으나 참으로 안타까운 심정을 가눌 길 없었다. 물론 어려움이 닥친 것에 대한 안타까움도 있겠으나 참으로 안타까운 것은 이렇게 힘든 환경을 능히 극복할 수 있는 마음의 준비가 되지 않은 것에 대한 안타까움이다.

극심하게 닥친 현실의 난관을 경험하지 않아서 편한 소리를 한다고 하는 분들도 있겠다. 그러나 수행자들 가운데는 목에 칼을 받쳐 놓고 참선을 한다 할 정도로 목숨을 내어놓고 수행 정진하는 이가 있다 하면 믿을 수 있을 것인가? 목숨보다 더 소중한 것이 또 있을까? 물론 얼마나 힘들면 목숨을 버리는 분들도 있을까마는 이는 무엇이 더 중요한 것인지를 모르는 소치이다.

고통과 괴로움을 느끼는 것은 나 스스로이다. 단순히 돈이 없고 직장을 잃고 자식이 속 썩이고, 장사가 안 되고 등의 이유로 괴롭다 하는 것은, 고통과 괴로움이라는 상을 내가 지니고 있기 때문이다. 이러한 상을 가지고 있는 한 언제 어느 때 어느 곳에서라도 항상 고통과 괴로움은 기다리고 있다.

힘들다는 생각을 하면 할수록, 현실에 대한 불만을 가질수록, 내가 원하는 것이 많을수록 스스로 화가 나고 고통과 괴로움만 더할 뿐이다. 그러므로 무조건 좋지 않은 생각, 안 좋은 감정을 놓아야 한다.

여기에 이유를 달면 달수록 마음은 더욱 힘들어진다. 늪에서 허우적거리면 더욱 깊게 빠질 뿐이다. 늪이라는 생각, 늪에서 발버둥치는 행동을 멈춰야 한다. 그러면 즉시 늪이 늪이 아니게 된다. 모든 어려움은 현실의 실정이 아니라 마음에서 나온다. 마음먹기에 따라 현실은 달라진다.

그러니 평소에 부처님의 설법을 염송, 독송해야 한다. 그리하여 인과를 철저히 알고, 공을 철저히 알고, 현실의 어려움을 뛰어넘을 수 있는 힘을 길러야 한다. 원력을 세워야 한다.

수보리 인욕바라밀 여래설 비인욕바라밀 시명인욕바라밀[7]
須菩提 忍辱波羅蜜 如來說 非忍辱波羅蜜 是名忍辱波羅蜜

수보리야, 인욕바라밀도 여래는 인욕바라밀이 아니라 그 이름이 인욕바라밀이라 하느니라.

인욕바라밀 역시 육바라밀의 하나이다. 인욕忍辱이란 그 어떤 대상이 나타나더라도 마음을 편하게 받아들이는 것이 인忍이요, 마음이 매우 불편하고 괴롭고 고통스러운 것을 욕辱이라 한다.

즉, 욕됨을 편안한 마음으로 받아들이는 것이다. 이는 곧 마음에 상을 두지 않으므로 욕됨[辱]이 욕됨 아닌 것이 됨이니, 이를 인忍이라고 한다. 더 나아가서는 내가 안팎의 일체상을 여읜지라, 호호탕탕浩浩蕩蕩하여 털끝만큼도 걸림이 없음이니, 욕辱이 된다는 상이 없고 참는다는 상이 없으므로 인욕은 그저 이름일 뿐이다.

부처님께서는 목숨을 바쳐서 보시를 하는 것도 큰 공덕이 되겠지만, 이는 일시적으로 복을 받을 뿐이라 하시고, 신명을 다 바쳐 보시

하는 것보다도 완전한 공덕이 되는 것은 바로 이 경의 사구게 하나만
이라도 설법할 수 있다면 이 공덕이야말로 허공보다 더욱 넓은 무량
한 복덕이라 하시었다.

그러나 이론적으로는 그렇다 하더라도 실제에 있어서 이를 진정으
로 받아들이는 대중이 과연 있을까? 이를 아신 세존께서는 인욕바라
밀을 설하시어 대중의 의심을 말끔히 끊으셨다. 욕된 것을 무조건 참
는 것도 큰 공덕이 되겠지만, 완전한 인욕이란 욕辱이라는 상, 참는다
는 상까지도 아예 일으키지 않는 것이다.

상을 내고 일으키는 것은 인과에 걸리므로 생사고락을 항상 거듭
할 것이니, 늘 괴로움과 고통을 동반하기 때문이다.

기분 좋게 만나서 기분 좋은 대화를 하다가도 상대방의 말 한마디
에 기분을 잡치고 화가 나는 경우가 있다. 친구 사이에도 작은 오해
때문에 평생을 보지 않고 원수처럼 지내는 사람도 있다. 대부분 상대
방의 언행 때문에 기분이 매우 나쁠 때가 많다.

하루 중에 화를 내는 횟수는 얼마나 될까? 아주 미세하게 기분이
나쁠 때도 많지만, 때로는 머리끝까지 화가 나서 무슨 짓을 할지 모
를 때도 있다. 혼자 가만히 있어도 화가 날 때가 있는가 하면, 대부분
은 기분 나쁜 소리를 들었을 때 몹시 화가 난다. 하물며 억울한 일을
당했을 때, 원하는 일이 잘 되지 않을 때, 정말 화가 많이 난다. 보통
하루에 8만 4천 번 기분이 나쁘다.

화가 나는 것은 기분이 나쁘다는 뜻이다. 화가 나고 기분이 나쁜

원인을 대부분 상대방이나 일에서 주로 찾는다. 화를 내는 나에게 근본 원인이 있다고 생각하는 사람은 매우 드물다. 하지만 똑같은 사안을 두고도 화를 내는 사람이 있는가 하면, 화가 나지 않는 사람이 있다. 따라서 대상이 문제라기보다 화를 내는 사람에게 문제가 있는 것은 아닐까?

화를 내고 기분이 나쁜 것은 내 마음이요 나의 감정이다. 화가 나고 기분이 나쁘게 되는 근본 원인은 기분이 좋은 감정에 있다. 좋은 것이 있기 때문에 나쁜 것이 발생하기 때문이다. 마음은 분별이다. 이것이 생기면 저것도 생긴다. 예쁜 것은 더 예쁜 것이 나타나면 더 이상 예쁘지 않다. 맛있는 것은 더 맛있는 것이 나타나면 더 이상 맛이 없게 된다.

따라서 감정의 기복이 심한 사람은 기분 좋은 감정도 많지만, 상대적으로 기분 나쁜 감정도 많아진다. 감정의 기복이 없는 사람은 기분이 좋은 것도 별로 없지만 기분 나쁜 것 또한 별로 없다. 그 예로, 부처님은 기분 좋은 상 자체가 없으므로 기분 좋은 것도 공하다. 때문에 그에 대한 인과의 과보가 없으니 기분 나쁜 상이 없고 기분 나쁜 것이 공하다. 그래서 절대 기분 나쁜 마음 감정이 없다.

그러니 화가 나고 기분이 나쁘게 되는 것은 어떤 사람이나 어떤 대상 때문이 아니라, 내 마음에 기분 좋은 것을 알고 있고 기분 좋은 상이 있기 때문이다. 이렇게 기분 좋은 상을 가지고 있는 한 언제라도 기분 나쁜 인연을 만나게 될 수밖에 없다.

그래서 화가 나는 일이나 기분 나쁜 사람을 만나지 않으려면, 내 마음속에 있는 기분 좋은 것에 대한 상을 멸해야 한다. 기분 좋으려

하면 할수록 기분 나쁜 일이 많이 생긴다는 것을 명심해야 한다. 인과의 법칙은 극락이나 지옥에서도 똑같다.

몸이 찢기는 일이 생기더라도 기분이 좋고 나쁜 상만 없다면 몸이 찢기는 일은 절대 일어나지 않는다. 이를 이적異蹟이라 하는데, 이적은 좋고 싫은 고락의 분별 인과를 없애고, 중도의 마음을 가질 때 저절로 생기게 된다.

만약 기분이 좋지 않은 일이 생기거나 기분 좋지 않은 사람을 만날 때는, 나의 마음속에 아직도 기분 좋은 것을 바라는 욕심이 있구나 하고 생각하여 재빨리 기분 나쁜 마음을 접어야 한다. 그리고 좋지 않은 상을 일으키는 마음을 잠재워나가야 한다. 모든 감정은 나 스스로의 마음에서 나오기 때문이다.

何以故 須菩提 如我昔爲歌利王 割截身體 我於爾時 無
我相 無人相 無衆生相 無壽者相

무슨 까닭이냐 하면, 내가 옛적에 가리왕에게 사지가 갈기갈기 찢길 적에도 아상, 인상, 중생상, 수자상이 없었느니라.

옛적이란 전생을 말한다. 가리왕歌利王은 부처님이 전생에 만났던 왕이다. 가리歌利란 극악極惡이라는 뜻이다. 부처님께서는 부처님이 되기 전 전생에 산중에서 인욕행忍辱行을 닦는 수행자이셨다. 그때 가리왕이 산중으로 사냥을 왔는데, 사냥하는 사이 궁녀들이 수행자에게 예배하는 것을 보았다.

이를 본 가리왕이 수행자에게 질투를 느껴서 "너는 어찌하여 여색女色을 보는가?" 하고 묻자, 수행자는 "탐하지 않습니다"라고 말했다.

"어찌하여 여색에 탐심이 없는가?"

"나는 계를 지킵니다."

"계를 가진다는 것은 무엇을 말하는가?"

"인욕을 닦는 것이니 이것이 계를 지키는 것입니다."

이때 가리왕은 칼로 수행자의 몸을 베면서 말하였다.

"아픈가?"

"아프지 않습니다."

가리왕은 다시 수행자의 몸을 갈기갈기 찢으면서 물었다.

"나를 원망하는가?"

수행자는 말했다.

"나라는 아상이 본래 없거니 어찌 원한이 있겠습니까?"

이때 하늘이 노하여 석우石雨(돌 비)를 내리니 가리왕은 두려워 어쩔 줄 모르는데 수행자의 몸은 그대로였다.

부처님은 이 이야기를 수보리에게 들려주면서, 그때 나의 마음은 아상도 없었고, 인상도 없었으며, 중생상도 수자상도 없었다 하셨다. 4상이 없으므로 인욕바라밀이 인욕바라밀이 아니니, 안으로 진실이 공하고, 밖으로 몸에 대한 신상이 공하여 가해자와 피해자도 공하여 없었으므로 고통 또한 공하고 아픔 또한 공하여 없었다.

만약 인욕한다는 생각이 있었다면 4상에 집착하는 마음을 면치 못하였음이니, 어찌 내가 신상이 없었을 것이며, 동시에 고통이 없었을 것이며, 또한 원망하는 마음이 없었겠는가 하시었다.

　사람과의 관계에 있어서 가장 소중한 대상은 대개 가족일 것이다. 가족 구성원은 부부와 부모, 자식을 가리킨다. 감정으로 치면 가장 큰 정이 오고 가는 대상이다. 그래서 가족에게 무슨 일이 생기는 것은 그 어떤 큰일보다 우선시한다. 가족을 제외한 친분 있는 사람들과의 관계에서도 정이 두터운가 두텁지 않은가의 정도에 따라 나에게 중요한 사람 또는 가까운 사람의 척도를 삼게 된다.

　불교적인 관점에서 설명하자면, 모든 고락은 정에서 비롯되고, 정을 느끼고 있는 한 고통과 괴로움의 상태는 계속 유지되고 윤회하게 된다. 정이란 고운 정 미운 정, 좋은 정 싫은 정, 즐거운 정 괴로운 정, 기쁜 정 슬픈 정 등등 이 모든 것의 느낌을 정이라 한다.

　정을 느낀다 하여 중생의 다른 이름을 유정有情이라 한다. 정뿐만 아니라 모든 것에는 인과가 따른다고 했으니, 그 가운데 가장 큰 영향을 받는 것이 바로 정이다. 즉, 사람이 느끼는 모든 기분 역시 정의 일환이다. 기분이 좋은 것도 정이요, 기분이 나쁜 것도 정이다.

　세상이 움직이는 모든 모습은 인과요, 인과가 계속 이어지는 것이 연기라고 했다. 밀물과 썰물이 인과요, 일출과 일몰이 인과요, 맑은 날과 흐린 날이 인과요, 춘추와 하동이 인과요, 태어남과 죽음이 인과요, 생겨남과 사라짐이 인과요, 오고 감이 인과요, 노소가 인과요, 높고 낮음이 인과요, 좋고 싫음이 인과요, 기쁨과 슬픔이 인과요, 즐거움과 괴로움이 인과요, 그래서 정도 인과이다.

따라서 세상의 모습이나, 육근과 육경으로 세상을 만들어내는 나의 마음도 인과의 모습일 수밖에 없다. 때문에 가족을 비롯한 모든 인연 대상들도 지수화풍 사대로 빚어진 모양들로서 인과 인연에 따라 만나고 헤어진다. 따라서 진짜는 내가 지니고 있는 업, 즉 좋고 싫은 고락의 정이 사대로 모여 만들어진 인연 대상들을 향해 끊임없이 작용하는 것이다.

그러니 가족도 지수화풍 사대요, 나와 관계된 모든 대상들 역시 지수화풍 사대로 만들어진 물질들일 뿐 그 물질 대상들을 상대로 나의 업, 즉 좋고 싫은 나의 고락의 정을 내뿜고 있으니, 결국 내가 나를 상대하고 있는 것이다. 상대에 의해 나의 업, 정이 움직이는 것은 진짜 상대가 아닌 나의 업이 사대로 만들어진 대상들을 향해 상대하고 있는 것이다.

지수화풍 사대는 실제로 있는 것이 아니라, 계속 변하고 연기하는 것들이므로 실체가 없는 공에 지나지 않는다. 따라서 내가 육근 육경으로 감지하는 대상들 역시 사대로 이루어진 공성인 것들이다. 그래서 가족도 사람도 모두 공일 수밖에 없고, 감정 역시 고락의 인과이니, 수학적으로 계산하면 1-1 = 0으로, 공이다.

하 이 고　아 어 왕 석 절 절 지 해 시　약 유 아 상 인 상 중 생 상 수 자 상
何以故　我於往昔節節支解時　若有我相人相衆生相壽者相

응 생 진 한　수 보 리　우 념 과 거　어 오 백 세　작 인 욕 선 인　어 이
應生瞋恨　須菩提　又念過去　於五百歲　作忍辱仙人　於爾

소 세　무 아 상　무 인 상　무 중 생 상　무 수 자 상
所世　無我相　無人相　無衆生相　無壽者相

왜냐하면 내가 전생에 사지가 갈기갈기 찢길 적에 만일 아상, 인상, 중생상, 수자상이라는 생각이 있었다면 당연히 성을 내고 원망하였을 것이기 때문이니라.

수보리야, 여래는 과거 오백 생 동안 인욕수행자였는데 그때 아상이 없었고 인상이 없었고 중생상이 없었고 수자상이 없었다.

그런데 인욕바라밀에 4상이 없어야 한다는 것은 무슨 까닭이냐? 내가 가리왕에게 마디마디 사지를 찢길 때, 만약 아상, 인상, 중생상, 수자상의 4상이 있었더라면 나를 해치는 가해자가 있고, 그 피해를 입는 아我(나)가 있고, 또 참으려고 하는 인욕이 있을 것이니, 이러한 지경에서 아프고 원망하는 마음이 어찌 없을 것인가.

그러나 나는 아픔이 없었고 원망하는 마음이 없었으며, 참으려고 하는 인욕도 몰랐으니, 이것이 4상이 없는 바라밀이요, 인욕바라밀의 효과라 할 것이다. 왜냐하면 4상이 없으니 나와 남이 공하고, 나와 남이 공하니 가해자와 피해자가 공하고, 가해와 피해가 공하니 아픔과 원망하는 마음이 공하고, 아픔과 원망하는 마음이 공하니 인욕바라밀이 공하고, 인욕바라밀이 공하니 인욕바라밀이 인욕바라밀이 아니라고 한 것이다.

어떤 사람을 만나느냐에 따라 기분이 달라진다. 만나면 기분 좋은

사람이 있는가 하면, 만난다는 생각만 해도 기분이 나빠지는 사람도 있다. 더구나 재미있는 말을 주고받으면 기분이 좋지만, 서로 생각이 다른 사람과의 대화에서는 말다툼을 할 여지가 많다. 결론부터 말하자면, 기분 좋은 사람이 있기 때문에 기분 나쁜 사람이 있는 것이다. 기분 좋은 사람만 있기를 바라는 것은 애당초 불가능한 생각이다. 또 말이 서로 잘 통하는 사람이 있기 때문에 말이 통하지 않는 사람이 당연히 있게 된다.

물론 그 원인은 인과이다. 이것이 있으므로 저것이 생기기 때문이다. 누가 정할까? 내가, 내 마음이 그렇게 정하는 것이다. 그러니 원하는 것만큼 원하지 않는 것이 생기는 것은 실상의 진리이다. 따라서 마음에 드는 것만 취하고 마음에 들지 않는 것만 없애려고 하는 것은 애초에 있을 수 없는 바람이다.

그럼 이를 어찌해야 할까? 말도 안 되는 얘기라 치부하는 이도 있겠지만, 가족은 물론 내가 만나는 모든 사람을 목석과 같이 생각하는 것도 한 방법이다. 자연 만물도 인과 연기에 따라 나에게 피해를 줄 때가 많다. 벼락, 태풍, 장마, 눈비, 혹한, 해일, 폭염, 화재 등등. 그러나 자연을 상대로 싸우려고 하지는 않는다.

마찬가지로 사람으로부터 받는 상처로 인해 마음 상하는 일들이 많다. 그 이유는 내가 가지고 있는 좋고 싫은 고락의 업상이 그대로 실상의 인과가 되어 내가 만날 수밖에 없는 사람으로 인연이 되어 나타나게 됨이다. 가족은 물론 평생에 걸쳐 내가 만나는 모든 사람들은 나의 좋고 싫은 고락의 업상이 인연이 되어 사랑과 증오의 정을 가진 사람으로 화하여 나타나게 되는 것이다.

그러므로 내가 나를 상대로 탐을 내거나 화를 내거나 정을 주고받는 것은 참으로 부질없는 짓일 것이니, 마음에 들지 않는다고 싸우거나 시비를 하는 것은 또 하나의 업을 짓는 꼴이 되어 다음에 똑같은 과보를 받을 뿐이다.

기분 나쁜 일을 당하거나 기분 나쁜 사람을 만나는 것은, 순전히 나의 업상이 그대로 일체유심조가 되어 나타난 것임을 깊이 알아서, 대상이나 상대를 탓할 것이 아니라, 나의 좋고 싫은 고락의 분별 업상을 멸해야 업의 그림자인 실상의 좋지 않은 인연을 만나지 않게 됨을 깊이 명심해야 한다. 여래께서 《금강경》을 통해 4상을 여의는 것이 최고 최상의 복덕이라 한 말씀을 깊이 새겨볼 일이다.

시고　수보리　보살　응리일체상　발아누다라삼먁삼보리심
是故　須菩提　菩薩　應離一切相　發阿耨多羅三藐三菩提心

불응주색생심　불응주성향미촉법생심　응생무소주심
不應住色生心　不應住聲香味觸法生心　應生無所住心

그러므로 수보리야, 보살은 마땅히 모든 상을 떠나서 아누다라삼먁삼보리의 마음을 낼 것이니, 마땅히 형상에 머물러서 마음을 내지 말며, 마땅히 소리·냄새·맛·닿음·법에 머물러서 마음을 내지도 말아야 한다.

인욕이 4상을 떠나게 되면 이는 곧 반야의 실체인 것이다. 인욕뿐만이 아니라 육바라밀(보시·지계·인욕·정진·선정·지혜) 모두 4상을 떠나게 되면 실상 그 자체이니 고락과 시비가 붙을 수가 없다.

목숨을 가진 자가 제일 견디기 힘든 것은 신체를 훼손당하는 것인데, 이에 성이 나고 원한이 생기고, 아픔과 괴로움과 고통이 없다는 것은 곧, 인욕에서 4상을 떠난 까닭이다. 즉, 모든 상을 여읜 결과 제불諸佛이라 이름하는 바라밀을 얻은 이유이다.

그렇다면 어떻게 하면 일체의 상을 여의는 것일까? 마땅히 방원장단方圓長短과 5색五色 등의 색경계色境界, 즉 모든 형상에 머물러 감정을 일으키지 말아야 하고, 또 소리, 냄새, 맛, 촉감, 시비, 분별 등 색성향미촉법의 6경계六境界에 머물러 감정을 내지 말아야 한다.

이같이 하면 자연 머무는 바 없이 마음이 살아난다. 이것이 원한과 고통이 없는 4상을 여읜 인욕바라밀이라 하고, 머무름이 없고[無住], 새는 것이 없고[無漏], 상이 없는[無相], 진공묘위眞空妙爲가 아니고 무엇인가.

이것이 곧 여래, 법신, 신상, 열반, 바라밀인 것이다. 또 세계상, 육진, 망상, 육경, 곧 선악제법善惡諸法인 것이다. 왜냐하면 이 머무른 바 없는 마음은 양변을 여읜 다음 생기는 마음이니, 머무른 바 없는 마음도 아니요, 머무른 마음도 아닌 까닭이다.

이른바 머무른 바 없는 마음이 곧 머무른 바 없는 마음이 아니요, 이 이름이 머무른 바 없는 마음이며, 머무른 바 있는 마음도 머무른 바 있는 마음이 아니요, 이 이름이 머무른 바 있는 마음이다.

이 머무른 바 없는 마음이란 일찍이 머무른 바 없는 마음도 아니므로 머무른 바 없는 마음이라 하거늘 항차 머무른 바 있는 마음이야

말할 것도 없이 머무른 바 없이 머무르는 마음이 되어야 한다. 아니 머무른 바 있는 마음도 버리지 않음으로써 머무른 바 없는 마음이 되어야 한다.

길에서 한 여인이 어떤 남자에게 두들겨 맞고 있다. 지나가던 사람이 이를 보고 남녀관계에서 흔히 일어나는 일이거니 그냥 지나치려 했는데, 여인이 너무 심하게 맞는 것을 보고 때리는 남자를 말렸다. 그러자 남자는 무슨 상관이냐면서 말리는 이를 밀치는 바람에 주먹이 날아갔고, 그 남자가 피를 흘리며 쓰러지자 얻어맞고 있던 여인이 왜 내 남편을 때리냐며 오히려 말리는 이를 심하게 나무라는 것이 아닌가.

흔치는 않지만 가끔 이와 비슷한 일들이 생기는 것을 볼 수 있을 것이다. 불의를 보거나 상식에 어긋난 일을 보게 되면, 자신과 크게 상관없는 일이라도 화가 나거나 기분이 좋지 않을 때가 많다. 위와 같은 일들은 언뜻 보면 남의 일같이 보이지만, 그 일을 보고 감정을 일으킨 것은 바로 나 자신의 업상業相의 그림자를 본 것이다.

그래서 어떤 일이 닥쳤을 때, 그 일이 그른 일이든 마음에 들지 않는 일이든 또는 나의 일이든 남의 일이든 일단 화가 나고 기분이 나빠지는 것은, 자신의 마음속에 지니고 있는 좋고 싫은 감정, 즉 고락의 업이 인과적으로 나타나는 것이라고 했다.

세상의 모든 모습, 모든 일들은 인연 연기에 의해 필연적으로 나타날 수밖에 없는 것들이다. 이유 없이 생기는 것은 없다. 옳다 그르다,

좋다 나쁘다 하는 것은 순전히 이를 보는 사람 자신의 업상이다. 그러므로 세상의 모든 현상은 나의 업상에 의한 인연으로 생겨나는 내 업상의 그림자들이다.

따라서 그 어떤 일이 되었든 그 어떤 모습들이든, 모두가 나의 업상의 그림자이므로 화가 나거나 기분이 나빠지는 것은 순전히 나의 업상의 인과 과보일 뿐이다. 그러므로 화가 나거나 기분이 나쁘거나, 고통과 괴로운 마음이 생기는 것은 그 누구의 탓도 아닌 내가 만든 나의 업이 만든 작품이다.

이에 부처님께서는 《금강경》을 통하여 모든 상을 지어내는 것은 오롯이 나의 몫이라고 하셨으니, 나의 업상, 즉 모든 상은 결국 상이 아니므로 일체의 상을 지어서는 안 된다고 하시고, 상이 상이 아니고 그 이름이 상이라 하신 것이다.

그러니 그 어떤 일이 벌어지더라도, 그 어떤 인연이 닿더라도, 그 어떤 상황에서도, 결코 탐진치 삼독의 상을 지어서는 안 될 것이니, 늘 분별하지 않는 마음을 화두로 삼아서 찰나간이라도 인과와 공, 연기와 중도라는 화두를 놓치지 말고, 어떤 상을 보더라도 스스로 기분 나쁜 감정을 일으켜서는 아니 된다.

약심유주　즉위비주　시고　불설보살심　불응주색보시
若心有住　卽爲非住　是故　佛說菩薩心　不應住色布施

만약 마음이 머물러 있을지라도 머물러 있는 것이 아니다.

이런 까닭으로 보살의 마음은 응당 색에 머물러 보시하지 않는다고 여래는 설하였다.

이와 같이 머무르는 바 없이 마음을 살려내면, 만약 마음이 머무르는 바가 있을지라도 머무르는 것이 아니게 된다. 왜냐하면 머무르는 바 없는 마음은 다시 양변兩邊, 즉 머무르는 마음과 머무르는 바 없는 마음 모두 머물지 않기 때문이다.

머무름을 두지 않는 연유로 머무르지 않음이요, 머무르지 않음을 두지 않는 연고로 머무름이 있더라도 머물지 않음이 되는 것이다.

이른바 부처와 중생이 둘이 아니요, 번뇌와 망상이 둘이 아니요, 선과 악이 둘이 아니요, 안과 밖이 둘이 아니며, 이理와 사事가 둘이 아닌 것이니, 머무름과 머물지 않는 것이 둘이 아님이다.

이런 까닭에 마땅히 머물지 않는 마음, 즉 응생무소주심應生無所住心이다. 이를 얻는다면 무량무변한 불가사의 공덕을 구족하신 모든 부처님과 모든 조사스님과 다를 바가 없는 것이니, 이것이 모두 머무르는 바 없는 공덕이라 할 것이다.

이런 이유로 부처님께서는 보살은 마땅히 색色(형상)에 머물러 보시하지 아니하며, 소리·향·맛·촉감·법에 머물러 보시하지 않는다고 말씀하셨다. 즉, 상에 머무르지 않고 일체 모든 상을 여읜 결과이다.

그렇다면 이같이 상에 머무르는 바 없이 하는 보살의 보시는 이 또한 상에 머무르지 말라고 하는 상에 집착하는 보시가 아니던가? 상에 머물든 머물지 않든, 보시가 있을 때에는 벌써 보시라고 하는 상에 머무는 것이 아닌가 하는 말이다.

상이 없는 무주상보시 또한 상이 되지 않는가 하는 것이다. 그러니 무주상보시를 왜 하는 것인가? 이것이 대중의 짧은 소견으로 의심이 드는 것이다. 이에 대하여 부처님께서는 또 무슨 말씀을 하실 것인가?

조계사 앞 횡단보도에서 신호를 기다리고 있는데, 어떤 멀쩡하게 생긴 깔끔한 차림새의 중년 남자가 다가와 흥분한 듯 급하게 말을 걸어왔다. 듣자 하니 지방에서 올라왔는데 지갑을 잃어버려서 내려갈 여비가 없는데 모두들 자신의 말을 믿지 않고 사정을 몰라준다며 화를 내며 말을 하는 것이다.

그 이야기가 맞든 안 맞든 조금이라도 주자 싶어서 지갑을 열어봤더니 정말 한푼도 없었다. 명함을 주면서 조계사에 가서 내 이야기를 하면 조금 줄 것이다 말을 하고, 정 안 되면 파출소를 찾아가라고 조언을 해주었다. 그 후 조계사에서 연락이 없는 것을 보니 어떻게 되었는지는 지금도 잘 모른다.

가끔 남의 도움을 받을 때도 있고 또 줄 때도 있다. 특히 금전적으로 주고받는 일들은 다반사다. 때로는 주었다 떼일 때도 있고, 때로는 못 갚을 때도 있고, 어떤 때는 보증을 잘못 서는 바람에 풍비박산이 나기도 한다.

결론부터 말하자면, 아무런 대가 없이 준 것은 어떤 식으로든 반드시 돌아오게 되어 있다는 것이다. 설사 떼었다 하더라도 언젠가는 그에 대한 보상이 오게 되어 있다. 또 남의 돈을 떼어먹었을 때도 어떤 식으로든 나의 재물을 잃거나 나가게 되어 있다.

그러나 그보다 더 정확한 것은 물질이나 돈으로만 주고받거나 오고 가는 것은 아니다. 이를 주고받는 것은 행위만 그러할 뿐 이 또한 마음의 좋고 싫은 고락으로 귀결되는 것이다.

예를 들면 돈을 떼이게 되었다면 그 보상으로 다른 형태의 좋은 일이 생겨서 즐겁고 행복할 수도 있고, 남의 돈을 떼어먹었다면, 그 과보로 다른 형태의 괴로운 일이 생길 수도 있다는 말이다.

따라서 물질이나 돈을 얻거나 잃는 것은 좋고 싫은 마음의 고락업에 따라 이루어지는 것이므로 돈에 대한 상이나 돈이 들어온다는 상, 돈이 나간다는 상, 이 모든 형상에 대해 아무런 분별을 하지 않는 중도의 마음으로 상관하지 않게 된다면 들어오건 나가건, 얻거나 잃는 것에 대해 초연하게 될 것이고, 항상 마음이 평안하고 편안하게 된다.

마치 호수 안에 있는 물은 항상 그 모양 그대로인데 바람이 불어 호수가 일렁이는 것을 보고 마음을 졸이는 것과 별반 다르지 않다. 그러므로 보시라는 것은 주는 것이 아니라 그냥 주고받는 행위일 뿐 그에 대한 인과는 마음에서 생기는 것이니, 설사 돈을 잃는 일이 생긴다 하더라도 그 잃음이 잃음이 아니라 잃는다는 생각에 지나지 않는다는 것이다.

그러므로 그 어떤 일에 있어서도 그 일이 그냥 일일 뿐 좋다 싫다, 한다 안 한다, 얻는다 잃는다, 옳다 그르다 하는 것은 모두 내 마음이 인과적으로 지어내는 것이므로 상이 상이 아니요, 그 이름이 상일 뿐이다. 그래서 그냥 행동만 할 뿐 이러쿵저러쿵 감정이라는 상을 내지 말고 분별없는 마음으로 항상 평안한 마음을 내어야 한다.

수 보 리　보 살　위 이 익 일 체 중 생　응 여 시 보 시
須菩提　菩薩　爲利益一切衆生　應如是布施

수보리야, 보살은 일체중생을 이익 되게 하기 위하여 이와 같이 보시를 해야 할 것이니라.

무주상보시를 왜 하는 것인가에 대해 부처님께서는 중생을 이익케 하기 위해 보시하는 것이라고 말씀하신다. 왜일까?

머무름이 없는 보살의 마음은 허공과 같아서 상에 머무름이 없다는 말까지도 없으리니 어찌 보시한다는 것을 알 것이며, 더구나 무량공덕을 바라는 마음이 있을 것인가.

하지만 일체중생이 오탁악세五濁惡世에 빠져서 한없는 고통을 느낄 때 중생의 마음이 곧 부처님의 마음인지라 둘이 아닌 보살의 마음으로서는 긍휼히 여기는 마음이 생길 수밖에 없으니 고통을 구하려하는 구고救苦의 원을 발하시게 된 것이다.

그런 까닭에 고통을 느끼는 중생이 낙을 원하면 즐거운 마음을 이루어주듯 하는 것이니, 중생이 낙을 원하면 낙을 보시하고, 배고픈 중생이 배부르기를 원하면 먹을 것을 보시하고, 병 있는 중생이 건강하기를 원하면 그에게 편안함을 보시하여, 일체중생을 이롭게 하기 위해 보시를 하되, 보시한다는 상에 머무르는 바 없이 항상 그 마음이 허공과 같다는 말씀이다.

그리고 보살이 이 같은 보시를 친히 행하시되, 도를 배우는 중생을 이롭게 하기 위해서는 법보시를 행하여 상에 머무르는 바 없이 항상 그 마음을 허공같이 할 것이라는 말이다.

그리하여 일체의 상을 여의어 일체중생을 이익케 하기 위하여 머무는 바 없이 보시를 한다 하는 것이니, 여기에서 일체중생에게 보시한다는 상이 또 생기는 것은 아닐까? 여기에 대하여 부처님께서는 다시 어떻게 말씀하실까?

은사스님 병문안으로 병원엘 자주 가곤 했다. 병원은 입구에서부터 소란했다. 응급환자에서부터 환자를 돌보는 보호자들까지 그야말로 어지럽게 북적거렸다. 환자들의 고통이란 이루 말로 표현할 수 없겠지만 그에 못지않게 가족들의 안타까움 또한 큰 고통이 아닐 수 없다.

이들을 보면서 다시 한번 생각해보았다. 이 모든 고통은 과연 어디에서 오며 어디까지일까? 물론 고통의 원인은 말할 것도 없이 과거의 즐거움이다. 지금의 고통만큼 전생과 더불어 지난 과거의 기쁨이요, 즐거움이요, 행복이 있었기 때문이다. 우연히 오는 고통은 없다. 과보로 나타나는 인과의 현상이다.

사람들은 지금의 현상에만 집착한다. 그리고 슬퍼하며 억울해 한다. 고통에 대해 화를 내고 원망한다. 이에 대해 뭐라고 하겠는가. 이런 마음 이런 감정을 갖는 것은 너무나 당연하다. 충분히 공감한다. 그러나 어떻게 하겠는가. 원인 없는 결과는 절대 없으니 말이다.

만약 인과에 의한 고통에 대하여 잘 모르거나, 부정하거나, 화가 나거나, 억울한 이가 있다면, 이 또한 인과 현상이요, 스스로의 몫인 것이니, 그 자체로 스스로 제 마음을 힘들게 하는 것이 된다.

세상의 모든 모습은 있는 실상實相 그대로이다. 실상이란 실제로 일어나는 지금의 모습 그 자체로서 모든 원인을 품은 결과의 모습을 말한다. 결과에 대해 이의를 제기한다고 하여 결과가 달라질 수는 없다. 그저 연기하며 성주괴공할 뿐이다. 있는 현상 그대로 받아들이지 않고, 나의 생각의 상을 덮어씌워 버리면 나의 상만 남게 된다. 이를 자업自業 또는 스스로의 눈높이에 맞는 관념이라 부른다.

묘용시수류화개妙用時水流花開라 했던가. 때라는 것, 물 흐르고 꽃 피는 것을 때라고 할 것인가, 때가 되니 물 흐르고 꽃이 피는 것인가? 그래서 때라는 시간을 묘하다 했다. 때에 맞춰서 일어나는 것 모두가 인과의 모습이요, 모두가 나의 상이다.

상을 만들면 마음이 불편해진다. 어떤 상을 보고 듣더라도 불편한 마음을 가지게 되면 내 마음 안에 상을 이미 만들었다는 반증이다. 환자가 아프면 내 마음도 아프다. 인지상정이다. 하지만 마음은 아프되 괴롭지는 않아야 한다. 환자의 고통을 충분히 공감하기는 하지만, 당연한 인과의 모습이므로 마음조차 괴로울 것은 없다. 응무소주應無所住 이생기심而生起心, 즉 머무름 없이 마음을 내어라 했다.

남의 업을 내가 대신할 수 없다. 철저히 무소의 뿔처럼 혼자서 가는 것이다. 언뜻 고통을 나눈다고는 하지만 일시적일 수밖에 없다. 대신 늙거나 대신 죽을 수는 없지 않은가. 약과 의사와 가족의 도움으로 환자의 병을 고칠 수는 있으나, 이는 환자의 업이 다시 살아나는 때가 되었을 뿐이고, 의사나 가족 개개인은 각기 도와주는 스스로의 업이 그러할 뿐이다.

그러므로 어떤 현상이든 모든 현상은, 그렇게 그렇게 연기로서 인과의 과보 현상이 나타날 뿐 만약 무엇인가 잘못되었다고 한다면, 이를 잘못이라고 보는 이의 업상인 것이다. 따라서 있는 그대로 보고 있는 그대로 받아들이며, 그래서 탐진치 삼독심 없이 항상 스스로의 마음을 평안케 해야 한다.

여래설일체제상　즉시비상　우설일체중생　즉비중생
如來說一切諸相　卽是非相　又說一切衆生　卽非衆生

여래가 설한 일체 모든 상은 곧 상이 아니요, 또한 온갖 중생이라 말한 것도 곧 중생이 아니니라.

여래께서 말씀하신 일체 모든 상은 본래 환幻에 불과한 것이라서 나의 진짜 성품 가운데는 아예 없는 것이므로 상이 아니라고 하신 것이다.

또 말씀하신 일체중생도 마음에 4상이 있으므로 일체중생이 생기는 것이니, 만약 진짜 본성에 있어서 망령된 상이 없다면 중생이라는 것은 있을 수 없는 것이다. 그러한 이유로 일체중생이 곧 중생이 아니라 하신 것이다.

4상을 여의지 못하면 중생계 역시 4상이 없을 수 없으므로 중생이 없을 수 없으니, 다시 중생계에는 환상이 없을 수 없을 것이요, 일체의 상을 없앨 수가 없다.

그러나 나 스스로 4상을 여의어 중생이 없으면 일체중생이 자연히 없을지니, 일체중생이 본래 내 한마음 깨닫지 못함에서 생긴 탓이다. 내가 스스로 일체상을 여의면 중생 또한 일체상이 멸할 것이니, 일체상이 본래 나의 식심識心 분별分別에서 생긴 때문이다.

곧 깬 눈으로 보면 일체중생이 없으며 일체상이 없는 것이다. 왜냐? 일체상이 곧 실상이니 일체상이 없다는 것이요, 일체중생이 곧 부처이니 중생이 없다는 것이다.

하지만 부처님의 이런 말씀을 듣는 중생에게는 너무나 동떨어지게 들릴 수 있고, 생각할 수 없는 까닭이요, 너무 미묘하여 헤아릴 수 없는 까닭이니, 듣기에 허망한 것도 같다 할 것이다. 그러므로 부처님께서는 수보리를 불러 굳건한 신념을 넣어주시려 간곡하게 말씀하신다.

약속을 하고 잊어버렸다. 중요한 손님이었는데 약속 시간보다 한 시간이나 지났다. 까맣게 잊어버리고 있다가 헐레벌떡 급하게 뛰어가서 겨우 만났다. 미안하다 사과하고 이야기를 이어갔다. 손님은 잘 돌아갔으나 못내 아쉬운 마음이 머리를 맴돌았다.

미안한 마음의 아쉬움도 있겠지만, 그보다 더 아쉬운 것은 아쉽다고 하는 마음이다. 미안한 마음을 가지는 것은 당연할 것이나, 그것으로 그쳐야 함에도 착着이 남는다. 이는 무언가 편안하지 않다는 뜻이다. 그것이 아쉽다는 것이다.

부처님께서는 당신의 말씀과 행동과 생각이 완벽하시다. 당연하고 마땅하겠으나 분별을 짓지 않기 때문이다. 신구의 삼업이 청정하다는 말이다. 상대가 누구든 또 어떤 말과 행동을 하더라도 마음 흔들리지 않고 편안해야 한다.

그러려면 집착하는 마음이 조금이라도 있으면 안 된다. 그래서 작은 불안도 없어야 한다. 그것만이 지상 최고의 완성이다. 걱정하지 않으려면 신심이 있어야 한다. 무슨 신심인가? 부처님에 대한 믿음이다. 부처님에 대한 믿음은 어떻게 생기나? 부처님 말씀을 이해하고 체득해야 한다. 그러면 믿음이 저절로 생긴다.

부처님 말씀 중 가장 핵심은 무엇일까? 분별이다. 분별은 인과를 낳는다. 인과는 좋은 것과 싫고 나쁜 것이 똑같이 생기는 것이다. 세상의 모습은 인연 연기 따라 그대로 완벽하게 돌아간다. 이를 이렇게 저렇게 분별하는 것은 나의 분별심이다. 그래서 인과는 내가 만든다.

어떤 인과의 모습도 완벽히 나타나기 때문에, 어디에도 머무름 없이 마음을 내어야 한다. 머무름은 분별이고 탐진치 삼독심이다. 좋고 싫은 고락의 인과만 낳을 뿐이다. 그러니 걱정할 것도, 억울할 것도, 아쉬울 것도, 괴로울 것도 없다.

그래서 그 어떤 상도 갖지 않아야 한다. 상이 상이 아니고 그 이름이 상이기 때문이다. 그러므로 인연 연기에 대해 함부로 간섭해서는 안 된다. 간섭하는 즉시 인과의 고통을 받는다. 시시비비해봐야 기분만 나빠질 뿐이다. 이러한 업을 조금이라도 멸하기 위해서는 기도, 참선, 보시, 정진이 뒤따라야 한다.

수보리 여래 시진어자 실어자 여어자 불광어자 불이
須菩提 如來 是眞語者 實語者 如語者 不誑語者 不異
어 자
語者

수보리야, 여래는 참된 말만 하는 이며, 실다운 말만 하는 이며, 맞는 말만 하는 이며, 속이지 않는 말만 하는 이며, 다르지 아니한 말만 하는 이니라.

수보리야, 여래는 망언을 하지 않고, 진정한 말을 하며, 헛된 말을 하지 않는다. 또 실상의 말을 하고 허황된 말을 하고 싶어 하지 않으며, 여실한 말을 하고 속이지 않으며, 딴소리를 하지 않는다.

그렇다면 어떤 말씀을 하시는가? 자성을 스스로 깨닫고 청정한 본성을 가리키는 말씀을 하시는데, 일체중생이 중생이 아니요, 일체상이 상이 아닌 여래의 본성품本性品을 직접 말씀하시니, 과연 여여한 말씀이다.

또 일체 내외법內外法을 여읜 실상법에 입각하여 말씀하시니 실다운 말씀을 하는 것이요, 말과 글자의 상이 공하며, 얻음과 증명함이 공한 진여보리에 입각하여 말씀하시니, 이것이 참말씀인 것이다.

그러나 서로 상충되는 말씀, 즉 이랬다저랬다 하시는 말씀도 있다 하는데, 부처님께서는 절대 헛말을 하지 않으실 텐데 어떤 말씀인가? 부처님께서는 처음에 보살은 4상을 여의어야 한다고 말씀시더니, 나중에는 4상이라 할 것이 없다고 부인하셨다.

또 처음에는 일체상을 여의어야 모두가 부처라 하시더니, 나중에는 일체상이 상이 아니라고 하시고, 또 처음에는 상에 머물지 말라고 하시더니, 나중에는 마음이 상에 머물러도 머무르는 것이 아니라고 말씀하시는 것 등등이다.

이렇듯 대중이 의심할 것을 아시고 부처님께서는 일체상을 여읜 부처님의 실상, 즉 여래께서 얻으신 것이 과연 무엇이냐고 한다면, 실로 얻은 것이 아무것도 없다는 것을 얻은 것이다. 또 대중들에게 무엇이 진정한 법이냐를 가리키는데, 대중은 가리키는 손가락만 보는 격이다.

결국 굳이 말을 하자면, 이것과 저것이라는 분별상, 즉 양변兩邊의 마음을 모두 놓아야 할 것인데, 이를 놓지 못하는 대중들은 아직 마음을 깨치지 못하고 헤매고 있으므로 자재처自在處를 모르는 까닭이다.

마음을 잘 활용할 줄 알면 살아가는 데 있어서 큰 도움이 된다. 그러나 자신의 마음을 아는 이들이 얼마나 될까? 누구나 지금 자신이 생각하고 느끼고 있는 나를 진짜 나라고 생각한다. 그러나 한 번 더 생각해봐야 한다. 내 마음이 진짜 나라고 한다면, 한결같아야 하고 한결같이 즐겁고 행복해야만 한다.

그렇다면 지금의 내 마음은 무엇일까? 업습業習이다. 버릇된 업이라고나 할까? 업이 버릇이 되어 자꾸 반복된다는 뜻이다. 또 업이란 분별심이다. 이것을 원하면 원하지 않는 저것이 똑같이 생긴다. 이것 저것 중에 이것을 택하는 것이 분별이다. 그러나 원하는 이것을 분별할수록 원하지 않는 저것이 똑같이 분별된다.

그러므로 내 마음이라고 생각하는 나의 마음은 진짜 내 마음이 아니고 분별하는 습관을 내 마음이라고 착각하는 것이다. 그러니 항상 가짜 마음에 속고 살게 된다. 즐겁고 기쁘고 행복한 것을 원하는 만큼 똑같은 양의 괴롭고 슬프고 불행함이 생기니 말이다.

그럼 어떻게 하면 나의 가짜 마음에 속지 않을까? 두 가지 마음을 잘 운영하면 된다. 우선 지금 내가 말하고 생각하고 행동하는 것에 대해 의미를 두지 않아야 한다. 의미를 두지 않는다는 것은 어떤 감정도 남기지 말아야 한다는 것이다.

말을 하고 있는 중에도 좋고 싫은 감정이 일어날 것이다. 그러나 이런 감정을 일으키지 않아야 한다. 왜냐하면 말은 얼마든지 할지라도, 좋고 싫은 감정이 붙게 되면, 다시 좋고 싫은 고락의 인과를 낳는다. 좋은 감정은 싫고 나쁜 과보를 낳게 된다. 또 싫고 나쁜 감정이 생기면 업식으로 저장되었다가 그 버릇이 다시 또 생기기 때문이다.

세상 모든 것은 일체가 생로병사와 성주괴공으로 연기한다. 사람살이 또한 마찬가지다. 그러니 무엇이 남을 것이며 무엇을 얻을 것인가. 모두가 공성이다. 세상도 우주도 사람도 이에서 벗어날 수 없다. 정치, 경제, 사회, 질병, 전쟁, 평화 등 이 모든 모습은 생로병사와 성주괴공의 연기 속에서 반복된다.

남는 것은 이와 같은 모습들을 보고 좋다 싫다는 고락의 감정과 옳다 그르다고 시비하는 마음만 남게 된다. 그러나 내 마음이라고 하는 것 또한 좋고 싫은 고락이 서로를 의지하며 상의상존相依相存 반복되는 버릇, 즉 인과의 수레바퀴만 거듭될 뿐이다.

따라서 좋은 감정이든 싫고 나쁜 감정이든, 이 감정만이 생사부침 生死浮沈할 뿐이므로 그냥 있는 그대로 보고 들으면 된다. 그래서 무 엇을 보고 듣든 연기의 모습으로 받아들일 뿐 얼마든지 말하고 생각 하고 행동할지라도 그것은 그것대로 대하되 진짜 속마음으로는 탐 진치 삼독의 감정을 일으키지 말고 여여한 마음을 가져야 한다.

설사 상대가 나를 괴롭히더라도, 사업이 망한다 하더라도, 몸이 망 가지더라도, 마음이 머무르거나 상을 갖지 말고 그대로 받아들이면 서 일체의 마음 감정을 놓아야 한다. 고통과 괴로움도 업습의 버릇이 인과적으로 나타나는 것이므로 어느 순간 이를 끊지 않으면 고통은 계속될 것이기 때문이다.

수 보 리　여 래　소 득 법　차 법　무 실 무 허
須菩提　如來　所得法　此法　無實無虛

수보리야, 여래가 얻은바 이 법은 진실하지도 않고 허망하지도 않느 니라.

부처님께서는 수보리에게 이렇게 말씀하셨다. 여래가 얻은 이 법 은 진실한 법도 아니요, 허망하지도 않다. 여래가 증득하신 이 경계 는 집착을 내는 생각으로나 느낌 감정으로는 얻지 못하는 것이다.

이 법을 법이라고 하면 이미 법이 아니게 된다. 왜냐하면 법이라고 하면 법이 아닌 인과가 생기기 때문이다. 그렇다고 허망하다고 하면 허망하지 않은 것이 또한 생기니, 또다시 허망한 인과가 생기기 때문이다.

그러므로 이 법은 실實도 없고 허虛도 없을 뿐 아니라 무실無實과 무허無虛도 남기지 않는다. 그래야만 자재본연自在本然, 즉 이것과 저것이라는 분별을 여읜 여래지如來地가 드러나는 것이다.

그러하여 실實을 만나더라도 실에 집착하지 않고, 허虛를 만나더라도 허에 집착하지 않아 실이든 허든 아무런 분별이 없으니, 일체를 당기고 놓을 수 있는 법구족처法具足處가 생긴다.

또 다함이 있고 상이 있으니, 다함이 없고 상이 없게 되므로, 이에 다함이 있고 상이 있든, 다함이 없고 상이 없든, 그 어느 것에도 분별하지 않으므로 가히 당할 수 있는 법자재처法自在處가 생기는 것이다.

이른바 무소불능無所不能, 무소불위無所不爲, 무소부실無所不實, 무소불허無所不虛의 상이 없으므로 밝은 덕이 생겨서 늘 항상 평안한 마음이 유지될 것이다.

오랜만에 목감기가 심하게 걸렸다. 나이 먹는 것을 잊고 살았는데 아무래도 면역력이 떨어지는 건 어쩔 수 없나 보다. 몸이 아픈 건 그렇다 치지만 만약 마음마저 아프다고 한다면 큰 문제가 아닐 수 없다. 그러나 그렇지는 않은 것 같다.

걱정은 바람에서 생긴다. 바람은 연기법을 믿지 않는 습관에서 나온다. 연기는 자연스런 인연 작용이다. 해가 뜨지 않으면 어쩌나 걱정하는 것은 부질없는 일이다. 밤이 오면 어쩌나, 바람 불면 어쩌나, 늙으면 어쩌나, 죽으면 어쩌나 하는 바람은 어리석은 생각이다.

따라서 모든 결과는 당연히 나타나는 연기법이요, 인과법이다. 이렇게 되고 저렇게 되는 것은 모두가 필연적으로 나타날 수밖에 없는 연기법이요, 인과의 과보다. 이것이 옳고 저것은 그르다 하는 것은 각자의 업식 작용이므로 순전히 각자의 몫이다.

나타나는 현상, 상에 마음이 머물러 집착하는 것은 참으로 어리석은 일이다. 문제는 나타나는 현상이나 어떤 일의 모습에 있는 것이 아니라 오로지 나의 좋고 싫은 고락의 업에 있다 할 것이다. 남이 보기에는 좋지 않은 일일지라도 내가 좋지 않은 일로 생각하지 않는다면 아무렇지 않은 일이 된다.

만약 내가 죽음에 이를지라도 이는 연기의 일환이요, 인과의 모습이라고 굳은 신심을 가지고 대한다면 슬프거나 괴롭지 않다. 그 어떤 일이 닥치더라도 이 또한 연기의 현상이요, 인과의 법칙이라고 믿고 그 일을 공성으로 돌려버린다면, 싫고 나쁜 감정은 생기지 않을 것이다.

그러니 항상 마음이 평안해야 한다. 그 어떤 말을 하거나 듣더라도, 그 어떤 행동을 하거나 보더라도, 그 어떤 생각을 하거나 알더라도, 이에 마음이 머물거나 집착하지 않는다면 늘 마음은 평화로울 것이다.

바닷물은 본래 평평하고 잔잔하다. 탐진치 삼독심이라는 바람이 불면 마음에 파도가 친다. 옳네 그르네, 좋네 싫네 하는 시비고락의 마음은 바람과 같다. 고락시비의 바람이 크면 클수록 마음 파도는 크게 출렁이게 된다. 삼독심이라는 바람에 의해 파도라는 마음이 출렁이게 되는 것이다.

그러니 내가 옳으니 네가 그르니 하거나, 이것이 좋네 저것이 싫네

하는 것은 스스로의 마음을 불편하게 하고 고통과 괴로움, 피곤함만
더할 뿐이다. 그러므로 기다리지 않아도 새벽은 오고, 지는 해를 보
내려 하지 않아도 날은 저문다.

須菩提 若菩薩 心住於法 而行布施 如人入闇 卽無所見
약보살 심부주법 이행보시 여인유목 일광명조 견종종색
若菩薩 心不住法 而行布施 如人有目 日光明照 見種種色

수보리야, 만약 보살이 마음을 법에 머물러서 보시를 한다면, 어두운
곳에 들어간 사람이 아무것도 볼 수 없는 것과 같고, 만약 보살이 마음
을 법에 머물지 않고 보시한다면, 눈 밝은 사람이 햇빛 아래 가지가지
의 사물을 보는 것과 같으니라.

부처님께서 비유로 말씀하시되 "도를 배우는 보살의 마음이 양변
兩邊(有無長短)이나 삼제법三際法(과거·현재·미래)에 머물러 보시를 행
하는 것은 어둠 속에 들어가면 보이는 것이 없는 것과 같으며, 마음
을 양변삼제兩邊三際에 머무르지 아니하고 보시를 행하는 사람은 눈
이 밝은 사람으로서 햇빛 아래 가지가지 사물을 보는 것과 같으니
라"라고 하셨다.

무릇 수행하는 보살이 자성自性의 진공眞空을 깨달아서 일체 모든
것에 머무르거나 집착하지 아니하면, 이는 마음과 법이 함께 공한 가
운데 행하는 보시이니, 자연 금강의 눈이 활짝 떠져서 지혜의 날이
밝게 비치어 일체법의 경계에 가지가지 있고 없는 모든 법이 본심本

心을 떠나지 아니하고 명료하게 알게 되는지라, 만일 마음이 법과 티끌에 머무르거나 집착하는 가운데 보시를 행한다면 곧 4상에 걸리게 되어 밝음이 없는 어둠 속에서 한 물건도 보이지 않는 눈먼 사람과 같다 할 것이다.

이러한 당처, 즉 여래지如來地는 다함이 없는 진여로서 얻음을 삼는 것이니, 이 진여체眞如體는 일체의 때와 장소에 편만遍滿(두루 참)하여 얻는 것이므로 얻지 못하는 것이 없는 까닭이다.

그러나 마음이 법에 머물거나 머물지 않는 것은 분명히 다른 것이니, 머물게 되면 진여체가 가림이 생겨 삼륜체三輪體, 즉 시자施者(주는 이)와 수자受者(받는 이), 시물施物(시주물)이 공한 보시라는 것을 알지 못할지니, 밝은 눈을 가린 것과 같음이요, 이에 머무름이 없으면 삼륜체를 여실히 행사하되 무실無實 무허無虛할지니, 밝은 눈이 있어 가지가지 모든 일체를 명료하게 비침과 같은 것이다.

선거일이 다가오면 곳곳에서 후보자들이 열심히 공약을 설명하고 지지를 호소한다. 고개만 살짝 돌리면 볼썽사나운 일도 여반사로 일어난다. 눈살이 찌푸려지지만 어쩌겠는가, 정치 현상은 곧 그 나라 국민, 민도의 척도라고 하지 않던가. 그래도 주권을 가진 국민의 한 사람으로서 투표에는 참여해야 하겠으니 열심히 고민을 해본다. 하지만 내가 지지하는 후보나 정당이 진정으로 보다 더 옳고 좋은가에 대해서 나중에라도 후회하지는 않을는지 한편으로 염려도 된다.

그런 의미에서 불자 된 입장에서는 분명한 관점을 가져야 한다고 본다. 분명한 관점이란 또 따분한 말이 될 수도 있겠지만, 시시비비에 너무 매몰되면 안 된다는 것이다. 나름의 식견과 분명한 소신을 가질 수는 있겠으나 이는 당연히 일어날 수밖에 없는 연기와 인과의 현상에 대해 나의 감정만 홀로 흥분하는 것과 같은 오류를 범할 수 있기 때문이다.

너무나 간단한 인과의 도리에 정면으로 배치될 수 있다는 말이다. 한마디로, 나타나는 현상에 대해 옳고 그른 시비를 하는 것까지는 좋으나, 나의 탐진치라는 삼독의 감정을 얹게 된다면 고스란히 나의 업과로 귀결된다는 것을 잊어선 안 된다. 흥분과 기분은 가장 큰 분별업으로서 내 마음속 업장에 고스란히 저장되었다가 다음에 또 흥분과 고업苦業의 과보로 이어지기 때문이다.

바다 전체를 봐야지 파도를 보고 왈가왈부하는 것은 부질없는 짓이다. 마음이라는 바다는 본래 고요하고 변함이 없는데 그때그때 욕탐慾貪이라는 바람이 불어서 감정이라는 파도로 좋고 싫은 고락의 인과를 만든다.

사바세계는 본래 시끄러운 것이 아니다. 고요히 연기할 뿐이다. 그러나 사바세계를 보는 내 마음이 시끄럽기 때문에 그렇게 보이는 것이다. 관심이 다른 데 있는 사람이나, 아예 관심이 없는 사람들은 선거와 같은 시끄러운 현상이 아예 시끄러울지도 모른다. 국민의 일원으로서 그럴 수 있냐고도 하겠으나, 다른 차원의 문제로 봐야 한다.

그래도 내가 믿는, 내가 옳다고 보는 진영이 집권해야 나라가 바로되지 않겠느냐고 반문할 수도 있다. 당연하다. 문제는 감정을 가지고 이렇게 말하게 되면 또 다른 시비의 구실이 된다는 것이다. 가장 경계해야 할 사항이 바로 이런 생각을 하는 것이다. 이런 생각이야말로 집착이고 분별심이다. 더 정확히 말하면, 이러한 마음은 증오심과 분노심이 포함된 미움이다. 더 넓은 안목을 갖지 못하기 때문이다.

소납 또한 이렇게 말하는 것은 순전히 개인 주장일 수 있다. 그러나 좋고 싫은 감정이나 집착, 그 어떤 상을 두고 하는 말이 아니기 때문에 마음이 평안하다. 이것이 가장 중요한 핵심이다. 어떤 주의와 주장을 펴더라도 감정을 얹지 않아야 한다. 좋아하면 좋아하는 대로, 싫으면 싫은 대로, 또는 모르면 모르는 대로 선택하면 그만이다. 다만 감정을 얹게 되면 인과의 함정에 빠지는 꼴이 되니, 웃으면서 선택하고 누가 뭐라 해도 항상 평안하라.

일체의 모든 현상이 일어나는 것을 더 큰 안목으로 본다면, 시시비비가 필요 없는 연기의 현상이요, 인과의 모습이며, 성주괴공으로서 공성을 머금은 이슬과 거품 같은 상들이므로 왜 부질없이 나의 감정을 수고롭게 할 것인가. 남는 것은 나의 좋고 싫은 분별 감정의 인과의 업만 고스란히 남아서 고업의 과보를 받을 뿐이니 절대 거품 같은 현상에 속으면 안 될 것이다. 그러므로 모두가 평안하라.

수보리 당래지세 약유선남자 선여인 능어차경 수지독
須菩提 當來之世 若有善男子 善女人 能於此經 受持讀

송 즉위여래 이불지혜 실지시인 실견시인 개득성취 무
誦 卽爲如來 以佛智慧 悉知是人 實見是人 皆得成就 無

량 무 변 공 덕
量無邊功德

수보리야, 오는 세상에 만일 어느 선남자 선여인이 능히 이 경을 받아 지녀서 읽고 외운다면 곧 여래가 부처의 지혜로써 이 사람을 다 알고 다 보니, 한량없고 가없는 공덕을 모두 다 성취하게 되느니라.

진리는 결국 뜻으로나 말로써는 알 수도 없고 얻을 수도 없다. 왜냐하면 '이것'이라고 생각하고 말하는 순간, '저것'이 또한 생기기 때문이다. 이를 '분별'이라 하고, 이 '분별'은 '이것'과 '저것'을 윤회하게 하는 것이므로 지옥과 고통, 괴로움의 과보를 받을 수밖에 없다.

이러하여 부처님께서 이 경의 공덕을 말씀하시니, 이번에만 세 번째이다. 부처님께서 오백세 후의 중생에게까지 이 경의 법이 전하게 될 것인가 염려하심은, 바로 윤회하는 중생을 생각하심이다. '나'라는 아상을 가진 이상 언젠가는 다시 태어날 수밖에 없으므로 지금의 내가 오백세 후의 내가 될 수 있는 것이다.

비록 오백세 후에라도 부지런히 닦은 선남자 선여인이 이 경을 받아 지녀 경의 요지를 여실히 잘 알게 된다면, 깨끗한 마음으로 계합契合하므로 입과 마음이 저절로 상응하여 독송하게 될 것이다. 이는 곧 부처님의 지혜로써 다 아심과 보심이 되나니, 이 사람은 무량무변한 공덕을 성취하게 된다 하심이다.

왜냐하면 지금의 여래가 없다 하더라도 선남자 선여인이 이 경에 대한 무한한 신심으로 마음을 깨닫게 되면, 이 경의 뜻과 완전히 한 몸이 될지니, 진공묘지眞空妙地를 요달了達케 되므로 곧 여래가 되기 때문이다.

진공묘지를 요달하면 곧 부처 불佛을 요달함이요, 내가 부처 불佛을 요달하게 되면, 곧 부처 불이 나를 요달함이 되니, 때문에 여래가 불지혜佛智慧로써 다 아시고 다 보신다 하신 것이다. 즉 내가 여래를 알며, 여래가 곧 나를 알게 되니, 청정한 부처의 지혜로 밝혀 보심이 되는 것이다.

이렇게 불지혜를 본다 함은 곧 부처를 봄과 같고, 내가 부처 불佛을 본다 함은 곧 부처 불이 나를 보게 됨이다. 이런 까닭에 여래가 불지혜로 다 보신다 하심이요, 내가 곧 부처요 부처가 곧 나인 진공묘지를 얻었을 때 무량무변의 공덕을 성취한다 하심이다.

하루 일정이 끝나면 숙소에 들어와 씻고 난 후에는 잠을 청한다. 일찍 자고 새벽에 일어나는 편이라서 곧바로 이불 속에 들어가 잠을 청하는 그 시간이 나에게는 하루 중에 가장 평안한 때라고 할 수 있다. 한마디로 기분 좋은 시간이다.

그렇다고 다른 시간이 덜 좋다거나 안 좋다고 하는 말은 아니다. 직원들이나 방문하는 분들과 차를 마실 때나 숙소에서 총무원으로 가는 골목길을 걸어갈 때도 좋다. 가끔 맛있는 초콜릿을 먹을 때도 좋고, 붕어빵이나 호떡을 얻어먹을 때도 좋다. 이렇게 말하니까 안 좋을 때가 별로 없는 것 같다.

이런 광경들을 가리켜 소위 소소한 즐거움? 소소한 행복이라 할까. 물론 신경 쓰이는 일이 생긴다거나 상대의 요구를 흔쾌히 들어주지 못할 때, 어려운 이야기를 상대방에게 잘 설명해야 할 때 등등 비교적 소소한 불편도 없지는 않다. 그래서 소소한 즐거움이 더욱 맛깔스럽다. 과보를 받더라도 소소한 불편만 생기므로 부담이 없다.

'남들이 볼 때', 상대적으로 큰 문제라고 할 수 있는 일이 발생할 때는, 오히려 마음을 얹지 않고 인과 인연에 맡겨버리니 걱정 근심이 별로 없다. 따라서 아무리 큰일을 성취했다 하더라도 그렇게 좋은 기분은 내지 않는다. 왜냐하면 공짜는 없는 법이기 때문이요, 좋은 기분을 낸 만큼 좋지 않은 인과의 과보가 반드시 온다는 것을 알기 때문이다.

반대로 '남들이 볼 때', 아주 싫고 나쁜 일이 닥친다 하더라도 이 또한 마음 감정을 얹지 않고 인과 인연에 맡긴다. 그리고 특별히 싫고 나쁜 감정을 갖지 않으려 한다. 당연히 올 것이 오는 것이라고 믿기 때문이다. 세상에는 원인 없는 것은 없고, 과보 없는 것도 없으니 말이다.

사람들은 싫고 나쁜 것, 그래서 화나는 것을 대부분 참으려고만 한다. 사실 참는다는 것은 임시 조치일 뿐 싫은 마음, 화나는 마음이 사라지거나 없어지는 것은 아니다. 그래서 그와 비슷한 일을 만나면 또다시 기분이 아주 싫고 나쁘게 된다.

싫은 마음, 화나는 마음을 가지고 있는 한 언제라도 싫고 화나는 일은 당연히 생기게 된다. 그러니 싫고 화나는 마음을 없애는 것이 최우선이다. 연기와 인과의 이치를 정확히 알고 굳게 믿는다면 기분 좋지 않은 일은 생기지 않고 좋지 않은 감정 또한 저절로 없어지게 된다. 그리고 저절로 기도하게 되고, 참선하려고 하고, 보시하려는 마음이 저절로 생기게 된다.

소납은 그래서 아주 큰일에 있어서는 넉넉한 마음을 가지는 편이다. 아주 좋거나 아주 싫고 나쁜 것은 그래서 문제가 되지 않는다. 연기와 인과를 알지 못하고 거스르는 마음을 쓰게 되면 항상 고통과 괴로운 마음이 따르고 없어지지 않는다. 나 같은 경우는 다만, 너무 큰일에 대해 마음을 놓는 반면, 소소한 재미마저 없을까 봐서 아주 작은 소소한 것에는 조금 즐기는(?) 편이다.

15

지경공덕분
持經功德分

경을 지니는 공덕

제십오 지경공덕분
第十五 持經功德分

수보리 약유선남자 선여인 초일분 이항하사등신보시
須菩提 若有善男子 善女人 初日分 以恒河沙等身布施

중일분 부이항하사등신보시 후일분 역이항하사등신보
中日分 復以恒河沙等身布施 後日分 亦以恒河沙等身布

시 여시무량백천만억겁 이신보시 약부유인 문차경전
施 如是無量百千萬億劫 以身布施 若復有人 聞此經典

신심불역 기복승피 하황서사수지독송 위인해설 수
信心不逆 其福勝彼 何況書寫受持讀誦 爲人解說 須

보리 이요언지 시경 유불가사의 불가칭량무변공덕
菩提 以要言之 是經 有不可思議 不可稱量無邊功德

여래위발대승자설 위발최상승자설 약유인 능수지독
如來爲發大乘者說 爲發最上乘者說 若有人 能受持讀

송 광위인설 여래실지시인 실견시인 개득성취불가량
誦 廣爲人說 如來悉知是人 悉見是人 皆得成就不可量

불가칭무유변불가사의공덕 여시인등 즉위하담여래
不可稱無有邊不可思議功德 如是人等 卽爲荷擔如來

아누다라삼먁삼보리 하이고 수보리 약요소법자 착아
阿耨多羅三藐三菩提 何以故 須菩提 若樂小法者 着我

견인견중생견수자견 즉어차경 불능청수독송 위인해
見人見衆生見壽者見 卽於此經 不能聽受讀誦 爲人解

설 수보리 재재처처 약유차경 일체세간 천인 아수
說 須菩提 在在處處 若有此經 一切世間 天人 阿修

라 소응공양 당지차처 즉위시탑 개응공경 작례위요
羅 所應供養 當知此處 卽爲是塔 皆應恭敬 作禮圍遶

이제화향 이산기처
以諸華香 而散其處

15. 경을 지니는 공덕

"수보리야, 어느 선남자 선여인이 있어 아침에 항하의 모래 수같이 많은 몸으로써 보시하고, 한낮에 또 항하의 모래 수같이 많은 몸으로써 보시하고, 저녁에도 역시 항하의 모래 수같이 많은 몸으로써 보시하기를 이와 같이 한량없는 백천만억 겁을 보시한다 하여도, 만약 또 어떤 사람이 이 경전을 듣고 믿는 신심으로 따르기만 하더라도 그 복덕이 저 복덕보다 더 수승하니라. 하물며 이 경을 쓰고, 받아 지녀 읽고 외우고 남을 위해 알도록 설명해 준다면 더 말할 나위가 있겠느냐.

수보리야, 중요한 것은 이 경은 가히 생각할 수도 없고, 가히 헤아릴 수도 없는 끝도 없는 공덕이 있느니라.

여래는 대승에 발심한 사람을 위하여 이 경을 설한 것이며, 최상승에 발심한 사람을 위하여 설한 것이니, 만일 어떤 사람이 능히 받아 지녀 읽고 외우고 사람들을 위하여 널리 알려주면, 여래는 이 사람을 다 알고 이 사람을 다 보니, 이 사람이야말로 한량없고, 말할 수도 없고, 끝이 없고, 생각할 수도 없는 큰 공덕을 얻느니라.

이와 같은 사람들은 여래의 아뇩다라삼먁삼보리를 짊어질 수 있을 것이니라.

왜냐하면 수보리야, 소승법을 좋아하는 사람은 나라는 지견, 사람이라는 지견, 중생이라는 지견, 오래 산다는 지견 등 사상에 빠져 곧 이 경을 능히 알아듣지도 지니지도 읽지도 외우지도 못하고 다른 사람들에게 잘 알려주지도 못하느니라.

수보리야, 만약 어느 곳이든 이 경이 있다면 모든 세간의 하늘, 사람, 아수라가 마땅히 공양하는 바이니, 마땅히 알라, 이곳은 부처님의 탑을 모신 곳과 같으므로 모두가 공경하고 예배하고 둘러싸서 모든 꽃과 향으로 그곳을 덮을 것이다."

15. 지경공덕분 持經功德分
경을 지니는 공덕

수보리 약유선남자 선여인 초일분 이항하사등신보시
須菩提 若有善男子 善女人 初日分 以恒河沙等身布施

중일분 부이항하사등신보시 후일분 역이항하사등신보시
中日分 復以恒河沙等身布施 後日分 亦以恒河沙等身布施

여시 무량백천만억겁 이신보시 약부유인 문차경전
如是 無量百千萬億劫 以身布施 若復有人 聞此經典

신심불역 기복승피 하황서사수지독송 위인해설
信心不逆 其福勝彼 何況書寫受持讀誦 爲人解說

"수보리야, 어느 선남자 선여인이 있어 아침에 항하의 모래 수같이 많
은 몸으로써 보시하고, 한낮에 또 항하의 모래 수같이 많은 몸으로써
보시하고, 저녁에도 역시 항하의 모래 수같이 많은 몸으로써 보시하기
를 이와 같이 한량없는 백천만억 겁을 보시한다 하여도, 만약 또 어떤
사람이 이 경전을 듣고 믿는 신심으로 따르기만 하더라도 그 복덕이 저
복덕보다 더 수승하니라. 하물며 이 경을 쓰고, 받아 지녀 읽고 외우고
남을 위해 알도록 설명해 준다면 더 말할 나위가 있겠느냐.

부처님께서는 오는 세상에 이 경을 수지독송하는 이는 여래가 불지혜佛智慧로 다 알고 다 보심이니 무량무변 공덕을 성취하리라 하셨다.

그러나 또한 부처님께서는 내가 곧 부처요, 부처가 곧 나라는 아즉불我即佛 불즉아佛即我를 그냥 무량무변 공덕의 성취라고만 하면 이를 깨친 사람은 잘 알겠지만 깨닫지 못한 사람에게는 감히 상상도 못할 일이라 하셨다.

즉, 이 말을 알고 깨친 자는 무슨 말씀인지 즉시 알겠지만, 이를 알지 못하는 자는 아무리 말을 해도 마음에 와닿지 않는다는 것을 부처님께서 아시고 비유를 다시 드신 것이다.

어떤 사람이 하루 세 차례 항하의 모래 수와 같은 몸을 가지고 그어떤 보시를 하기를 일생도 아니고 백천만겁의 무량한 시간을 두고하는 보시의 공덕보다 이 경을 듣고 신심信心을 일으켜 심오한 진리를 깨닫는다면 이 복덕이야말로 백천만 배의 보시에도 비교할 수 없을 만큼 더욱 크다고 말씀하신다.

셀 수 없이 많은 보시를 백천만겁의 긴 세월 동안 한다 하여도 그시간과 양은 끝이 있는 법이다. 그러므로 깨친 이에 비하면 한 순간한 찰나에 지나지 않을 것이요, 많은 보시 또한 그 공덕이 많다 해도깨친 이가 보기에는 한 티끌에 지나지 않는 것이다.

하지만 이 경을 알고 보고 수지독송하여 마음을 깨친다면 글자 그대로 무량무변의 공덕을 성취케 됨이니, 여기에는 시간도 공간도 숫자도 문자도 말씀도 붙일 수가 없게 되는 것이다. 사바의 현상을 완전히 떠난 열반과 피안의 경지이기 때문이다.

어떤 불자와 이야기를 나누다가 재작년에 교통사고를 당하여 그 후유증이 지금도 가끔 나타나곤 하는데 그럴 때마다 몸이 매우 아프다는 것이다. 사고를 어떻게 당했느냐고 물으니, 신호 대기 중에 뒤차가 들이받는 바람에 큰 부상을 당했다고 했다. 그러면서 나를 이렇게 만든 사람이 매우 원망스럽고 정말 재수가 없을 뿐만 아니라 나를 이렇게 만든 사람이 응분의 벌을 받았으면 좋겠다는 말을 했다.

이 불자의 심정을 충분히 알고도 남겠으나, 생각이 그런 식으로 흐르게 된다면 큰 문제가 아닐 수 없다는 생각이 들어서 한마디 해주었다. 혹여나 잘못 들으면 기분만 상하게 할까봐 조심스럽게 말을 건네면서, "그 사람에 대해 미워하는 마음이 남아 있지 않아야 그 사람으로부터 생긴 병도 나을 수 있을 것 같다"고 말을 해주었다.

내가 느끼는 즐거움과 괴로움의 고락이라는 분별 인과는 그야말로 자업자득自業自得이라 했다. 첫 번째로는, 세상에 우연히 일어나는 것은 없으니, 우연인 것같이 생각되지만 사실은 한 치 오차도 없이 완벽한 연기법에 의해 모든 것이 움직여진다는 것을 알아야 한다.

두 번째로는, 모든 움직임은 고락의 인과에 의해 인연을 짓는다. 하나하나의 행동에 의한 움직임을 보고 즐겁고 괴로운 감정을 갖게 되는데, 즐거운 감정을 가진 만큼의 괴로운 감정이 생기게 되는 인연이 움직여지면서 나에게 도달되는 것이다.

쉽게 말해서, 내가 언젠가 그 어떤 일로부터 내 마음이 기쁘고 즐겁고 행복한 감정을 느꼈다면, 딱 그만큼의 괴롭고 고통스러운 일이 생기는 인연을 만나게 된다는 말이다. 그러므로 스스로 짓고 스스로 받는 자업자득이 되는 것이다. 이를 인과의 법칙이라 하고, 그런 현상이 일어나는 것이 연기법이다.

　이러한 현상이 연기법으로 한 치 오차 없이 완벽하게 이루어지는 모습을 인드라망과 같다 하고 서로서로 연결 안 되는 것이 없다고 했다. 따라서 좋고 싫은 일이 나에게 도달되는 것을 인연이라 하고, 그 인연에 의해 좋고 싫은 고락의 감정을 갖는 것을 업이라 한다. 이러한 좋고 싫은 고락의 감정은 나의 분별심으로부터 시작이 되므로, 이러한 분별심을 완전히 갖지 않게 된다면 부처가 나이고 내가 곧 부처라고도 했다.

수보리　이요언지　시경　유불가사의　불가칭량무변공덕
須菩提 以要言之 是經 有不可思議 不可稱量無邊功德

수보리야! 중요한 것은 이 경은 가히 생각할 수도 없고, 가히 헤아릴 수도 없는 끝도 없는 공덕이 있느니라.

　부처님께서는 수보리를 다시 불러 이 경에 대한 공덕의 불가사의를 마무리 지으시려 말씀하셨다.

　불가사의란 어떤 것인가? 이치가 둥글고 도가 극함이니, 몸이 결코 몸이 아니라는 마음으로 몸을 삼아야 하고, 반야가 곧 반야가 아니라는 마음으로 반야를 삼고, 소유가 곧 소유가 아니라는 마음으로 소유를 삼는 것을 불가사의라 한다.

　또 불가칭량不可稱量이란 어떤 것인가? 말이 끊어지고 마음이 다함이니 유와 무가 떠나고, 수와 양을 떠나고, 악과 선을 떠나고, 부처와 중생을 떠나는 것을 말함이니, 이를 불가칭량이라 한다.

또 무변無邊이란 어떤 것인가? 안과 밖이 텅 비어 끝과 그침이 없으니 마법魔法이 없으며, 도가 없으니 외도가 없으며, 세간법이 없으니 출세간법이 없으며, 십악이 없으니 십선이 없으며, 정법이 없으니 부정법이 없으며, 양쪽과 중간이 공하였으니 이를 무변이라 한다.

또 공덕이란 어떤 것인가? 내가 부처요, 부처가 나인 이 진리를 떠나지 않았으니 이것을 공이라 하고, 이러한 진리를 응용하여 때로는 중생 편에, 때로는 부처 편에 임하되 어느 쪽에도 물들지 않으니 이를 덕이라 한다.

한마디로 마음이 공하므로 이것이다 저것이다 분별하지 않으니, 이것도 공하고 저것도 공하여 생각할 수도 없으므로 옳다 그르다 시비가 끊어지고, 좋다 싫다 고락이 끊어지며, 있다 없다 유무가 끊어지고, 산다 죽는다 생사가 끊어진다. 나머지는 모두 그림자요, 물거품이요, 아침 이슬이요, 꿈과 같음이요, 번개와 같음이다.

그러므로 탐하고 성내고 분별하는 것이 얼마나 부질없는 일이며, 거기다가 또 집착하는 고집을 부리면 부릴수록 고통과 괴로움만 만든다는 것을 깊이 깨달아야 한다.

슬픔과 괴로움을 없애는 최고의 방법은 집착하지 않고 마음을 머물지 않게 하는 것이다. 그러나 어디 그리 쉬운 일인가. 그래도 그렇게 해야 한다. 왜냐하면 원하는 일이 잘 되지 않아서라고 하는 집착된 생각이 마음에 머물러 있기 때문이다.

그렇다면 그 이유를 알 필요가 있다. 소납이 그동안 쉼 없이 밝혀 왔듯이, 항상 근본적인 원인은 따로 있다. 그러니 우리는 늘 그림자에 속고 있다는 것을 까맣게 모르고 있다. 그래서 항상 헛다리를 짚으니 해결을 못하고 괴로워한다.

세상의 이치와 같이 좋고 나쁜 것에는 총량의 법칙이 적용된다고 했다. 따라서 기분 좋은 감정과 기분 나쁜 감정의 총량은 같다. 사람마다 기분이 좋은 때가 있으면 기분 좋은 만큼 기분 나쁜 때가 있기 마련이다. 이 둘 무게가 같다는 말이다.

기분 좋은 마음의 업이 생길 때가 되면 기분 좋은 일이 인연 되어 나타나게 되고, 그 인과로 인하여 기분 나쁜 마음의 업이 생기게 되는데, 이때 기분 나쁜 일이 인연이 되어 나타나게 된다. 이렇게 기분 좋은 감정과 기분 나쁜 감정은 서로 그 질과 양이 같게 나타난다.

다만, 잔잔한 파도가 생길 때도 있고 큰 파도가 생길 때도 있듯이, 마음 감정도 이와 같아서 때로는 작은 기쁨, 때로는 큰 기쁨이 나타나고 그 인과로 인하여 때로는 작은 슬픔, 때로는 큰 괴로움이 나타날 때도 있는 것이다.

그러므로 욕심이라는 마음의 크기에 따라 인과도 크게 출렁이게 되니, 모든 근원은 내가 원하는 만큼 그에 따라 기쁨과 슬픔, 즐거움과 괴로움이라는 인과가 똑같이 나타나게 되는 것이므로 나에게 오는 모든 고락은 결국 내가 지은 자업자득이라 할 것이다.

따라서 결코 좋은 일이 좋은 것이 아닌 것이 되고, 나쁜 일이 나쁜 것이 아닌 것이 되니, 일희일비할 이유도 필요도 없다. 그러니 본질은 일이 잘되고 못되고에 있는 것이 아니라 기분 좋은 마음 감정과 기분 나쁜 마음 감정이라는 고락의 분별, 인과因果에 있는 것이니, 벌어지는 일에 대해 집착하지 말고 나의 고락 인과의 업을 없애는 것만이 해결의 근본이 된다는 것을 알아야 할 것이다. 그러니 억울해하거나 슬퍼하거나 괴로워하지 말지라.

如來爲發大乘者說 爲發最上乘者說 若有人 能受持讀誦
廣爲人說 如來悉知是人 悉見是人 皆得成就不可量 不可稱
無有邊不可思議功德

여래는 대승에 발심한 사람을 위하여 이 경을 설한 것이며, 최상승에 발심한 사람을 위하여 설한 것이니, 만일 어떤 사람이 능히 받아 지녀 읽고 외우고 사람들을 위하여 널리 알려주면, 여래는 이 사람을 다 알고 이 사람을 다 보니, 이 사람이야말로 한량없고, 말할 수도 없고, 끝이 없고, 생각할 수도 없는 큰 공덕을 얻느니라.

대승大乘이니 최상승最上乘이니 하는 말은 소승小乘과 하승下乘을 상대하는 말이기는 하나, 본래의 법에 있어서는 대소와 상하가 있을 수 없다. 다만 사람들의 생각이 차등의 업습에 젖어 있으므로 그들에게 맞추어 이해시키기 위하여 붙인 이름이다.

굳이 나누어 보자면 이렇다. 만일 참선을 하거나 염불을 하거나 송주를 하거나를 막론하고, 이와 같은 수행을 하는 이유에 대해 스스로의 주관이 없이 다른 사람의 말을 듣고 이리 쏠리고 저리 쏠리는 이를 소승인小乘人이라 한다.

다음으로, 이것이 아니면 안 된다는 자기의 주관에 상대적으로 완고하게 집착하여, 용맹정진하는 사람을 중승인中乘人이라 한다.

그다음은, 한 번 보고 스스로 집착하지 않고, 한 번 들음에 능히 마음을 놓으며, 정법을 수행함에 끝없이 마음을 산란케 하지 않는 이를 대승인大乘人이라 한다.

또 참선도 없고 염불도 없고 송주도 없고 시작도 끝도 없고 걸림도 없어서, 법이라는 생각도 여의어 초연히 집착함이 없어서 따로 수행을 두지 않음이니, 신구의가 본래 참선이요, 염불이며, 송주가 되는 이를 최상승인最上乘人이라 한다.

도대체 이해하려야 이해할 수 없는 사람이 있다. 어쩌면 저럴까 속이 터질 정도로 기가 막힌 행동을 하는 사람이 있다. 이런 사람을 보는 것만으로도 숨이 막힐 것 같고, 더군다나 같이 생활하는 입장에 있어서는 미칠 것만 같은 답답함을 느끼기도 하며, 이런 인연이야말로 최악의 악연惡緣이 아닐까 생각되기도 한다.

왜 이런 사람과 인연이 되는 걸까? 결론부터 말하자면, 이런 사람은 바로 나의 아바타요, 나의 그림자이며, 나의 마음 모양이다. 이 말에 수긍이 안 되는가? 기분이 나쁜가? 아마도, 말도 안 된다고 생각할 것이다. 그래도 어쩔 수 없다. 이것이 진실이니 말이다.

한마디로, 누구나 내가 알고 있는 것, 내가 인식하고 있는 것만 보인다. 내가 알 수 없고 내가 모르는 것은 상상할 수도 없고 보일 수도 없다. 그러니 내 마음 안에 있는 것이 보이게 되고, 마음 안에 없는 것은 보이지 않는다. 그러므로 내 마음에 있는 업業의 그림자가 현실로 나타나는 것이다.

또 내가 원하는 것이 있기 때문에 그만큼 원하지 않는 것이 나타나게 된다. 답답함을 느낀다는 것은 내가 원하는 대로 되지 않기 때문이다. 원하는 것이 없으면 답답함을 느낄 수가 없다. 그러므로 내 앞에 있는 사람이 내 마음에 들지 않는 행동을 한다고 하여 그 사람이 무조건 잘못한다고 할 수는 없다.

상대방은 어디까지나 상대방 스스로의 사정이 있다. 그 사정이란, 그 사람의 전생까지 연결되는 문제이므로 내가 감히 왈가왈부한다는 것은 주제넘은 짓이다. 그만큼 내 마음에 들지 않는다고 하여 상대방의 행동까지 간섭할 수 있는 단순한 문제가 아니다.

답답한 사람이 나에게 나타난다는 것은 결코 우연이 아니다. 나 스스로 좋고 싫은 고락의 업이 있는 이상 내가 싫어하는 대상이나 싫어하는 사람이 나타나는 것은 필연적이라 할 수 있다.

그러니 무조건 상대에게 문제가 있다거나, 상대에게 답답함을 느낀다거나 등등 상대로부터 고통을 느낀다 하여 상대를 탓하고 나무랄 것이 아니라, 이때야말로 나의 고락 업을 살펴서 스스로의 분별심에 대해 참회하는 자세를 가져야 한다. 대신 상대는 상대의 업에 의해 스스로 책임질 일이다.

그러므로 어떤 사람을 보거나 대할 때 그 사람에 대해 이러쿵저러쿵 평가할 수는 있겠으나, 그 사람에 대해 답답함을 느끼거나, 못마땅하거나, 기분이 나빠지거나, 그래서 상대를 탓하고 나무라고 싫어한다면, 그렇게 하여 나 스스로 기분이 나빠진다면 이는 어디까지나 나의 업이요 나의 몫인 것이니 누워서 침 뱉기와 다름 아니요, 이런 사람을 보거나 만날 때마다 항상 스스로의 못된 마음을 되돌아봐야 할 것이다.

《육조구결六祖口訣》에는 다음과 같이 표현되어 있다.

"대승이란 지혜가 광대하여 능히 온갖 법을 건립하는 것이며, 최상승이란 때 묻은 법을 굳이 싫어하는 속된 법을 보지 않는 것이며, 구해야 할 거룩한 법을 보지 않는 것이고, 제도할 중생을 보지 않는 것이다.

또한 열반이 있어서 증득할 것을 보지 않고, 중생을 제도했다는 마음을 내지 않으며, 중생을 제도하지 않았다는 마음도 두지 않는 것이니, 이것을 이름 하여 최상승이라 하며, 온갖 것 다 아는 지혜이며, 생멸 없는 진리이며, 대반야大般若라 하느니라.

누구든지 마음을 내어 위없는 도를 구하고자 하면, 상 없고 함 없는, 깊고 깊은 법을 듣고 나서 곧 믿고 이해하고 받아 지니어 남을 위해 해설하며, 그들로 하여금 깊이 깨달아서 헐뜯고 비방하는 마음을 내지 않게 하여 크게 참는 힘과, 큰 지혜의 힘과, 큰 방편의 힘을 얻으면 능히 이 경을 두루 통하게 하는 사람이 되리라."

곧 대승이란 걸림이 없어서 마땅치 않은 마음이 전혀 없으니, 온갖 법을 건립하지 못할 것이 하나도 없다는 뜻이다. 또한 최상승이란 분별하지 않기 때문에 아쉬울 것이 없고 부족한 것이 없으므로 구할 것도 거룩할 것도 없다. 분별하지 않음으로 완벽한 마음을 가지고 있으니 부처와 중생이 따로 없기 때문이다.

재가자 지인 가운데 선방의 스님들 못지않게 평생을 참선 정진하는 분들이 있다. 수행 방법적인 측면에서는 참선을 따라갈 만한 것은 거의 없다. 그만큼 최고의 수행 방식이다. 문제는 참선을 하면서도 마음을 다스리지 못하는 분들이 많다. 물론 단시간에 이룰 수 있는 것은 절대 아니다.

왜 참선을 하나? 한마디로 탐진치 삼독심을 줄이면서 종국에는 완전히 멸하는 것을 목적으로 한다. 참고로 단번에 방하착하여 더 이상의 업이 작동하지 않고 좋고 싫은 고락의 인과가 없는 것을 돈오돈수 頓悟頓修라고 한다.

따라서 《금강경》에서 여래의 가르침처럼, 티끌만큼의 이유를 생각하거나 원인이 생기게 되면 이미 상대적인 인과가 생겨나서 생사와 생멸이 생기기 때문에 어떤 경우든지 정확히 반半은 고통과 괴로움이 생기게 된다. 그러므로 티끌만큼의 사량이나 감정의 분별도 없어야 한다.

그래서 마음이라고 하는 감정을 놓고 놓고 또 놓고, 거듭거듭 놓고 놓아야 참선이 되는 것이다. 걱정과 근심, 번뇌, 고통, 괴로움이 끼어들 틈을 주지 않게 해야 한다. 그래서 그 방편으로 화두 하나만을 들거나 염불 독경 삼매에 드는 것이다.

이 이외의 나머지 모든 행동들은 모두 인과에 걸린다. 그래서 모든 행위의 정확히 반은 걱정 근심, 고통, 괴로움, 그리고 기분이 싫고 나빠지게 된다. 이룬 만큼 성취한 만큼 즐긴 만큼 행복한 만큼 나머지 반은 과보를 받게 되기 때문에 이를 해결하기 위하여 이 모든 문제의 근원인 마음을 닦는 것이다. 그 가운데 참선이 우선한다.

참선은 모든 행위에 다 해당된다. 그 가운데 좌선이 비교적 가장 쉬운 참선이다. 본래는 어묵동정 행주좌와가 모두 참선이 되어야 한다. 신구의 삼업이 모두 참선이 되어야 한다. 참선은 가장 평화로운 상태이기 때문이다.

따라서 중생과 사람 누구나 꼭 해야할 것, 가장 우선해야 할 것, 그리고 반드시 꼭 해야 할 것이 참선이므로 달리 방법이 없다. 최고의 참선이야말로 삼천대천세계를 구하는 자비의 행이다.

여 시 인 등　즉 위 하 담 여 래　아 누 다 라 삼 막 삼 보 리
如是人等　卽爲荷擔如來　阿耨多羅三藐三菩提

이와 같은 사람들은 여래의 아누다라삼막삼보리를 짊어질 수 있을 것이니라.

이와 같이 상근기를 지닌 이는 이 경을 듣고 부처님의 뜻을 능히 깨달아서 스스로 경을 지니게 되고, 본래 성품의 끝을 본 후 다시 남을 위하여 기꺼이 움직여 능히 남을 위해 해설하고, 배우는 이들로 하여금 스스로 상 없는 도리를 깨닫게 한다.

또 설법하는 사람이 얻는 공덕은 끝이 없어서 헤아릴 수 없고 일컬을 수 없다. 경을 듣고 그 뜻을 풀어서 가르침대로 수행하고 다시 남을 위해 널리 연설하여 모든 중생들로 하여금 상 없고 집착 없는 수행을 할 것을 능히 행하게 한다.

이로써 지혜의 광명이 나타나서 티끌의 번뇌를 여의었지만, 번뇌를 여의었다는 생각조차 내지 않으니, 곧 아누다라삼먁삼보리를 얻은 것이며, 여래를 업고 다니는 것과 같다고 한 것이므로 경을 지니는 사람은 한량없고 가없는, 그리고 불가사의한 공덕을 스스로 지니고 있는 사람이라고 하셨다.

이와 같은 사람들은 과연 여래의 아누다라삼먁삼보리의, 능히 알아서 4상이 공하고 또 4상을 보는 견해도 공하여 부처님의 본심이 드러나는 고로 곧 부처가 나이고 내가 부처인 것이다.

"스님! 부처님을 무조건 믿기만 하면 모든 것이 다 이루어질까요?"
"그럼요. 의심하지 말고 무조건 믿기만 하면 됩니다."
"경전의 뜻을 몰라도 되나요?"
"그럼요. 경전, 염불, 계율 아무것도 몰라도 됩니다."
"그럼, 스님 말씀대로 무조건 믿기만 하겠습니다."

어느 불자와의 대화 내용이다. 혹자는 맹목적으로 믿기만 하는 신앙을 맹신이라 치부하여 폄하하기도 한다. 그러나 바꾸어 생각하면 무조건 믿는다는 것은 좋고 싫은 것을 분별하지 않는다는 뜻이기도 하다. 의심하지 않고 무조건 따른다는 전제이다.

물론 부처님 말씀인 경전 내용을 여실히 잘 알고 믿는다면 금상첨화겠으나 대부분의 불자들이 경전을 쉽게 알기란 참으로 어려운 일이다. 때문에 경전의 정확한 뜻에 대해 잘못된 생각을 할 수도 있겠거니와, 또 다른 분별로써 의심만 키울 수 있는 요소가 다분하다.

무조건 믿는다는 말 속에는 그 어떠한 것에도 무한한 긍정심을 가진다는 뜻이 내포된다. 이래도 믿고 따르고 저래도 믿고 따르는, 그 어떤 상황을 맞닥뜨린다 해도 일단 믿고 따르는 마음이 우선하기 때문에 부정적인 마음인 분별심을 갖지 않기 때문이다.

일체의 모든 것은 인연 연기에 따라 저절로 움직이는 것이다. 일이 된다 안 된다라고 하는 판단은 나의 분별심이 만들어낸다. 어차피 모든 것은 연기의 법칙에 따라 스스로 인연지어지기 때문에 여기에서 되고 안 되고는 있을 수 없다.

따라서 좋고 싫은 고락과 옳고 그른 시비 그리고 되고 안 되고의 성패는 순전히 나의 분별심으로 만들어내는 것이기 때문에 이러한 분별심은 인과에 따라 극락과 지옥, 즐거움과 괴로움의 윤회만 지어낼 뿐이다.

때문에 그 어떤 상황에서도 무조건 부처님을 믿고 따르기만 한다면, 분별심은 사라지게 되고, 분별심이 사라지게 되면 더욱 더 믿음이 확고해져서 좋고 싫은 고락의 인과마저 사라지게 되므로 이때에 잘되고 안 되는 분별 역시 사라짐과 동시에 잘되지 않는 자체가 없어지게 된다.

그러므로 최고의 믿음은 어쭙잖은 알음알이보다 수승하고, 무조건적인 믿음은 분별하는 참선 수행보다 훌륭하며, 진실한 신심은 그 어떤 보시보다 크나큰 공덕이 된다. 그러니 경전의 문자에 너무 얽매이지 말고 무조건적인 믿음부터 가지는 것이 최우선이겠다.

何以故 須菩提 若樂小法者 着我見人見衆生見壽者見 卽
於此經 不能聽受讀誦 爲人解說

왜냐하면 수보리야, 소승법을 좋아하는 사람은 나라는 지견, 사람이라는 지견, 중생이라는 지견, 오래 산다는 지견 등 사상에 빠져 곧 이 경을 능히 알아듣지도 지니지도 읽지도 외우지도 못하고 다른 사람들에게 잘 알려주지도 못하느니라.

이러한 4상 지견에 걸린 이들은 소승법을 즐기는 사람이니, 소승법을 따르는 자로는 이러한 최상승 경전을 알 수 없는 까닭이다. 그러니 남을 위하여 해설해줄 수도 없는 것이다.

그래서 여래께서 수보리에게 불가사의 공덕을 성취한 사람은 여래의 아누다라삼먁삼보리를 짊어진 이들이니 여래가 다 알고 다 본다고 하심이다.

여래가 다 알고 다 보신다는 것은 4상이 공한 까닭이요, 4상이 공하다 함은 4상의 지견이 없음을 말함이다. 그러니 4상지견이 공하지 못한 사람으로 이러한 4상지견이 공한 경을 들을 수 있을 것이며 독송할 수 있겠는가. 또 더구나 남을 위하여 잘 말해줄 수 있겠는가 물으신 것이다.

한마디로 말하면 그 어디에도 집착하는 마음이 있으면 이를 소승이라 하고, 소승은 스스로 만든 인과의 고통과 괴로움을 감당해야 한다. 그 어디에도 집착하지 않는 비결은 생각을 하되 무조건 감정을 비우는 것이다. 요즘말로 단 하나라도 뒤끝이 없어야 한다는 것이다.

요즈음은 보기 어려우나 옛날에는 한도인閑道人들이 많았다. 어떻게 보면 바보 같기도 하고 뻔뻔스럽기는 낯 두껍기가 한 뼘이 넘을 정도이고, 그 어떤 일에도 인상 한번 쓰지 않는 사람, 즉 절집에서는 이런 이를 한주閑主스님, 또는 한도인이라 한다.

이 정도의 멘탈을 가졌다면 가히 나한에 비견할 만하겠다. 그래서 한가한 도인이라 하여 한도인이라 했다. 그렇다면 이런 사람을 어떻게 봐야 할 것인가? 한마디로 분별심이 없기 때문에 그 어떤 경계에도 끄달리지 않고 항상 마음이 평안, 평온한 상태에 있으므로 이상적이다.

사람들은 이 부분에 있어서 본질을 놓치고 대부분 착각을 한다. 사람이 최고로 추구하는 것은 궁극적으로 불편함과 괴로움을 피하고 편안함과 즐거움을 얻는 데 있다. 그리고 고통과 불편함을 없애기 위한 수단으로서 돈과 권력, 명예와 종족을 가지고 지키려 한다.

그리하여 편안과 즐거움을 위한 돈과 권력, 명예와 종족을 지키기 위해 결국 싸움과 전쟁, 시비의 악순환을 거듭하며, 또다시 불편과 괴로움의 인과를 감수해야 하므로 참으로 아이러니하다.

그렇다면 결국 인생에 있어서 최고 최대의 목적은 불편하지 않고 편안한 상태의 마음을 가지는 것이다. 그러나 즐겁기 위해서는 괴로움의 인과를 감수해야 하고, 옳은 것을 주장하려면 그른 것의 과보를 감수해야 하므로, 이러한 분별은 결코 해답이 될 수 없다.

즐거움이 크면 클수록 괴로움의 과보도 크게 나타나고, 정의의 부르짖음이 크면 클수록 불의의 과보도 크게 나타나는 것이니, 이것은 인과의 전형적인 모습에 불과하므로 분별의 극치를 보여주는 것이므로 결코 바람직한 답이 아니다.

그래서 가장 좋은 자세는 절대적으로 기분 감정을 일으키지 않는 것이다. 대화를 하면서도 내 주장이 절대적으로 옳다고 믿고 상대의 주장이 틀리다 하더라도 결코 화를 내거나 시비 싸움을 해서는 안 된다. 아니 그렇게 하더라도 내 감정이 상해서는 안 된다. 이기는 것이 본질이 아니라 내가 평안하느냐에 있기 때문이다.

그 어떤 무엇을 관철하여 즐거움과 흡족함을 얻는다 하더라도 그 대가로서 인과를 치러야 하는 과정이 남아 있기 때문에 결코 바람직한 모습이 아니다. 이때는 이래도 그만 저래도 그만, 본질은 내 마음에 감정을 싣지 않음으로써 평안함을 유지하는 것이다.

그러므로 상대를 이김으로써 내 기분을 맞추려 하거나, 졌다고 하여 자존심을 스스로 상하게 하는 것은 매우 어리석은 짓이다. 그러니 이기고 지는 것에 마음을 둘 것이 아니라 항상 감정을 일으키지 않음으로써 인과의 과보를 받지 않는 데에 마음을 써야 한다.

그러니 항상 경계에 걸리지 말아야 하며, 그럴 때마다 마음을 놓고 또 놓아야 한다. 귀뚜라미나 개구리가 나를 보고 아무리 욕을 한다 해도 내가 알아듣지 못하고 감정이 일어나지 않는 것처럼 상대의 말 또한 귀뚜라미나 개구리 소리로 들어서 감정을 일으키지 않는 습관을 길러야 한다. 다만 큰소리 작은 소리인지, 얇은 소리 두꺼운 소리인지 구별만 하면 된다.

수보리　재재처처　약유차경　일체세간　천인　아수라　소응
須菩提　在在處處　若有此經　一切世間　天人　阿修羅　所應

공양　당지차처　즉위시탑　개응공경　작례위요　이제화향
供養　當知此處　卽爲是塔　皆應恭敬　作禮圍遶　以諸華香

이산기처
而散其處

수보리야, 만약 어느 곳이든 이 경이 있다면 모든 세간의 하늘, 사람, 아수라가 마땅히 공양하는 바이니, 마땅히 알라, 이곳은 부처님의 탑을 모신 곳과 같으므로 모두가 공경하고 예배하고 둘러싸서 모든 꽃과 향으로 그곳을 덮을 것이다."

공양供養은 몸과 마음 그리고 귀한 물품을 봉헌하여 정성을 보이는 것이다. 예배한다는 것은 오체五體(사지와 머리)를 땅에 닿게 하여 절하는 것이고, 둘러싼다는 것은 대중이 부처님께 귀의하는 장면이다. 꽃과 향은 공경 찬탄함의 표시이다.

누구나 4상이나 4상을 보는 지견이 없으면 여래법신이 법계에 충만함을 저절로 알아지는 것이니, 중생이 법신을 깨닫지 못하는 것은 4상지견이 아직 남아 있기 때문이다.

4상지견이 없으면 우주 삼라만상이 모두 법신인 줄 알 것이며, 자기 자신도 법신인 줄 알아 모두가 법신 아닌 것이 없는 것이다. 따라서 이러한 법신의 진리가 모두 담겨 있는 《금강경》이야말로 법신의 전체 표현이라 할 것이다.

부처님께서 수보리에게 말씀하시되, 어느 곳을 막론하고 만약에 항상 계신 법신의 진리가 온전히 들어 있는 이 경으로 하여금 법신불이 현실로 나투어지게 됨이니, 법신은 본래 나툴 수 없는 것이지만 이 경으로 인하여 나투어지게 되는 것이다.

이를 아는 자는 매우 드물어서 범인이나 열등 중생(三惡道, 지옥·아귀·축생)은 도저히 알지 못하며 하늘이나 사람, 아수라 가운데 근기가 매우 수승한 상근기 정도나 아는 것이다.

그러므로 이를 깨닫게 되면 누구든 응당 일체 세간의 몸과 마음과 물건 등을 아끼지 않고 공양 공경할 것이니, 이곳은 바로 상주법신불常住法身佛이 현실에 잠깐 나타나신 곳으로서 부처님의 진불眞佛, 진사리眞舍利가 계신 탑과 부도일 것이므로, 천인天人과 아수라가 공경하고 공양하며 오체투지할 것이요, 귀의할 것이며, 부처님을 둘러싸고 꽃과 향으로 장엄할 것은 물론이다.

"스님 저는 걱정 근심되는 일이 있으면 밥도 잘 먹지 못하고 잠도 잘 못 자겠어요. 어떻게 하면 걱정 근심하지 않고 대담하게 일을 잘 해 나갈 수 있을까요?"

대부분의 사람들이 겪는 걱정 근심일 것이다. 심하면 우울증과 스트레스로 인한 정신적 고통이 삶을 어렵게 만들기도 한다. 걱정도 팔자란 말이 있듯이, 근심 걱정은 모두가 습관화되어 있어서 별다른 일이 없음에도 불안한 마음을 지울 수가 없다.

근심 걱정의 원인은 목적을 미리 정해 놓은 데서 온다. 이렇게 되어야 하는데… 저렇게 되면 안 되는데… 그러나 모든 결과는 이미 정해져 있다. 우주 삼라만상이 인드라망으로 서로서로 영향을 주고받는 것이므로 나 혼자만이 원하는 결과를 얻을 수는 없다.

때문에 되고 안 되고는 인연 연기법에 맡기는 것이 좋다. 가장 중요한 것은 되고 안 되고가 본래 없다는 것이다. 연기법에 의해서 그렇게 저렇게 저절로 될 뿐이다. 문제는 되고 안 되고를 내가 정하고 만든다는 것에 있다.

따라서 되고 안 되고, 좋고 싫고는 내가 만드는 인과법으로서 되는 것이 있으므로 안 되는 것이 덩달아 나타나게 되고, 좋은 것이 있으므로 좋지 않은 것이 덩달아 나타나게 되는 법이니, 결국 원하는 만큼 원치 않는 것 또한 생기는 것이어서 생사 생멸을 나 스스로가 만든다는 것이다.

그러니 원하는 것이 없으면 원치 않는 것 또한 없는 것이므로, 가장 이상적인 행동 양식은 목적을 미리 정해 놓고 애태울 것이 아니라 어떤 결과가 나타나든 연기법에 따라 무조건 믿고 맡겨서 결과에 상관없이 그저 묵묵히 행할 뿐이다.

따라서 그 어떤 일이 닥친다 하더라도 걱정 근심을 할 것이 아니라, 인연과 연기, 그리고 인과를 믿고 맡기는 습관을 들이는 것이다. 아쉬움과 억울함과 성냄과 시비와 고락의 모든 감정을 그때그때 내려놓는 연습이 필요하다.

진정으로 부처님을 믿는 마음이란 무엇인가? 부처님께서 말씀하신 공과 연기 그리고 인과에 대해 더 이상 의심하지 않고 무조건 따르는 마음이야말로 곧 부처님을 진정으로 믿는 신심인 것이다.

모든 것을 부처님의 뜻에 맡기고 내가 할 수 있는 일을 묵묵히 해나가는 것, 이러한 마음으로 모든 감정을 내려놓고 행해 나간다면 저절로 걸림은 없어지고 막힘이 없어지게 되어, 결국은 모든 것이 이루어지지 않는 것이 없게 된다. 이때에 비로소 무애자재행이 나오고 자비행이 나오는 것이다.

놓고, 놓고 또 놓고 또다시 놓고 놓는 마음, 이를 중도심이라 하고 생사 생멸에서 벗어나는 해탈이 되고, 아누다라삼먁삼보리가 되는 것이다.

16

능정업장분
能淨業障分

능히 업장을 깨끗이 함

제십육 능정업장분
第十六 能淨業障分

부차 수보리 선남자 선여인 수지독송차경 약위인경
復次 須菩提 善男子 善女人 受持讀誦此經 若爲人輕

천 시인 선세죄업 응타악도 이금세인 경천고 선세
賤 是人 先世罪業 應墮惡道 以今世人 輕賤故 先世

죄업 즉위소멸 당득아누다라삼먁삼보리 수보리 아
罪業 卽爲消滅 當得阿耨多羅三藐三菩提 須菩提 我

념과거무량아승기겁 어연등불전 득치팔백사천만
念過去無量我僧祇劫 於燃燈佛前 得値八百四千萬

억나유타제불 실개공양승사 무공과자 약부유인 어후
億那有他諸佛 悉皆供養承事 無空過者 若復有人 於後

말세 능수지독송차경 소득공덕 어아소공양제불공덕
末世 能受持讀誦此經 所得功德 於我所供養諸佛功德

백분불급일 천만억분 내지산수비유 소불능급
百分不及一 千萬億分 乃至算數譬有 所不能及

수보리 약선남자 선여인 어후말세 유수지독송차경
須菩提 若善男子 善女人 於後末世 有受持讀誦此經

소득공덕 아약구설자 혹유인문 심즉광란 호의불신
所得功德 我若具說者 或有人聞 心卽狂亂 狐疑不信

수보리 당지 시경의 불가사의 과보역불가사의
須菩提 當知 是經義 不可思議 果報亦不可思議

16. 능히 업장을 깨끗이 함

"또 수보리야, 만약 선남자 선여인이 이 경을 받아 지녀 읽고 외운다 하더라도 전생의 죄업이 큰 까닭에 마땅히 삼악도에 떨어질 사람이겠지만, 금세에 다른 사람으로부터 가벼이 여김과 업신여김을 받는 것만으로 선세의 죄업을 대신 멸하고 아울러 아누다라삼먁삼보리를 얻을 것이니라.

수보리야, 내가 과거 한량 없는 아승기겁 동안 연등불 회상 이전에 팔백사천만억 나유타 수의 모든 부처님을 만나서 모두 다 공양하고 받들어 섬기어 헛되이 지나쳐버린 적이 없었느니라.

만약 또 어떤 사람이 이 후말세에 능히 이 경을 받아 지니고 읽고 외운다면, 그 공덕이야말로 내가 모든 부처님께 공양한 공덕으로는 백분의 일도 미치지 못할뿐더러 천만억분 내지 어떤 수의 비유도 능히 못 미칠 것이다.

수보리야, 만일 선남자 선여인이 이다음 말세에 이 경을 받아 지니고 읽고 외워서 얻는 공덕을 내가 모두 말하게 된다면, 혹 이 말을 듣는 사람은 마음이 미혹하고 산란하여 여우같이 의심하고 믿지 않을 것이다.

수보리야, 마땅히 알아라. 이 경의 뜻은 가히 생각할 수도 없고 그 과보도 또한 가히 생각할 수 없느니라."

16. 능정업장분 能淨業障分
능히 업장을 깨끗이 함

부차 수보리 선남자 선여인 수지독송차경 약위인경천
復次 須菩提 善男子 善女人 受持讀誦此經 若爲人輕賤

시인 선세죄업 응타악도 이금세인 경천고 선세죄업 즉
是人 先世罪業 應墮惡道 以今世人 輕賤故 先世罪業 卽

위소멸 당득아누다라삼먁삼보리
爲消滅 當得阿耨多羅三藐三菩提

"또 수보리야, 만약 선남자 선여인이 이 경을 받아 지녀 읽고 외운다
하더라도 전생의 죄업이 큰 까닭에 마땅히 삼악도에 떨어질 사람이겠
지만, 금세에 다른 사람으로부터 가벼이 여김과 업신여김을 받는 것만
으로 선세의 죄업을 대신 멸하고 아울러 아누다라삼먁삼보리를 얻을
것이니라.

악도惡道라 함은 지옥, 아귀, 축생을 말함이다. 다른 뜻으로는 우수
憂愁와 사려思慮, 모욕侮辱과 병고病苦, 횡액橫厄과 사망死亡을 말한
다. 선세죄업先世罪業이라는 것은 전생에 지은 죄에 끼친 업력을 말

하는 것으로서, 현세現世에도 전생과 같은 습업習業이 나타나게 됨이니, 1초 전이라도 전생인 것이다. 과거에 지은 모든 악행으로 끼친 심리적 고통이나 육체적 고통을 선세죄업이라 한다.

육조 혜능 스님께서 말씀하시기를, 선세先世는 곧 앞생각의 망심妄心이요, 금세今世는 뒤 생각의 깨달은 마음이니, 전 생각이 잘못된 생각이면 이 죄업으로 인하여 응당 악도惡道에 떨어질 것이지만, 금시今時의 현념現念이 깨우쳐 밝음으로써 선세의 죄업을 모두 멸하게 되는 것이다.

곧 죄근罪根이라는 것은 본래 없음을 깨닫게 됨으로써 망령되고 잘못된 마음이 머물지 못하게 되는 것이니, 죄업이 이루어지지 못하는 것은 곧 보리를 얻었기 때문이라 하심이다.

이러한 고로 부처님께서는 수보리를 불러 이르시되, 만약 전생에 많은 죄업을 지어서 고통받는 악도에 떨어질 처지에 놓였더라도, 지금 이 경을 수지독송하여 마음을 깨닫게 된다면, 전생의 죄업은 모두 사라지게 되고 대신 다른 사람으로 하여금 업신여기게 되고 가벼이 여기는 정도로만 전생의 죄업을 대신할 것이니, 이는 이미 마음을 깨친 나에게는 아무런 일이 아니게 되는 것이라고 하심이다.

"스님! 제가 어떤 사업을 하려고 하는데, 이 사업을 하면 좋을까요? 저 사업을 하면 좋을까요?"

"스님! 지인이 도움을 요청하는데 아무리 생각해도 나에게 이득이 없는 것 같아서 도와줄 마음이 없으나, 그렇다고 도와주지 않으려 하니 마음이 편치 않습니다. 어떡하면 좋을까요?"

첫 번째 질문의 답은, 어떤 사업을 하든 아무 상관이 없다고 말해 주었다. 그래도 미심쩍어하는 것 같아 두 사업 중에 아무렇게 하나를 골라 주었다. 왜냐하면 이 사업을 하든 저 사업을 하든 사업이 문제가 아니라, 본질은 좋고 나쁜 마음의 결과이기 때문이다.

사람들은 습관적으로 나에게 이득이 되고 좋은 것을 선택하려 한다. 하지만 좋다는 것은 싫고 나쁜 인과를 똑같이 생기게 하므로 좋은 만큼 싫고 나쁜 것이 따르게 된다. 그러므로 어떤 사업을 통해서 즐거움과 기쁨을 얻었다면, 그에 상응한 괴로움과 슬픔 고통의 과보가 따르게 되는 것이니, 얻은 만큼 잃는 것이 인과의 법칙임을 알아야 한다. 따라서 이러한 착각에서 빨리 벗어나야 분별에 따른 인과의 고통을 면할 수 있다.

따라서 인과의 업에 의해 좋은 업이 나타날 때가 되면 그 어떤 사업을 하더라도 잘 될 것이고, 나쁜 업이 나타날 때가 되면 아무리 좋은 사업도 고통과 괴로움이 뒤따르게 된다. 그러므로 인과의 업을 멸하고 분별하지 않는 공한 마음을 가져야 사업도 잘될뿐더러 설사 사업이 잘되지 않는다 하더라도 마음의 데미지가 없는 것이다.

두 번째, 도움을 청하는 것에 대해 도움을 줄 것인가 말 것인가에 대한 답 역시 도와줘도 좋고 돕지 않아도 좋다. 다만 도움을 주었을 때 그에 따른 대가를 바란다면 도움을 줘도 준 것이 아니게 되고, 반대로 도움을 주지 않는다 하여도 그에 따른 미련과 분별심이 없다면 이 또한 도와주지 않더라도 아무런 상관이 없다.

따라서 도움을 주었을 때 대가를 바라지 않고 흔연히 도와주어야 인과가 발생하지 않으므로 그 자체로서 중도적인 복이 되는 것이고, 만약 도움을 주지 않는다 하더라도 미련과 집착으로 인하여 마음이 불편하다면 차라리 도와주는 것이 낫다고 할 것이다.

그러니 이렇게 하든 저렇게 하든, 내가 하는 행위에 대해 이득을 바라서 즐거움과 기쁨을 얻게 된다면 그에 상응한 인과가 생겨서 언젠가는 괴로움과 슬픔, 고통의 과보를 받을 터, 그 어떤 행동을 하더라도 공한 마음과 무심無心한 마음으로 묵묵히 그저 행하거나 또는 행하지 않을 뿐 한마디로 뒤끝이 생겨 스스로 불편한 과보를 받지 않아야 한다.

그러니 순간순간 무심하고 공한 마음, 그리고 좋고 나쁜 분별심을 갖지 않고 그저 행할 뿐 그렇게만 된다면 편치 않는 마음은 사라지게 되고 늘 여여하고 근사한 마음으로 여유롭게 살아갈 수 있을 것이다.

전생에 아무리 큰 죄를 지었더라도 이 경을 통해 이미 마음이 공했으므로, 전생에 지은 죄 또한 공하게 되는 것이니, 모든 죄가 소멸되었다 할 것이다. 다만 어떤 이로 하여금 업신여김이나 모함을 당했다 하더라도 이는 업신여기고 모함을 한 이에게로 고스란히 돌아가는 것이다.

죄무자성종심기罪無自性從心起라고 했다. 죄라는 것은 본래 실체가 없음에 자성 또한 없는 것이다. 내가 죄라고 분별을 할 때 비로소 생기는 것이므로 마음에 따라 죄가 생긴다는 말씀이다.

이를테면 만약 살생을 했다 하자. 살생을 하는 그 순간 살생이다 죄다, 또는 방생이다 복이다 등의 분별심을 가진다면, 이는 분명 살생을 함으로써 오는 이득에 따라 순간적인 즐거움으로 인하여 복은 사라지고 죄가 되는 동시에, 살생에 의한 죄과로서 인과가 생기므로 고통의 과보를 받게 된다.

하지만 설사 살생을 했다손 치더라도 죄와 복, 살생과 방생 등의 분별심이 없어서 공하고 무심한 마음이라면, 살생으로 인한 죄과는 없을뿐더러 그에 따른 인과 또한 없는 것이므로 고통의 과보가 없는 것이다.

더구나 살생에 의한 물리적인 죄과로 인하여 감옥에 간다거나 다른 이로 하여금 복수를 당할지라도, 이러한 인연에 대해서도 이미 공한 마음을 가지고 있기 때문에 고통과 괴로운 마음이 조금도 생기지 않느니, 이렇게 되든 저렇게 되든 아무런 마음의 부담은 없다.

그렇다면 살생을 당한 측에서 보자면, 자신의 업에 의해 살생을 당하게 된 것으로 봐야 한다. 즉 살생을 당한 이의 전생 죄업이 나타난 것으로 봐야 한다는 말이다. 예를 들어 태풍으로 인해 뭇 생명이 죽임을 당하였다면 태풍을 나무랄 수는 없는 것과 같은 것이니, 마찬가지로 태풍에 의해 죽임을 당한 측의 업연으로 보는 것이 타당하다 할 것이다.

따라서 선세先世의 죄업이 공하고 금세今世의 업신여김이 공하고, 후세의 악도가 공하여, 이 모두가 공하게 된다면 마땅히 아누다라삼막삼보리를 얻는다는 것을 알아야 한다.

사람은 위기를 맞았을 때 그 사람의 진가가 나오는 법이다. 평소에 평범한 삶을 사는 듯 보이던 사람이 위험에 처했을 때를 만나서 용맹한 모습을 보여 사람들을 놀래키는 사람이 있는가 하면, 그렇게도 큰소리치며 호탕하던 사람이 어려움을 만나면 도망치기 바쁜 사람도 있다. 또 칭찬하는 말에도 스스로 오해하여 시비를 거는 사람이 있는가 하면, 작은 이득에도 양보는커녕 목숨을 걸고 달려드는 사람도 있다.

이 같은 일들은 인과의 법칙을 전혀 모르는 소치이다. 인과를 제대로 아는 사람은 그 어떤 상황을 만나더라도 마음의 동요가 없다. 그어떤 어려움에 처할지라도 전혀 놀라지 않고, 아무리 급작스런 변고에도 당황하지 않으며, 옆에서 누가 뭐라고 음해를 할지라도 원망하는 마음이 없다.

왜냐하면 인과를 알면 마음이 공해지기 때문이다. 모든 현상은 연기 작용에 불과할 뿐이니, 마음을 둘 아무런 이유가 없음에도 불구하고 스스로 만들어서 스스로 집착하는 고락의 인과 감정만이 춤을 추게 되는 것이므로, 이를 여실히 잘 안다면 집착하는 마음은 없어지고 공한 마음이 되는 것이다.

그러므로 언제 어디서든 평안하고 편안한 마음을 가질 수가 있다. 말을 하면서도 인과를 생각하면 말에 집착하지 않으므로 마음이 평안하고, 생각을 하면서도 인과를 생각하면 욕심과 성냄이 사라지는 동시에 마음이 평안하며, 어떤 행동과 움직이는 가운데서도 인과를 생각하면 무리한 행동과 무리한 움직임은 사라지고 늘 마음이 평안하다.

때문에 자나깨나 항상 인과를 화두로 삼아서 탐진치 삼독심을 멸해야 할 것이다. 그냥 되지는 않는다. 최소한의 기도는 필요하다. 그리고 인과를 화두로 삼아 참선하고, 양보와 보시는 필수이다. 그리고 매일 정진한다면 모든 천신들이 나를 도울 것이다.

須菩提 我念過去無量我僧祇劫 於燃燈佛前 得值八百四千萬
億那有他諸佛 悉皆供養承事 無空過者

수보리야, 내가 과거 한량 없는 아승기겁 동안 연등불 회상 이전에 팔백사천만억 나유타 수의 모든 부처님을 만나서 모두 다 공양하고 받들어 섬기어 헛되이 지나쳐버린 적이 없었느니라.

아승기阿僧祇는 무앙수無央數이다. 즉 한없는 가운데의 숫자이니 수를 셀 수 없다는 뜻이다. 나유타那由他는 천만억이라는 수이다.

10억을 1낙차落叉라 하고, 10낙차를 1구지俱胝 즉 100억이며, 10구지 즉 1000억이라 한다. 따라서 8백 4천만억 나유타란 여기서 1000억을 곱해야 하는 것이므로 한량없는 수인 아승기 무앙수가 된다.

또 승사承事는 부처님의 뜻에 순종하고 봉사한다는 뜻이다.

부처님께서 법신의 이치가 확연히 드러난 이 경을 통해 장소가 공하고, 시간이 공하고, 죄업이 공한 것을 말씀하신 것이다. 그래서 "이 경을 수지독송하는 이는 필경에 안팎 일체가 다 공하여 무주무상無住無相의 실상법신實相法身일 것이다"라고 말씀하셨다.

따라서 부처님께서는 연등燃燈부처님 이전에 팔백사천만억 나유타나 되는 수많은 부처님께서 출현하셨을 때, 한 분도 빼지 않고 모든 부처님께 공양 승사承事하셨음이니, 이 일이 어찌 쉬운 공덕이겠는가 하는 말씀이다.

이 말씀은 곧, 마음이 공하고 공하면 모두가 공하여 일체의 유무를 떠나고, 모든 시공을 떠나고, 생사와 고락을 떠났으므로 삼라만상 인드라망 모두가 부처님 아닌 것이 없으니, 이 자체가 공양供養 승사承事라는 말씀이다. 즉, 처처불상處處佛像이요, 사사불공事事佛供이다.

"스님! 부처님께 내가 직접 염불, 정근, 참회기도를 하는 것과 절에 스님께 부탁하여 기도비를 내거나 등을 켜고 축원하는 것 중에 어떤 것이 더 좋은 걸까요?"

이런 질문을 하는 분들이 많다. 딱히 둘 중에 비교하여 하나를 고르라면 어느 것이 더 좋다고 말할 수는 없다. 가장 좋은 방법은 물론 함께 병행하는 것이 가장 좋을 것이다. 보통은 본인이 직접 기도하는 것이 가장 수승하다고 할 수는 있겠으나, 그렇지 못할 사정이 있다면 후자를 선택하더라도 공덕이 되는 데에는 전혀 이상이 없다.

당연한 말이겠으나 어느 쪽이라도 정성이 최우선이다. 최고의 정성은 무주상無住相하는 마음이다. 즉 한다 하지 않는다, 또는 잘 된다 잘 되지 않는다 등의 분별심을 갖지 않고 무조건 기도하는 것이다. 어떻게 기도하는가? 최고의 기도 방법으로는 염불, 독경, 간경, 정근, 참회 등 어떤 것을 행하더라도 무심한 마음으로 부처님 말씀인 법을 잘 받아 지니고 읽고 외우는 것이다.

그렇다면 어떤 결과가 생길까? 자신이 원하는 것을 초월한 만큼 잘되고 안 되고의 차원을 넘어서 궁극적으로 완벽하고 완전한 성취, 즉 무상보리, 아누다라삼먁삼보리가 이루어지게 됨이니, 생전의 삶과 사후에 이르기까지 평안과 편안함을 보장받을 수 있다.

다음으로는 현실적으로 원하는 일을 성취하기 위한 적극적인 기도이다. 물론 간절하게 정성을 다한다면 그 복보와 공덕으로서 모든 일을 당연히 성취할 수 있음은 물론이다. 그러나 복이 쌓임으로써 성취한 만큼의 기쁨을 얻을 수는 있겠으나, 이는 사상事相의 인과가 발생하게 되므로 얻은 만큼 잃게 되는 과보를 받기 때문에 사실은 불완전한 성취라 할 수 있다.

따라서 좋은 기도란, 분별하지 않고 무심無心으로 무조건 정진하는 기도이며, 설사 내가 직접 기도를 하지 못하더라도 무주상보시로서 가지가지의 법보시를 통해 그 복을 쌓아가는 것이 그다음으로 최고의 기도라 할 것이다.

기도비와 불전, 시주와 공양 등은 언젠가는 다시 수천수만 배의 복덕으로 돌아오게 되는 씨앗이 될 것이며, 바라지 않는 무주상보시는 깨달음을 얻어 성불할 수 있는 최고 최선의 복덕이 된다.

세존께서는 한량없는 무주상보시로서 모든 부처님께 공양 승사한 공덕으로 부처님이 되시었고, 이보다 더욱 수승한 것은 나 스스로 부처님의 경을 수지독송함으로써 인과를 없애고 아누다라삼먁삼보리를 성취하여 모두가 부처님이 되는 무변공덕無邊功德이 된다 하겠다.

약 부 유 인　어 후 말 세　능 수 지 독 송 차 경　소 득 공 덕　어 아 소 공
若復有人　於後末世　能受持讀誦此經　所得功德　於我所供

양 제 불 공 덕　백 분 불 급 일　천 만 억 분　내 지 산 수 비 유　소 불 능 급
養諸佛功德　百分不及一　千萬億分　乃至算數譬有　所不能及

만약 또 어떤 사람이 이 후말세에 능히 이 경을 받아 지니고 읽고 외운
다면, 그 공덕이야말로 내가 모든 부처님께 공양한 공덕으로는 백분의
일도 미치지 못할뿐더러 천만억분 내지 어떤 수의 비유도 능히 못 미칠
것이다.

부처님께서 수보리에게 다시 말씀하시기를, 내가 연등불燃燈佛 이
전에 천만억 나유타의 부처님께 공양하고 승사承事한 공덕이 아무리
크다 하더라도, 어떤 이가 《금강경》을 수지독송하여 깨친 공덕에 비
할 바가 아니라 하심이다.

그만큼 이 경의 불가사의하고 무변광대한 공덕은 능히 아누다라삼
먁삼보리를 얻게 하는 고로, 한량없이 모두를 부처님으로 탄생시키
기 때문이다. 따라서 아무리 말세라 하더라도 시간과 공간을 초월하
는 깨달음으로 대승의 근기와 최상승의 법신처를 이루기 때문이다.

가장 중요한 것은 부처님께 공양하고 승사하는 공덕은 아무리 큰
공덕이라 하더라도 사상事相에 불과한지라, 단지 복보에 그치는 것
이므로, 무상보리에는 비할 바가 아니라는 것이다.

무슨 까닭이냐? 이 경은 실상법신에 이르는 것으로서 일체의 상을
여의었으므로 일체상을 여의었다 함은 곧 모두가 제불이요, 아누다
라삼먁삼보리라 이름한다고 하심이다.

또한 과거 세존께서 승사공양承事供養하신 팔백사천만억 나유타 부처님이 아무리 많다 해도 모두 이 경에서 비롯한 것이며, 저 많은 부처님께서 얻으신 무상보리법 또한 아무리 깊고 묘하다 하더라도 모두가 이 경에서 나온 것이기 때문이다.

따라서 과거·현재·미래의 불가설不可說 제불諸佛이 모두 계시며, 삼세三世의 불가설 무상보리법이 모두 이 경 안에 있다는 것을 알아야 한다. 이러한 까닭으로 말세에 이 경을 능히 수지독송할 신심과 근기만 있다면 말세의 중생에게도 성불할 수 있는 기회와 은전恩典이 있다는 것을 알아야 한다.

"스님! 착하다는 것이 어떤 것일까요? 요즘 세상에 착하게만 살다 간 바보 소리 듣기 십상이에요. 무조건 착하게 살아야 한다는 스님 말씀은 좀 무리가 있지 않을까요?"

대부분 사람들의 공통된 생각일 것이다. 무한 경쟁사회에서 무조건 양보하고 손해 보며 살라고 하는 것은 심하게 말해서 곧 죽으라는 말과 다름이 없다. 그렇다고 착하게 살면 안 된다고 할 것인가? 이 대목에서 확고한 가치관을 세워야 한다.

우선 착하게 살면 정말 손해를 볼 것인가에 대해 정확한 견지를 가져야 한다. 인과설의 측면에서 보면, 이는 가당치도 않은 생각의 오류라고 하겠다. 세상 돌아가는 모습에는 기본적으로 득실이 없다. 그저 연기할 뿐이라고 누누이 설명했다.

그럼 어디에 문제가 있을까? 이것이 생기면 저것이 생기고, 이것이 없어지면 저것도 없어지는 것이 인과라 했다. 좋은 것과 싫고 나쁜 것은 단 1그램, 1밀리미터의 차이도 없이 똑같이 생기게 된다. 마치 해가 뜨면 반드시 지게 되어 있고, 밀물이 들어온 만큼 썰물이 되어 나가는 것이 세상의 이치요 인과의 법칙이라 했다.

좋고 싫은 마음의 문제 역시 이와 똑같이 다르지 않다. 따라서 좋은 만큼 싫고 나쁜 것이 나타나는 것이 마음의 업이다. 업이 크면 클수록 좋은 것도 크고 싫고 나쁜 것도 크게 나타나게 된다. 상대적으로 업이 작다는 것은 곧 좋은 것도 없고 싫고 나쁜 것도 없다는 뜻이다.

최고의 평화와 평안은 중도심中道心이다. 중도심은 인과가 발생하지 않는다. 좋고 싫은 분별이 아예 없기 때문이다. 때문에 이를 착하다고 표현한다. 착하다는 것은 욕심이 없다는 말에 즈음한다. 손해 보지 않으려는 마음은 이득과 손해를 명확히 분별하는 것에서 생긴다. 그러므로 이득이 크면 크게 기쁘기는 할 것이나 기쁜 만큼 고통과 슬픔이라는 과보 역시 크게 나타나게 될 것이니, 결코 이득이 이득이 아닌 것이 된다.

예를 들어 시골에서 농사짓는 사람들 대부분은 큰 욕심 없이 일에만 열중하며 살아가는 것으로 보인다. 무얼 자세히 몰라서도 약지 못하다. 그래서 때로는 손해를 보기도 하지만 그에 대한 불만을 크게 나타내지 않고 포기하며 때로는 본의 아니게 양보하면서 살아가기도 한다. 언뜻 보기에도 착한 분들로 보인다.

이렇게 작은 욕심으로 성실히 살면서 빠르게 포기하고 양보하는 마음으로 살다 보니 크게 속상한 마음도 작을 수밖에 없다. 그렇다고 늘 편한 것은 물론 아니겠지만 도시의 일부 약삭빠른 사람들에 비해서는 적어도 큰 데미지 받지 않고 비교적 평화롭게 살아갈 수 있는 것이다.

결론적으로 양보하고 포기하며 착하게 살아간다는 것은 결코 손해일 수 없다는 말이다. 더더욱 착하게 산다는 의미는 중도심에 가까운 마음으로서 이를 권선勸善, 즉 착함을 권하는 마음이라 하고 이는 더 없이 크나큰 공덕이 되므로 착함의 최후는 바로 아누다라삼먁삼보리이다. 착하게 살자, 착하게 살 것이다.

수보리 약선남자 선여인 어후말세 유수지독송차경
須菩提 若善男子 善女人 於後末世 有受持讀誦此經
소득공덕 아약구설자 혹유인문 심즉광란 호의불신
所得功德 我若具說者 或有人聞 心卽狂亂 狐疑不信

수보리야, 만일 선남자 선여인이 이다음 말세에 이 경을 받아 지니고 읽고 외워서 얻는 공덕을 내가 모두 말하게 된다면, 혹 이 말을 듣는 사람은 마음이 미혹하고 산란하여 여우같이 의심하고 믿지 않을 것이다.

이 경전의 공덕이 이러할진댄 뭐라고 말할 수도 없거니와 그 무엇에도 비교할 수가 없다. 비유하려야 비유할 대상이 없고, 말을 하려야 말할 입이 다물게 될 정도다. 부처님께서 말씀하시다 다 못하여 수보리를 불러 마지막으로 말씀을 하신다.

왜 이런 말씀을 하시냐 하면, 이 경전만은 대승 근기가 아니면 도저히 그 이치를 받아 지닐 수가 없고, 그 말을 독송할 수도 없는 까닭이다. 일반적인 사량을 하는 하열한 범부가 이 경전을 대할 때에는 이치에 도저히 통달치 못할 것이니, 도리어 코웃음을 치고 비방하거나 의혹을 일으켜 이성을 잃고 마음이 산란하여 미칠 일이다.

그러하니 과연 이 경의 뜻을 받아 지니고 말로 옮겨서 내 것을 만들고 다시 남을 이롭게 하는 공덕이야말로 소승이나 범부에게는 도저히 마땅한 일이 아니고, 그네들에게 생각조차 할 바가 아닐 것이기 때문이다.

하여 만약 이 경전에 대하여 아직 모르거나 의심이 간다면 먼저 신심을 고양해야 한다. 신심을 어떻게 증장시킬 것인가? 인과의 뜻을 완벽하게 철저히 알아야 한다. 그리고 인과란 분별심에서 비롯되고, 분별심은 좋고 싫은 고락을 선택하는 것, 고락은 다시 반복하여 인과를 낳게 되니, 이 고리를 끊게 되면《금강경》의 뜻을 알기 시작할 것이다.

"스님! 저는 돈이 제일 좋아요. 돈만 있으면 무엇이든 할 수 있으니까요. 돈으로 안 되는 것은 없다고 생각해요. 뭐니뭐니해도 돈이 최고예요. 돈을 많이 벌 수 있는 기도 방법은 없을까요? 제발 돈을 많이 벌게 해 주세요."

솔직한 말이다. 이렇게 직설적인 말을 쉽게 하는 이도 드물겠으나, 실은 누구라도 이 같은 생각을 하지 않을 사람은 없을 것 같다. 사람이 열심히 산다는 이유를 들자면 물론 다양한 견해가 있겠지만, 결론적으로는 돈에 귀착되는 것이 일반적이라 할 수 있을 것이다.

이에 대한 해답부터 말하자면, 대단한 착각이라고 말해주고 싶다. 돈이 많다는 것은 매우 주관적인 것이어서 일단 돈이 얼마까지 있어야 되는지 알 수 없다. 만약 70억의 지구인 가운데 돈이 많기로 상위 100명의 부자에게 만족하냐고 물어본다면 과연 몇 명이나 만족한다고 할까?

천문학적인 복권에 당첨된 사람들 가운데 통계적으로 반 이상은 불행한 삶을 살고 있다고 한다. 물론 예외도 있을 것이지만 주위의 돈 많은 사람들을 보더라도, 그들이 과연 돈이 많아서 행복한 삶을 살고 있다고 자부하는 이는 별로 보지 못했다. 돈이 많은 만큼 또 다른 문제가 발목을 잡는 경우도 많기 때문이다.

근본적이고 본질적인 원인부터 알아야 한다. 사람은 누구나 인과의 업으로 살아간다. 즉 좋고 싫은 고락의 업으로 살아간다는 말이다. 이는 누구에게나 해당되는 업이다. 마음, 감정, 기분이란 크게 대별하여 좋거나 싫거나, 좋지도 싫지도 않은 고락사苦樂捨의 감정, 즉 삼수작용三受作用을 말한다.

때문에 주위 환경과 각자가 지니고 있는 삶의 모습은 자신의 고락업에 의해 인연 맺어지게 된다. 즉 돈이 되었든 직업이 되었든 명예와 권력이 되었든, 이 모든 삶의 여건이 만들어지는 것은 첫째, 자신의 고락업에 의해 인연이 지어진다. 둘째, 연기에 의해 완벽히 인연 맺어진다. 그러나 어떠한 환경과 여건이 만들어지든 이와는 무관하게 좋은 만큼 싫고 나쁜 인과의 과보가 똑같이 나타난다는 사실이다.

그러므로 돈이 많든 벼슬이 높든 거지가 되었든, 이 모든 환경과 여건과는 상관없이 그 누가 되었든 좋은 만큼 싫고 나쁜 것이 똑같이 생기게 되고, 싫고 나쁜 만큼 좋은 것 역시 똑같이 생기게 되는 것, 이것이 만고불변이요 질량불변의 법칙에 해당한다고 할 것이다. 이를 인과의 업이라 한다.

따라서 결국 자신이 지니고 있는 좋고 싫은 고락의 감정, 즉 인과업을 멸하지 않는 한, 육도 윤회의 고업은 영원히 지속될 것이므로 고통과 괴로움은 숙명과도 같다 할 것이다. 그러므로 겉으로 드러난 좋은 것에만 집착한다면 고락의 업에 의한 괴로움은 없어질 수가 없을 것이니, 하루빨리 자신의 고락 분별의 업을 줄여나가는 것만이 근본적인 해결책이 될 것이다.

수 보 리　당 지　시 경 의　불 가 사 의　과 보 역 불 가 사 의
須菩提　當知　是經義　不可思議　果報亦不可思議

수보리야, 마땅히 알아라. 이 경의 뜻은 가히 생각할 수도 없고 그 과보도 또한 가히 생각할 수 없느니라."

왜 이런 말씀을 하신 것인가? 어떠한 말 어떤 비유를 다 들지라도 그 뜻과 그 공덕에는 가당치 않기 때문에 그냥 생각조차 할 수 없다고 하는 수밖에 없는 까닭이다.

과보가 생각할 수 없다 함은 어찌된 말씀인가? 이 경이야말로 한 번만 외우면 선세先世의 죄업이 일념에 몽땅 사라지면서 곧바로 부처님이 되는 까닭이요, 또 이 경의 뜻을 생각할 수 없다는 것은 무슨

말씀인가? 이 경은 모든 부처님과 모든 부처님의 아누다라삼먁삼보리의 불가사의한 뜻이 이 경전의 뜻인 까닭이다.

이 경이 여기까지 오는 데는 하열한 근기를 위하여 종으로 횡으로 말씀하시던 이른바 제3단 법문이 끝나게 된 것이다. 처음 경이 시작될 때 "이와 같이 나는 들었습니다" 한 '이와'에서는 최상승 근기로 아누다라삼먁삼보리심에 들게 하신 것이고, 그다음 응당 "이와 같이 머물러 이와 같이 항복 받으라"고 하신 '이와 같이'에서는 대승으로 아누다라삼먁삼보리에 들게 하신 것이다.

또 그다음 보살마하살菩薩摩訶薩은 응당 "이와 같이 그 마음을 항복 받으라" 하시고, 9류중생을 멸도하되 "4상이 없이 멸도하여야 보살이니라" 하신 이 구절의 '이와'는 중근기로서 아누다라삼먁삼보리에 들게 하심이다.

그다음 이 경이 여기까지 오는 데는 하근기의 가지가지 의심처를 가지가지로 쫓아버리려 이리 몰고 저리 몰아서 아누다라삼먁삼보리심에 들게 하여 마치신 것이니, 이에 모든 법을 듣던 대중들은 상·중·하 세 가지 근기를 막론하고 모두 아누다라삼먁삼보리의 마음을 발하게 된 것이다.

아는 것이 많으면 진정으로 좋은 것일까? 당연히 아는 것이 많은 사람은 대중들로부터 부러움과 존경, 동경의 대상이 되기도 한다. '아는 것이 힘이다'라는 말이 있듯이 지식이 풍부한 사람은 얼마나 좋을까? 많이 안다는 것은 참으로 부러운 일이 아닐 수 없다. 과연 알음알이가 많은 것, 정령 좋은 것일까?

옛날 가난한 선비들은 돈 많은 진사進士보다 자부심이 대단했다. 아무리 없이 살지언정 지식이 풍부하고 교양과 도덕 윤리가 갖추어졌다면 벼슬아치나 부자들을 얕잡아 보면서 자신의 자태에 대한 무한한 긍지를 가지고 살았다.

그런데 많이 안다는 것과 올바른 행동거지, 그리고 마음이 평안한 것과는 엄연히 구별해야 한다. 많이 아는 것이 곧 행복하다거나 편안하다는 뜻은 아니다. 특히 도덕과 윤리에 대해 너무나 잘 아는 지식인이라 할지라도 그 이들이 도덕군자로 살아갈 것이라는 판단은 대단히 섣부르다 하겠다. 대신 기억력이 뛰어나다고는 할 수 있을 것 같다.

많이 안다는 것은 분별 망상과 비례하는 고로 많이 알수록 고민도 크다는 짐작이 먼저 앞선다. 사량 분별을 멈추고 화두를 잡아서 산란심散亂心 없이 마음을 평안케 하기 위해서는 거꾸로 아는 것이 전혀 없는 것이 유리하다는 판단이다.

물론 많이 안다고 하여 무조건 방해가 된다는 의미는 아니다. 많이 알면 깨달음도 빠르지 않을까 하는 마음을 경계하기 위해서일 뿐 많이 알아도 좋고 싫은 분별심과는 전혀 상관이 없다고 한다면 아무런 방해가 되지 않는다.

따라서 많이 알지 못한다 하여 자신을 탓하거나, 남의 박학다식에 대해 몹시 부러워한다거나, 그래서 슬퍼하거나 괴로워하는 마음을 가질 필요는 없다. 박사 우박사라 해도 좋고 싫은 고락의 업은 피할 수 없다. 무식한 사람의 인과업과도 전혀 다르지 않다. 지식과는 전혀 별개의 문제이기 때문이다.

때문에 돈이 많거나, 명예와 권력이 세거나, 지식이 풍부하거나, 건강이 좋거나, 장수하거나, 인물이 좋거나 등등 환경과 조건이 아무리 좋게 갖추어졌더라도 좋은 것을 많이 분별할수록 싫고 나쁜 괴로움의 과보가 생기게 되는 것이므로 이는 남녀노소, 빈부귀천을 막론하고 똑같은 인과가 생기게 되는 것이니 마음이 평안하고 편안한 것과는 전혀 별개임을 알아야 할 것이다.

그러니 부귀, 지식, 건강, 장수, 권력, 명예에 치중할 것이 아니라 뭐니 뭐니해도 자신의 고락업의 분별을 줄여나가기 위한 마음공부, 즉 기도와 참선, 보시와 정진이야말로 인과를 멸하고 업장을 소멸하여 영원한 평안을 가져다줄 것이다.

17

구경무아분
究竟無我分

마지막 경지에서는 내가 없다

第十七 究竟無我分

이시 수보리백불언 세존 선남자 선여인 발아누다라삼
爾時 須菩提白佛言 世尊 善男子 善女人 發阿耨多羅三

막삼보리심 운하응주 운하항복기심 불고 수보리 약
藐三菩提心 云何應住 云何降伏其心 佛告 須菩提 若

선남자 선여인 발아누다라삼막삼보리심자 당생여시심
善男子 善女人 發阿耨多羅三藐三菩提心者 當生如是心

아응멸도 일체중생 멸도일체중생이 이무유일중생
我應滅度 一切衆生 滅度一切衆生已 而無有一衆生

실멸도자 하이고 수보리 약보살 유아상인상중생상
實滅度者 何以故 須菩提 若菩薩 有我相人相衆生相

수자상 즉비보살 소이자하 수보리 실무유법 발아누
壽者相 卽非菩薩 所以者何 須菩提 實無有法 發阿耨

다라삼막삼보리심자 수보리 어의운하 여래어연등불
多羅三藐三菩提心者 須菩提 於意云何 如來於燃燈佛

소 유법 득아누다라삼막삼보리부 불야세존 여아해불
所 有法 得阿耨多羅三藐三菩提不 不也世尊 如我解佛

소설의 불어연등불소 무유법 득아누다라삼막삼보리
所說義 佛於燃等佛所 無有法 得阿耨多羅三藐三菩提

불언 여시여시 수보리 실무유법 여래득아누다라삼막
佛言 如是如是 須菩提 實無有法 如來得阿耨多羅三藐

삼보리 수보리 약유법 여래득아누다라삼막삼보리자
三菩提 須菩提 若有法 如來得阿耨多羅三藐三菩提者

연등불 즉불여아수기 여어내세 당득작불 호석가모
燃燈佛 卽不與我授記 汝於來世 當得作佛 號釋迦牟

니 이실무유법 득아누다라삼먁삼보리 시고 연등불
尼 以實無有 法得阿耨多羅三藐三菩提 是故 燃燈佛

여아수기 작시언 여어내세 당득작불 호석가모니 하
與我授記 作是言 汝於來世 當得作佛 號釋迦牟尼 何

이고 여래자 즉제법여의 약유인언 여래득아누다라삼
以故 如來者 卽諸法如義 若有人言 如來得阿耨多羅三

먁삼보리 수보리 실무유법 불득아누다라삼먁삼보리
藐三菩提 須菩提 實無有法 佛得阿耨多羅三藐三菩提

수보리 여래소득아누다라삼먁삼보리 어시중 무실무
須菩提 如來所得阿耨多羅三藐三菩提 於是中 無實無

허 시고 여래설 일체법 개시불법 수보리 소언일체
虛 是故 如來說 一切法 皆是佛法 須菩提 所言一切

법자 즉비일체법 시고 명일체법 수보리 비여인신장
法者 卽非一切法 是故 名一切法 須菩提 譬如人身長

대 수보리언 세존 여래설 인신장대 즉위비대신
大 須菩提言 世尊 如來說 人身長大 卽爲非大身

시명대신 수보리 보살역여시 약작시언 아당멸도무
是名大身 須菩提 菩薩亦如是 若作是言 我當滅度無

량중생 즉불명보살 하이고 수보리 실무유법 명위
量衆生 卽不名菩薩 何以故 須菩提 實無有法 名爲

보살 시고 불설 일체법 무아무인무중생무수자 수
菩薩 是故 佛說 一切法 無我無人無衆生無壽者 須

보리 약보살작시언 아당장엄불토 시불명보살 하이
菩提 若菩薩作是言 我當莊嚴佛土 是不名菩薩 何以

고 여래설 장엄불토자 즉비장엄 시명장엄 수보리
故 如來說 莊嚴佛土者 卽非莊嚴 是名莊嚴 須菩提

약보살 통달무아법자 여래설명진시보살
若菩薩 通達無我法者 如來說名眞是菩薩

17. 마지막 경지에서는 내가 없다

그때에 수보리가 부처님께 여쭈었습니다.

"세존이시여, 선남자나 선여인이 아누다라삼먁삼보리심을 내오니 마땅히 어떻게 머물도록 하오며 어떻게 그 마음을 항복 받으오리까?"

부처님께서 수보리에게 말씀하셨습니다.

"만약 선남자나 선여인 가운데 아누다라삼먁삼보리심을 낸 사람은 마땅히 이와 같이 마음을 낼지니라.

'내가 마땅히 일체중생을 멸도에 이르도록 다 제도하였으나, 실은 한 중생도 멸도 된 사람이 없다' 하리라. 왜냐하면 수보리야, 만일 보살이 나라는 생각, 사람이라는 생각, 중생이라는 생각, 오래 산다는 생각이 있다면 곧 보살이 아니기 때문이니라.

그 이유가 무엇이냐 하면, 수보리야, 실제로는 어떤 법이 있는 것이 아니므로 아누다라삼먁삼보리심을 일으키는 것이 된다.

수보리야, 어떻게 생각하느냐? 여래가 연등불 회상에서 어떤 법이 있어 아누다라삼먁삼보리를 얻은 것이 있겠느냐?"

"없습니다, 세존이시여. 제가 아는 바로는, 부처님께서 말씀하신 뜻은 세존께서 연등불 회상에서 어떤 법이 있어 아누다라삼먁삼보리를 얻은 것이 아닙니다."

부처님께서 말씀하셨습니다.

"그렇다, 그렇다. 수보리야, 참으로 어떤 법이 있어서 여래가 아누다라삼먁삼보리를 얻은 것이 아니니라.

수보리야, 만약 어떤 법이 있어 여래가 아누다라삼먁삼보리를 얻었다 한다면, 연등불께서 곧 나에게 수기를 주시면서 '너는 다음 세상에 마땅히 부처를 이루리니 호를 석가모니라 하리라' 하시지 않으셨을 것이다.

이러한 고로 어떤 법이 있어서 아누다라삼먁삼보리를 얻는 것이 없으므로, 연등불께서 나에게 수기하시기를 '네가 다음 세상에 마땅히 부처를 이루어 호를 석가모니라 하리라' 하셨느니라.

왜냐하면 여래라 함은 곧 모든 법이 여여하다는 뜻이니라. 만약 어떤 사람이 말하기를 '여래께서 아누다라삼먁삼보리를 얻었다'라고 하더라도, 수보리야, 실로 어떤 법이 있는 것이 아니므로 여래는 아누다라삼먁삼보리를 얻음이다.

수보리야, 여래가 얻은 아누다라삼먁삼보리 속에는 참된 것도 없고 허망한 것도 없느니라. 그러므로 여래는 '모든 법은 다 불법이다'라고 하였느니라.

수보리야, 일체법이라는 것은 곧 일체법이 아니요 그 이름을 일체법이라 하느니라. 수보리야, 비유하자면 사람의 몸이 크다는 것과도 같은 것이니라."

수보리가 말하였습니다.

"세존이시여, 여래께서 사람의 몸이 매우 크다는 것은 큰 몸이 아니라고 설하셨으므로 큰 몸이라 말씀하셨습니다."

"수보리야, 보살도 또한 이러하여, 만일 '내가 마땅히 한량없는 중생을 멸도에 이르도록 제도했노라' 한다면 곧 보살이라 이름하지 못하느니라.

무슨 까닭이냐면, 수보리야, 참으로 어떤 법도 없는 것을 보살이라 이름하기 때문이니라. 이러한 고로 여래는 말하기를 '일체법은 나라는 것도 없고, 사람이라는 것도 없고, 중생이라는 것도 없고, 오래 산다는 것도 없다'고 하였느니라.

수보리야, 만약 보살이 말하기를 '내가 마땅히 불국토를 장엄했다'고 한다면, 이는 보살이라 할 수 없으리라. 왜냐하면 여래께서 말씀하시는 '불국토를 장엄한다'는 것은 진짜 장엄이 아니라 그 이름이 장엄이라는 것이다.

수보리야, 만일 보살이 나도 없고 법도 없음을 막힘없이 환하게 통달한다면 여래는 이를 이름 하여 참다운 보살이라 할 것이다.

17. 구경무아분 究竟無我分
마지막 경지에서는 내가 없다

이시 수보리백불언 세존 선남자 선여인 발아누다라삼막
爾時 須菩提白佛言 世尊 善男子 善女人 發阿耨多羅三藐

삼보리심 운하응주 운하항복기심
三菩提心 云何應住 云何降伏其心

그때에 수보리가 부처님께 여쭈었습니다.

"세존이시여, 선남자나 선여인이 아누다라삼막삼보리심을 내오니 마
땅히 어떻게 머물도록 하오며 어떻게 그 마음을 항복 받으오리까?"

부처님께서는 지금까지 상·중·하근기에 따라서 자상하신 설법과
정령하신 자비심으로 아누다라삼막삼보리라는 깨침의 땅으로 인도
하셨으니, 깨달은 마음이라는 이 한 물건이 오롯이 홀로 드러남이다.

이때 수보리는 한 걸음 더 나아가 묻지 못할 말을 묻게 되는바, 왜
냐하면 진정한 아누다라삼막삼보리의 땅에 도달하였을진댄 머무를
보리가 어떤 것이며, 항복 받을 보리심이 어디에 있을 것인가? 보리
는 본래 한 물건도 없으니 한 물건도 없는 것에 머무를 것이 어디 있

으며 항복 받을 것이 어디에 있다는 말인가? 가히 가당치도 않은 질문이지만 그럼에도 묻는 까닭은 무엇인가?

한 물건도 없다고 하는데도, "한 물건도 없다"는 것에 또 머무를 것인가? 그렇다면 "한 물건도 없다는 마음이라는 것"에 다시 또 머물게 되는 마음을 또다시 항복 받을 것인가? 수보리의 물음에 부처님께서는 어떻게 대답을 하실 것인가? 참으로 난해한 질문이다.

"스님! 정말 정말 마음 편하게 사는 방법이 있을까요? 못마땅한 것도 없고, 싫지도 않고, 아쉬운 것도 없고, 시비고락도 없는 무조건 편안하고 평안하게 잘 사는 방법은 없을까요?"

개인적으로 이러한 질문은, '무엇을 잘되게 해주십시오, 부자 되게 해주세요, 병이 없게 해주세요, 장수하게 해주세요, 늙지 않게 해주세요, 사업 잘되게 해주세요, 합격하게 해주세요' 등등의 바람이나 욕심과는 차원이 달라서 좋다.

부처란 가장 완벽한 상태를 가리킨다. 완벽하다는 것은 감정적으로 못마땅한 것이 단 하나도 없다는 뜻이다. 전문적으로 말하면 좋고 싫은 분별 인과가 발생하지 않는다. 그래서 좋고 싫은 것이 없다. 이름 하여 무조건 평안하고 편안하다.

말이란 상대적인 것이어서 일단 말로 표현되는 것은 분별이 생긴다. 즉 평안이라고 하면 이미 불평이라는 것이 생기고, 편안이라고 하면 불편이라는 것이 덩달아 생긴다. 이렇기 때문에 말로 표현할 수 없는, 그래서 상대적인 차원이 아닌 평안과 편안을 말함이니, 이를 이름 하여 그렇다는 말이다.

상대적인 분별을 떠나서 이름하여 평안과 편안, 즉 부처가 되려면 분별 자체를 벗어나야 하고, 감정이 머무는 집착에서 벗어나야 한다. 이를 벗어나지 못한다면 당연히 분별이 생기고 좋은 것에 집착하게 되므로 그렇다면 당연히 인과가 생기게 되어 결국 싫고 나쁜 고통과 괴로움, 불편과 불안, 불평이 따르게 된다.

그렇다면 어떻게 해야 이 같은 분별과 집착에서 오는 고업을 벗어날 수 있을 것인가? 부단한 연습과 훈련, 즉 끊임없는 수행이 필요하다. 못마땅하고 마음에 들지 않는 감정이 생길 때, 그 즉시 나의 인과 귀신이 나타났구나 하고 좋지 않은 감정을 사라지게 해야 한다.

마음에 들지 않게 되면 화가 치밀어 오른다. 마음에 드는, 일이 잘 되는 것을 이미 마음에 품고 있으니, 곧바로 인과가 생기게 되어 마음에 들지 않는 것, 일이 계획대로 잘 되지 않는 것이 나타나게 되는 것이다.

어떤 일이 잘못되어서 화가 나는 것이 아니다. 이는 지극히 착각이다. 어떤 일에 대해 마음에 들지 않는다는 것은 그 일이 내 마음에 들지 않게 보여서 그런 것이 아니라 내가 더 좋은 것을 찾게 되는 탐진치의 마음을 가진 것이 원인이다. 그러므로 절대적으로 마음 밖에서 나타나는 현상에 끄달려서는 탐진치 삼독심이 계속 반복될 뿐이다.

그러므로 마음에 들지 않고 화가 나는 현상이 벌어질 때는 얼른 마음 감정을 추스려야 한다. 이럴 때는 일어난 일에 대하여 화를 내거나 싫고 나쁜 감정을 드러낼 것이 아니라, '내가 원하는 것이 많기 때문에 원하지 않는 것이 나타나는구나' 하고 자신의 업을 되돌아봐야 한다.

그 어떤 일을 만나서 마음에 들지 않는다거나, 싫고 나쁜 생각과 감정이 새록새록 드러날 때는 밖의 일이 문제가 아니라 이를 못마땅하게 보는 내 감정이 문제로구나 하고 자신의 좋지 못한 업에 그 탓을 돌려야 한다. 그리하여 마음 밖에서 일어나는 일에 대해 마음을 쓰지 말아야 한다.

숲을 보는 마음을 길러야 한다. 그러기 위해서는 마음을 크게 넓게 써야 하니 항상 마음 밖에서 나타나는 좋지 않은 현상에 대해 마음이 끄달려서는 안 된다. 마음 밖에서 일어나는 일들은 그저 인연 연기에 의해 돌아갈 뿐이므로 결국은 이를 못마땅하게 보는 내 마음의 고락 업을 멸도해야 하는 것이다.

따라서 이렇게 되면 좋은데, 저렇게 되면 안 되는데 하는 분별심을 하나하나 눌러 제거해야 한다. 그러려면 일단 눈 밖에서 일어나는 일들과 마음 감정이 머물러 집착하는 것에 대해 스스로 화를 돋우지 말아야 한다.

그래서 결국은 허깨비 같은 모든 현상에서 벗어나는 연습과 훈련이 필요하다. 결코 나타나는 현상에 대해 스트레스를 받을 하등의 이유가 없다. 어떤 일이 벌어지건 그 어떤 현상이 일어나든, 싸우고 지지고 볶고 얼마든지 할지라도 진짜로 화를 내거나 감정을 일으키지 않는 수행이야말로 인생 최고의 가치라 할 것이다.

불고 수보리 약선남자 선여인[8] 발아누다라삼먁삼보리심
佛告 須菩提 若善男子 善女人 發阿耨多羅三藐三菩提心

자[9] 당생여시심
者 當生如是心

부처님께서 수보리에게 말씀하셨습니다.

"만약 선남자나 선여인 가운데 아누다라삼먁삼보리심을 낸 사람은 마땅히 이와 같이 마음을 낼지니라.

"이와 같이"라는 마음은 어떤 것인가? 무엇을 '이와 같이'라고 하는 것인가? '이와 같이'라는 것은, 부처님의 모습 즉 본자청정本自淸淨한 성품이 그대로임을 가리키는 것이다. 본자청정이란 본래 스스로 청정한 마음이다.

또한 마음이라는 것은 아누다라삼먁삼보리를 이름 한다. 이렇게 본다면 "마땅히 '이와 같이' 마음을 낼지니라"라고 하신 이 한 말씀에서 수보리가 묻는 말이나, 부처님께서 답하시는 것 등등의 것은 다 같이 흔적도 없는 것이다.

성품 자체가 본자청정하므로 그 무엇도 붙을 수가 없고, 얻을 수도 없으며, 한 생각 한마디 말도 꺼낼 수 없는 까닭이다. 아누다라삼먁삼보리 또한 곧 본자청정이므로 마찬가지이다. 본자청정이므로, 또는 아누다라삼먁삼보리이므로 이미 묻는 수보리나 답하는 부처님도 모두 비었기 때문이다.

그러한 까닭에 경에 이르기를, 내가 응당 일체중생을 멸도하였고, 일체중생이 멸도를 마쳤는 고로 한 중생도 멸도한 자가 없다고 하신

것이다. 한 중생 또한 없으니 멸도가 있을 수 없다. 만약 멸도가 있다면 중생이 있는 것이니, 다시 한 중생을 더하고 남길 뿐이다.

왜냐하면 중생과 멸도와 멸도견이 있는 마음이 생긴 탓이다. 그러므로 보는 것이 있으면 다시 한 중생을 짓게 되는 것이요, 멸도를 보는 마음이 있더라도 또한 중생을 짓게 된다는 것을 알아야 한다.

이 같은 사실은 깨달은 후에 아누다라삼먁삼보리의 마음을 내는 데서 오는 현상이다. 마음을 깨닫고 보면, 모두가 부처 아닌 것이 없기 때문에, 아니, 부처라는 분별도 없는 무념무상의 경지인 까닭에, 한 점의 눈이 붉은 화로에 내려앉는 것만 같다 할 것이다. 이에 그 어떤 괴로움도, 아쉬움도, 근심 걱정도, 붙을 곳이 없는 까닭이다.

'부처님오신날' 봉축 법회를 대대적으로 하는 이유는 부처님을 위한 것이 아니다. 부처님을 통하여 나 자신과 우리 모두가 다 같이 부처님이 되기 위해 결의를 다지는 의미라 할 수 있다.

왜 부처가 되어야 하는가? 한마디로 기분 나쁜 마음을 없애기 위함이다. 즉 괴로움과 슬픔, 고통과 번뇌가 완전히 사라져서 영원히 안온적정하기 위해서다. 자유자재, 즉 안 되는 것이 없게 하기 위함이다.

그러기 위해서는 부처님께서 말씀하신 법을 잘 이해하고 항상 마음에 간직해야 한다. 그리고 실천해야 한다. 진정으로 부처님 말씀을 수지독송할 수 있다면, 한순간이라도 걱정 근심은 물론 일체의 괴로움과 고통에서 벗어날 것이다.

불교는 철저히 자신의 마음을 깨닫는 종교이다. 모든 것은 내 마음이 만들어내기 때문이다. 부처와 중생도, 신과 하나님도, 모두가 내마음의 표상에 불과하다. 내 마음 내 생각에 없는 것은 나타날 수가 없다. 보고 듣는 것은 나의 육근·육경·육식에서 감지하기 때문이다.

그러나 좋은 것은 싫고 나쁜 인과를 만들어내기 때문에 영원히 좋은 것도, 영원히 나쁜 것도 없다. 좋은 것을 많이 가지려고 하면 할수록 딱 그만큼의 싫고 나쁜 것이 생겨나기 때문에, 이 또한 순전히 내가 짓고 내가 받는 자업자득이다. 따라서 이 두 가지의 분별 인과를 벗어나는 것이 불교의 목적이고 목표이다. 이를 중도 또는 성불이라고 한다.

《금강경》은 이에 대한 실천 요강이다. 때문에 《금강경》만이라도 잘 수지 독송한다면 부처를 이루는 데 최고 최대의 효과를 이룰 수 있을 것이다. 그러나 기본적으로는 기도와 참선, 보시와 정진이 바탕이 된다는 것을 명심해야 한다.

아응멸도 일체중생 멸도일체중생이 이무유일중생 실멸
我應滅度 一切衆生 滅度一切衆生已 而無有一衆生 實滅

도자 하이고 수보리 약보살 유아상인상중생상수자상
度者 何以故 須菩提 若菩薩 有我相人相衆生相壽者相

즉비보살
卽非菩薩

'내가 마땅히 일체중생을 멸도에 이르도록 다 제도하였으나, 실은 한 중생도 멸도 된 사람이 없다' 하리라.

왜냐하면 수보리야, 만일 보살이 나라는 생각, 사람이라는 생각, 중생이라는 생각, 오래 산다는 생각이 있다면 곧 보살이 아니기 때문이니라.

내가 응당 일체중생을 멸도하였고, 일체중생이 멸도를 마쳤는 고로 한 중생도 멸도한 자가 없다고 하심이다.

처음에는 중생이 있다는 분별된 생각으로 멸도를 해야 했으나, 멸도한 후에는 중생이라는 분별도, 멸도했다는 분별도 사라졌음이니, 중생과 멸도가 남아 있지 않고 멸도할 대상이 없게 된 것이다. 만약 멸도가 있다면 중생이 있는 것이니, 다시 한 중생을 더하고 남길 뿐이기 때문이다.

왜냐하면 중생과 멸도와 멸도견이 있는 마음이 생긴 탓이다. 그러므로 보는 견해가 있으면 다시 한 중생을 짓게 되는 것이요, 멸도를 보는 마음이 있으면 또한 중생을 짓게 되는 것이기 때문이다.

이 같은 사실은 깨달은 후에 아누다라삼먁삼보리의 마음을 내는 데서 오는 현상이다. 마음을 깨닫고 보면, 모두가 부처 아닌 것이 없고, 부처라는 분별도 없는 무념무상의 경지인 까닭에, 홍로일점설紅爐一點雪과 같다 할 것이다. 이에 그 어떤 괴로움도, 아쉬움도, 근심 걱정도 붙을 곳이 없다는 뜻이다.

왜냐하면 아누다라삼먁삼보리에는 일체중생을 취하고 버리는 것 없이 그대로 실현하는 것이 참 멸도이다. 경의 말씀과 같이 한 중생도 실은 멸도할 대상이 없어야 하거늘 오히려 중생견이 있거나, 멸도견, 즉 중생이라는 분별과 멸도한다는 분별이 있으면 이는 도리어 4상견,

즉 아·인·중생·수자상에 떨어짐이다.

이는 실무유법實無有法, 즉 법이 있다 없다라는 분별 자체가 없어야 한다는 것을 알지 못한다면 실로 보살이라 할 수 없는 것이다. 이러한 소견이 있으므로 머무는 마음과 머무는 마음을 어떻게 항복 받아야 하는지를 수보리가 묻는 것이니, 아누다라삼먁삼보리심의 근본 뜻을 아직 헤아리지 못함이다.

보살은 멸도에 다시 머물지 말아야 함에도, 멸도에 대한 생각을 놓지 못한다면 중생이라는 분별도 놓지 못함이니, 진정한 보살은 아누다라삼먁삼보리심 그 자체로서 허망한 생각으로 멸도니, 중생이니, 머문다느니, 항복을 받는다느니 하는 사량조차 일으키지 않아야 할 것이다.

"스님! 정말 다음 세상이 있을까요? 내생이 있나요? 태어나서 내가 원하는 삶을 못살았어요. 다음 세상에는 내가 원하는 대로 살 수 있을까요? 내가 하고 싶은 것, 뭐든지 마음먹은 대로 할 수 있나요?"

결론부터 말하자면 '할 수 있다'이다. 무슨 근거로? 일체유심조이기 때문이다. 마음으로 원하는 모든 것은 반드시 이루어지게 된다. 다만 시간 차가 있을 뿐이다. 역사적으로 사람이 원하는 것은 뭐든지 이루어져 왔다.

하늘을 날고 싶으니 비행기가 생겼고, 물속을 들어가고 싶으니 잠수함이 생겼다. 빨리 가고 싶으니 모터 엔진이 생겼고, 무거운 것을 들고 싶어 기중기와 포크레인이 만들어졌다. 원하는 것은 뭐든지 이루어진다. 앞으로 원하는 것보다 더한 것도 얼마든지 만들어지고 이루어질 것이다.

그렇다면 다음 세상, 즉 내생은 정말 있는 것인가? 현재는 과거가 있었기 때문이고, 현재는 다시 과거가 될 것이므로 미래는 반드시 현재로 다가올 것이다. 일념즉시무량겁一念卽時無量劫이라 했다. 아무리 긴 시간도 한 생각에 불과한 것이니, 수 억겁의 세월도 곧 현재로 다가올 것이다.

따라서 과거의 습성이 현재에 나타나고, 현재의 습성은 미래로 이어지게 된다. 과거 전생의 생각과 감정이 그대로 현재에 이어졌고, 현재의 생각과 감정은 반드시 미래로 이어질 것이다. 다만 그 형태와 모습만 변할 뿐 고락의 인과업은 성불하지 않는 한 그대로 이어질 것이다.

마음먹은 대로 자유자재가 될 것인가? 물론 그렇게 될 것이다. 한 가지 문제가 있다. 현재의 마음, 즉 좋고 싫은 고락의 분별이 그대로 이어지게 되면 그 크기에 따라 인과가 윤회할 것이다. 좋은 만큼 싫고 나쁜 것이 반복된다는 말이다. 설사 그렇다 하더라도 이득이나 손해는 없다. 다만 생사 생멸과 시비 고락이 엎치락뒤치락할 뿐이다. 이를 업이라 하고 업은 계속 육도를 윤회하게 된다.

이것저것 다 싫다면 고락의 분별을 없애면 된다. 아예 인과의 싹을 멸하는 것이다. 결코 쉽지는 않으나 불가능한 것은 아니다. 부단하게 기도와 참선, 보시와 정진을 이어나간다면 피안에 도달할 것이다. 즉 아누다라삼먁삼보리를 이루게 된다.

그렇게 되면 모든 걸림이 없어지고 인과가 사라져서 고업苦業(고통의 습관)을 그치게 된다. 해탈 열반이다. 진정한 자유자재 무애자재가 되어 모든 고통과 괴로움이 사라지게 된다. 이를 부처라 한다. 마음을 깨쳐서 성불하게 된다. 그야말로 아쉬운 것도 없고 원하는 것조차 없다. 역설적으로 마음먹은 대로 다 이루어진다. 영원히 평안하다.

소 이 자 하　수 보 리　실 무 유 법　발 아 누 다 라 삼 먁 삼 보 리 심 자[10]
所以者何 須菩提 實無有法 發阿縟多羅三藐三菩提心者

그 이유가 무엇이냐 하면, 수보리야, 실제로는 어떤 법이 있는 것이 아니므로 아누다라삼먁삼보리심을 일으키는 것이 된다.

실로 아상견我相見과 인상견人相見, 중생상견衆生相見, 수자상견壽者相見이라는 4자의 소견이 없어서 보살이라 이름할 수 없는 그 까닭은 무엇인가?

아누다라삼먁삼보리에는 가히 멸도할 법도 없고, 멸도될 법도 없어서 실로 법이 있지 아니함이 곧 아누다라삼먁삼보리이고, 또 실로 법이 있지 않으니 아我와 법法(보살법)이 있지 아니함이다. 그러므로 4상견四相見이 있으면 보살이 아닌 까닭으로 법이 있지 않으니, 곧 아누다라삼먁삼보리심을 발한 자가 되는 것이다.

아누다라삼먁삼보리의 마음이여, 참으로 어렵도다. 법이 없다 하면 아누다라삼먁삼보리를 이룰 길이 없고, 법이 있다 하면 이 마음을 발할 수가 없다. 그러나 잘 알아 두어야 할 것은 법을 취하기 위해서는 아누다라삼먁삼보리를 향해 가야 하고, 법을 놓는 것은 곧 피안에 도달함이 된다는 것이다.

이런 이유 때문에 부처님께서는 정법을 뗏목에 비유하신 것이니, 이 법을 취할 수 없는 것과 이 법을 버릴 수 없는 것을 구분하여 분명케 하심이다.

피안에 도달하기 위해서는 실무유법實無有法 즉 실로 법이 없음을 알아야 하고, 차안 역시 실무유법 즉 법이 있다는 것은 거짓이 되므로 결국 피안에 다다르지 않고서는 실무유법 즉 법이 없음을 모르는 까닭이다. 따라서 차안과 피안이 둘이 아니라는 것을 모르는 것이다.

그러므로 상근기는 차안에서 법이 없다는 것, 즉 실무유법을 아는 것이요, 중근기는 피안에서 실무유법을 아는 것이며, 하근기는 피안의 실무유법에서 끊겨 차안의 가지가지 모습이 실무유법이라는 것을 모르는 자이다. 즉 외도의 사견이 되는 것이다.

그러한 고로 세간의 일거수일투족의 현상을 떠나지 않으면서 그대로 정체를 실현하는 것이 곧 불법이다. 즉 어떤 모습, 어떤 일, 어떤 것을 대하더라도 마음에 걸림이 생기면 안 되기 때문이고 따라서 마음 감정이 조금도 흔들려서는 안 된다는 뜻이다.

쉽게 말하면 피안이라는 아누다라삼먁삼보리란, 분별하는 차안이 없다면 필요가 없을 것이다. 따라서 고통이 있는 차안을 넘어서기 위해서는 피안의 아누다라삼먁삼보리를 이루어야 고통의 차안이 없어지는 것이다.

그런데 차안을 넘어서기는 해야 하지만, 피안이라는 생각과 아누다라삼먁삼보리라는 생각이 있는 한 결코 차안을 건널 수 없으므로, 차안이라는 생각, 피안이라는 생각을 모두 멸도해야 한다. 그리하여 차안이 곧 피안이 되고, 피안이 곧 차안이 되어서 차안과 피안이 따로 있지 않아야 한다.

그리고 차안에 있으면서도 차안이라는 생각을 하지 않아야 하는데, 그러려면 차안에서 일어나는 가지가지의 대상에 끄달리지 않아야 곧 바로 피안이 저절로 되는 것이니, 차안이 곧 피안이고 피안이 곧 차안이 되는 동시에, 차안과 피안의 분별이 없어져야 한다.

그리하여 유위법, 무위법 그리고 마음이라는 삼제三際가 모두 공한 실무유법처實無有法處가 되면서, 마음과 부처와 중생이 없는 삼세의 제불과 통하게 되겠지만, 그렇지 않으면 무간지옥을 향하여 고통을 겪게 될 것이다. 삼세제불과 통함이 어떠한가? 이것이 곧 불도를 공부함이다.

"스님! 좋은 일은 좋은 일인데 왜 좋은 일을 분별하지 말라고 하나요? 그리고 열심히 살아가는데 왜 욕심 부리지 말라고 하나요? 욕심 없이 어떻게 열심히 사나요?"

불자들 가운데 이런 질문을 하는 이들이 많다.

세상에는 즐거운 일도 많다. 그리고 괴로운 일도 많다. 그 가운데 가장 즐거운 일은 바로 나에게 있었고, 가장 괴로운 일 역시 나에게 있었다. 앞으로도 그럴 것이다. 남이 가지고 있는 다이아몬드보다 내가 가지고 있는 금 한 돈이 더 큰 법이고, 남의 가슴에 대못 박힌 것보다 내 눈에 들어간 티끌이 더 고통스러운 법이다.

부처님께서는 움직이는 세상 모든 것은 연기 작용이라 했다. 우주 법계가 모두 인드라망으로 서로 연결되어 있으므로 하나도 떨어진 것이 없다. 이를 인연이라 한다. 그래서 시비를 논하거나 선후와 생사를 논할 수 없다. 원인은 서로 모두에게 있기 때문이다.

좋은 일이든 나쁜 일이든, 즐거운 일이든 괴로운 일이든 모두가 연기적 흐름일 따름이다. 바람 불어 파도치는 바다의 일과 같은 것이다. 결국 각자 개개인이 갖는 나만의 좋고 싫은 고락이 물거품처럼 일어났다 사라질 뿐이다.

좋고 즐거운 것은 나쁘고 괴로운 것에 의해 생기고, 싫고 괴로운 일은 좋고 즐거운 일 때문에 생긴다. 그래서 어느 것이 더 생기고 덜 생기지 않는다. 신분에 상관없이 좋고 싫은 고락의 마음은 똑같을 수밖에 없다. 차생고피생此生故彼生이기 때문이다. 그럼에도 더 좋고 즐거운 것을 찾는다는 것은, 더 싫고 괴로운 것을 찾는 것이나 다름 아니다.

그럼에도 불구하고 시비 고락을 더욱 따지는 이들은 스스로 업을 쌓아서 스스로 괴로움을 만드는 것이니, 이를 알고 마음 수행하는 이들은 그나마 아누다라삼먁삼보리를 가까이 하여 괴로움을 덜 받을 것이지만 이를 모르고 자신의 감정에만 끄달려 탐심을 내어 인과를 쌓는 이들은 괴로움이 더할 것이다.

좋은 것 나쁜 것은 본래 없다. 더 즐겁고 괴로운 것 또한 본래 없다. 내가 지금 마음이 좋고 즐겁다면 괴로운 일이 곧 생길 것이다. 지금 내가 마음이 괴롭고 고통스럽다면 과거에 좋고 즐거웠던 일이 있었기 때문이다. 그리고 앞으로도 반복될 것이다. 더 좋은 것은 더 나쁜 것이 기다리고 있고, 더 싫고 나쁜 것은 더 좋고 즐거운 것이 기다리고 있겠지만, 곧 싫고 나쁜 과보로 이어질 것이다.

그러니 고락이 반복되는 인과를 벗어나려면 그 어떤 현상, 그 어떤 일에도 즐거운 마음이나 괴로운 마음이 머물러서는 안 된다. 분별심을 갖지 말고 연기려니 인과려니, 그러려니 그러려니 하라는 말이다. 연기의 흐름이라고 인식하라는 말이다. 그러나 업 습관이 잘 고쳐지지 않을 것이다. 그래서 부단히 연기와 인과에 대한 신심을 가지고 인욕하며 정진해야 한다.

須菩提 於意云何 如來於燃燈佛所 有法 得阿耨多羅三
藐三菩提不 不也世尊 如我解佛所說義 佛於燃等佛所
無有法 得阿耨多羅三藐三菩提

수보리야 어떻게 생각하느냐? 여래가 연등불 회상에서 어떤 법이 있어 아누다라삼먁삼보리를 얻은 것이 있겠느냐?”

“없습니다, 세존이시여. 제가 아는 바로는, 부처님께서 말씀하신 뜻은 세존께서 연등불 회상에서 어떤 법이 있어 아누다라삼먁삼보리를 얻은 것이 아닙니다.”

부처님께서 앞서서 "실로 법이 있지 아니함이 곧 아누다라삼먁삼보리를 이룬 것이다"라고 하신 후에 다시 전생의 연등불 회상에서의 수기 받던 일을 꺼내셨다.

실로 아누다라삼먁삼보리심이 가히 얻을 것이 없다는 데 대해, 대중들은 지금 우리들에게 깨쳐진 아누다라삼먁삼보리가 세존께서 연등불께 받은 아누다라삼먁삼보리와 무엇이 다를 것인가? 수기를 받는 것은 똑같지 않은가? 하는 의심이 따를 수 있다.

수보리는 세존께서 의심처를 반문하심에 가만히 생각해보니, 마음을 깨쳤다는 아누다라삼먁삼보리는 과연 한 법도 없다는 것을 깨쳐야 함인데, 이 한 법도 없다는 생각까지도 없고, 깨침을 얻었다는 얻음도 없고, 깨침이라는 법도 모두 공하여 법소견法所見과 득소견得所見까지 모두 공해야 진정한 아누다라삼먁삼보리가 된다는 것을 깨친 것이다.

그러므로 수보리는 "없습니다, 아니옵니다"라 답하고, 따라서 "세존께서 연등불께 수기를 받아서 깨친 아누다라삼먁삼보리는 결코 얻은 것이 아닙니다. 얻었다 잃었다는 분별에서 벗어났기 때문"이라는 뜻으로 답을 하였다.

이러한 고로 이 아누다라삼먁삼보리라는 법은 본래가 여여하여 얻은 자가 없고, 법이 있을 자도 없고, 법이 없을 자도 없으며, 얻음이 없을 자도 없음이다. 그러면 도대체 무엇인가? 본자청정한 그대로 그것일 뿐이다. 이것이 이것이고 저것이 그냥 저것일 따름이다.

정리하자면 세상도 연기일 따름이고, 나도 연기일 따름이다. 시비

고락 득실이 결국 없는 것이니, 그 어디에 감정을 실을 것인가. 이 생각 저 생각, 이런 행동 저런 행동, 모두가 그대로 그대로일 뿐이다.

좋고 싫은 분별 감정이 있으면 고락의 인과업이 반복될 뿐이고, 이러한 분별 감정을 모두 멸하면 고락의 인과업이 사라져서 해탈 열반에 이를 뿐이다. 죽어도 살아도, 이렇든 저렇든 그냥 그대로 그것이다.

뭐든지 내 마음대로 할 수 있으면 얼마나 좋을까? 그러나 불가능하다는 것은 모두가 알고 있다. 하지만 방법이 없는 것은 아니다. 정말이다. 물론 조건은 있다. 그렇다고 그렇게 어려운 것은 아니다. 다만 한 생각만 바꾸면 된다. 한 생각이다. 한 구절 한 구절 곰곰이 곱씹으며 읽어보면 알게 될 것이다.

마음을 마음대로 할 수 있는 사람은 거의 없다. '내 마음대로 할 수 있다'는 것은 원천적으로 불가능하다. 왜냐하면 '할 수 있다'는 마음 자체가 '할 수 없기 때문'에 생기는 것이므로, '할 수 있는 것'과 '할 수 없는 것'은 동전의 양면과 같아서 어느 하나만 있을 수는 없는 것이다.

당연하게도 동서고금을 통하여 지금까지 단 한 사람도 마음대로 할 수 있는 이는 없었다. 다만, 부처와 석가모니 부처님만이 마음대로 할 수 있는 힘을 가지고 있다. '할 수 있다'는 마음과 '할 수 없다'는 마음 모두를 멸도했기 때문에, 이를 이름 하여 '마음대로 할 수 있다'고 하는 것이다.

그런 의미에서 옳고 그름의 시비是非와 좋고 싫은 호오好惡, 맞고 틀림의 가부可不, 즐겁고 괴로운 고락苦樂 등은 본래 존재하지 않는다. 또 결코 있어선 안 된다. 그래서 충돌이 생길 수밖에 없다. 각자가 좋은 것을 선택하려는 욕심에 의해 내가 만들어서 짓게 되는 인과의 업습이기 때문이다.

이 두 가지 마음 감정 가운데 좋은 것을 선택하려는 욕심으로 인하여 시비와 충돌이 끊임없이 일어나게 되니, 각자 스스로가 인과를 만듦으로 괴로운 고통이 생기게 된다. 스스로 짓고 스스로 받는 자작자수自作自受이다.

시비를 하면 할수록, 고락 가운데 즐거움을 선택하면 할수록, 상대적 크기의 고통이 생긴다. 그러니 신구의 삼업을 지을 때, 즉 말을 할 때나, 생각할 때나, 행동을 할 때, 항상 연기와 인과를 생각하면서 분별심을 갖지 않아야 한다. 무조건 좋고 싫은 고락의 분별심을 놓아야 한다.

나무 하나하나를 보면 좋은 나무 안 좋은 나무라고 분별을 지을 수 있다. 그러나 숲 전체를 보면 나무 하나하나에 분별이 무슨 소용이 있을 것인가. 그러니 마음을 크게 가져야 한다. 숲을 보는 마음으로 하나하나의 일에 시비 고락의 분별을 갖지 않도록 마음을 다스려서 참고 또 참으며 인욕해야 한다. 그리하여 찌들은 업습을 바꿔서 공한 마음으로 대체해야 한다.

즐겁고 기쁘고 행복한 일에 너무 마음을 쓰지 않아야 한다. 곧 그만큼의 괴롭고 슬프고 불행한 일이 과보로 나타나기 때문이다. 괴롭고 슬프고 불행한 일에 집착하지 말아야 한다. 왜냐하면 한번 한 행동은 업장에 남아 있다가 또다시 습이 되어 고통의 과보로 나타나기 때문이다.

그러니 뭐니 뭐니해도 마음이 평화로워야 한다. 평화롭다는 것은 좋고 싫은 실상을 분별하지 않는 마음이다. 그래서 탐진치 삼독심을 멈추어야 한다. 삼독심을 일으켰다면 그 즉시 참회해야 한다. 그리고 늘 참회 기도와 참선, 보시, 정진으로 업을 멸하고 마음을 다스려 나가야 할 것이다.

불언 여시여시 수보리 실무유법 여래득아누다라삼먁삼보리
佛言 如是如是 須菩提 實無有法 如來得阿耨多羅三藐三菩提

부처님께서 말씀하셨습니다.
"그렇다, 그렇다. 수보리야, 참으로 어떤 법이 있어서 여래가 아누다라삼먁삼보리를 얻은 것이 아니니라.

부처님께서 수보리의 말을 들으시고 인가하며 말씀하셨다. "그러하고 그러하구나, 너의 아누다라삼먁삼보리심을 얻은 것도 그러함이었고, 나의 아누다라삼먁삼보리를 얻은 것도 그러그러함이다"라고 하신다.

즉, "너의 청정자성淸淨自性도 그러함이었고, 나의 청정자성도 또한 그러함이다"라고 하신다. 또 여래가 연등불 처소에서 수기를 받은 것 역시 본래 있지도 없지도 않은 '그러함'이었고, 실로 법이 있지 않음으로 '그러함'이었더니라.

"그러하고 이러한 고로 아누다라삼먁삼보리가 되었고, 또 그러한 법이 있지 아니하니 아누다라삼먁삼보리를 얻었음이 되느니라. 무슨 까닭이냐? 비록 한 법이라도 얻음과 얻는다는 마음이 있었더라면 이는 벌써 아누다라삼먁삼보리심이 아닌 것이 되고, 얻음이 곧 얻는 것이 아니기 때문이다"라고 하심이다.

그러므로 진정한 아누다라삼먁삼보리를 얻는다는 것은, 아누다라삼먁삼보리와 실상의 법이 둘이 아니라는 것을 여실히 아는 것이며, 실무유법實無有法 즉 실로 법이 있는 것이 아니라는 것을 알 때, '그러그러'하게 얻음과 실상이 아누다라삼먁삼보리가 되는 것이다.

쉽게 말하면 '깨달음을 얻어야지' 하고 생각하며 수행 정진을 시작하더라도, 어느 순간 깨달음을 얻는다는 마음까지 완전히 사라져서 무분별의 경지에 이르러서야 비로소 아누다라삼먁삼보리의 깨달음을 얻게 되는 것이다.

그러므로 마음을 깨달아서 아누다라삼먁삼보리를 얻게 되면, 그다음에는 가타부타 분별하는 마음과 일체의 근심 걱정, 고통과 괴로움이 완전히 사라지게 되므로 사량분별과 일체의 고락 감정이 사라지고, 다만 '그러그러하다,' '여시여시如是如是하다'는 평상심시도平常心是道만 남을 뿐이다.

누구나 살아가면서 정신을 잃을 때가 있다. 물리적으로 몸에 문제가 생겼을 때도 그러하지만, 건망증이나 치매로 인한 경우도 많이 있다. 그리고 너무도 즐겁거나 또는 머리끝까지 화가 나서 이성을 잃거나, 고통이 극에 달했을 때도 정신을 잃게 된다고 한다.

또한 더 넓게 펼쳐보면 몸과 마음이 때를 만나게 될 때, 즉 사춘기나 갱년기 등 각자의 유전적인 원인에 의해 온전한 정신을 유지하기가 힘들 때도 있다. 이 모든 정신적인 현상은, 당연히 고락 감정의 인과업 속에서 움직이는 것이다.

크게 보면 지금 현재도 정상적인 정신 상태를 가졌다고 할 수는 없다. 왜냐하면 희로애락의 감정에 묶여 있기 때문이다. 감정은 또 다른 감정을 일으키게 하여 좋은 감정은 나쁜 감정에 의지하여 생겨나고, 나쁜 감정은 좋은 감정에 의지하여 생겨나서 끝도 한도 없이 고락 감정의 인과가 윤회하게 된다.

그러니 정상적인 정신으로 살아간다고 할 수 없다. 아무리 이러쿵저러쿵해본들 고락 감정의 업 속에서 놀아나고 있는 것이다. 마음 밖에서 일어나고 있는 현상들은 내 마음의 그림자일 따름이다. 좋은 일이 보이는가? 싫고 나쁜 일이 생겨날 것이다. 즐거운 일이 생겼는가? 괴로운 일이 생길 것이다. 웃을 일이 있는가? 우는 일이 있을 것이다. 이렇듯 고락 인과업의 틀 속에서 꼼짝달싹할 수가 없다.

잘난 이는 잘난 대로 고락의 업이 있고, 못난 이는 못난 이대로 고락의 업이 있다. 삼세를 놓고 보면 누구나 고락업의 상대적 차이는 없다. 다만 경중의 차이만 있을 뿐이다.

고업苦業(괴로움)이 큰 사람은 낙업樂業(즐거움)도 크고 낙업이 작은 사람은 고업도 작다. 부처님은 고업도 낙업도 없다. 눈으로 보이는 모습과 모양은 그냥 껍데기일 뿐이다. 문제는 마음으로 느끼는 좋고 싫은 고락업의 크기이다.

돈 많고 권력 있는 사람일지라도 고락업이 큰 사람은 고통도 크고, 가난하게 사는 사람도 고락업이 작으면 괴로움도 작다. 고락의 업이 있는 한은 누구나 정신없이 살아가고 있다. 무엇이 어쩌고저쩌고하는 것은 단 하나의 의미도 없다. 모든 현상은 자신의 업이 나타나고 있는 것이니, 고락의 업을 멸하지 않는 한 별별 가지의 고업은 계속 생겨날 것이다.

일이 잘 풀려도 고락업의 그림자요, 일이 잘 풀리지 않아도 고락업의 그림자다. 좋은 사람, 좋은 일을 만나는 것도 고락업의 인연이요, 싫고 나쁜 사람, 싫고 나쁜 일을 만나는 것도 고락업의 인연이다. 만약 자신에게 고락업이 없다면 걸림이 없는 인연이요 아무 일 없는 인연이 될 것이다.

따라서 문제는 스스로의 업과 한판 승부이다. 마음 밖 외부의 문제는 자신의 업이 비친 그림자이므로 아무리 외부의 그림자를 어떻게 해본들 칼로 물 베기요 달밤의 춤이다. 그러니 자신의 고락업에 묶여 정신없이 산다는 것은 참으로 비극이다.

이제부터는 자신의 고락업을 멸하는 데 모든 역량을 집중해야 할 것이다. 우선 탐진치 삼독심을 무조건 없애야 하고, 신구의 삼업을 분별하지 말아야 하며, 참회 기도와 참선, 보시와 정진에 온 힘을 다해야 할 것이다. 다른 데 눈 돌릴 겨를이 없다. 분별할 이유도 없다. 각자의 업은 스스로 무소의 뿔처럼 혼자서 해결해야 한다.

수보리 약유법여래득아누다라삼먁삼보리자 연등불 즉
須菩提 若有法如來得阿耨多羅三藐三菩提者 燃燈佛 卽

불여아수기 여어내세 당득작불 호석가모니 이실무유법
不與我授記 汝於來世 當得作佛 號釋迦牟尼 以實無有法

득아누다라삼먁삼보리 시고 연등불 여아수기 작시언
得阿耨多羅三藐三菩提 是故 燃燈佛 與我授記 作是言

여어내세 당득작불 호석가모니
汝於來世 當得作佛 號釋迦牟尼

수보리야, 만약 어떤 법이 있어 여래가 아누다라삼먁삼보리를 얻었다
한다면, 연등불께서 곧 나에게 수기를 주시면서 '너는 다음 세상에 마땅
히 부처를 이루리니 호를 석가모니라 하리라' 하시지 않으셨을 것이다.
이러한 고로 어떤 법이 있어서 아누다라삼먁삼보리를 얻는 것이 없으
므로, 연등불께서 나에게 수기하시기를 '네가 다음 세상에 마땅히 부
처를 이루어 호를 석가모니라 하리라' 하셨느니라.

석가모니釋迦牟尼란 사바세계의 교주敎主 이름을 가리킨다. 석가
모니께서 연등불 재세 시 선혜보살일 적에 항원왕降怨王이라는 임금
이 연등부처님을 청하여 설법을 듣기 위해 성에 들게 하셨는데, 마침
땅이 질퍽질퍽하였다.

이를 본 선혜보살이 머리카락을 풀어 땅에 펴서 연등불께서 밟고
오도록 하니 이에 연등불께서 수기를 주시며 "너는 내세에 마땅히
부처가 되어 그 이름을 석가모니라 하리라"고 하시었다.

석가모니의 뜻은 능인적묵能仁寂默이다. 능能은 할 수 없는 것이
없다는 뜻이고, 인仁은 속 씨앗이라는 뜻이다. 행인杏仁은 살구씨의

속씨를 말함이고, 속씨에서 다시 속씨의 눈을 가리킴이니, 속씨의 눈은 생명을 이름이다.

석가모니께서도 마음 중의 마음인 속마음에서 다시 활구적活句的인 생명처를 얻으실 것을 아시고 연등불께서 능인적묵能仁寂默이라는 이름을 내리신 것이다.

"수보리야, 여래가 수기를 받음에 있어서, 법이 있어 수기를 받는 것 또한 받았다고 생각한다면 이미 수기가 아니라는 것에 대해 의심을 하였으므로, 다시 설명하겠다"고 하심이다.

그때 만약 법이 있어서 여래가 아누다라삼먁삼보리를 얻었다고 한다면, 이는 법이 있을 때 얻음이 있을 것이고, 얻음이 있으면 법이 있어서 4상四相의 분별을 면치 못하였으리니, 이러할 시에는 연등불께서 수기를 내리시지는 않았을 것이라는 말씀이다.

그러므로 여래가 얻은 보리는 법을 여의어서 법이 되는 것이요, 얻음을 여의었기 때문에 얻음이 되는 것이니, 실무유법實無有法, 즉 실로 법이 있다는 것이 없는 것이므로 곧 아누다라삼먁삼보리가 되는 것이다. 그리하여 연등불께서 수기를 내리신 것이다.

따라서 실무유법이라 함은 무유법無有法을 여읜 것을 말하고, 무도 유도 모두 여읜 것을 말한다. 왜냐? 유만 여의고 무를 여읠 줄 모르면 다시 유법有法이 되는 고로 유는 무가 있어야 하고, 무는 유가 있어야 함이니, 어느 하나만을 여의어서는 실무유법이 아니 됨이다.

그러므로 단상외도斷常外道나 단견외도斷見外道의 마구니가 되기 쉬운 것이다. 아무쪼록 불교를 배우는 이들은 이 실무유법에서 각별

한 주의를 해야 하니, 유무양변有無兩邊을 여의면서도 삼제三際(과거·현재·미래)에 들지도 말아야 함이다.

단멸斷滅에 떨어지지도 말고, 비유비무非有非無에도 머물지 말아야 하며, 영지불매靈智不昧(진리에 들어)하여 유에서 그러그러하고, 무에서도 그러그러하여 어디에도 머물지 말아야 한다. 그러하여 스스로 걸림이 없어야 하느니, 유를 떼고 붙일 것도 없고, 무도 여의고 붙일 것도 없다.

불법을 이루고 이루지 않음도 없어야 한다. 이것을 실무유법의 아누다라삼먁삼보리라고 하는 것이다.

"왜 이리 속상한 일이 많을까? 팔자를 잘못 타고난 것은 아닐까? 불안하고 불편하고 힘들어서 살 수가 없다."

남녀노소, 빈부귀천을 막론하고 이런 생각을 하는 이들이 의외로 많다. 어차피 인생은 좋고 싫은 고락 감정의 연속이다. 맛있는 음식을 먹을 때는 즐겁고 행복하다. 그러나 배부른 상태에서는 아무리 좋은 음식도 맛이 없다. 시장이 반찬이라는 말이 있듯이 배가 어느 정도 고파야 음식도 맛이 있는 법이다. 때문에 배부른 즐거움과 배고픈 괴로움은 서로가 서로를 의지하는 것이다.

돈을 많이 벌 때는 즐겁고 기쁘다. 물론 돈을 잃을 때는 괴롭고 고통스럽다. 돈이 없거나 있어도 잃는 고통이 있으므로 버는 재미가 배가된다. 그런데 돈이 너무 많으면 돈이 돈같이 느껴지지 않아서 그렇게 즐겁거나 기쁘지 않다고 한다. 마찬가지로 어느 정도 잃는 것 또한 크게 느껴지지 않는다고 한다. 고락의 균형이 맞춰지는 것일까?

자신에 대해 좋은 말을 들으면 기분이 좋다. 싫고 나쁜 말을 들으면 당연히 기분이 좋지 않다. 좋은 말을 하는 사람은 당연히 좋아하게 되고, 나쁜 말을 하는 사람은 당연히 싫어지게 된다. 하지만 좋은 말을 하는 사람이 있으므로 싫은 말을 하는 사람도 생겨난다. 필연이다. 그러니 좋은 말을 하는 사람만 생길 수는 없다.

여기서 좋은 말을 하는 사람이나 나쁜 말을 하는 이는 삼라만상의 인드라망 속에서 연기하며 인연으로 나타난다. 또 하나는 인과인데, 좋고 싫은 고락 감정의 업이다. 좋은 말을 하는 사람은 나의 좋은 감정의 분별에 의해 인연으로 나타난다. 마찬가지로 나쁜 말을 하는 사람 역시 나의 싫은 감정의 분별에 의해 인연이 되어 나타난다. 그러므로 연기하여 나타나는 인연과 그 사람을 좋아하고 싫어하는 나의 고락 감정의 업을 분리하여 생각해야 한다.

따라서 좋은 사람은 나의 고락 분별심에서 생기게 되고, 싫은 사람 역시 나의 고락 분별심에서 생긴다. 좋은 사람과 나쁜 사람은 순전히 나의 고락 분별심의 그림자라 할 수 있다. 그러므로 좋고 싫은 사람으로 분별하여 보일 때는, 나의 고락 감정의 업식에서 나온 그림자라고 생각해야 한다. 따라서 사람을 좋아하고 싫어하기보다 나의 고락 감정의 업을 다스려야 할 것이다.

그러므로 좋고 싫은 고락 감정의 인과업을 멸도해야만 마음이 평화롭게 된다. 그 어떤 대상이나 인연들은 연기에 의해 오고 가는 것이므로, 이러한 연기 인연에 대해 시비고락하는 것은 곧 나의 분별심에 의해 나타난 그림자에 대해 감정을 일으키는 것이나 다름 없다. 때문에 어떤 말을 듣거나 어떤 상황이 벌어지더라도 '그저 인연 연기로구나' 하고 분별 감정을 일으켜서는 안 된다. 분별 감정은 오롯이 나의 자업자득이기 때문이다. 모든 인연은 한 치 오차 없이 물거품처럼 그러그러하게 오고 갈 뿐이다. 거기에 좋다 싫다, 이렇다 저렇다 하며 감정을 일으키는 것은 순전히 나의 고락업이 분별짓는 것이니, 여기에 시비고락하는 업만 놓아버리면 그대로 평화로운 마음이 된다.

제발 이러쿵저러쿵 이유를 들어 분별하는 것은 나의 인과업만 쌓을 따름이니, 그에 따른 괴로움과 불편함의 과보는 고스란히 나의 몫으로 다가온다. 좋고 싫은 고락의 업이 단단한 고정관념이 되어 스스로를 옥죄인다는 사실을 뼈저리게 느껴야 할 것이다.

하 이 고　여 래 자　즉 제 법 여 의　약 유 인 언　여 래 득 아 누 다 라 삼
何以故　如來者　卽諸法如義　若有人言　如來得阿耨多羅三

먁 삼 보 리　수 보 리　실 무 유 법　불 득 아 누 다 라 삼 먁 삼 보 리
藐三菩提　須菩提　實無有法　佛得阿耨多羅三藐三菩提

왜냐하면 여래라 함은 곧 모든 법이 여여하다는 뜻이니라. 만약 어떤 사람이 말하기를 '여래께서 아누다라삼먁삼보리를 얻었다'라고 하더라도, 수보리야, 실로 어떤 법이 있는 것이 아니므로 여래는 아누다라삼먁삼보리를 얻음이다.

여래如來는 그러그러하여 '여여如如하다'라는 뜻이다. 즉 오고 감의 흔적이 없다는 것을 말한다. 깨닫기 전과 깨달은 후가 그러그러함

이요, 본성청정이 그러함이요, 이러고 저러고가 모두 그러그러함이다. 온갖 감정이 그러그러하여 그친 상태이다.

한결같이 그러그러함이니, 법이 있고 없고를 떠난 자리이며, 공하고 공하여 공리空理에 한 치도 어긋남이 없음이다. 무엇이 되었든 오는 것이 없고 가는 것도 없으니 그러그러함이다. 이를 이름 하여 여래라 한다.

부처님께서 전생에 연등불로부터 수기를 받게 됨은, 실로 법이 있고 없고가 없이 그러그러함이니, 이를 실무유법實無有法이라 이름하고, 아누다라삼먁삼보리를 발하는 것이다. 이는 무슨 까닭이냐?

일체상을 여의어 다함이 없는 자성을 밝히게 되면, 제법성諸法性이 공한 일여진경一如眞境에 이르게 되고, 진여자성眞如自性이 다함이 없이 깨끗하며, 일체법을 두지 않고 일체법 위에서 그러그러히 평등하여, 같지도 다르지도 않은 것을 이름 하여 여래라 함이다.

그럼에도 불구하고 어떤 사람이 '여래가 아누다라삼먁삼보리를 얻었다'고 한다면 이는 옳은 생각이 아니다. 이러한 사람은 여래라는 뜻을 알지 못함이니, 실로 법이 있지 않으므로 부처님께서 아누다람삼먁삼보리를 얻었다고 해야 옳을 것이다.

왜냐하면 생각과 말로써는 '얻음이 없다'라고 하는 생각과 말을 하는 그 순간조차도 얻음이 생기기 때문에 본래 말조차도 붙일 수 없으나, 중생의 생각에 맞추어서 '아누다라삼먁삼보리를 얻었다'라고 억지로 말한다는 것을 알아야 한다.

무기력증에 빠질 때가 있다. 아무것도 하기 싫다. 사람을 만나는 것도 짜증 난다. 누가 좋은 말을 해도 잔소리로 들린다. 신경이 예민해지기도 한다. 좀 더 나가면 우울증이나 조울증으로 발전한다. 자신의 증상을 빨리 알아차려 정신과 치료를 받는다면 그나마 다행이겠으나, 오히려 정신병자 취급한다며 고집을 부린다면 옆에서 보는 사람이 더 힘이 든다.

당연히 때가 되어 시절 인연으로 나타난 현상이라고 할 수 있다. 현상적으로는 성격적으로나 환경적, 사람과의 인연 등등… 여러 가지 원인과 이유가 있을 것이다. 그러나 큰 틀에서 보면 이 또한 고락의 업식이 인과적으로 나타난 것이라고 봄이 정확할 것이다.

따라서 일찍 치료해서 빨리 고치는 것 또한 업식의 시절 인연이요, 증상이 심화되어 긴 시간에 걸쳐서 많은 고통을 겪는 것 역시 업식의 시절 인연이다. 과거의 업장으로 인한 인과로서의 과보 현상이므로, 업이 다하여 때가 다 될 때까지 과보를 겪을 수밖에는 없을 것 같다. 그러나 언젠가는 업이 다하면 해방될 것이다. 이를 확실히 믿는 마음이면 고쳐진다.

다만 쉽지는 않겠으나, 누구나 작은 복이라도 지은 것이 있을 것이므로 항상 기회는 있다. 누구든 일기일회一期一會가 있기 마련이다. 단 한 번의 이 기회를 놓치지 말고 불법의 인과, 연기법을 알아서 깊이 참회하면 된다. 그리고 참선은 최고의 명약이다.

참선하는 방법은? 참회와 염불, 불공, 기도, 독송, 독경, 보시, 참선 등등 선택할 수 있는 길은 여러 가지가 있다. 문제는 이유를 달지 말고 그 어떤 마음도 내려놓아야 한다. 그리고 부처님과 불법을 절대적으로 믿는 신심을 가져야 한다. 또한 죽음도 불사할 만큼 분별하지 말고 정진해야 한다. 세상에 요행과 공짜는 없다. 이것이 진정한 참선이다.

돈과 명예, 권력 또한 연기 인과에 의한 시절 인연의 산물이다. 그러나 별무소용이다. 마음을 다치면 아무 소용이 없다. 괴로움과 고통은 물질과 조건에서 오는 것이 아니라 마음이 아플 때, 즉 인과에 의한 시절 인연으로 오는 것이므로 마음을 다치면 물질도 소용없다.

마음에 문제가 없다면 물질과 인연은 부차적으로 따라온다. 마음을 깨치거나 다스리지 못하면 아무리 노력한다 해도 고락의 인과업을 벗어나지 못한다. 즉 괴로움과 고통을 피할 수 없다는 말이다. 그러니 누구나 좋은 시절을 헛되이 보내지 말고 복을 쌓아야 한다. 그리고 신심을 두텁게 가져야 한다. 그러면 고락 분별에 의한 과보가 없어져서 고통이 없다.

須菩提 如來所得阿耨多羅三藐三菩提 於是中 無實無虛
是故 如來說 一切法 皆是佛法

수보리야, 여래가 얻은 아누다라삼먁삼보리 속에는 참된 것도 없고 허망한 것도 없느니라. 그러므로 여래는 '모든 법은 다 불법이다'라고 하였느니라.

아누다라삼먁삼보리의 법은 얻는 것이 아니라 본래가 그러그러함 인지라, 아我와 법法과 득得과 득처得處가 따로 있지 않을지니, 가히 얻은 바가 없는 무실無實인 것이다.

즉 아누다라삼먁삼보리의 깨달음이라 하는 것은, 삼라만상이 아누 다라삼먁삼보리 아님이 없을지라, 어느 것이 아누다라삼먁삼보리의 공덕이 아닐 것이며, 어느 것이 아누다라삼먁삼보리의 묘색妙色이 아니겠는가. 이를 무허無虛라고 한다.

이에 또 다시 유무有無를 일으키어 허虛하지 않은 진실상眞實相이 드러남이고, 이에 인과법을 여의었으니 실實한 것이다. 이는 만고를 전후하여 변하지 않는 것이며, 시방의 곳곳, 즉 법처法處를 통하여 일 여一如한 것이며, 현명하고 어리석음을 따로 택하지 않는 것이며, 4상 에 집착하지 않으므로 허하지 않는 무허라 할 것이다.

또 다시 무릇 삼라만상의 일체법과 일체상이 모두 실제성이 없으 므로 구름과 바람, 꿈과 그림자와 이슬, 번개와 무지개같이 허망하고 실하지 않다. 이러한 법이 가로로 보나 세로로 보나 무실무허無實無 虛일 것이니, 이런 까닭에 부처님께서는 수보리에게 여래가 얻은바 아누다라삼먁삼보리 가운데는 실도 없고 허도 없다 하셨다.

또한 이 법은 실로 상이 없으니 허함이요, 진여의 체성體性이니 허 함도 없다. 따라서 이렇게 해도 말이 되고 저렇게 해도 말이 된다. 왜 냐? 이 법은 정법이지만 정법이라고 해서는 아니 되는 시비가 없음 이다. 왜냐하면 실이 없다 함은 곧 옳음이 없는 것이요, 허가 없다 함 은 그름이 없는 까닭이다.

이런 연고로 부처님께서는 일체의 모든 것이 다 불법이라 하시었다. 즉 허함이 없으므로 불법이요, 실함이 없으므로 불법인 것이다. 불법은 일체의 법을 두지 않으므로 일체법이 모두 불법이 되는 것이다.

정리하자면, 감정을 일으키면 좋고 싫은 고락 인과의 과보를 받는다. 그러나 이는 몽夢·환幻·포泡·영影·로露·전電, 즉 꿈·환상·물거품·그림자·이슬·번개와 같은 것이어서 있어도 있는 것이 아니다. 무실무허無實無虛이니 그러고 마는 것이다.

다만 고통과 괴로움을 여의려면 이를 즉시 깨치기만 하면 된다. 그리고 여실히 관하여 분별 집착하지 않으면 그뿐이다.

평소에 불법을 좀 안다 하는 사람들인데도 막상 자신의 일에 닥치게 되면 아무것도 생각나지 않는다고 하는 이들이 많다. 우선 몸부터 반응을 한다. 사안에 따라 걱정 근심이 앞서는 것은 물론, 경우에 따라서는 화를 못 참고 성질부터 부린다. 이성을 차리기는커녕 감정이 온 마음을 지배한다. 정도의 차이는 있을지언정 소납도 별반 다르지 않은 것 같다.

윤리나 도덕을 공부한 이라도 말과 행동을 자신의 배움에 일치시키지 못한 이가 종종 있다. 마음 공부를 오래했다는 이들 가운데도 이 범주를 벗어나지 못하는 이가 허다하다. 따라서 마음 수행을 머리로만 해서는 안 된다. 물론 이마저도 못하는 이들은 말할 것도 없으나, 그만큼 안다는 것과 행하는 것은 감정을 다스리는 면에서는 크게 일치하지 않는다.

참선을 수십 년간 한 이들이나, 수십 년간 기도 불공하고 덕 높은 스님께 수많은 법문을 들어온 불자들일지라도, 막상 자기 문제에 닥쳐서는 일반 사람들과 전혀 다르지 않게 행동하는 경우가 많다. 남의 문제를 도와주기는커녕 자신의 작은 문제조차도 전혀 해결하지 못한다.

이런 현상은 왜 생기는 걸까? 참선을 할 때나 기도 불공을 할 때, 부처님께서 설하신 연기법과 인과법 그리고 공과 반야를 정확히 이해하지 못한 상태에서 자신이 원하고 바라는 생각부터 앞서기 때문이다. 돈에 집착하는 마음이나 성불에 집착하는 마음은 집착이라는 면에서는 별반 다르지 않다.

그 무엇에도 집착하지 않고 원하고 바라는 마음을 내려놓아야만 마음 깨침과 성불이 따른다. 그럼에도 불구하고, 집착하지 않기 위하여 또 다른 집착을 하는 것은 책을 읽기 위해 촛불을 훔치는 것과 같으며, 아랫돌을 빼서 윗돌을 괴는 격과 다르지 않다.

따라서 참선이나 기도 불공을 의미 없는 삶의 방편이나 습관적으로 또는 취미 삼아 하지는 않는지 되돌아보아야 한다. 또한 이마저도 하지 않고 마냥 머리로만 불법을 접하여 신구의 삼업을 닦지 않는 이들은 오히려 아무것도 모르고 착한 양심으로 살아가는 이들만 못할 것이다.

그러므로 불법의 진면목인 연기와 인과, 공과 중도를 잘 알아서 분별하지 않고 신구의 삼업을 청정히 하며, 탐진치 삼독심을 멸하기 위한 참선과 기도, 보시, 정진을 쉼 없이 행해야 한다. 이것이 바로 복과 지혜의 양족兩足이다.

수보리   소언일체법자   즉비일체법   시고   명일체법   수보
須菩提 所言一切法者 即非一切法 是故 名一切法 須菩

리   비여인신장대   수보리언   세존   여래설   인신장대   즉위
提 譬如人身長大 須菩提言 世尊 如來說 人身長大 即爲

비대신   시명대신
非大身 是名大身

수보리야, 일체법이라는 것은 곧 일체법이 아니요 그 이름을 일체법이
라 하느니라. 수보리야, 비유하자면 사람의 몸이 크다는 것과도 같은
것이니라."

수보리가 말하였습니다.

"세존이시여, 여래께서 사람의 몸이 매우 크다는 것은 큰 몸이 아니라
고 설하셨으므로 큰 몸이라 말씀하셨습니다."

그렇다면 여래께서 말씀하시는 불법과 일체법은 과연 어떤 것인
가? 또 다시 불법과 일체법이라는 것에 집착할 것인가? 부처님께서
는 이를 염려하시어 다시 수보리를 불러 재차 말씀하셨다.

"내가 말한바 일체법이 모두 불법이라고 한 이 법만은 만고에 변할
수 없는 정법이라고 생각하느냐? 그렇지 않다. 이를 정법이라 한다
치더라도, 이 또한 실상實相이 없으므로 일체법이 모두 불법이라고
한 말도 정법이라 할 수 없느니라. 시시때때로 그 이름만이 일체법이
모두 불법이라 하는 것이다."

왜냐하면 여래의 성품인 진여체眞如體가 곧 일체법을 여의지 않고 진여라고 한다지만, 또한 일체법과 불법에 대해 취하고 머물지 않는 고로, 일체법이 곧 불법이라 하는 것 또한 정법이 아닌 줄 알아야 한다.

비유하자면 사람의 몸이 수미산왕須彌山王과 같다고 하는 것이니, 사람의 몸 크기가 이와 같다 한다면 이는 가정하여 말하는 것에 불과한 몸이요, 말뿐인 몸이요, 이름뿐인 큰 몸인 것이다. 일체법의 실체가 없으므로 일체법이 아님도 이와 같다 할 것이니, 이는 가설假說, 가명假名에 불과함이다.

진실로 이러한 몸이 있다 할지라도, 이는 색신色身(물질로 된 몸)에 불과하여 사대四大(흙·물·불·바람)인 이상 찰나찰나 성주괴공成住壞空하여 실체성實體性이 없으므로, 꿈같고 번개 같은 허명무실虛名無實한 환화幻化의 몸이요, 말뿐인 허망한 몸이니, 취하고 머무를 수 없으므로, 한 찰나라도 실제성實際性이 없어서 말뿐이고 이름뿐인 것이다.

좋은 생각, 좋은 마음, 좋은 행동은 당연히 해야 할 일이다. 누구나 알고 있다. 용기를 가져라, 난관을 딛고 일어나라, 복을 지어라, 계를 지켜라, 기도하라, 참선하라, 보시하라 그리고 착하게 살아라. 이렇듯 세상에 좋은 말은 넘치고 또 넘쳐난다. 수많은 법문을 듣고도 몰라서 행하지 않는 것은 아닐 것이다.

이를 실천하기 위해 굳게 결심하고 뜻을 세울 수는 있겠으나, 온 몸과 마음으로 체득하지 못한다면 일시적인 의지에 머물다가는 곧 흐트러지고 마는 경우가 허다하다. 그리고 우선 편한 마음으로 되돌아가기가 일쑤다.

그렇다면 어떻게 해야 좋을까? 왜 좋은 일을 행해야 하는가에 대한 근본적인 원인을 온 몸과 마음으로 체득해야 한다. 우선 좋음과 싫고 나쁨에 대한 분별을 하지 않으면 이름 하여 좋음이 된다. 따라서 어떤 일을 하든 어떤 생각을 하든 분별하는 마음이 없으면 결국 남이 보기에 좋은 일이 된다.

좋은 마음, 좋은 일이라는 것을 분별하게 된다면, 싫고 나쁜 마음과 싫고 나쁜 일이 분별되어 인과가 생기게 되므로 좋은 마음과 좋은 일만을 행할 수가 없게 된다. 따라서 좋고 싫은 고락을 분별하지 않고 꾸준히 해나가게 되면 결국 좋은 마음, 좋은 일이 될 수밖에 없다.

'좋다'라는 것에 집착하게 되면 그 즉시 인과가 발생되어 싫고 나쁨이 분명하게 드러나서 마음과 생각 그리고 감정으로 분별을 할 수밖에 없으므로 이는 결코 한쪽만을 취할 수 없게 되고, 시비가 일어나기 때문이다.

따라서 무엇을 생각하고 무슨 일을 하든지 간에 좋은 생각과 좋은 일을 분별하지 말고 정진에 정진을 거듭하다 보면 궁극적으로 좋은 마음이 되고 좋은 생각이 되며, 좋은 일을 하게 된다는 것을 알고 믿어야 할 것이다.

기도와 참선, 보시와 정진 그리고 육바라밀과 팔정도는 결코 좋은 것이 아니다. 분별하지 않고 행할 때만이 이름 하여 좋은 것이 된다. 그러니 시비분별 하지 않고 행하기만 한다면 모든 것은 저절로 해결이 된다. 이를 걸림 없는 무애자재라 하고 대자대비라 하며 아누다라삼먁삼보리라 한다.

수보리 보살 역여시 약작시언 아당멸도무량중생 즉불
須菩提 菩薩亦如是 若作是言 我當滅度無量眾生 卽不
명 보 살
名菩薩

"수보리야, 보살도 또한 이러하여, 만일 '내가 마땅히 한량없는 중생
을 멸도에 이르도록 제도했노라' 한다면 곧 보살이라 이름하지 못하느
니라.

그렇다면 수보리야! 이 법을 배우는 보살의 모습도 실무유법인 것
이다. 만약 보살이 스스로 말하기를 "내가 마땅히 무량 중생을 능히
멸도한다"고 한다면 이는 상에 집착함이거나 상을 여읨이거나 집착
과 여읨이 없음이거나 또 집착과 여읨을 함께 삿된 법으로 봄이거나
여의고 집착함을 모두 불법으로 보는 것이다.

이와 같은 상은 결국 상에 집착함이 될 것이니, 실무유법을 알지
못함이다. 만일 상을 여읜다고 한다면, 이 법이 옳고 그름이 없음을
알지 못하는 것이 되고, 상을 여의고 집착함이 없다고 한다면, 이 법
이 무실무허無實無虛임을 알지 못함이 된다.

또 집착과 여읨을 함께 삿된 법으로 보게 되면, 이는 일체법이 곧
불법임을 알지 못하는 것이 되고, 집착함과 여읨을 함께 불법으로 보
면, 이는 불법이 곧 일체법이라는 것을 알지 못함이 된다.

이러한 이유로 보살이라 이름 할 수 없음이다. 왜냐? 본래 없는 중

생을 잘못 보고 멸도한다는 마음까지 생기는 것은 망견妄見이라 할 것이고, 거꾸로 바뀜의 전도顚倒라 할 것이다. 이러한 이유로 일진법계一眞法界에 일념一念이 일어나면 곧 스스로가 먼저 마음으로 중생이 됨이요 남에게는 중생이 없는 것이 된다.

이런 까닭에 일념을 깨닫게 되면 세계가 청정함이요, 일념을 깨닫지 못하게 되면 편계偏界가 중생이 된다. 그러그러히 중생이 없을 때야말로 보살도 없을 것이다.

정리하자면 이런 것이다. 한마디로 한 생각이 일어나면 무량겁이 되므로, 결국 한 생각도 일으켜서는 안 된다는 뜻이다. 즉 부처라는 생각을 하게 되면 곧바로 중생이 생기고, 깨침이라는 생각을 하게 되면 곧바로 번뇌가 생기는 것이므로, 이는 바로 한 생각이 팔만사천 번뇌가 될 따름이니, 결코 생각을 일으켜서는 안 된다는 말이다.

더 정확하게 말하면, 생각을 일으키지 않는다는 것은 결국 집착하지 말고 머물지 말라는 뜻이다. 집착과 머물지 말라는 것은 결국 또 감정을 드러내지 말라는 것이 된다. 그러므로 좋다 싫다의 감정에 집착하지 말고 머물지 말라는 것이다. 인과를 만들지 말라는 말이다.

첩첩산중이라는 말이 있다. 산을 하나 넘었다 싶으면 또 다른 산이 나타난다. 일이 엎치고 덮치는 것을 말한다. 이 일을 해결하기도 전에 또 다른 저 일이 생겨나고, 무언가 하나 해결했다 싶으면 또 다른 문제가 생겨서 정신 차릴 틈을 주지 않는다. 그렇다고 포기할 수 있는 일도 아니다. 이쯤 되면 진퇴양난이다. 살다 보면 다반사로 일어나는 일이다.

　이럴 땐 과연 어떻게 해야 할까? 이 또한 분별심을 갖지 않음이 정답이다. 꼭 해결해야 한다는 생각을 놓아야 한다. 아니, 꼭 해야 한다는 생각까지는 한다 하더라도 조바심이나 애타는 마음을 갖지 말아야 한다. 물론 결코 쉽지 않다. 그래서 이때도 역시 인과의 뜻을 새겨야 한다. 어떤 경우에도 인과에 대한 화두를 놓치면 힘들어진다.

　'꼭 해결해야 한다,' '해결하지 않으면 안 된다'는 강박관념을 놓아야 한다. 해결하든 해결하지 못하든 좋고 싫은 고락의 인과 업이 생긴다. 해결했다는 즐거움으로 다음의 시절 인연에는 해결하지 못해서 오는 괴로움의 과보가 생길 것이고, 해결하지 못했다는 불편함과 괴로움으로 다음의 시절 인연에는 해결했다는 즐거움의 과보가 오게 되어 있다. 어쨌든 문제는 좋고 싫은 고락의 인과는 계속 생기기 마련이라는 것이다.

　그러니 어떤 일을 해결하기 위한 노력은 계속할 것이나 그저 할 뿐이어야 한다. 해결을 하더라도 고락의 인과에 대해 초연함으로써 마음이 평온해야 하고, 해결하지 못하더라도 고락의 인과에 대해 초연한 마음으로 평온해야 한다.

　어떤 독자께서 좋다 싫다 분별하지 않으면 무슨 동력으로 마음을 지속시킬 것인가. 분별하지 않고자 할수록 모든 게 허무하다는 염세적인 생각밖에 들지 않는다는 푸념 섞인 글을 올리셨다. 백 번 공감하는 바이다. 그러나 소납의 글을 자세히 읽고 정확히 보게 된다면 충분히 이해할 것이라고 생각한다.

우선 좋은 것을 선택한 다음에는 최선을 다해 임한다. 그리고 성취감을 충분히 즐겨도 된다. 그러나 즐긴 만큼 괴로움의 질량이 과보로서 오는 것은 인과의 법칙이다. 이러한 불편함과 괴로움이 생길 때, 인과법을 생각하면서 자업자득의 괴로움을 스스로 감수하고 이겨내야 한다.

이때 드디어 내가 즐긴 만큼의 괴로움이 반드시 다가온다는 것을 체득하게 되고, 그런 다음 즐거움도 괴로움도 저절로 분별하지 않게 되면서 마음이 평화로워지게 된다. '모든 것이 인과로 다가오는구나' 하고 충분히 느끼게 되는 동시에 이 일을 어떻게 할 것인지 저절로 선택하게 되고, 선택한 일에 대해서는 좋고 싫은 고락의 분별심을 갖지 않게 되면서 평안한 마음으로 그저 할 따름이고 할 뿐이 된다.

물론 결코 쉽지 않을 것이다. 그럼에도 불구하고 인과를 믿는 절대적인 신심을 가지고 인과라는 화두를 놓지 않고, 매사에 있어서 좋고 싫은 고락의 분별을 하지 않는 노력을 끝까지 해나간다면, 생활 속의 참선이 되어, 가까운 시절에 적멸의 평상심과 안온적정의 편안한 마음을 갖게 될 것이다.

하이고 수보리 실무유법명위보살 시고 불설 일체법 무
何以故 須菩提 實無有法名爲菩薩 是故 佛說 一切法 無
아 무 인 무 중 생 무 수 자
我無人無衆生無壽者

무슨 까닭이냐면, 수보리야, 참으로 어떤 법도 없는 것을 보살이라 이름하기 때문이니라.

이러한 고로 여래는 말하기를 '일체법은 나라는 것도 없고, 사람이라
는 것도 없고, 중생이라는 것도 없고, 오래 산다는 것도 없다'고 하였느
니라.

왜 그러냐 하면 이러한 실상법實相法에서 중생이 실무유법實無有法
인 것과 같이 보살도 실무유법인 것이다. 이런 까닭에 실무유법이 곧
이름하여 보살이라 한다고 하시었다. 그렇다면 실상법이란 어떤 것
인가?

이 법은 나와 남이 없고, 나와 법이 없고, 취하거나 놓음이 없고, 이
법은 이치와 해석이 있지 아니함이다. 또한 머묾과 상이 있지 않음
이요, 정법正法과 부정법不正法도 없으며, 실법實法과 비실법非實法이
있지 아니함이니, 이 물건이 곧 아누다라삼먁삼보리법이요, 그 이름
이 곧 4상(아·인·중생·수자상)을 여읜 보살인 것이다.

그리하여 이 실상實相의 보리법은 본래가 제도할 중생이 없고, 근
거할 법이 없으며, 이름 할 보살이 없다. 이러한 연유로 때에 따라 스
스로 꽁꽁 묶어버리는 자승자박을 끊는 것이요, 사람의 미혹함을 떨
구어내게 하며, 그러니 정법이 무엇에 필요할 것이며, 깨끗하다는 곳
을 굳이 찾을 것인가이다.

본래가 실무유법인 이것을 가지고 본래가 실무유법인 중생에게 실
무유법이라는 것에 묶여 있는 것까지도 끊어내고, 모든 미혹을 떨쳐
버리게 할 뿐이다. 그리하여 일체법이 나라고 할 것이 없고[無我], 남

이라 가르칠 곳이 없고[無人], 하나이니 여럿이니 할 일체처一切處가 없고[無衆生], 굳이 실다운 이치를 취할 곳이 없다[無壽者] 하심이다.

한마디로 그 어떤 생각도 감정도 마음도 모두 놓고 또 놓아야 진정한 적멸의 아누다라삼먁삼보리에 들 것이다. 이것이 무엇인가라는 생각도 놓고, 오만가지 일어나는 감정도 놓고, 이게 도대체 뭣 하는 짓인가 하는 생각과 감정도 놓고, 무기력한 마음도 놓고, 염세적인 생각도 놓고, 그저 움직이고 그저 할 뿐이다.

이렇게 하기에는 불가능할 정도로 결코 쉽지 않은 것이어서 그러므로 기도와 참선, 보시와 정진을 무조건 끝까지 하라는 것이다. 불가능한 선은 절대 없다는 신심으로.

"너나 잘해"라는 말이 한때 유행했다. 지금도 자주 듣는 소리다. 상대가 섣부른 충고를 한다거나 간섭을 할 때 미운 말로 되받아치는 소리다. 일반적으로 농담 삼아서 우스갯소리로 자주 하는 말이다. 그런데 쉬운 말 같지만 언중유골의 무거움이 스며 있다.

누구나 자신의 업으로 살아간다. 즉 각자가 좋고 싫은 고락업의 인과로 살아간다는 뜻이다. 상대가 무슨 말을 하든 그 말을 듣고 감정을 일으키는 것은 바로 나 자신이다. 미운 말을 듣거나 비꼬는 말을 듣거나 욕을 듣거나 험담을 들으면 기분이 몹시 나쁜 것은 당연하다.

불보살님은 물론 마음을 깨친 조사스님들은 어떨까? 한마디로 단 하나의 감정도 일어나지 않는다. 물론 견성見性을 한 성인이기 때문이다. 그래도 왜 그럴까? 좋다는 분별심이 없으므로 싫다는 분별심도 없기 때문이다. 즐거운 분별심이 있으면 그 과보로 괴로운 분별심이 생긴다. 인과 법칙이다. 따라서 좋고 싫은 고락은 인과 작용으로 끝없이 육도를 윤회하는 것이다.

이러한 분별심은 그 누구도 도와줄 수가 없으므로 스스로 멸도를 해야 한다. 좋고 즐겁고 기쁜 마음이 있는 이상 싫고 괴롭고 슬픈 마음이 없을 수가 없다. 따라서 옆에서 보기에 아무 문제가 없는 일일지라도 나의 괴로운 마음의 고업이 생길 때가 되면, 저절로 화가 나고 기분이 몹시 나빠지게 된다. 그래서 오해도 많이 생긴다.

특히 가족 간에는 서로를 아끼고 도우려는 본능이 있다. 그러나 어려울 때 아무리 현상적으로 서로 돕는다 하더라도 각자가 지니고 있는 고락의 인과업은 달라지지 않는다. 오히려 도움을 받게 되면 즐겁고 편안하고 행복한 마음이 들게 되므로, 그에 대한 과보로서 괴롭고 불편하고 불행한 인과를 언젠가는 겪어야 하기 때문이다.

그러므로 외형적으로나 현상적으로 좋고 싫은 고락의 인과업을 벗어날 수가 없다. 잘 먹고 잘살고 아무리 좋은 조건에서 살더라도, 좋은 것을 바라는 탐심이 있는 한 고통과 괴로운 일을 면할 수 없다는 말이다. 그래서 고락 분별의 업을 스스로 멸해나가야 마음이 평온해진다.

따라서 고락 분별의 업을 멸하려면 철저히 무소의 뿔처럼 혼자서 가야 한다. 그 누구도 멸해주지 않는다. 자신이 보살의 마음이 되어야 보살의 자비를 얻을 수 있다. 때문에 "너나 잘해"라는 말은 너무도 당연한 말일지도 모른다. 그렇다고 함부로 말해선 안 된다. 나도 너도 모두 고락의 업을 갖고 있기 때문이다.

그러므로 남들이 어떻든 철저히 고락을 분별하지 않고, 혹여 그 어떤 좋지 못한 것을 보거나 듣더라도 고락의 마음이 머물거나 집착하면 안 된다. 그렇게만 되면 스스로 전법을 통해 남에게 도움이 되는 행을 하게 될 것이다.

수보리 약보살 작시언 아당장엄불토 시불명보살 하이
須菩提 若菩薩 作是言 我當莊嚴佛土 是不名菩薩 何以
고 여래설 장엄불토자 즉비장엄 시명장엄
故 如來說 莊嚴佛土者 卽非莊嚴 是名莊嚴

수보리야, 만약 보살이 말하기를 '내가 마땅히 불국토를 장엄했다'고 한다면, 이는 보살이라 할 수 없으리라. 왜냐하면 여래가 말하는 '불국토를 장엄한다'는 것은 진짜 장엄이 아니라 그 이름이 장엄이라는 것이다.

보살이 스스로 불국토佛國土를 장엄莊嚴한다고 한다면 이는 4상에 집착하는 것이다. 이는 불국토를 장엄한다는 득得과 법法이 이미 있게 되는 것이니, 얻는다는 득得은 나라는 생각이 있기 때문이므로 아상我相일 것이요, 법法은 사람의 인人이요, 장엄은 중생衆生이요, 불국토는 수자壽者인 것이다. 이 같은 4상이 있고야 어찌 보살이라 할 수 있겠는가?

불토佛土라 함은 마음이 청정함을 이름이요, 장엄이라 함은 모든 법이 구족하다는 뜻이니, 보살이 4상이 없이 실무유법으로 무량 중생을 제도하게 된다면 깨끗한 마음, 즉 불토가 이미 청정하게 나타나 있을 것이요, 깨끗한 마음 땅 즉 불토가 나타날 정도면 이미 모든 법이 구족하여 있을 것이다.

이것이 보살의 장엄불토라 할 수 있을 것이거늘, 여기서 어찌 보살로서 장엄불토를 말할 수 있겠는가? 만약 보살이 장엄불토를 말한다면, 이는 벌써 진정한 불토장엄은 이미 달아나고 없을 것이니, 보살이라 이름 할 수 없음이 된다.

즉 불토를 장엄했다고 한다면, 인과로 인하여 이미 분별을 짓는 것이 되어 불토는 불토가 아닌 것이 생기게 되고, 장엄은 장엄 아닌 것이 이미 생기게 되는 고로 불토와 장엄은 이미 불토와 장엄이 아니게 된다.

그러므로 진짜 장엄불토가 되려면 장엄이다 아니다, 불토다 아니다는 등의 좋고 싫은 고락 인과가 완전히 사라져서 불토라 할 것도 없고 장엄이라 할 것도 없이, 이미 마음이 평상심이 되어 평온 평안해 있어야 한다. 이를 이름 하여 진정한 불토라 하고 장엄이라 할 것이다.

오랜만에 조계사에서 법문을 하였다. 그동안 코로나19 때문에 법회 자체가 없었다가 사회적 거리 두기에서 생활 거리 두기로 전환되면서 겨우 법회를 할 수 있었다. 그런데 법문을 할 때마다 매번 고민을 하게 된다.

보다 재미있고 감동적이고 공감할 수 있는 법문을 한다면 더없이 좋을 수 있겠으나, 할 수 없어서가 아니라 소중한 시간을 재미로만 허비되는 것이 아쉽기 때문이다. 거듭거듭 강조하듯이 근본적인 원인을 알지 못하면 결과 또한 절대로 이끌어내지 못한다. 그렇다면 근본 원인이 무엇인가?

당연히 좋고 싫은 고락의 분별심에 대한 문제이다. 이 문제를 해결하지 못하면 아무리 잘 먹고 잘살며 원하는 것을 다 얻는다 할지라도 이 또한 한 때에 지나지 않을 뿐 그 과보를 면하기 어렵다. 삼수갑산을 가더라도 우선 취하고 얻고 보자는 심경은 알겠으나 반드시 후회막급이 되고 말 것이다.

따라서 가장 중요한 것은, 좋다 싫다는 고락의 분별을 하지 않는 것이다. 어떤 경우에도 탐진치 삼독심의 유혹을 참고 참고 인욕하면서 기도와 참선, 보시, 정진을 해야 한다.

잘되고 못 되고에 분별 집착하지 말고 나머지는 인연 연기에 맡기면 된다. 그저 최선을 다할 뿐이다. 그러면 오방내외五方內外 신장님과 사천왕四天王들이 저절로 돌봐줄 것이다.

왜 그런가? 여래께서 말씀하신바, 장엄불토가 장엄불토가 아니므로 장엄불토가 되는 까닭이다. 장엄불토라는 것은 본래 허망하여서 실로 있지 않다는 것을 말씀하기 위하여 그 이름이 생긴 줄 알아야 한다.

모든 상이 구족하기 위해서는 마음의 땅이 깨끗해야 스스로 구족할 것이니, 장엄을 말할 틈이 없을 것이요, 그래서 장엄불토라고 하면 이미 장엄불토가 아니게 되는 것이다.

그렇다면 지금까지 상이 없는 장엄에 대해 말했으나, 상이 있는 장엄 즉 유상장엄有相莊嚴이라면 어떻게 되겠는가? 이는 중생을 제접提接하는 방편의 지혜인 것이다.

그럼 방편이란 무엇인가? 본래가 정법이 없다는 것을 알려주기 위함이다. 장엄불토가 없음에도 불구하고 장엄불토가 이런 것이라고 알려주기 위하여 장엄불토라는 방편을 사용함이다.

또 지혜란 무엇인가? 상을 없애기 위하여 공의 이치를 능히 알아내는 것을 말한다. 또 불토란 무엇인가? 중생에게 상이 없고 분별을 멸하면 이를 정토라는 방편의 이름을 붙인 것이다.

또 정토는 무엇인가? 상이 없어지면 공한 이치가 드러난다는 것을 알리기 위해 이름을 붙인 것이다. 장엄불토가 이러하거늘 만약 보살이 망령되게 불토를 장엄한다고 한다면 장엄불토의 뜻을 제대로 알지 못하는 견혹見惑에 빠진 것이니, 어찌 보살이라 하겠는가 하심이다.

따라서 어떤 경우에라도 좋고 싫은 고락을 분별짓지 않는 것만이 결국 성불케 한다는 것을 깊이 깨달아야 할 것이다.

"수억의 사기를 당했습니다. 먹을 것 못 먹고, 입을 것 못 입으면서 평생을 모은 돈인데 어떻게 이렇게 허무하게 사기를 당할까요? 억울해서 잠이 오지 않고 입이 써서 밥이 목구멍으로 넘어가지 않아요. 도대체 귀신도 없나? 세상이 어떻게 이리 돼 먹은 걸까요?"

어떤 이의 피맺힌 하소연이다. 세상에 이런 일을 당하는 사람이 의외로 많다. 왜 이런 말도 안 되는 일이 생길까? 사기를 당한 이의 입장에서는 어떤 설명으로도 납득이 되지 않을 것이다. 그러나 세상에 이유 없는 일은 없다. 다만 잘 모를 뿐이다.

우선 사기를 친 사람이나 사기를 당하는 사람은 자신들의 좋고 싫은 고락의 업이 현실의 인연으로 나타났다는 것을 알아야 한다. 사기를 치는 사람은 즐거운 낙업樂業이 나타날 때가 되어 돈을 얻음으로써 즐거워지게 된 것이고, 사기를 당하는 사람은 괴로운 고업苦業이 나타날 때가 되어 사기를 당함으로써 괴로워지게 된 것이다.

즐거움과 괴로움은 전생을 포함하여 과거의 괴로움과 즐거움으로 인한 인과로서 현실의 과보 인연으로 나타나 사기 치고 사기를 당하는 일이 발생되는 것이다. 그러므로 사기를 치거나 사기를 당하는 일은 우연히 발생하는 것이 아니라 필연적인 인연 과보로서 생기는 것임을 알아야 한다.

세상에 우연이란 없다. 원인이 있으므로 결과가 있는 것이다. 물론 사기를 쳐서 즐거움을 얻었으므로 다음에 언젠가는 그 과보로서 괴로움의 인과를 받을 것이다. 마찬가지로 사기를 당하여 괴로운 사람은 다음 언젠가는 그 인과의 과보로서 어떤 형태가 되었든 즐거움의 인과를 얻게 될 것이다.

그러므로 사기를 당했다 하여 무조건 화내고 속상해만 한다면, 과거에 지었던 낙업이 다할 때까지 괴로워하게 될 것이다. 이때는 반드시 인과의 업이라는 것을 알아채야 한다. 재빨리 마음을 머물지 않도록 잘 다스려 속상한 마음을 내려놓아야 편안해진다. 이것이 곧 인욕이고 참선이다.

만약 사기를 당하여 속상한 마음이 생기기 이전에 미리 돈에 대해 애쓰고 집착하는 마음을 내려놓거나, 업 덩이라 할 수 있는 돈을 사기당하기 전에 미리 보시로써 회향한다면, 사기를 당하는 업은 발생하지 않을 것이다.

어떻든 그 어떠한 억울함이나 속상함에도 마음이 머물러 주住하지 않고 집착하는 마음 없이 공한 마음으로 분별하지 않는다면, 이는 최고의 복과 참선이 되어 좋지 않은 악업은 눈 녹듯 사라지게 될 것이다.

수 보 리   약 보 살   통 달 무 아 법 자   여 래 설 명 진 시 보 살
須菩提 若菩薩 通達無我法者 如來說名眞是菩薩

수보리야, 만일 보살이 나도 없고 법도 없음을 막힘없이 환하게 통달한다면 여래는 이를 이름 하여 참다운 보살이라 할 것이다.

그렇다면 이 법이라는 것이 본래가 그러그러하여 아我와 법法이 그러하고, 얻음과 장소가 그러하고, 모습과 움직임이 그러하고, 이름과 말함이 그러할 뿐이다.

그러하다는 견해와 지식까지도 그러하고, 깨달은 보살도 또한 그러하고, 깨칠 아누다라삼먁삼보리법이 그러하고, 일체 자취가 없이 저절로 그러하여서 그렇게 공空에서 그러한 소식이 묘妙하게 그러히 드러날 뿐이다.

그렇다면 그러한 곳이란, 실상實相의 깨끗한 상이면서도 깨끗하다는 상을 두지 아니함이니, 하물며 나와 법을 둠이겠는가? 이런 까닭

에 부처님께서 이러한 뜻을 에둘러 말씀하신 것이니, '아我와 법이 없는 곳을 통달하는 자라야만 여래가 진시보살眞是菩薩이라 이름하리라' 하심이다.

"스님! 억울한 소리를 들어도 억울한 일을 당해도 무조건 참으라는 것은 결국 나만 손해 보는 일 아닌가요? 또 참다가 화병이라도 난다면 그 보상은 어디서 받나요? 참는 것도 한계가 있고 어느 정도지, 무조건 참아야 한다는 것은 도저히 받아들일 수 없는 것 아닌가요?"

백번 천번 공감되는 말씀이다. 그러나 무조건 참으라는 것은 아니다. 참는 것도 힘이 있어야 한다. 가능한 한 참을 수 있는 데까지 참는 것이 좋다는 말이다. 다만 참는다는 것은, 참지 못해서 오는 후과後果가 너무 커서 참는 것보다 오히려 더 큰 손해를 입을 수 있기 때문에 참으라고 하는 것이다.

먼저 참으라고 하는 진짜 본뜻은 상대를 공격하지 말라는 뜻도 있겠으나, 그 이전에 탐내고 성내고 잘못된 생각, 즉 탐진치 삼독심이 일어나는 것을 참으라는 말이다. 삼독심을 일으킴으로써 생기는 인과로 괴로운 일이 또다시 생기기 때문이다.

그러므로 상대의 말이나 행동 때문에 고통과 괴로움을 당하는 것은 지극히 인과의 소치인 줄 알아야 한다. 우연히 재수가 없어서 생기는 일은 세상에 없다. 근본적인 원인을 까맣게 모르고 나의 육안으로 보이는 것만 보기 때문에 받아들일 수가 없는 것이다.

참지 않아도 된다. 그러나 내가 그동안 기분이 좋고 즐겁고 기쁘고 행복했던 과거의 일이 있었던 인과로 인하여 그만큼 기분 나쁘고 괴롭고 슬프고 불행한 일이 생기는 것은 지극히 당연한 소치이니, 이를 감수하고서라도 참지 못하겠다면 얼마든지 그렇게 해도 된다.

그러나 내가 지은 낙업樂業에 대한 고업苦業의 과보를 받지 않으려 참지 못하고 또다시 탐진치 삼독심으로 화풀이를 하게 된다면, 받아야 할 과보는 그대로 남게 될 것이고, 다음에 언젠가는 또다시 남아 있던 숙제가 치러지게 되어 더 큰 고통과 괴로움으로 다가오게 될 것이다.

복수는 복수를 부른다는 말을 상기할 것도 없이, 상대를 멋있게 복수하고 갑절로 되갚아주게 된다면 우선은 속이 시원하고 기분이 좋을 것이나, 고락의 인과가 발생되어 기분 나쁜 과보가 나타나 그에 대한 응보를 받게 된다는 사실도 알아야 한다.

따라서 무조건 참으라는 것이 아니라 참아야 하는 이유와 그 원인에 대해 인과의 뜻을 철저히 숙지하고 납득함으로써 스스로 참을 수 있는 힘을 기르라는 말이다. 그렇게만 된다면 화병 나지 않고도 저절로 참아낼 수 있는 힘이 생기게 되고, 스스로의 업을 멸하게 되어 화가 나지 않는 좋은 인연을 만나게 될 것이다. 기도와 참선, 보시와 정진은 삼독심을 멸하는 좋은 연장이 된다.

18

일체동관분
一體同觀分

분별없이 하나로 봄

제십팔 일체동관분
第十八 一體同觀分

수보리 어의운하 여래유육안부 여시세존 여래유육안
須菩提 於意云何 如來有肉眼不 如是世尊 如來有肉眼

수보리 어의운하 여래유천안부 여시세존 여래유천안
須菩提 於意云何 如來有天眼不 如是世尊 如來有天眼

수보리 어의운하 여래유혜안부 여시세존 여래유혜안
須菩提 於意云何 如來有慧眼不 如是世尊 如來有慧眼

수보리 어의운하 여래유법안부 여시세존 여래유법안
須菩提 於意云何 如來有法眼不 如是世尊 如來有法眼

수보리 어의운하 여래유불안부 여시세존 여래유불안
須菩提 於意云何 如來有佛眼不 如是世尊 如來有佛眼

수보리 어의운하 여항하중소유사 불설시사부 여시세존
須菩提 於意云何 如恒河中所有沙 佛說是沙不 如是世尊

여래설시사 수보리 어의운하 여일항하중소유사 유여
如來說是沙 須菩提 於意云何 如一恒河中所有沙 有如

시사등항하 시제항하 소유사수 불세계 여시영위다부 심
是沙等恒河 是諸恒河 所有沙數 佛世界 如是寧爲多不 甚

다세존 불고수보리 이소국토중 소유중생 약간종심
多世尊 佛告須菩提 爾所國土中 所有衆生 若干種心

여래실지 하이고 여래설제심 개위비심 시명위심 소이
如來悉知 何以故 如來說諸心 皆爲非心 是名爲心 所以

자하 수보리 과거심불가득 현재심불가득 미래심불가득
者何 須菩提 過去心不可得 現在心不可得 未來心不可得

18. 분별없이 하나로 봄

"수보리야, 어떻게 생각하느냐? 여래가 육안이 있느냐?"

"그렇습니다, 세존이시여. 여래께서는 육안이 있습니다."

"수보리야, 어떻게 생각하느냐? 여래가 천안이 있느냐?"

"그렇습니다, 세존이시여. 여래께서는 천안이 있습니다."

"수보리야, 어떻게 생각하느냐? 여래가 혜안이 있느냐?"

"그렇습니다, 세존이시여. 여래께서는 혜안이 있습니다."

"수보리야, 어떻게 생각하느냐? 여래가 법안이 있느냐?"

"그렇습니다, 세존이시여. 여래께서는 법안이 있습니다."

"수보리야, 어떻게 생각하느냐? 여래가 불안이 있느냐?"

"그렇습니다, 세존이시여. 여래께서는 불안이 있습니다."

"수보리야, 어떻게 생각하느냐? 항하에 있는 모래를 부처님이 모래라고 말한 적이 있느냐?"

"그렇습니다, 세존이시여. 여래께서 모래라고 말씀하셨습니다."

"수보리야, 어떻게 생각하느냐? 항하의 모래알 수가 많은 것과 같이 그 모래알 수만큼 많은 항하가 또 있고, 또 이렇게 많은 항하의 모래알 수와 같이 부처님의 세계가 있다면, 이러한 부처님 세계들은 얼마나 많겠느냐?"

"대단히 많겠습니다, 세존이시여."

부처님께서 수보리에게 말씀하셨습니다.

"그렇게 많은 국토 가운데에 있는 하나하나 중생들의 마음을 여래는 다 아느니라. 왜냐하면 여래가 말한 모든 마음이 다 마음이 아니고, 그 이름이 마음이기 때문이니라. 그 까닭이 무엇이냐, 수보리야, 과거의 마음도 얻을 수 없고, 현재의 마음도 얻을 수 없고, 미래의 마음도 얻을 수 없기 때문이니라."

18. 일체동관분一體同觀分
분별없이 하나로 봄

수보리	어의운하	여래유육안부	여시세존	여래유육안
須菩提	於意云何	如來有肉眼不	如是世尊	如來有肉眼

수보리	어의운하	여래유천안부	여시세존	여래유천안
須菩提	於意云何	如來有天眼不	如是世尊	如來有天眼

수보리	어의운하	여래유혜안부	여시세존	여래유혜안
須菩提	於意云何	如來有慧眼不	如是世尊	如來有慧眼

수보리	어의운하	여래유법안부	여시세존	여래유법안
須菩提	於意云何	如來有法眼不	如是世尊	如來有法眼

수보리	어의운하	여래유불안부	여시세존	여래유불안
須菩提	於意云何	如來有佛眼不	如是世尊	如來有佛眼

"수보리야, 어떻게 생각하느냐? 여래가 육안이 있느냐?"

"그렇습니다, 세존이시여. 여래께서는 육안이 있습니다."

"수보리야, 어떻게 생각하느냐? 여래가 천안이 있느냐?"

"그렇습니다, 세존이시여. 여래께서는 천안이 있습니다."

"수보리야, 어떻게 생각하느냐? 여래가 혜안이 있느냐?"

"그렇습니다, 세존이시여. 여래께서는 혜안이 있습니다."

"수보리야, 어떻게 생각하느냐? 여래가 법안이 있느냐?"

"그렇습니다, 세존이시여. 여래께서는 법안이 있습니다."

"수보리야, 어떻게 생각하느냐? 여래가 불안이 있느냐?"

"그렇습니다, 세존이시여. 여래께서는 불안이 있습니다."

육안肉眼은 육체에 있는 눈으로서 평범한 사람이 보는 눈이다. 빛이 없거나 저 너머에 있는 것은 볼 수 없다.

천안天眼은 육안으로 볼 수 없는 것을 보는 눈이다. 빛이 없어도 볼 수 있고, 아무리 작은 것도 볼 수 있으며, 아무리 멀리 있는 것도 볼 수 있는 눈이다.

혜안慧眼은 공의 이치를 알아서 실상의 모든 모습과 모양이 모두 공하다는 것을 비춰볼 줄 아는 눈이다. 그래서 그 어떤 것에도 집착하지 않는 눈을 말한다.

법안法眼은 모든 공의 법을 요달하고 통달함으로써 일체법을 설명할 줄 알아서, 중생의 잘못된 눈으로 보는 헛된 법을 깨뜨리는 눈이다.

불안佛眼은 불성佛性이 원융圓融하다는 것을 보는 눈으로서 내외의 모든 법을 통달해 아는 눈이다. 그렇다면 불안이란 실상체實相體의 모든 것을 훤히 볼 수 있는 원명圓明한 눈이요, 법안은 세속법을 여실히 잘 아는 눈이요, 혜안은 공을 능히 헤아려 보는 눈이요, 천안은 물리적으로 보이지 않는 것까지 보는 눈이요, 육안은 보는 것만 보는 눈이다.

천차만별이라는 말이 있듯이 사람은 각자가 가지고 있는 오만가지의 성질과 성품, 스타일과 개성으로 살아간다. 나는 어떤 색깔의 마음을 가지고 있을까? 그리고 어떤 색깔의 마음이 가장 좋은 것일까?

아무리 많은 색깔의 마음이 있다 하더라도, 크게 보면 세상에는 두 가지 부류의 사람으로 나뉜다. 엄밀히 분류하면 사람과 부처로 나뉘게 된다. 사람은 감정으로 살아가고 부처는 감정이 멸도된, 이름 하여 중도의 마음이다. 그런 의미에서 부처는 살아간다고 말할 수 없다. 중도란 분별이 없기 때문이다. 그렇게 그렇게 여여할 뿐이다.

또 사람은 감정의 업을 크게 가진 사람과 감정의 업을 작게 가진 사람으로 나뉜다. 감정이 클수록 좋고 싫은 고락의 업이 크고, 감정이 작을수록 고락의 업이 작다. 고락의 업이 큰 사람은 좋고 즐거운 마음도 크지만 싫고 괴로운 마음도 크다. 또 고락의 업이 작은 사람은 좋고 즐거운 감정도 작지만 싫고 괴로운 마음도 작다.

고락업의 감정이 큰 사람은 천상에 있을지라도 좋고 싫은 감정이 크게 나타나고, 고락업의 감정이 작은 사람은 지옥에 있을지라도 좋고 싫은 감정이 작다. 다만 좋고 싫은 때의 시절 인연이 서로 다르게 나타나므로 좋은 업이 나타날 때는 극락이 되고, 싫은 업이 나타날 때는 지옥이 된다.

사람들은 무조건 좋은 조건을 가지려 한다. 하지만 인과로 인하여 싫고 나쁜 조건의 과보를 받게 된다는 것을 간과한다. 이를 여실히 잘 아는 이를 보살, 연각, 성문이라 한다. 그러므로 감정을 잘 절제할 줄 안다. 그러나 잔업殘業이 남아 있으므로 아직 부처는 아니다.

따라서 생활을 하면서도 나의 감정을 실시간으로 살펴야 한다. 어떤 조건과 인연에 의해 감정이 좋아져서 즐겁고 기쁜 마음이 든다면, 인과를 관觀함으로써 다음에 괴롭고 슬픈 과보가 생길 것임을 미리 알아차려야 한다. 그래서 즐거움이라는 분별심에서 벗어나 집착하지 않아야 한다.

또 싫고 괴로운 일이 생길 때는 인과를 관함으로써 다음의 시절인연에 즐거움과 기쁨이 생길 것이라는 것을 미리 알아서 즐거움과 기쁨이라는 분별심에서 벗어나 괴롭다는 것에 집착하지 않아야 한다.

이렇게 감정이라는 업의 인과를 항상 관함으로써 오고 가는 연기의 모습에 대해 집착하지 않고 맡겨서 매사를 여유롭고 여여한 마음으로 늘 평화로움을 유지해야 할 것이다. 나머지는 모두 부처님과 연기와 인과라는 신장님께 맡기고 신심을 키워나가야 한다.

앞에서 이 법法이라는 것에 대해 4상이 공하고, 4상견이 공함으로써 아我(나)와 법法, 득得(얻음)과 처處(장소), 명名과 설說(설법), 해석과 지혜, 보살과 아누다라삼먁삼보리법이 모두 공하여 중생을 중생으로 보지 아니하고, 내가 보살임을 자처하지 아니하고, 불토佛土가 깨끗하다는 것조차 보지 아니하므로 일체가 아견我見, 법견法見이 없을지니, 그러하게 보지 않는 그 이름을 여래라고 하였다.

그렇다면 이 모든 법을 보지 아니하므로 보는 눈도 없을 것이다. 그러나 여래께서는 다섯 가지 눈을 구족하시어 어긋남이 없으시므로 이러한 다섯 가지 눈, 오안五眼이 있는 것이 분명한데 어찌하여 보심이 없다고 하는가?

여래께서는 화신으로 관찰하시는 육안이 있고, 대천세계를 두루다 보시는 천안이 있고, 지혜가 밝으신 혜안이 있고, 모든 법의 공함을 아는 법안이 있으며, 자성을 항상 깨치신 불안이 있을지니, 어찌여래께서 보시지 않는다고 할 것인가?

모든 법의 공함을 통달 요달하셨다 하더라도 그 견해가 있을 것이며, 반야지般若智가 항상 밝은 상명常明일지라도 이 또한 견해요, 자성을 항상 깨치고 계실지라도 깨침으로 보는 견해가 있을 것이요, 항차 삼천세계를 보신다든가 목전의 모든 경계를 보신다든가 하는 것은 말할 것도 없지 않은가?

이같이 여래께서는 다섯 종류의 눈이 구족하시어 물질과 법을 보시고 성품과 이치를 보시는 것이 분명하거늘, 어찌하여 설법하시는 모든 법과 모든 법지견法知見이 공했다고 하시었을까?

이와 같은 것들이 모든 대중들이 의심한다는 것을 미리 아시고, 이를 밝히시려고 걸리지 않는 말씀을 설토하기 위해 수보리에게 묻고 수보리의 대답을 이끌어내시었다. 이렇게 부처님께서 물으심으로써 이 뜻이 더욱 요긴하게 되고, 수보리의 대답을 통하여 의심나는 곳을 더욱 밝혀나가는 효과가 생긴 것이다.

부처님께서는 이렇게 오안五眼이 구족하심에도 부처님께서 생각하는 오안과 대중이 생각하는 오안이 비록 다르기는 하지만 체성體性은 오히려 같음으로써 도리어 실무유법實無有法인 줄 모르더냐 하는 뜻이 이러한 물음에서 긴요함을 가르치심이다.

이같이 동상이몽의 꿈을 꾸는 듯이 보이는 것은, 수보리는 체體를 잡아서 용用을 의심한 탓이요, 부처님께서는 용을 잡아 체를 드러내려 하심이니, 즉 용이 곧 체임을 알리시려 함이다. 체는 걸림이 없는 본성이고, 용은 걸림 없는 체가 그림자로 비친 것이다. 그러나 그림자가 실제인 줄 알고 잡으려 하지만 결코 잡히지 않는 것과 같음이다.

"스님! 스트레스 때문에 힘들어 죽겠어요. 매사에 짜증이 나고 신경질이 나서 아무것도 하기가 싫어요."

"아! 그래요? 뭐가 그리 못마땅할까요?"

"하는 일마다 마음대로 되는 게 없어요."

"시간이 좀 지나면 괜찮아질 거예요."

"나중은 나중이고 지금 당장 힘들어서 그렇지요."

"그러니까 평소에 기도도 좀 하시고 참선도 하시고 아끼지 말고 보시도 좀 하시지 그랬어요? 세상에 공짜가 어디 있나요? 내가 싫은 건 무조건 멀리하려 하고 욕심만 채우려 한다면 대가를 치르게 됩니다. 지금부터라도 나를 위한 정성을 좀 들이시지요?"

스트레스를 현대병이라 한다. 복잡한 세상을 살다 보면 하나같이 마음에 부담이 오게 된다. 그 무게를 이기지 못하고 멘탈이 흔들리면서 급기야 몸까지 상하게 되는 지경에 이르기도 한다.

욕심을 채우기 위해 무조건 열심히만 한다고 좋은 것은 아니다. 마음이 흔들리면 아무리 좋은 금덩어리라도 소용이 없게 된다. 그러기 위해서는 아무리 바쁘더라도 평소에 시간을 내어서 마음을 다스리는 연습을 조금씩이라도 해야 한다.

감정에 끄달리다 보면 욕심이라는 놈이 끝없이 요구를 하게 된다. 욕심이 원하는 것을 다 채워주지 못하게 되면, 욕심이라는 놈은 몹시 화를 내면서 좋은 마음을 가만히 놔두지 않고 못살게 군다. 그래서 좋은 마음조차도 화가 나게 만들며 결국은 괴로워지게 된다.

따라서 무엇보다 욕심을 달래주어야 한다. 욕심을 달래서 마음을 가라앉히게 되면 편안해진다. 그러려면 기도로써 정성을 들이고자 하는 의지가 필요하다. 기도는 욕심을 잠재우고 평안하게 하여 소욕지족少慾知足의 마음을 갖게 한다. 그렇게 되면 어떤 일이든 원하지 않아도 저절로 이루어지게 만든다.

기도하는 방법은 염불, 독경, 불공, 참회, 참배, 주력, 정근 등 어느 것을 선택해도 좋다. 다만 인과를 철저히 믿고 모든 것을 무조건 부처님께 맡기는 마음으로, 그 어떤 상황에서도 인욕하면서 깊은 신심을 가져야 한다. 안 되는 것은 없다. 다만 안 된다고 하는 욕심이 문제이니, 욕심을 달래는 방법은 기도가 최고다.

참선과 보시도 함께 하면 기도의 효험이 배가된다. 정성을 들이지 않고 욕심만 부리는 것은 보기에도 좋지 않을 뿐만 아니라 효과도 없다. 우선 오방내외 신장님들이 좋아하지 않는다.

그러니 천지신장天地神將으로부터 도움도 받지 못한다. 기본적으로 욕심의 반은 보시를 해야 한다. 그것이 공평하다. 그러니 공짜는 없고 대가는 필수라서 움켜쥐는 만큼 힘이 든다는 것을 명심해야 한다.

수보리 어의운하 여항하중소유사 불설시사부 여시세존
須菩提 於意云何 如恒河中所有沙 佛說是沙不 如是世尊

여래설시사 수보리 어의운하 여일항하중소유사 유여시
如來說是沙 須菩提 於意云何 如一恒河中所有沙 有如是

사등항하[11] 시제항하 소유사수 불세계 여시영위다부 심다세존
沙等恒河 是諸恒河 所有沙數 佛世界 如是寧爲多不 甚多世尊

"수보리야, 어떻게 생각하느냐? 항하에 있는 모래를 부처님이 모래라고 말한 적이 있느냐?"

"그렇습니다, 세존이시여. 여래께서 모래라고 말씀하셨습니다."

"수보리야, 어떻게 생각하느냐? 항하의 모래알 수가 많은 것과 같이 그 모래알 수만큼 많은 항하가 또 있고, 또 이렇게 많은 항하의 모래알 수와 같이 부처님의 세계가 있다면, 이러한 부처님 세계들은 얼마나 많겠느냐?"

"대단히 많겠습니다, 세존이시여."

부처님께서 수보리에게 이러한 질문을 하시고, 또 수보리로 하여금 대답을 하게 한 이유가 무엇일까? 오안五眼(육안·천안·혜안·법안·불안)이 분별없이 여여하여 실무유법實無有法인 것을 알리시기 위해 또 하나의 다리를 건너게 하심이니, 부처님께서 이를 또다시 강조하여 충분히 이해할 수 있도록 돕기 위함이다.

그렇다면 부처님께서 일곱 번이나 물으시고 일곱 번의 대답을 하도록 하시는 것은 의심하는 마음을 잡아내어 집중하게 한 후, 각자가 지니고 있는 지각을 통해 스스로 분명히 인식하게 하여 최후에 신묘

히 알려주시려는 부처님의 변재辯才이다.

왜냐하면 최후의 종착점에 도달하기까지는 그 길을 정확하게 찾아가게 해야 하기 때문이니, 우선 그 길이라도 찾을 수 있도록 돕기 위함이다. 그러므로 이러한 길을 찾으려는 견고한 신심과 원력이 있어야 하며, 이는 모든 중생을 구해내기 위한 부처님의 대자대비大慈大悲요, 걸림이 없는 무애변無碍辯이다.

"스님! 머리를 좋게 하는 방법은 없을까요? 타고난 머리를 갑자기 좋게 할 수 있을까요만은, 그래도 자식과 손자들은 머리가 좋으면 좋겠어요. 이 험한 세상을 살아가려면 머리가 좋지 않고는 경쟁에서 처질 수밖에 없거든요!"

"머리를 진짜 좋게 하는 방법이 있긴 합니다만, 지금부터 꼼꼼히 읽고 또 읽어서 충분히 이해가 되시면 천재를 만들 수 있을 겁니다. 그럼 우선 기도하는 방법부터 가르치시지요. 엄마와 할머니가 아들과 손주를 위해 대신 기도하는 것도 좋지만, 본인들이 직접 정성을 들이는 것보다는 그 효험이 떨어지거든요. 가장 좋은 기도는 가족 모두에게 어릴 때부터 기도하는 방법을 가르치는 겁니다."

현대 사회에서 부처님의 위대한 법이 포교가 잘 되지 않는 것은 절에서는 신심이 돈독하다 하더라도 정작 집에서는 자식 하나도 제대로 부처님 법을 전달하지 못한다는 데 있다. 엄마와 할머니 본인들은 좋은 염불 소리와 덕 높은 스님들의 법문을 들으면서도 정작 가족에게는 이를 조금도 전달하지 못하고 있다.

위대하고 위대한 부처님 법을 본인은 물론 가족들에게 전법하여 부처님 법의 위대성을 깨닫게 해야 한다. 그래야 진짜 머리도 좋게 할 수 있고, 자신이 원하는 것 모두를 얻을 수가 있을 것이다.

본론으로 돌아가, 기억력이 좋거나 소위 머리가 좋은 사람들은 심각한 오류에 빠져 있다. 내가 많이 알고 지식이 풍부하니 다른 사람들보다 우월하다는 잠재의식이 팽배할 수 있다. 그러니 지식이란 진정 무엇인가에 대한 본질부터 알아야 한다. 지식의 본질이란 많이 아는 것이 문제가 아니라 아는 것에서 오는 기분의 인과 작용이다.

무엇을 알고 싶어 한다는 것은 무엇을 앎으로써 내가 만족하고 즐거운 마음을 갖기 위함일 것이다. 그러나 알고 싶으면 알고 싶을수록, 또 지식이 많아 만족하고 즐거울수록, 인과가 따른다는 사실을 직시해야 한다. 불만족하고 괴로운 마음이 과보로 또 생기므로 머리가 좋고 지식이 많다고 해서 결코 좋은 것만은 아니다.

머리가 좋고 지식을 많이 쌓으려 하는 것은 결국 기분 좋고 행복하기 위한 수단의 일환이다. 그러나 이미 설명했듯이, 즐거움과 행복은 괴로움과 불행의 상대적 과보가 따르기 때문에 마음 감정이란 이렇게 동전의 양면과 같이 좋음의 무게와 싫음의 무게가 똑같이 나타난다는 것을 항상 직시해야 한다.

따라서 자식과 손주, 가족이 정말로 행복하길 원한다면, 대가가 반드시 따르게 되는 상대적인 한쪽만을 선택할 것이 아니라 중도와 적멸의 길을 가르쳐야 한다. 그러기 위해서는 기도하는 방법을 잘 알도록 하고 그 습을 잘 길러서 스스로의 마음을 편안히 하도록 해야 한다.

불고수보리　이소국토중　소유중생　약간종심　여래실지
佛告須菩提　爾所國土中　所有衆生　若干種心　如來悉知

부처님께서 수보리에게 말씀하셨습니다.

"그렇게 많은 국토 가운데에 있는 하나하나 중생들의 마음을 여래는
다 아느니라.

"그렇게 많은 국토"란, 앞에서 설명한 항하의 모래알 수만큼의 항
하가 또 있고, 그 셀 수 없는 항하의 모래알 수만큼 부처님의 땅이 있
는바, 그 가운데 일체중생의 마음까지도 여래는 다 아신다고 하신다.

그러나 대중은 의심이 다시 일어날 것이다. 분명히 부처님께서는
오안五眼으로 보는 것은 보는 것이 아니라고 하시고, 만약 오안으로
본다고 한다면 이미 깨침의 눈이 아니라고 하셨기 때문이다. 하지만
이것이 곧 여실히 보이는 말씀이시다.

비록 오안으로 보는 눈은 다르나 체성體性이 같으므로 곧 마음이
같은 것이다. 마음이라는 본체성本體性에는 여래의 마음이나 중생의
마음이 다르지 않은 까닭이다. 무량 세계에 있는 중생의 마음이 일어
나고 꺼지는 것은 곧 여래의 마음이 일어나고 꺼지는 것과 같다. 여
래는 중생의 움직임이 나오는 본체요, 중생은 여래가 움직이는 작용
인 탓이다.

체體 없는 용用이 있을 수 없고 용 없는 체가 있을 수 없다. 그렇다
면 이러한 여래의 마음이란 세간법과 출세간법이 다 똑같은 마음의
작용이므로 본인이 본인의 마음을 다 알고 볼 것이니, 오안이 보는

것은 곧 자기의 마음을 보는 것이 아니고 무엇이랴?

이른바 오안도 마음의 일이요, 오안으로 보는 대상도 마음일 것이니, 어느 것이 마음 아닌 것이 있을 것이며, 어느 것도 마음으로 되지 않을 것이 있을 것인가? 진실로 이러한 마음을 깨치면 모든 것을 모를 것도, 의심할 것도 없이 일체를 다 알고 보게 될 것이다.

즉 분별하는 마음만 없으면 부처와 중생이 따로 없고, 세간과 출세간이 따로 없으며, 항하의 모래알이 하나이든 수억이든 무슨 상관일 것이며, 중생이든 불국토이든 분별이 없음이니, 이때든 저 때든 이곳이든 저곳이든 극락이든 지옥이든 하등의 별별別別이 있을 수 없음이다.

따라서 마음을 깨친 상태에서는 모두가 부처 아님이 없는 처처불상處處佛像일지니, 중생의 마음이 곧 부처의 마음이고, 중생의 마음 또한 다르지 않기 때문에 일체중생의 마음을 아는 것은 너무나 당연한 일이다. 그러나 이와 같이 마음을 깨치지 못한 이는 분별상이 펼쳐져서 늘 고락의 인과를 받고 살 것이다.

달팽이 한 마리가 체리나무를 기어 올라갔다.
새들이 놀렸다.
"그렇게 늦게 올라가면 체리는 떨어지고 없을 거야."
달팽이가 말했다.
"내가 다 올라갈 때쯤 체리는 다시 열릴 거야."

좋고 싫은 감정에 끄달려 살면
욕심은 끝없이 이래라저래라 요구한다.
욕심을 달래야 마음이 고요하고 평안해진다.
모든 것을 부처님께 맡기고 인욕하며 기도하라.

___

소납이 좋아하는 우화이다. 물론 현실에서 나올 수 없는 이야기이긴 하나 달팽이의 여유롭고 평화로운 마음이 마냥 부러운 것은 나만의 생각일까?

모든 사람들의 마음 감정이란 지극히 상대적이기 때문에 좋은 마음 감정과 싫고 나쁜 마음 감정은 단 한 끗도 차이 없이 나타날 수밖에 없다. 조건이나 환경과는 상관이 없다.

세계 최고의 권력을 가지고 있는 미국의 대통령도 고통과 괴로움이 없을 수 없다. 기분 나쁜 표정을 종종 보게 된다. 대비적으로 그리스의 거지 철학자 디오게네스는 알렉산더 대왕이 찾아와 소원을 다 들어줄 테니 말해보라 하였으나, 나는 원하는 것이 하나도 없고, 다만 대왕이 지금 가리고 있는 햇볕을 쬐게 해 달라고 하였다 한다.

아무리 풍족하게 산다 해도 괴로움의 업이 마음에서 발현될 때가 되면, 조건과 환경은 전혀 작용을 못한다. 사람들이 그렇게도 갈구하는 수면욕, 식욕, 재산욕, 성욕, 명예욕의 오욕락五慾樂은 똑같은 고통의 오욕고五慾苦의 인과를 치를 수밖에 없으니, 마음 밖의 조건이나 환경은 결코 중요하지 않다.

달팽이의 마음은 인과에 끄달리지 않는 중도심이라 할 수 있다. 중도심이 아니라면 이렇게 여유로움과 평화로움이 묻어나지 않을 것이다. 디오게네스 역시 조건과 환경이 자신의 마음을 좋게 할 수 없다는 것을 분명히 알았을 것이다. 악조건 속에서도 마음이 평화로운 것은 바로 분별하지 않는 중도심 때문이라 하겠다.

이 대목은 마음이 없다는 것을 증명해준다. 때문에 어떤 경우 그 어디에도 마음이라 이름 할 것이 없으므로 결코 머물 필요도 없고 걸릴 이유도 없다. 그러면 중도中道로운 마음이 되어 평화롭고 여유로운 마음이 되어 있을 것이다. 분별없고 걸림 없는 중도심은 기도와 참선, 보시와 정진으로부터 시작된다.

何以故 如來說諸心 皆爲非心 是名爲心 所以者何 須菩提
하 이 고　여 래 설 제 심　개 위 비 심　시 명 위 심　소 이 자 하　수 보 리

過去心不可得 現在心不可得 未來心不可得
과 거 심 불 가 득　현 재 심 불 가 득　미 래 심 불 가 득

왜냐하면 여래가 말한 모든 마음이 다 마음이 아니고, 그 이름이 마음이기 때문이니라. 그 까닭이 무엇이냐, 수보리야, 과거의 마음도 얻을 수 없고, 현재의 마음도 얻을 수 없고, 미래의 마음도 얻을 수 없기 때문이니라."

마음은 본래 있다고 할 수 없다. 만약 마음이 있다고 한다면 이미 마음이 아닌 것이 되므로, 오히려 마음이 있다 하면 그 마음은 한량없이 많아질 것이다. 그러므로 마음이란 진짜 마음이 아니라 달을 가리키는 손가락에 불과한 것이니, 그 이름을 마음이라 한다.

왜 마음을 마음이라고 할 수 없느냐 하면, 삼승三乘(보살·연각·성문)과 외도外道, 여래如來의 마음까지도 마음이 있을 수 없으니, 마음이라고 증명할 것이 없기 때문이다. 누가 감히 마음을 마음이라고 드러낼 것인가? 여래도 불가능하고 중생도 불가능하다. 누가 만약 이것이 마음이라고 한다면 이미 망상妄想에 사로잡혀 망妄이 망妄을 인

연하는 것이다.

그리고 망심인들 허망할 수밖에 없는 것이니 마음이야 말할 것도 없다. 앞의 생각도 증명할 수 없고, 뒤의 마음도 증명할 수 없으며, 현재의 마음은 더더욱 증명할 수 없다.

왜냐하면 마음이라고 착각하는 것은 본심本心과 망심妄心이 모두 함께 얻을 수 없는 무이기 때문이다. 이러한 무의 마음과 통하게 되면 무량한 중생의 무량한 마음이 다르지 않아서 무량한 일체법을 저절로 잘 알게 되므로 오안五眼으로 봄이 구족할 것이다.

따라서 과거의 마음은 이미 지나가버렸으니 마음이라 할 수 없고, 미래의 마음은 아직 오지 않았으니 마음이라 할 수 없으며, 현재의 마음은 마음이라고 하는 즉시 지나가버리고 마니 마음이라 할 수 없는 것이다.

그러므로 마음이다, 아니다 하는 것조차도 이미 지나가버린 마음이므로 마음이라 할 수 없겠으나 그렇다고 지금 내가 생각하고 느끼고 있는 바로 이것은 도대체 무엇인가 하는 것이다. 마음을 마음이라고 할 수 없는 것에 지금 집착하고 있으니 빨리 환상에서 깨어나야 한다. 머물지 말아야 한다.

그러니 없는 것을 굳이 있다고 믿는 마음이 문제이니만큼 그 허망한 마음에서 무엇을 얻을 것이 있으며, 무엇을 더 버릴 것이 있겠는가. 나머지는 모두 허망한 인과만 남을 뿐이다. 남는 것조차도 아니어서 전도몽상顚倒夢想하고 있으니 하루빨리 몽환夢幻에서 벗어나는 길만이 고苦에서 깨어나 평화로움을 이룰 것이다.

〈부부의 세계〉라는 드라마가 끝났다. 장안의 화제인 만큼 소납도 전편을 다 보진 않았으나 대강의 줄거리를 이해했다. 배우들의 감칠 맛 나는 연기가 돋보이는 것 같았고, 드라마의 특성상 좀 과장된 부분이 없진 않았으나 충분히 비슷한 일들이 일어날 수 있다고 보았다.

사실 드라마의 내용에 대해 왈가왈부하려는 것은 아니다. 이 드라마를 통해서 이야기하려는 것은 현실에 매몰되지 말고 근본적이고 본질적인 것을 알고, 그에 대한 관점을 정확히 가지고 살아야 한다는 것이다.

드라마의 내용상 극적인 부분이 많이 전개된다. 이를 실제라고 치고 얘기해보고자 한다. 잘못한 사람이 잘못한 것으로 끝나면 아무 문제가 없을 것 같다. 그러나 하나의 잘못으로 인하여 집안이 풍비박산까지 간다고 했을 때 과연 그 첫 번째 잘못을 모든 원인으로 볼 것인가에 대한 문제이다. 아마도 그렇지는 않을 것 같다.

불교적 입장에서 소납의 관점은 간단하다. 한 사람 한 사람의 모든 행위는 인연 연기에 의해 이루어진다고 했다. 무엇이 원인이고 무엇이 결과인가는 결론 지을 수 없다. 연기하기 때문이다. 그렇다면 현상만 놓고 볼 때 원인과 결과 그리고 시비의 문제로 논할 수는 없다.

정확한 것은, 각자가 가지고 있는 고락의 업이 상대와 또는 대상과 인연 연기되면서 펼쳐지는 현상들이다. 고락의 업이 격렬하게 부딪치며 서로 인연 연기되는 현상이라는 것이다.

어느 시점부터 어느 시점까지 각자가 가지고 있는 고락업을 분석한다면, 즐거운 낙업과 괴로운 고업의 차이는 별로 없을 것이다. 극히 좋은 낙업과 극히 괴로운 고업의 양은 거의 같다는 말이다. 한마디로 자신이 가지고 있는 고락의 분별업이 극단적으로 부딪쳤을 뿐이다. 좋은 만큼 싫고 나쁜 업의 현상은 어느 때든 나타날 수 있다.

소납은 이 드라마를 볼 때 한 사람 한 사람의 업성을 보았다. 즐겁고 기쁘고 행복한 마음 감정이 언제 어느 때 나타나며, 괴롭고 슬프고 불행한 감정이 언제 어느 때 과보로 나타나는가에 대한 것을 보며 고락의 인과를 실감했다. 누가 옳고 누가 그르다 등의 잘잘못은 사실 그리 중요하지 않다. 모두가 자신이 가지고 있는 고락업의 크기에 따라 고락의 시절 인연을 언제 만나느냐만 있을 뿐이다.

따라서 업성이 다르거나 고락의 업이 작은 사람은 이러한 악연도 연기하지 않을 뿐만 아니라, 업성이 좋아서 고락의 업이 아주 작은 사람은 절대로 이렇게 복 없는 일은 인연이 되지 않는다.

때문에 어떤 사안을 보고 생각할 때는 그 하나하나의 사안에 대해 집착하거나 시비를 따지지 말고, 그에 연루된 사람들의 업 성품을 살펴보는 것이 더욱 중요하고 정확할 것이다. 따라서 나 자신이나 가족, 친지, 지인들에게 이렇게 위대한 불법을 잘 전하여 모두가 업장 소멸을 할 수 있도록 불자된 도리를 다해야 한다.

19

법계통화분
法界通化分

법계의 중생을 두루 제도함

제십구 법계통화분
第十九 法界通化分

수보리 어의운하 약유인 만삼천대천세계칠보 이용보
須菩提 於意云何 若有人 滿三千大千世界七寶 以用布

시 시인 이시인연 득복다부 여시세존 차인 이시인
施 是人 以是因緣 得福多不 如是世尊 此人 以是因

연 득복심다 수보리 약복덕유실 여래불설 득복덕다
緣 得福甚多 須菩提 若福德有實 如來不說 得福德多

이복덕무고 여래설득복덕다
以福德無故 如來說得福德多

19. 법계의 중생을 두루 제도함

"수보리야, 어떻게 생각하느냐? 만약 어떤 사람이 삼천대천세계를 칠보로 가득 채워서 보시한다면 이 사람은 이러한 인연으로 받는 복이 많지 않겠느냐?"

"그렇습니다, 세존이시여. 이 사람은 이러한 인연으로 받는 복이 대단히 많겠습니다."

"수보리야, 만일 참으로 복덕이 있는 것이라면 여래는 복덕이 많다고 말하지 않겠지만, 복덕이 없는 것이기 때문에 여래는 복덕이 많다고 말한다."

19. 법계통화분 法界通化分
법계의 중생을 두루 제도함

수보리 어의운하 약유인 만삼천대천세계칠보 이용보시
須菩提 於意云何 若有人 滿三千大千世界七寶 以用布施
시인 이시인연 득복다부 여시세존 차인 이시인연 득복
是人 以是因緣 得福多不 如是世尊 此人 以是因緣 得福
심다
甚多

"수보리야, 어떻게 생각하느냐? 네 뜻은 무엇이냐? 만약 어떤 사람이
삼천대천세계를 칠보로 가득 채워서 보시한다면 이 사람은 이러한 인
연으로 받는 복이 많지 않겠느냐?"
"그렇습니다, 세존이시여. 이 사람은 이러한 인연으로 받는 복이 대단
히 많겠습니다."

부처님께서는 이런 마음이든 저런 마음이든 애초에 마음은 없다
하시고, 마음이라고 하면 이미 마음이 아니라고 하시었는데, 어떠한
마음이 무주상보시를 지었으며, 어떠한 마음으로 무주상 복덕을 얻

458   진우 스님의 금강경 강설

을 것인가? 대중이 의심하지 않을 수 없음을 아시고 부처님께서 수보리에게 다시 물으셨다.

마음이 본래 없다고 누누이 설명하였음에도 불구하고, 혹시나 무주상이다, 보시다, 복덕이다 하는 이름에 다시 또 마음이 머물러서는 안 된다는 것을 강조하기 위하여 수보리에게 물으신 것이다.

정리하자면, 본래 마음은 무無이다. 만약 스스로 있다고 생각한다면 이 마음이 생기므로 저 마음이 생기게 되니, 이를테면 1 더하기 1은 2가 되는데, 이를 고락 인과업이라 하고, 1 빼기 1은 0이 되는데 이를 이름 하여 중도요, 공이요, 적멸이라 한다.

따라서 마음이라고 하는 고락 감정의 인과업이 없다면, 어떤 것을 보거나 어떤 일이 벌어져도, 무슨 말을 듣거나 무슨 말을 하더라도 아무런 상관이 없어진다. 그러니 이를 무량한 복덕이라 해도 좋고, 한량없는 보시라 해도 좋은 것이다.

어떤 이가 찾아와서 부탁을 하고 갔다. 지금 거대한 집단과 싸움 아닌 싸움을 하고 있는데 자기를 도와달라고 했다. 절박한 형편임은 분명해 보였다. 도와주는 것은 얼마든지 도와주겠으나 이보다 더 큰 것을 놓치지 말라고 했다. 바로 실제 일어나는 현상과 그 현상을 보는 마음 감정을 따로 분리하는 테크닉을 가져야 한다고 말했다.

말룽카풋타, 즉 만동자蔓童子라는 제자가 부처님께 묻는다. 이 세상은 누가 만들었는가? 영혼과 육체는 별개인가 하나인가? 다음 세상은 있는가 없는가? 여기에 답을 하지 못하면 떠나겠다고 말한다.

부처님께서는 이렇게 되묻는다.

"만약 어떤 사람이 독화살에 맞았다고 하자. 그런데 독화살을 맞은 몸을 치료하지 않고, 이 독화살을 누가 쏘았으며, 독성분은 무엇이며, 화살의 재질은 무엇인가 등등의 문제를 풀지 못하면 독화살을 치료하지 않겠다고 한다면 어떻게 되겠느냐? 독이 몸에 퍼져서 죽게 될 것이 아니겠느냐?"

비유하건대 이미 우리는 독화살에 맞아서 독이 퍼지고 있는 형국이다. 늙고 병들고 죽어가고 있는 것이다. 그리고 좋고 싫은 고락의 분별업이라는 독이 퍼져서 고통과 고통이 아닌 것이 반복되고 있다. 그러나 독을 제거하려는 생각보다는 어디에서 독화살이 날아왔으며 누가 쏘았으며 등등의 노력에만 몰두하고 있다.

이와 같이 사람들은 욕심을 채우려고 많은 생각과 연구와 노력을 경주한다. 그러나 아무리 노력을 하더라도 영원히 풀리지 않는 것이 있다. 바로 본인이 원하는 것과 반대되는, 즉 원하지 않는 것이 생긴다는 사실이다. 이는 원하는 것은 그대로 놔두고 원하는 것의 그림자인 원하지 않는 것을 없애려고만 한다. 원하는 것을 없애지 않는 한, 그 그림자는 없어지지 않는다는 것을 모르는 소치다.

내게 부탁하는 이에게 말했다. 부탁하는 것이 되든 안 되든 이는 현상적인 연기에 불과한 것이므로 이와는 별개로, 좋고 싫은 마음 감정과 현상을 분리하라고 했다. 부탁이 되었든 독화살이 되었든 그 이유와 원인에만 매몰되어 감정에 휘둘리게 된다면, 좋고 싫은 고락의 인과업은 영원히 반복 윤회하게 될 것이다.

내 눈앞에 나타나는 모든 현상은 인연 연기 따라 이루어지는 것이어서 내가 간섭할 일이 아니다. 그럼에도 불구하고 나의 고락업에 따라 좋다 싫다 분별을 하게 되니, 나의 분별심인 고락업을 멸하고 중도심으로 바꾸기만 한다면 연기의 현상만 있을 뿐이다.

좋고 싫은 고락 분별의 감정이 있는 한 현실의 모든 현상들은 좋고 싫은 고락 감정으로 항상 갈려질 것이다. 그러니 현상과 나의 고락 감정을 분리하는 테크닉을 배워서 현상에 끄달리지 말아야 한다.

그러니 묻지도 따지지도 말고 고락 감정의 분별 인과업을 멸하는 것만이 독화살을 제거하고 현실과 현상에 끄달리지 않는 중도 적멸의 편안하고 안락한 마음을 이루게 할 것이다.

수보리 약복덕유실 여래불설 득복덕다 이복덕무고 여
須菩提 若福德有實 如來不說 得福德多 以福德無故 如
여래설득복덕다
來說得福德多

"수보리야, 만일 참으로 복덕이 있는 것이라면 여래는 복덕이 많다고 말하지 않겠지만, 복덕이 없는 것이기 때문에 여래는 복덕이 많다고 말씀한다."

부처님께서 수보리로부터 대답이 나오게 하신 다음에 정면으로 그 뜻을 깨뜨리시기 위해 하신 말씀이다.

복덕이 참으로 있는 것이라면 여래께서 복덕이 많다는 말씀을 하지 않았으리라. 그러나 실제로 복덕이 허망하고 없는 것이므로 많다

는 말씀을 하게 된 것이다.

이 또 무슨 알 수 없는 말씀이냐? 많다는 말은 본래 사량할 수 있는 숫자나 수에 쓰는 말이다. 상상할 수 없거나 말로 표현할 수 없는 것이라면 많다고 할 수 없음이니, 그래서 실제로 많다고 하신 말씀이 아니라 이름 하여 많다는 말씀을 하신 것이다.

코로나가 한창일 무렵 은사스님께서 지병으로 대학병원에 입원하시어 거의 매일 찾아뵈었다. 방역을 위해 입구에서 절차를 거치는데 그전까지는 몇 가지 체크와 서명만 하고 들어갔으나 그날따라 보호자 신분증이 없으면 못 들어간다는 것이었다.

그럼 보호자 카드를 만들려면 어떻게 해야 하냐고 물었더니 업무과에 가라고 한다. 그래서 로비에 있는 업무과 쪽으로 가려는데, 로비 끄트머리에 서 있는 경비가 보호자 카드가 있어야 한다며 기어코 제지하였다. 헛웃음이 나왔다. 무슨 이런 경우가 있냐며 몇 마디 오고 가다가 작정하고 모두가 들을 만큼 큰소리를 질렀다.

이 대목에서는 그렇게 하는 것이 경각을 일으키는 효과가 있을 것이라고 판단하였다. 결국 간병인에게 전화하여 보호자 신분증을 교환하고 들어갔다. 경비가 전후 절차는 잘 모르고 신분증이 있어야만 한다는 지침만 따르다 보니 그렇게 됐다는 병원 관계자의 설명을 듣고 그냥 돌아온 일이 있었다.

왜 이런 장황한 얘기를 하냐 하면, 어떤 사안이 벌어졌을 때의 감정을 말하고자 함이다. 이미 설명했듯이 그냥 조용히 넘어갈 수도 있었으나 의도적으로 화를 내는 척 왜 소리를 질렀을까? 이는 선택의 문제이다. 그렇게 할 수도, 하지 않을 수도 있다. 문제는 정말 화가 났느냐 또는 마음은 평화로운데 짐짓 행동을 그렇게 했는가이다.

이런 일들은 언제든지 일어날 수 있는 다반사들이다. 여기서 충분히 잘잘못을 따질 수는 있으나 절대로 평정심을 잃어서는 안 된다. 그리고 화를 내거나 속상해 할 필요도 없다. 좋고 싫은 고락의 감정은 어디까지나 나의 몫이고 나의 업이다.

어느 대목에서 발단이 되었는지 그 원인을 짐작할 수는 있겠으나 넓게 보면 원인의 원인이 또 있을 것이므로 굳이 눈에 보이는 원인에만 집착하여 마음에 동요를 일으킨다면 근본 문제는 영영 풀어지지 않는다.

근본 문제는 내가 화를 내고 있는가? 그래서 속이 상한가? 감정이 흔들리는가? 그렇다면 나의 괴로운 고업이 나타날 인과의 시간이 되었다는 뜻이다. 일어나는 현상들은 연기에 따라 이렇게도 저렇게도 나타날 수 있다.

이런 일이 일어나지 않으려면 내가 없거나 삼라만상이 없어야 한다. 말이 안 되지 않는가. 그러므로 현상에 끄달리는 나의 고락업이 원인 중의 원인이므로, 나의 고락 감정을 다스리는 것만이 근본 문제를 풀 수가 있다는 말이다.

어쨌든 일어나는 현상은 현상이고, 이를 대하는 나의 좋고 싫은 고락의 감정은 순전히 나의 몫, 나의 업이기 때문에 어떤 경우이든 현상에 끄달리지 말고 연기하는 모습인 줄 알아서 절대로 절대로 감정을 일으키지 말며, 마음을 항상 놓치지 말고 관하는 습을 길러야 인과업이 사라지고 괴로운 일이 생기지 않을 것이다.

20

이색이상분

離色離相分

색과 상을 여읨

第二十　離色離相分
제 이 십　이 색 이 상 분

수보리　어의운하　불가이구족색신견부　불야세존　여
須菩提　於意云何　佛可以具足色身見不　不也世尊　如

래불응이구족색신견　하이고　여래설구족색신　즉비구족
來不應以具足色身見　何以故　如來說具足色身　卽非具足

색신　시명구족색신　수보리　어의운하　여래가이구족
色身　是名具足色身　須菩提　於意云何　如來可以具足

제상견부　불야세존　여래불응이구족제상견　하이고　여
諸相見不　不也世尊　如來不應以具足諸相見　何以故　如

여래설제상구족　즉비구족　시명제상구족
來說諸相具足　卽非具足　是名諸相具足

20. 색과 상을 여읨

"수보리야, 어떻게 생각하느냐? 부처님을 완전한 형상의 몸으로 볼 수 있겠느냐?"

"아닙니다, 세존이시여. 여래를 완전히 갖추어진 형상의 몸으로 볼 수 없습니다. 왜냐하면 여래께서 말씀하시는 '완전한 형상을 갖춘 몸'이란, 곧 '완전한 형상을 갖춘 몸'이 아니라, 그 이름이 '완전한 형상을 갖춘 몸'이기 때문입니다."

"수보리야, 어떻게 생각하느냐? 여래의 상이 완벽한 형상이라고 볼 수 있겠느냐?"

"아닙니다, 세존이시여. 여래의 모든 상이 완벽한 형상이라고 볼 수 없습니다. 왜냐하면 여래께서 말씀하시는 '모든 모습이 완벽히 갖추어진 상'이란, 곧 '모든 모습이 완벽히 갖추어진 상'이 아니라 그 이름이 '모든 모습이 완벽히 갖추어진 상'이기 때문입니다."

20. 이색이상분 離色離相分

색과 상을 여읨

須菩提 於意云何 佛可以具足色身見不 不也世尊 如來不
<small>수보리 어의운하 불가이구족색신견부 불야세존 여래불</small>

應以具足色身見
<small>응이구족색신견</small>

"수보리야, 어떻게 생각하느냐? 부처님을 완전한 형상의 몸으로 볼 수 있겠느냐?"

"아닙니다. 세존이시여. 여래를 완전히 갖추어진 형상의 몸으로 볼 수 없습니다.

대중은 다시 의심이 생겼다. 부처님께서는 중생과 불국토가 모두 공하여 오직 마음이라 하셨고, 보시와 공덕이 공하여 이 또한 마음이라 하셨으며 그 마음마저도 없다고 하셨다.

그러니 중생과 불국토와 보시와 공덕을 모두 멸도하심에 이 모든 것을 깨친 공덕까지도 실제에는 없음이니 그러나 이는 곧 중생심으로 보기에는 여래의 복덕으로 나타나 보이는 것이다.

따라서 중생의 마음으로 보기에는, 부처님께서 가지신 색신色身이 구족하고, 이는 곧 복의 과보이며, 다 함이 없는 마음을 증득하셨으니 이러한 법신法身이 32상 80종호로 나타나 보임이다.

또 32상은 무無로써 유有를 얻으심이고, 무위심無爲心으로 증득하신지라, 부처님의 몸도 필경 무위無爲여야 할 것이거늘 구족한 모든 상호가 여래의 말씀과 어긋나지 않는다면 실지實地의 복보福報는 따로 있는 모양이다 하여 대중은 여래의 복보에 대하여 의심이 생긴 것이다.

이를 아신 여래께서 수보리에게 물으시니, 구족한 색신이 색신과 구족이 아닌 줄을 잊었느냐 하는 암시를 보이신 것이다.

수보리는 여래의 뜻을 알고 응당 볼 수 없다고 답을 하였다. 결국 중생의 입장에서 여래를 볼 때, 32상 80종호의 완전한 색신의 몸으로 보는 것은 착각이라는 말씀이다. 이러한 환희심은 무한한 감동을 느낄 수는 있으나 이는 완전한 색신의 몸이 아닌 것을 바탕으로 보는 상대적인 견해이므로 좋고 싫은 고락의 인과에 걸리고 마는 것이다. 그러니 그냥 여여如如하고 여시如是하게 보는 중도의 마음을 가져야 한다는 것을 깨우치게 하심이다.

하 이 고   여 래 설 구 족 색 신   즉 비 구 족 색 신   시 명 구 족 색 신
何以故 如來說具足色身 卽非具足色身 是名具足色身

왜냐하면 여래께서 말씀하시는 '완전한 형상을 갖춘 몸'이란, 곧 '완전한 형상을 갖춘 몸'이 아니라, 그 이름이 '완전한 형상을 갖춘 몸'이기 때문입니다."

여래께서 말씀하신 구족색신具足色身, 즉 완전히 갖춘 몸이란 본래 공하여 구족색신이라 할 수 없으니, 만약 이를 구족색신이라 집착하여 복보福報라고 하거나 구족具足으로 본다면, 이는 마음이 마음에게 속는 것과 같으므로 색신色身이 곧 법신法身인 줄 알지 못함이다.

법신을 하늘에 떠 있는 진짜 달이라고 한다면, 색신은 물에 비치는 달과 같고, 물에 비친 달은 허망한 달이니, 물에 비친 달을 아무리 헤치고 찾아본들 달은 없을 것이므로, 하늘에 뜬 달을 볼 줄 알아야 한다는 말씀이다.

이와 같이 구족색신이라도 구족이 구족이 아니요, 색신이 색신이 아닌 고로, 그 이름이 구족색신이라 함이다. 그러므로 구족색신을 구족으로 알거나, 복보를 복의 과보로 아는 것은 마음의 정체를 알지 못하는 것이다.

따라서 물에 비친 가짜 달이든 하늘에 뜬 진짜 달이든 분별하지만 않는다면 달이 달이 아니고 그 이름이 달일 것이니, 달이라고 해도 되고 달을 달로 보지 않아도 된다. 즉 좋고 싫은 고락을 분별하지 않고 집착하지 않으면 도대체 무슨 상관이 있겠느냐 하심이다.

고등학교 1학년 때 교회에 다닌 적이 있었다. 짧은 기간이지만 정말 절절하게 믿었다. 죽마고우가 가톨릭 집안이었는데 같이 있으면서 감화를 받았던 것이다. 물론 절에 있을 때였다. 예불을 보면서도 주기도문을 외울 정도였다. 하늘만 처다봐도 신의 뜻이었고, 어려움에 처할 때도 믿는 구석이 있기에 평화로웠다. 지금 죽어도 하나님

곁으로 간다는 생각에 아무런 여한이 없었다.

신神을 믿는 논리는 간단했다. 모든 것이 하나로부터 시작되었다는 믿음이었다. 그 하나가 바로 하나님, 즉 신이라고 믿은 것이다. 모두를 사랑할 수 있었다. 시련은 곧 하나님의 뜻이라고 생각했기 때문에 괴로운 마음도 녹여졌다. 죽고 싶을 정도의 우울증을 앓았으나 말끔히 사라졌다. 나중에 목사가 되어 어려운 사람들을 돌보며 아름답게 살아야겠다고 결심했다.

그런데 점점 현실에 부닥쳤다. 좋은 마음을 가질수록 좋지 않은 것들이 더욱 선명히 드러나 보였다. 정의감을 가질수록 불의가 보이게 되고 화가 났다. 가난하게 살려고 할수록 배부른 부자들이 미워졌다. 세상이 삐딱하게만 보였다. 좋은 사람과 싫은 사람이 극명하게 갈렸다. 그럴 때마다 기분이 몹시 나빠지고 화가 났다. 조금이라도 싫은 사람은 지옥에 떨어지라고 기도할 정도였다. 분별심은 갈수록 심해졌다.

고민에 빠졌다. 그리고 그동안 외면했던 불교 교리 책을 보기 시작했다. 이광수의 《원효대사》, 《조신의 꿈》, 치문緇門과 사집四集(서장·도서·선요·절요)를 다시 보았다. 그리고 가장 충격을 받은 황산덕의 《중론송》, 신소천 스님의 《금강경 강의》, 은사이신 백운 스님께서 쓰신 《양치는 성자》 등을 보면서 감탄의 무릎을 쳤다. 진정한 진리와 참 종교에 대해 확연한 신심이 생겼다.

인과에 대해 깊은 이해를 하기 시작했다. 이것이 생기면 저것이라는 반대의 것이 생긴다는 너무나 간단하고 당연한 진리가 마음을 후

벴다. 그리고 어느 하나만 선택될 수 없다는 것을 깨달았다. 즉 부처가 생기면 중생이 생기고, 하나님이라는 전지전능한 신이 있다고 믿는다면 그 반대의 하찮은 인간이 생긴다는 것, 극락과 천당이 생기면 지옥도 따라서 생긴다는 것을 알았다. 이 모든 것이 나의 분별된 마음에서 나온다는 것도 알았다.

이러한 상대적인 분별 현상을 벗어나려면 해탈을 해야 한다. 즉 분별 인과의 업으로 뭉쳐 있는 마음에서 벗어나야 한다. 그래서 분별이 없는 중도심을 가져야 한다. 세상이 시끄러운 것이 아니라 시끄러운 내 마음이 세상이라는 현상으로 드러난 것이다. 내게 나타나는 모든 인연 현상들은 나의 분별된 내 마음의 그림자들인 것이다.

須菩提 於意云何 如來可以具足諸相見不 不也世尊 如來
不應以具足諸相見

"수보리야, 어떻게 생각하느냐? 여래의 상이 완벽한 형상이라고 볼 수 있겠느냐?"

"아닙니다, 세존이시여. 여래의 모든 상이 완벽한 형상이라고 볼 수 없습니다.

부처님께서 수보리의 말을 듣고 또 물으셨다. 색신色身은 응화신應化身, 즉 현실로 나타난 실제 부처님을 가리키는 이름이요, 제상諸相은 응화신의 완벽한 몸인 32상 80종호를 이름이다 하시었으니, 역시 법에 입각하여 물으신 것이다.

그렇다면 어찌하여 여래의 몸인 구족색신具足色身을 먼저 물으시고, 다시 구족제상具足諸相을 물으신 것인가? 색신이라 함은 실제 눈에 보이는 부처님, 즉 현존불現存佛의 화신化身을 가리킴이요, 다시 색신에 딸린 구족한 모든 상인 32상 80종호의 제상諸相 역시, 따라서 이름뿐이다 하심이다.

수보리도 이를 알아듣고 같은 논법으로 대답을 하되, "세존이시여, 여래 역시 공空에 지나지 않을 것인데 어찌 구족한 제상이라고 볼 수 있겠습니까?" 한 것이다.

색신에 딸린 구족한 모든 상, 즉 구족제상具足諸相이라 함은, 32상 80종호를 말함이니, 이는 부처님께서 마음을 깨치신 복보로서 나타나는 더 이상 완벽할 수 없는 상을 말한다.

그러나 이렇게 완벽한 제상諸相이라 할지라도 마치 하늘에 떠 있는 진짜 달을 달로 보지 않아야 함에도 대중은 이를 알지 못하니, 이는 최후 수자견壽者見에 걸린 탓이다. 부처님께서는 이를 깨뜨리기 위해 제상보다 색신을 먼저 물으셨고, 그 이유는 대중들이 색상色相보다 제상에 집착하는 마음이 더 컸기 때문이다.

쉽게 설명하자면, 이 또한 아무리 위대하고 기가 막힌 것이라 할지라도, 더 크고 더 좋다는 분별이 생긴다면, 그 즉시 하잘것없고 싫고 나쁘다는 인과가 곧바로 생길 것이므로 색신이든 제상이든, 그 어떤 위대한 것도 분별하지 말라고 강조하고 또 강조하셨다.

서울 생활을 하다 보니 가끔은 새벽 예불을 놓칠 때가 있다. 절에 있을 때는 새벽 도량석 소리를 듣고 일어나 예불이 끝날 때까지 좌선을 하거나 독송을 했으나, 요즘은 가끔 빠뜨리는 날도 있다. 그러나 가능하면 새벽 두세 시경에는 일어나 좌선을 하거나 때론 염불을 놓치지 않고자 한다.

무엇을 얻으려고 하는 것이 아니다. 평생 아니 전생부터 배어온 탐진치 삼독심의 습을 털어 버리기 위함이다. 가끔은 화두를 놓치기 때문이다. 화두란 1,700공안公案, 즉 마음을 깨친 선사들의 소리 울림 가운데 하나를 잡고 놓치지 않는 것을 말한다.

이렇게 해야 분별심이 붙을 틈을 주지 않는다. 조금은 전문적인 공부를 해야겠지만, 쉽게 말해서 좋고 싫은 분별심을 일으키지 않음으로써 인과가 생길 틈이 없도록 하기 위함이다.

하루를 생활하다 보면 가끔 화두를 놓치고, 탐진치(탐욕·성냄·분별심) 삼독심, 즉 분별심이 일어날 때가 있다. 이를 경계하기 위하여 매일 기도와 참선을 놓치지 않으려고 한다.

물론 분별심이 사라지고 업을 멸한, 마음 깨친 이들은 행주좌와行住坐臥 어묵동정語默動靜에 신구의(몸가짐·말·생각) 삼업이 자유롭다. 어디에도 마음 걸림이 없으니 무애자재無礙自在이다. 그러니 어떤 상이나 인연 현상에도 집착하지 않고, 탐심과 성냄과 고민이 전혀 생기지 않는다.

따라서 좋은 것을 탐하려는 분별된 마음이 생기지 않도록 항상 화두로써 잠재우려는 것이다. 일순간이라도 화두를 놓치게 되면 나도 모르게 마음을 놓치게 되어 당장 삼독심이 생기곤 한다. 그 순간 욕심이 따라붙고 울컥 성이 나기도 하고 습관적으로 잔머리를 굴리게 된다. 그러면 평상심을 잃게 된다.

화두를 잘만 챙기면 삼독심을 놓고 놓아 방하착하게 된다. 진실로 중도의 마음으로 들어간다. 중도심 안에서는 내가 삼업을 짓더라도 과보를 받지 않는다. 무엇을 해야 하는지 생각하기 전에 몸이 먼저 움직이게 되고, 머뭇거림 없이 즉시 판단이 서며, 저절로 행동으로 이어진다. 그리고 집착하지 않는다. 미련도 없다. 항상 평안하다.

화두 하나에는 인과의 법칙과 인연 연기의 법이 모두 들어 있다. 그리고 공과 중도와 견성과 해탈이 모두 들어 있다. 그러므로 화두 하나를 잡고 놓치지 않게 되면 곧 불법을 여실히 알고 실천하는 것이 된다.

하루 한 시간이라도 좌선, 독경을 하거나 그도 안 되면《반야심경》한 편이라도 독송하면서 인과와 무분별심, 인연 연기의 소치를 생각하며, 내일 또는 오늘 하루를 삼독심에 젖지 않고 신구의 삼업을 청정히 하도록 매일같이 정진해야 할 것이다.

하 이 고   여 래 설 제 상 구 족   즉 비 구 족   시 명 제 상 구 족
何以故　如來說諸相具足　卽非具足　是名諸相具足

왜냐하면 여래께서 말씀하시는 '모든 모습이 완벽히 갖추어진 상'이란, 곧 '모든 모습이 완벽히 갖추어진 상'이 아니라 그 이름이 '모든 모습이 완벽히 갖추어진 상'이기 때문입니다."

왜냐하면 모든 상은 색신色身에 딸린 것이므로, 색신을 물속의 달에 비유할진댄 이 모든 상호相好 또한 따라서 물속의 달이 될 것이다.

어떤 사람이 단정한 얼굴을 가졌다 한다면 때로는 웃는 얼굴, 혹은 우는 얼굴, 찡그리고 성난 얼굴 등등 천의 모습을 나타낼 것이다. 그러나 표정은 곧 사라지고 다시는 얻지 못할 것이고 본래의 얼굴로 다시 돌아갈 것이다.

따라서 갖가지의 표정은 본 얼굴에서 나오는 것이니, 즉 가지가지의 얼굴은 본래 얼굴을 여의지 않고, 본래의 얼굴은 가지가지의 얼굴을 벗어나지 않음이다. 그렇다면 본 얼굴도 얼굴이고, 갖가지의 얼굴도 얼굴일 것이다.

여기서 가지가지의 얼굴에 집착하여, 만약 웃는 얼굴을 다른 사람으로 보거나, 또 본 얼굴을 다른 사람으로 보는 것은 틀린 것이다.

여래의 구족색신具足色身도 이와 같아서, 구족색신이 가지가지의 얼굴과 같고, 무위無爲 법신法身은 본 얼굴과 같다. 그러므로 모든 상은 법신을 여의지 못하고 법신은 모든 제상諸相을 여의지 못하는 고로 제상이 곧 법신이요, 법신이 곧 제상이다.

만약 구족제상具足諸相에 집착하여 복보로 아는 것은 가지가지의 얼굴에 집착하여 본 얼굴을 잊음과 같으니, 본 얼굴을 잊는다면 가지가지의 얼굴이 어떤 사람임을 모름과 같고, 구족제상에 집착해서는 여래의 구족제상이 어떤 것인 줄 모르는 것이다.

따라서 모든 사람은 본래 완벽한 구족具足 성품性品을 가지고 있다. 어느 때 어느 곳에서 어떤 모습으로 살아가든 모든 것이 완벽한 모습 구족제상이다. 그러나 좋고 싫은 고락의 분별심 때문에 이를 인식하지도 못하고 믿지 못한다는 것, 따라서 내가 부처의 성품이 되면 부처님의 구족제상은 바로 나의 모습이 된다.

불과 얼마 전, 전 세계를 뒤덮은 코로나19로 인해 우리의 일상은 통제되고 끝나지 않을 것만 같은 불안한 상황이 언제쯤 회복될 수 있을지 기약할 수 없는 위기의 시간을 지나왔다. 역사적으로 인간을 괴롭혀온 전염병은 무수히 많다. 속칭 '마마'라고 하는 천연두를 비롯하여 스페인 독감, 흑사병, 말라리아, 에이즈, 에볼라, 최근에는 사스, 메르스 등등. 하지만 인간의 노력으로 치료약은 언제나 개발되어 왔고 앞으로도 그럴 것이라 생각한다.

그러나 문제는 치료약을 개발하면 또 다른 형태의 전염병이 계속 새롭게 발생된다는 것이다. 언제까지 이 불안한 상태가 지속될 것인가. 과연 이러한 염려가 없는 완전한 평화는 진정 없는 것일까.

불교적 해법은 간단하다. 지금까지 설명해 왔듯이, 이는 중생, 즉 인간 개개인이 지니고 있는 좋고 싫은 고락의 업과 직결되어 있고, 이러한 전염병을 비롯하여 여러 가지 형태의 고통과 괴로움은 도처에 도사리고 있다. 이를 통틀어 고업이라 하고, 이러한 고업의 총량과 비례한 즐거운 낙업 또한 똑같은 질량으로 존재한다.

한마디로 즐거움을 느끼고 좋은 것을 찾는 이상 그만큼의 괴롭고 싫은 현상들은 언제 어느 곳이든 나타나고야 만다는 사실이다. 따라서 자신의 분별심으로 만들어진 좋고 싫은 고락의 업을 모두 없앤다

좋다 싫다 분별의 업을 멸하려면
철저히 무소의 뿔처럼 혼자서 가야 한다.
누구도 나의 업을 대신 멸해주지 않는다.

면 이러한 전염병은 물론, 고통과 괴로움을 주는 모든 악조건들이 끊어질 것이다.

분별로 인한 고락의 업을 멸한, 소위 마음을 깨친 역대 조사들은 이런 악조건과 인연이 닿을 일도 없겠거니와 설사 옆에서 보기에 분명한 악조건이라 하더라도 정작 마음을 깨친 이는 불편한 마음이나 괴로운 고통을 전혀 느끼지 못할 것이다. 좋고 싫은 고락업의 분별심이 없기 때문이다.

전염병을 앓게 되는 이는 자신의 고업이 나타날 때를 만난 것이고, 만약 백신이나 치료약으로 고친 이는 자신의 좋은 낙업이 나타날 때를 만난 것이겠다. 좋은 것을 탐하는 마음에 의해 나쁜 과보가 나타나는 것은 지극히 당연한 자업자득의 인과법이니, 모든 고락의 업을 만나는 것은 바로 자신이 지은 인과업의 과보라는 것을 빨리 깨달아야 한다.

그러니 기도와 참선, 보시와 정진을 통하여 분별심이라는 고락의 업을 없애야 할 것인즉, 고락의 분별 인과업이 사라지게 되면 전염병은 물론 일체 악조건의 인연을 만나지 않게 될 것이므로 신심을 키워야 할 것이다.

실무유법實無有法인 아누보리법阿耨菩提法을 성취한 여래의 복보, 즉 수행으로 얻은 깨달음에서 나온 완벽한 모습의 구족제상具足諸相도 아니요, 본래의 성품인 청정법신상淸淨法身相도 아니요, 임의로 나타난 임의자재상任意自在相도 아니다.

구족상具足相, 청정상淸淨相, 임의상任意相에 의지하지 않고 그대로 여여하게 나오는 그것이 여래상如來相의 묘용이고 복보라고 하겠다.

그렇다면 이 구족상으로써 그를 여래의 복보로 보는 이들은 왜 이런 생각을 하는 것일까? 이는 가지가지의 상이더라도 본래 있지 않은 것인 줄 모르는 탓이요, 또 가지가지의 모습이 본래의 상相인 줄 모르는 오류에서 나온 것이다.

즉 청정법신처淸淨法身處에 제상구족이 어찌 해당할 것인가. 제상구족이 본래 있지 않은 허망무실虛妄無實인 줄을 모르는 까닭이요, 아니 제상구족이 본시 청정법신인 줄을 알지 못하는 까닭이다.

그러므로 "여래께서 설하신 제상구족諸相具足이 곧 제상구족이 아니요 이 이름이 제상구족이라 할 것입니다"라고 한 것이다.

간단히 정리하자면, 마음을 깨치면 32상 80종호의 완벽한 몸이 되는데, 이러한 구족색신具足色身을 구족색신으로 보면 그렇게 보는 즉시 구족색신이 아닌 것이 생겨나므로 구족색신으로 보면 구족색신이 아닌 것이 된다.

또 구족제상, 즉 모든 상이 완벽한 상이 되는 것, 무엇을 봐도 완전한 모습이요, 그 어떤 것도 완벽한 것으로 본다 하더라도 이렇게 완벽한 구족제상이라고 생각하는 즉시 완벽하지 않은 상이 같이 생겨나므로 구족제상이 구족제상 아닌 것이 되어 버린다.

따라서 구족색신이든 구족색신이 아니든, 구족제상이든 구족제상이 아니든 이에 집착하지 않고 분별하지 않으며 있는 그대로 여여하게 본다면, 이를 이름 하여 진정코 구족색신, 구족제상의 실무유법,

아누다라삼먁삼보리, 그리고 여래복보라 할 것이다.

　아무리 설명을 하고 이해를 돕는다 해도 못 알아듣는 이가 있다. 때로 설명을 하는 이가 속이 터질 지경이다. 사람들 가운데는 이런 사람이 의외로 많다고 느낄 것이다. 같은 가족이라 하더라도 말귀를 못 알아듣는 경우에 처하게 되면, 서로가 감정이 극에 달하여 기어코 싸움으로 이어질 때가 많다.

　설명을 하는 측이나 설명을 듣는 측이나 알아듣고 못 알아듣고에만 집중하게 될 것이다. 그러나 문제의 본질은 알아듣고 못 알아듣는 데 있는 것이 아니다. 설명을 하는 사람이 알아듣게 하든 알아듣지 못하게 하든, 듣는 사람 역시 알아듣든 못 알아듣든 각자의 마음이 평안하냐 평안치 않냐가 문제의 본질인 것이다.

　상대방이 내가 하는 말을 잘못 알아듣고 화가 내거나 기분이 상하게 되는 것은 오롯이 그의 몫이다. 자신의 괴로운 고업이 생길 때가 되어서 그런 것이다. 마찬가지로 듣는 사람이 못 알아듣게 설명한다 하여 화가 나거나 기분이 나쁘게 되는 것 역시 나의 몫이다. 기분이 나쁜 고업이 생길 시절 인연의 때가 되었기 때문이다.

　또 한 경우는, 나는 처음에는 아무렇지 않았는데 상대방이 내 말을 듣고 화를 내면서 기분 나빠 하는 것을 보고 덩달아 내가 또 기분이 좋지 않게 되어서 화를 내게 된다면, 이 두 사람 모두가 기분 나쁜 고업이 생길 때가 되었기 때문이다.

　누가 옳고 그른 시시비비를 떠나서 둘 중 한 사람이 기분이 나쁘다고 한다면, 이는 그 사람의 괴로운 고업이 생겨나는 때라 할 것이고, 두 사람 모두 화가 나고 기분이 나빠지게 되었다면, 이는 기분 나쁜 고업이 각자에게 모두 나타날 때가 된 것이다. 또 두 사람 모두 상대 방이 무슨 말을 하든 무슨 말을 듣든 둘 다 기분이 나쁘지 않고 좋다면, 이는 각자의 즐겁고 좋은 낙업이 나타날 때가 된 것이다.

그러므로 어떤 경우든 화가 나고 기분이 나빠지는 것은 나의 기분 나쁘고 괴로운 고업이 나타날 시절 인연이 되었다는 것이니, 오롯이 나의 몫, 나의 업이라 할 것이다. 옳고 그른 것은 나의 업에 의한 연기의 현상으로서 순전히 내 업이 작동하는 모습이다.

그러니 어떤 현상이 벌어지더라도 그 현상에만 끄달려 집착함으로써 문제를 해결하려 하는 것은 문제의 본질이 어디에 있는지의 소치를 모르는 탓이다. 먼저 나의 고락업 가운데 모든 문제의 근원이 있고 열쇠가 있음을 알아야 한다. 그러므로 나의 고락 분별의 인과업을 소멸하는 것만이 문제를 깨끗이 해결하는 근원이라 할 것이다.

21

비설소설분
非說所說分

말씀하시지만 말씀한 바가 없음

第二十一 非說所說分
제이십일 비설소설분

수보리 여물위 여래작시념 아당유소설법 막작시념
須菩提 汝勿謂 如來作是念 我當有所說法 莫作是念

하이고 약인언 여래유소설법 즉위방불 불능해아소설
何以故 若人言 如來有所說法 卽爲謗佛 不能解我所說

고 수보리 설법자 무법가설 시명설법 이시 혜명수보
故 須菩提 說法者 無法可說 是名說法 爾時 慧命須菩

리 백불언 세존 파유중생 어미래세 문설시법 생신심부
提 白佛言 世尊 頗有衆生 於未來世 聞說是法 生信心不

불언 수보리 피비중생 비불중생 하이고 수보리 중생
佛言 須菩提 彼非衆生 非不衆生 何以故 須菩提 衆生

중생자 여래설 비중생 시명중생
衆生者 如來說 非衆生 是名衆生

21. 말씀하시지만 말씀한 바가 없음

"수보리야, 네가 생각하기에 여래가 '법을 설한 바 있다' 이렇게 말했다고 생각한다면 그런 생각을 짓지 말지니라.

왜냐하면 만약 어떤 이가 '여래께서 설한 바 법이 있다'라고 한다면, 곧 부처님 법을 훼방하는 것이니, 내가 설한 바를 이해하지 못하는 까닭이니라.

수보리야, 진정 법을 설한다는 것은 가히 설할 만한 법이 없는 것을 말하니, 그래서 그 이름을 설법이라고 부른다."

그때에 혜명 수보리가 부처님께 여쭈었습니다.

"세존이시여, 어떤 중생이든 다음 생에 이러한 법을 설하시는 것을 듣고 믿는 마음을 내지 않겠습니까?"

부처님께서 말씀하셨습니다.

"수보리야, 그네들은 중생도 아니고, 중생 아님도 아니니라. 왜냐하면 수보리야, '중생이 중생이다' 하는 말에 대해, 여래는 '중생이 중생이 아니라 그 이름이 중생이라' 하느니라."

21. 비설소설분 非說所說分

말씀하시지만 말씀한 바가 없음

수보리 여물위 여래작시념 아당유소설법 막작시념
須菩提 汝勿謂 如來作是念 我當有所說法 莫作是念

"수보리야, 네가 생각하기에 여래가 '법을 설한 바 있다' 이렇게 말했다고 생각한다면 그런 생각을 짓지 말지니라.

여래께서 거듭거듭 말씀하셨건만 그럼에도 대중은 또 다시 의심을 한다.

"모든 상이 상이 아니요, 색신色身이 색신 아님이며, 상도 없고 다함도 없다 한다면, 도대체 이러한 법은 누가 설하는 것이며, 또 이렇게 설하시는 설說은 설이 아니고 무엇인가?" 이렇게 생각할 것이다.

이 법을 설함에 있어서 설하는 자가 있고, 설하는 소리가 있으며, 설하는 법이 분명히 있음인데, 설하는 자의 신상이 허망하다 한 것은 그렇다 치고 설하는 음성은 과연 어디서 나오는 것이며, 설하는 법은 도대체 무엇이란 말이냐 함이다.

그래서 부처님께서는 다시 수보리를 불러 말씀하시되, 이러한 생각까지도 하지 말라고, 한 말씀을 또 하셨다. 그렇다면 이 한 말씀은 또 무엇인가?

대중이 '설說하는 이가 공하다'고 하신 말씀까지도 들은 것은 분명하지만, 또 설하시는 음성과 설하시는 법에 다시 미혹한 생각을 하는 것을 여래께서 보시고, 대중에게 이 한 말씀으로써 설이 설이 아니요 법이 법이 아니니, 어찌 내가 무슨 법이 있을 것이며, 무슨 설이 있겠는가 하신 것이다.

즉 여래인 내가 종일토록 법을 말하여도 법이라는 생각이 없고, 법을 설한 장소도 없고, 설한 상이 없으니, 설하는 것을 본 자가 과연 누구인가? 또 설이 없으니, 법이 어디에 있을 것이며, 또 음성이 없지는 않다 해도 음향의 소리가 허망하여 머무를 곳이 없으니, 소리와 사람이 스스로 공했음이고, 또 법을 제시하는 것이 없지는 않으나 법 역시 허망하여 정법이 없으므로 법과 사람이 모두 공했음이다.

인人과 법法과 설說이 모두 공했으므로 여기에 무슨 설이 있을 것이며, 무슨 법을 생각하겠는가? 생각이 곧 법이 되고 말이 되니, 이러한 생각 자체를 아예 하지 말라 하셨다.

일체의 생각을 하지 않을 때 생각 아님과 말 아님과 법 아님이 그대로 드러나서, 법이 스스로 구족하게 되고, 설이 스스로 구족하게 되며, 생각이 스스로 구족하게 될 것이다. 그러니 이 생각, 이 법, 이 설은 곧 너의 생각과 말로 치자면 이름 하여 무념無念, 무법無法, 무설無說이라 하셨다.

한마디로 여래의 입장에서는 일체의 좋고 싫은 고락의 분별이 없음이니, 이렇다 저렇다 하는 것조차도 들어설 것이 하나도 없음이다. 그야말로 생각과 말과 행이 모두 공하여 끊어졌으므로 더 이상의 언설이 필요치 않음이다. 그러니 무애자재하여 걸림이 하나도 없고 모든 상이 완벽히 구족하다 하는 것이다.

그러나 대중의 입장에서는 분별을 끊지 못하는 까닭에 법에 묶이고, 설에 묶이고, 상에 묶여서 계속하여 자기의 관념인 좋고 싫은 고락의 분별 인과에 걸리게 되므로 여래께서는 이를 지적하신 것이다.

어제의 일을 가만히 생각해 보니, 때로는 마음에 드는 일도 있었고 때로는 마음에 들지 않는 일도 있었다. 화가 나는 시간도 있었고 기분이 좋은 시간도 있었다. 상대의 말을 들으면서 수긍이 가는 것도 있었고 이해가 안 되는 것도 있었다. 순간순간이 감정의 쌍곡선이다.

기분 좋은 감정과 기분 나쁜 감정은 항상 교차한다. 상대적인 분별 감정이 인과적으로 계속 이어지고 있다는 말이다. 심할 때는 죽을 만큼 기쁠 때도 있고, 죽을 만큼 기분이 나쁠 때도 있다.

기분 좋은 감정을 가질 때는 즐겁고 기쁘겠지만, 기분 나쁜 감정에는 괴로워지는 것이 인지상정이다. 그러나 어느 하나만을 선택할 수가 없는 것이 또한 인과의 현상이므로 두 감정을 모두 여의고, 일어나고 사라지는 생사생멸生死生滅을 벗어나서 항상 평안한 마음을 가질 수 있도록 마음을 살피고 정진해야 한다.

그러기 위해서는 기분 좋은 것에 대한 탐심을 자제할 줄 알아야 하고, 기분 나쁜 일에 대해서는 고락의 인과업이 나타나고 있다는 사실을 직관하여, 인욕할 수 있는 힘을 내어야 할 것이다.

그래야 좋고 싫은 고락의 업이 점점 사라져서 마음 깨침의 때가 다가올 것이니, 항상 감정의 인과를 놓치지 말고 살펴서 분별하지 않는 마음으로 고락의 감정을 다스려 나가야 한다.

何以故 若人言 如來有所說法 卽爲謗佛 不能解我所說故

왜냐하면 만약 어떤 이가 '여래께서 설한 바 법이 있다'라고 한다면, 곧 부처님 법을 훼방하는 것이니, 내가 설한 바를 이해하지 못하는 까닭이니라.

만약 어떤 사람이 무념無念, 무법無法, 무설無說을 알지 못하고 '여래가 설하신 법이 있다'라고 한다면, 이는 불법佛法과 불설佛說을 통달하지 못한 까닭에 부처님의 진정한 뜻을 알지 못하고 부처님께서 설하신 바가 있느니 없느니 분별하는 것이니, 부처님 법을 훼방하는 것과 다름이 아니라는 말씀이다.

이는 여래께서 설하신 무념이 곧 구족념具足念이요, 무설이 곧 구족설具足說인 것을 모르는 탓이다. 그렇다면 무념이 즉념卽念이요, 무설이 즉설卽說이란 어떤 것인가? 본래가 가히 말할 말이 없으며, 법할 법이 없으며, 염할 염이 없는 것이다.

왜냐하면 설하는 것 자체가 스스로 공한 것이고, 설을 지적할 수도 없으며, 음성도 그러하고 법과 염도 또한 그러한 탓이다.

설이 스스로 공하여 설을 지적할 수 없을 때와 법이 스스로 공하여 법을 얻을 수 없을 때, 그리고 염이 스스로 공하여 염을 잡을 수 없을 때에 다다르게 되면 삼자三者가 함께 막힘이 없는 동일한 공의 자리인 것이다.

왜냐? 이 자리는 즉상卽相, 즉공卽空의 일체가 구족한 자리이므로 즉설卽說, 즉법卽法, 즉념卽念인 것이다. 그렇다면 이 법이 스스로 공하여 법이 없게 되고, 설이 스스로 공하여 설이 없게 되며, 법이 원만하여 동시에 구족하게 된다.

한마디로 좋다 싫다는 고락 인과의 상이 있으면 무념無念, 무법無法, 무설無說이라고 분별하는 즉시 유념有念, 유법有法, 유설有說이 생기게 되니 좋다 싫다는 분별을 하게 될 것이므로 영원히 좋고 싫은 고락 인과를 벗어나지 못한다는 뜻이다.

그러니 그 어떤 것에도 분별상이 생기지 않아야 이를 이름 하여 구족하다 할 것이고, 공하다 할 것이며, 고로 걸림이 없어져서 마음은 항상 평안한 상태가 된다는 것이다.

나는 몰랐는데 내가 아는 어떤 지인이 나에 대해 몹시 화가 나 있다고 한다. 알고 보니 내가 말실수를 한 모양새다. 내가 생각할 때는 큰 실수도 아닐뿐더러 실수가 전혀 아닌 것도 같은데 상대가 그렇게 생각한다니까 아무튼 실수 아닌 실수가 되어 버렸다.

이럴 때, 보통은 해명을 한다든지 아니면 무시한다든지 정히 아니면 오해를 한 대상에게 내가 오히려 화를 내기도 할 것이다. 이와 비슷한 예는 참으로 많다. 그리고 이런 오해로 인하여 평생을 등 돌리고 사는 이들도 있을 것이다.

과연 이런 경우에 어떻게 대처할 것인가? 물론 각자의 성격에 따라 해법이 달라질 것이다. 해답은 간단하다. 어떤 것을 선택해도 상관없다. 다만 애가 쓰이는 마음을 내려놓으면 된다. 집착할수록 마음을 놓고 또 놓아야 한다. 물론 잘 안 될 것이다. 소심한 사람은 안절부절할지도 모르겠다.

상대가 오해를 하든 오해를 풀든 고락의 인과, 즉 좋고 싫은 감정은 결과적으로 같은 과보로 이어질 뿐이므로 과감하게 걱정을 놓고 감정을 일으키지 않으며, 더 이상의 집착하고 애쓰는 마음을 내려놓으라는 말이다.

하고 싶은 대로 하든지 정 내키지 않으면 하지 말든지, 되어가는 대로 두리라는 배짱으로 마음을 던져 버리는 것이다. 그리하여 이렇게 되어도 놓고 저렇게 되어도 놓고, 놓고 또 놓아버리기만 하면 결과적으로 저절로 다 되게 되어 있다. 최고의 화두는 방하착이다. 바다와 같은 마음이면 어떤 강물이 들어온다 해도 모두 용해가 된다. 하지만 이러한 힘을 갖기 위해서는 기도, 참선, 보시로써 정진해야 한다.

수보리 설법자 무법가설 시명설법
須菩提 說法者 無法可說 是名說法

수보리야, 진정 법을 설한다는 것은 가히 설할 만한 법이 없는 것을 말하니, 그래서 그 이름을 설법이라고 부른다."

진정 법을 설한다는 것은 곧 법이 없음을 설하는 것이다. 진정 법이 없다는 것에 또 마음이 머무르게 된다면 이 또한 어긋나는 것이므로, 그래서 그 이름을 법이라고 부른다는 말씀이다.

법이 없으므로 진정한 구족법具足法이 되는 것이고, 구족법을 말로써 할 수 없으니 무설無說이라 하는 것이다. 이것이 소위 말 없는 말의 진짜 설법이라 할 것이니, 즉 말 있는 속에서 말 없는 무설無說의 설법인 것이다.

여래께서 법을 설하시게 된 까닭에는 이유가 있을 것이니, 여래의 설법이 아니었다면 무법無法이라는 길을 알 턱이 없는 것이요, 이런 연유 때문에 무법을 알 때 설이 쓸모가 없다는 것을 알게 되고, 설의 무용無用을 알 때 비로소 여래의 무설법문無說法門을 알게 되는 까닭이다.

따라서 무법無法을 알 때쯤에는 무설無說의 진정한 설법도 들을 줄 알게 됨이다. 그리하여 아공我空, 법공法空, 득공得空 그리고 설법공說法空을 들을 때 비로소 모든 공空을 이루게 되는 것이니, 마치 물에 비친 달이나 하늘에 있는 달 모두가 흔적이 없을 것이다.

여기서 향상일로向上一路를 향해 한 발을 더 내디딜 것인가 아닌가는, 수행자 스스로 참구해야 한다. 또 이것이야말로 양변삼제兩邊三際를 여읜 묘용妙用의 진제眞諦를 공부함이다. 양변삼제란 좋고 싫은 고락의 분별과 과거, 현재, 미래의 삼세를 가리킨다. 이러한 분별과 삼세의 시공을 여의게 되면 묘한 작용이 생기게 된다. 이렇게 완벽한 모습을 가리켜 진제眞諦라 이름 한다.

도대체 복福이 뭐길래 자꾸 복이 있네 없네 하고, 과연 어떤 사람이 복이 있고, 어떤 사람이 복이 없는 것일까? 복이 없으면 뒤로 넘어져도 코가 깨지고, 복이 있으면 자다가도 떡이 생긴다고 한다. 그리고 복을 지으면 좋다고는 하는데 그럼 어떻게 복을 짓고 어떻게 복을 받는 것일까?

한마디로 복을 짓는다는 것은 내 것을 내어주는 것이다. 또 나의 것인 내 힘을 써서 남을 돕는 것이다. 나의 것은 무엇이 되었든 남에게 주거나 뺏기거나 나가게 되면 아까운 생각이 들게 된다. 주기도 싫거니와 잃거나 뺏기는 것도 싫다. 그런데 부모가 자식에게 주는 것은 아깝지 않다. 왜냐하면 자식도 나라고 생각하기 때문이다.

복을 받는다는 것은 첫째, 뿌듯함이라는 보람을 갖게 해준다. 그다음 복은 돌아오는 보상이 생긴다. 도움을 받은 사람으로부터 크게 갚음을 받는다거나 다양한 형태의 보상으로 다가온다. 그러나 좋고 싫은 고락의 인과는 벗어나지 못한다.

뭐니뭐니해도 가장 중요한 복은 인과가 생기지 않는 복이다. 내 것이라는 집착은 반드시 잃거나 뺏기거나 나가게 되는 과보가 생겨서 고통과 괴로움이 따른다. 그래서 그렇게 되기 전에 먼저 보시를 하면 되면 돌아오는 보상의 복이 배가되는 것은 물론이다.

하지만 그보다 더 중요한 것은 아상我相을 차츰 사라지게 하는 복이다. 내 것이라는 집착과 아상이 사라지게 되면 고락의 인과가 생기지 않으므로, 고통과 괴로움이라는 과보가 나타나지 않는다.

그리고 연기의 순리에 따르게 된다. 들고 남에 초연한 마음이 생겨 평안하고 평화로워진다. 있고 없고는 중요하지 않다. 이 정도 되면 오방내외 신장님이 수호신이 되어 항상 살펴 주신다. 이것이 진정한 복이다.

나머지 복은 고락의 분별 인과를 벗어나지 못하므로 속된 말로 천淺한 복에 지나지 않는다. 최고 고귀한 복은 내 것이라는 아상을 없애는 복이다. 아상에 집착하지 않으려면 분별심이 없어야 한다. 들고 나는 것은 연기 인연 따라 이루어지므로 신경 안 써도 된다. 이렇게 고급진 마음을 가지면 고급진 복이 온다.

이 시   혜 명 수 보 리   백 불 언   세 존   파 유 중 생   어 미 래 세   문 설
爾時 慧命須菩提 白佛言 世尊 頗有衆生 於未來世 聞說
시 법   생 신 심 부
是法 生信心不

그때에 혜명 수보리가 부처님께 여쭈었습니다.
"세존이시여! 어떤 중생이든 다음 생에 이러한 법을 설하시는 것을 듣고 믿는 마음을 내지 않겠습니까?"

혜명慧命의 '혜慧'는 공함을 아는 지혜이다. '명命'은 도道의 생명을 말함이니, 즉 공한 지혜로서 보리(깨달음)의 생명을 삼는다는 뜻이다. 공을 이해하기로 천하제일인 수보리를 일컬어서 해공 제일解空第一이라 한다.

모든 공으로부터 설법공說法空을 들을 때에, 해공 제일인 수보리 존자는 4상 지견知見은 물론 아누다라삼먁삼보리의 지견과 그리고 제법의 공한 지견까지도 공하였던 것이다.

즉 좋고 싫은 고락과 옳고 그른 시비 분별이 모두 끊어져서 완전한 공의 마음을 가졌으나 이러한 완전한 공이라는 것조차 공하다는 설법까지도 공하였고, 4상은 물론 깨달음이라는 보리와 이를 보는 지견까지도 공하고, 따라서 일체의 제법이 모두 공하였다는 말씀이다.

그러므로 부처님 말씀의 뜻과 완전히 동화되고 계합契合하였으니, 비록 법신의 몸도 없고, 부처님의 설함도 없고, 법이 없고 이렇게 보는 지견도 없음을 알았으나 몸이 아닌 이 몸과 법이 아닌 이 법과 말이 아닌 이 말이 모두 함께 미묘하기 이를 데가 없음이다.

그리하여 믿기도 어렵고 알기도 어려운 것인지라, 무릇 말세의 중생이 반야공덕의 이러한 설법을 듣고 과연 신심을 일으킬 수가 있을까? 이것이 수보리의 걱정이었으니 그래서 말세 중생이 이러한 법문을 듣고 신심을 낼 수 있사오리까 하고 여쭈어 본 것이다.

상대방의 마음을 훤히 볼 수 있다면 얼마나 좋을까? 육신통 가운데 타심통他心通이 있다. 상대가 생각하고 있는 것을 모두 꿰뚫어 보는 불가사의한 힘을 말한다. 어떻게 하면 상대의 속마음을 거울처럼 알아볼 수 있을까? 가능한 일이다. 지금부터 설명하는 내용을 완전히 이해한다면 그렇게 될 것이다.

사람이 생각하고 말하고 움직이는 것, 즉 신구의 삼업을 짓는 것은, 괴로움의 고업을 피하기 위함이요, 그래서 즐거움의 낙업을 얻기 위함이다. 그러나 이 둘은 바늘과 실의 관계요, 동전의 앞뒤 관계요, 손등과 손바닥의 관계라고 이미 설명했다. 그러므로 어느 하나만을 선택할 수 없다. 인과이다.

따라서 상대가 웃고 즐거운 행동을 하면 낙업이 나타날 시절 인연의 때가 되었구나, 상대가 화를 내고 괴로운 행동을 하면 고업이 나타날 시절 인연의 때가 되었구나, 다음엔 또 행복한 낙업이 나타날 것이고, 또 불행한 고업이 나타나게 되겠구나, 이렇듯 타심통이란 상대의 업을 볼 줄 아는 마음이다.

기대를 했다면 실망할 수도 있겠다. 그러나 세세한 마음까지 아는 것은 도리어 나의 분별 고락의 업을 지을 뿐이다. 그러니 더 이상 알 필요가 없고 알아서 좋을 것도 없다.

모든 행위는 결국 좋고 싫은, 즐겁고 괴로운, 기쁘고 슬픈, 행복하고 불행한 고락의 업으로 귀결되기 때문이다. 그러나 이 둘의 고락 관계는 어느 하나도 끊으려야 끊을 수 없는 관계이니만큼 어떤 행동을 하더라도 고락의 업을 벗어날 수가 없다.

설사 상대의 생각을 거울처럼 보고 안다 하여도, 너와 나의 좋고 싫은 고락의 분별업을 벗어날 수는 없다는 말이다. 그러므로 고락업의 분별 인과만 잘 안다면 상대의 마음을 모두 아는 것이 된다. 그리고 내가 분별심만 갖지 않는다면 고락의 인과는 사라지게 되고, 타심통도 군더더기에 지나지 않게 된다. 진정한 타심통을 가지려면 기도와 참선, 보시와 정진을 통하여 얼마든지 얻을 수가 있다.

불언 수보리 피비중생 비불중생
佛言 須菩提 彼非衆生 非不衆生

부처님께서 말씀하셨습니다.
"수보리야! 그네들은 중생도 아니고, 중생 아님도 아니니라."

부처님께서 수보리가 후래後來 중생들이 신심을 가질 수 있을까 의심하는 것을 듣고, 아직도 여래의 뜻을 제대로 알지 못함을 아시고, 이번에는 중생에 대하여 거듭 설하셨다.

"수보리야, 네가 염려하는 저 중생이란 없는 것이다. 따라서 제도할 것도 없느니라. 너는 어찌하여 중생이 중생 아닌 줄을 모르고 아직도 중생 지견을 놓지 못하는 것이냐? 이는 곧 수보리 네가 중생이라는 상을 갖고 있음이고, 4상을 여의지 못한 것이니라."

중생이라고 생각하는 이는 본인이 중생이기 때문에 그렇게 보는 것이요, 그렇기 때문에 믿기 어렵다는 지견과 멸도하겠다는 지견이 생기는지라, 이는 4상의 지견을 면치 못한다는 말씀이다.

그러므로 각각의 사람이 본래 반야자성般若自性을 구족하고 있으므로 나와 너 모두가 다름없는 부처일 것인즉, 누구나 불성을 망각할 때 중생이 되고 마는 것이다. 그렇다면 나 또한 중생이라고 설하는 것 역시 중생의 지견이 아닌가 의심할 수 있겠지만 이는 중생심으로 하는 말이 아니라 각성覺性이 원만한 가운데 이름 하여 그렇다는 것이다.

그러나 아무리 분별없는 깨침의 마음 바다, 즉 청정淸淨 각해覺海에 있다 하여도 중생을 보는 미혹한 마음이 생기게 되면 곧 각覺에 걸림이 생긴 것이니, 진정한 깨달음이 아니게 된다. 바꾸어 말하면 누구나 한 생각만 돌이키면 곧 부처가 되는 것이다.

이 청정이라는 것은 분별이 사라진 자리이므로 미혹함을 여의어서만 청정이 아니요, 깨달음이라는 각覺도 여의어야 청정이 된다. 또 일체상을 여의어서만 청정이 아니요, 일체상이 곧 청정이라야 한다. 그러므로 부처와 중생이라는 분별이 없어야 진정한 부처라 이름 한다.

이런 항의성 이야기를 많이 듣는다. "무조건 분별하지 말라, 마음을 내려놓아라, 놓고 또 놓아라 하는데 도무지 현실에 전혀 맞지 않는 것 아닌가? 도대체 어쩌란 말인가. 따지고 보면 매일같이 그 말밖에 하지 않으니 글을 아예 자세히 읽지 않는다"고 하는 분들이 많다는 것도 잘 안다.

변명을 하자면, 방편적인 좋은 말들은 넘칠 만큼 너무나도 많이 언급되었고, 지금도 홍수처럼 쏟아져 나오고 있다. 재미없다고도 말한다. 그러나 삶의 엄중함을 어떻게 재미로만 말할 수 있는가.

소납은 좀 어렵더라도 근본적이고 원리적인 문제를 말하고자 한다. 방편은 한두 번으로 그쳐야 한다. 방편에만 머무르다 보면 근본적인 문제는 아예 해결하지도 못하고 그냥 그대로일 뿐이다.

그런 의미에서 현실에 있어서 어떻게 마음을 써야 하는지에 대해 말하고자 한다. 사람은 인과에 걸려 살아가고 있다고 했다. 원하는 만큼, 또 원하는 것이 성취되는 만큼, 즐거움과 기쁨 행복을 얻게 되지만, 그 반대의 과보를 반드시 받게 된다고 했다. 인과의 법칙이다.

따라서 좋은 것이 결코 좋은 것으로 끝나지 않는다. 마음이라는 것이 상대적으로 그렇게 되어 먹었기 때문이다. 아무리 마음을 잘 쓰고, 고고하고, 아름답고, 거룩하다 하더라도 좋고 싫은 고락의 분별심을 갖고 있는 이상 괴로움을 벗어나지 못하기 때문이다.

가렵고 모자란 이곳을 누르면 다른 저곳이 튀어나오는 풍선효과와 같은 것이 마음의 모습이다. 그러므로 부처님께서는 아무리 갈증이 나더라도 원하지 말라고 하셨다. 원하는 마음이 있으면 원하지 않는 과보가 생겨서 계속해서 반복된 고통이 오기 때문이다.

무엇을 원하는 생각을 하지 말고 순간순간 하는 일에만 집중하라. 태어났으니 죽는 것은 너무나 당연한 연기의 현상이듯이, 세상에 되고 안 되고는 본래 없다. 그저 인연 연기만 있을 뿐이다. 따라서 그대로 보고 받아들이면 그뿐이다. 걱정 근심은 자신이 만들고 짓는다.

그러므로 된다 안 된다는 것 또한 내가 만드는 것이다. 따라서 순간순간 그저 움직일 뿐이다. 또는 움직이지 않을 뿐이다. 모든 것은 인과와 인연 연기에 맡기고 좋고 싫은 생각 자체를 하지 않으면 된다. 좋고 싫은 고락의 분별만 없애면 모든 것은 완벽해진다.

지금 이 순간에만 집중하라. 모든 것을 인과의 현상으로만 보고 있는 그대로 받아들여라. 그리하여 좋고 싫은 감정을 일으키지 않도록 하라. 최선을 다한다고도 생각하지 말라. 그저 행할 뿐이다. 그리하기만 하면 저절로 기도하게 되고, 저절로 참선이 되고, 저절로 보시하게 되니, 바로 이것을 정진이라 한다. 《금강경》의 요체가 바로 이 것이다.

하이고　수보리　중생중생자　여래설　비중생　시명중생
何以故　須菩提　衆生衆生者　如來說　非衆生　是名衆生

왜냐하면 수보리야! '중생이 중생이다' 하는 말에 대해, 여래는 '중생이 중생이 아니라 그 이름이 중생이라' 하느니라."

부처님께서는 이미 말씀하셨듯이, 중생이 왜 중생인지 알고, 중생이 왜 중생이 아닌지도 알고, 다시 어떻게 하면 중생이 되고 안 되는지 아신다. 따라서 미래 중생의 신심에 대한 수보리의 걱정도 기우에 지나지 않는다는 것도 아신다.

정작 본인이 중생이 아니면 중생이 신심을 가지고 안 가지고의 여부도 없을 것이고, 본인이 중생이라는 생각이 없다면, 중생이 아닌 생각도 없을 것이므로 부처님께서 설법하시는 법 또한 있다 없다 할 것이 없다.

그러므로 부처님께서 '중생도 아니요 중생 아님도 아니다'라고 하신 말씀이, 여래의 입장에서는 '중생이 아니다'라는 것이 곧 '중생이다'라는 말과 같은 것이 된다. 이런 까닭에 중생이다 아니다 하는 것은 모두 그 이름이 중생일 따름이다.

부처의 경계에서는 '중생이다 아니다'라고 하는 분별이 없으므로 일찍이 중생 또한 없는 것이지만, 중생의 경계에 맞추어 말을 할 수밖에 없으므로 어쩔 수 없이 중생 중생하고 이름할 뿐이다. 우리 중생의 마음을 깨치기 위한 방편이라는 말씀이다.

누구나 가끔 약이 오를 때가 있다. 사촌이 땅을 사면 배가 아프다는 속담의 뜻도 결국은 약이 오른다는 것이다. 심통이 나는 것과 같은 맥락이다. 나보다 더 잘살거나 더 잘나가는 사람을 생각하면 아무리 점잖은 사람도 가끔은 약이 오르기 마련이다.

약이 오른다는 것은 기분이 좋지 않다는 뜻이다. 기분이 정말로 좋지 않게 되면 고통과 괴로움으로 다가오게 되고, 그리하여 마음이 비뚤어지게 되면 결국 정신적으로 건조해지게 되면서 곧바로 스트레스로 이어진다. 그다음엔 마음의 병이 누적되면서 건강까지 해치게 된다.

이를 고치는 방법으로는, 인과를 이해하는 동시에 마음 한번 돌리게 되면 간단히 해결된다. 누구나 인과의 업을 가지고 있다. 보기에는 행복할 것 같은 사람도 인과는 똑같이 적용된다. 그 누구도 즐거운 낙업의 무게만큼 괴로운 고업의 무게도 똑같이 생긴다는 것이다.

돈이 많으면 많은 대로, 명성이 높으면 높은 대로, 잘생긴 사람은 잘생긴 대로, 건강한 사람은 건강한 대로, 그 어떤 부류의 사람이라도 고통과 괴로움은 있기 마련이다. 다만 즐겁고 기쁘고 행복하고 더 잘 되려는 욕심을 갖는 만큼 괴롭고 슬프고 불행하고 잘 안 되는 과보가 언젠가는 똑같이 나타난다는 사실이다.

그러므로 부러워하려면 욕심 없고 분별 없는 사람을 부러워하는 것이 좋겠다. 진정코 잘 되는 사람은 욕심과 분별을 내려놓음으로써 고통과 괴로움의 과보를 받지 않는 사람이다.

따라서 절대 약 오를 일이 아니다. 아무리 돈을 많이 가지고 있고, 권력과 명예가 하늘을 찌른다 할지라도 좋고 싫은 고락의 인과를 벗어날 수는 없는 법이니, 누구나 고통과 괴로움은 있기 마련이다.

다만 욕심과 분별이 적을수록 고통과 괴로움 또한 적어질 것이니, 돈이 많고 명예가 높은 것과 즐거움과 기쁨과 행복은 전혀 다른 차원임을 알아야 할 것이다. 그러니 부러워할 것도 없고 약 오를 것도 없으며 심통을 부릴 것도 없다. 그럴 시간에 나의 고락업을 멸하는 방법을 찾을지어다.

22

무법가득분
無法可得分

가히 얻을 법이 없음

第二十二 無法可得分
제이십이 무법가득분

수보리백불언 세존 불득아누다라삼먁삼보리 위무소
須菩提白佛言 世尊 佛得阿耨多羅三藐三菩提 爲無所

득야 불언 여시여시 수보리 아어아누다라삼먁삼보리
得耶 佛言 如是如是 須菩提 我於阿耨多羅三藐三菩提

내지무유소법가득 시명아누다라삼먁삼보리
乃至無有所法可得 是名阿耨多羅三藐三菩提

22. 가히 얻을 법이 없음

수보리가 부처님께 여쭈었습니다.

"세존이시여, 부처님께서 아누다라삼먁삼보리를 얻었다 함은 얻은 바가 없음이 되는 것이옵니까?"

부처님께서 말씀하셨습니다.

"그렇다, 그렇다. 수보리야, 내가 아누다라삼먁삼보리에 조금의 법도 가히 얻은 바가 없으니 도리어 이를 아누다라삼먁삼보리라 이름하느니라."

22. 무법가득분 無法可得分
가히 얻을 법이 없음

수보리백불언 세존 불득아누다라삼막삼보리 위무소득야
須菩提白佛言 世尊 佛得阿耨多羅三藐三菩提 爲無所得耶

불언 여시여시 수보리 아어아누다라삼막삼보리 내지무
佛言 如是如是 須菩提 我於阿耨多羅三藐三菩提 乃至無

유소법가득 시명아누다라삼막삼보리
有所法可得 是名阿耨多羅三藐三菩提

수보리가 부처님께 여쭈었습니다.

"세존이시여, 부처님께서 아누다라삼막삼보리를 얻었다 함은 얻은 바가 없음이 되는 것이옵니까?"

부처님께서 말씀하셨습니다.

"그렇다, 그렇다. 수보리야, 내가 아누다라삼막삼보리에 조금의 법도 가히 얻은 바가 없으니 도리어 이를 아누다라삼막삼보리라 이름하느니라."

수보리는 청정성淸淨性의 바다에서 파도 위에 노니는 것과 같은지라, 파도가 출렁인다는 생각 자체가 없음이요, 바다와 파도와 노니는 것 모두가 한 몸이 되니, 이것과 저것이 따로 없고 내외가 따로 없음이요, 만법이 모두 통하여 천지가 그대로인 것이다.

여기에 이르러서는 생각을 할 바가 없을지니, 그대로 그대로 그렇고 그러함이다. 그러니 한 법法도 얻을 수도 없고, 얻을 필요도 없음이니, 아누다라삼먁삼보리 전체가 한 몸이 됨이다.

수보리는 이에 "아누다라삼먁삼보리를 얻는다는 것이 없음이 되나이까?" 하고 부처님의 심금을 건드린다. 부처님께서는 그렇고 그렇다고 하시며 수보리를 인가하셨다. 그리고 수보리에게 다시 "얻을 것이 조금도 없는 것이 아누다라삼먁삼보리이니라"라고 분명히 해주셨다.

모든 법은 스스로 공하므로 아누다라삼먁삼보리도 공하고 얻음도 공하다는 것을 부처님께서는 진즉 말씀하신 지 오래되었으나 수보리는 부처님의 훈련을 기다려서 청중의 근기가 익어가는 것을 엿보아 얻은 바가 없는 것이나이까 한 것이다.

이를 들은 대중은 얻을 바가 없음이 곧 아누다라삼먁삼보리라는 것을 알게 됨이니, 이를 진정코 아는 대중이야말로 곧 법이 없음을 아는 고로 정각의 경지에 들어가게 될 것이다.

정리하자면, 얻는다는 것은 곧 즐거운 마음이 생기는 것을 말한다. 그러나 즐거운 감정이 생기게 되면 곧바로 괴로운 감정에 의해 생기므로 이미 괴로운 감정이 먼저 생겨 버리게 됨이니, 이는 결코 얻음이 아니게 된다.

따라서 얻는다는 것 자체가 없어야 잃는다는 것도 생기지 않고 즐거운 마음이 없어야 괴로운 마음도 없을지니, 곧 아누다라삼먁삼보리를 얻지 않아야 진정한 아누다라삼먁삼보리라 이름 하게 되는 것이다.

그러므로 얻는다 있다 등의 분별分別이 모두 사라져야 일체 모든 것이 그대로 그대로, 그렇게 그렇게 되는 것이므로 평안하고 평안하고 또 그러히 그러히 항상 여여한 마음이 된다는 말씀이다.

이 글을 읽는 분 가운데 꼼꼼히 정독精讀하면서 제대로 읽는 분이 몇이나 될까? 바쁜 일상을 살아가면서 남의 글을 읽는다는 게 그리 간단치는 않을 것 같다. 소납 또한 큰 기대를 가지고 글을 쓰는 것은 아니다. 가능한 한 많은 사람들이 읽고 불심佛心과 신심信心을 조금이나마 증장시켜 나갔으면 하는 희망을 가져보는 것이다.

언젠가 밝혔듯이, 고귀하고 거룩한 부처님 법을 단 하루라도 놓치고 잊어버림으로써 잠시나마 고락의 업이 작동하게 될까봐 이를 미연에 방지하기 위해 매일매일 기도하는 마음으로 글을 쓰면서 나 스스로를 되돌아보고 오늘 하루를 다짐하려는 것이다.

자신이 가지고 있는 마음의 업을 고치거나 돌리거나 바꾸기란 낙타가 바늘귀를 통과하기보다 훨씬 어려운 일일지도 모른다. 그만큼 나의 습, 나의 고집, 나의 집착, 나의 고정관념, 나의 고락 감정, 나의 인과가 그야말로 고래 심줄보다 더욱 질기어 이를 바로잡기란 참으로 힘들다는 뜻이다.

그러나 자신의 마음, 자신의 업을 모른다는 것은 칠흑 같은 밤에 등불 없이 길을 가는 것과 진배없다 할 것이다. 물론 아직 업연이 닿지 않아서 구제받지 못할 일천제一闡提에 해당하는 사람들이 많다. 그야말로 쇠귀에 경 읽기와 같이 무슨 말을 해도 귀와 가슴에 전혀 닿지 않는 사람들이다.

당연히 이들도 고업이 다한다면 기회는 다시 오게 될 것이다. 그러나 스스로를 되돌아볼 때 가능하면 기회를 잡는 것이 좋겠다고 생각한다. 희망 사항이다. 이를 권고하는 소납 또한 답답한 마음이 들어서 스스로 마음이 곤하게 된다면, 이 또한 소납의 고업이 작용하는 것이므로 오롯이 소납의 몫이다.

이렇듯 모든 것은 나의 마음에서 시작하여 나의 마음으로 귀결되는 것이므로 다시 한번 간절히 말하지만, 마음 밖에 보이는 일체의 현상을 보고 시비고락을 일으키는 것은 거울에 비친 자신을 남으로 간주하여 시비하는 것과 같이 우매한 일이 아닐 수 없다.

무심코 던진 돌에 개구리가 맞아 죽는다는 속담이 있다. 상대가 무심코 던진 말에 상처를 받는 경우도 이러한 비유에 해당될 것이다. 상대는 아무렇지 않게 던진 말이겠지만, 이 말을 들은 또 다른 상대는 크게 상처를 입고 속앓이를 하는 예가 무수하다.

물론 상대를 향해 말을 할 때는 상대편 입장을 충분히 고려하여 조심해야 하겠지만, 가끔은 자신도 짐작하지 못한 실수를 할 때가 있을 것이다. 그리고 일일이 깊이 생각하여 말을 할라 치면, 말이 제대로 이어지지 않을 수도 있으므로 참으로 어렵고 난감한 일이 아닐 수 없다.

상처를 받는다는 것은 나에게 이로운 말과 해로운 말을 분별해서이다. 애초에 좋은 말 싫은 말을 분별치 않는다면 상대가 무슨 말을하든 그리 개의치 않을 것이다. 그래서 이런 경우 역시 나의 분별심分別心이 근본 원인이라는 것을 알 수가 있다.

보통은 상대의 말과 행동에 의해 나의 감정이 달라지게 되는 것은 너무나 당연한 일이다. 그러나 근본적으로 상대에게 휘둘리지 않으려면 상대의 말과 행동과 나의 감정을 분리해야 한다. 간단히 말해서 상대의 행동은 상대의 몫이고, 나의 감정은 나의 몫이다.

상대의 신구의(행동·말·생각) 삼업은 상대 자신의 인과업이고, 나의 신구의 삼업은 나 자신의 인과이다. 나나 상대 모두 자업자득自業自得이요 자작자수自作自受이다. 좋고 싫은 고락의 감정이 일어나는 것은 순전히 나의 인과업이 작동하는 것이고, 상대방 또한 상대의 좋고 싫은 고락의 인과업이 작동하는 것이다.

만약 상대가 나에게 상처를 주는 말을 했다면, 그렇게 말하는 상대와 인연이 되기까지는 나의 고락 인과업에 의하여 그런 상대가 나타나게 되는 것이니, 만약 고락 분별의 인과업이 내 마음에 들어 있지 않다면 나에게 상처를 주는 말을 하는 상대 또한 내 앞에 나타나지 않게 된다.

그러므로 만약 상대가 나에게 심한 말을 하거나 욕을 하거나 상처 주는 말을 했다면, 상대에게 화를 내거나 시비를 따지거나 혹은 속이 상할 것이 아니라, "좋고 싫은 고락 분별의 인과업이 나에게 아직 크게 남아 있구나" 하고 자신의 업을 되돌아보고, 스스로 참회하는 마음을 가져야 한다.

그러한 일로 인하여 상대가 싫어지는 감정을 갖게 된다면, 그만큼 고락의 인과업은 커지게 되고, 앞으로 더 심하고 더 큰 상처 입을 일들이 끝없이 나타나게 될 것이다. 그러니 이 점을 항상 기억해야 하고, 그런 일이 나타날 때는 그 즉시 자신의 마음을 가라앉히고 참회하면서 스스로의 마음을 편안하게 해야 한다. 당연히 쉽지 않다. 그래도 그렇게 해야 한다. 그 힘을 기르기 위해서는 기도, 참선, 보시, 정진을 끊임없이 해나가야 할 것이다.

23

정심행선분
淨心行善分

맑은 마음으로 선법을 행함

제이십삼 정심행선분
第二十三 淨心行善分

부차 수보리 시법평등 무유고하 시명아누다라삼막삼
復次 須菩提 是法平等 無有高下 是名阿耨多羅三藐三

보리 이무아무인무중생무수자 수일체선법 즉득아누
菩提 以無我無人無衆生無壽者 修一切善法 卽得阿耨

다라삼막삼보리 수보리 소언선법자 여래설 즉비선법
多羅三藐三菩提 須菩提 所言善法者 如來說 卽非善法

시명선법
是名善法

23. 맑은 마음으로 선법을 행함

"또 수보리야! 이 법은 평등하여 높고 낮음이 없으니 이러한 것을 아누다라삼먁삼보리라 이름하느니라.

나라는 것도 없고, 사람이라는 것도 없고, 중생이라는 것도 없고, 오래 산다는 것, 즉 사상이 없이 모든 선법을 닦는다면 곧 아누다라삼먁삼보리를 얻게 되느니라.

수보리야! 선법이라 말한 바를 여래께서 설하시되, 곧 선법 아님을 말씀하시는 것이니, 그 이름을 선법이라 하느니라."

23. 정심행선분 淨心行善分
맑은 마음으로 선법을 행함

부차 수보리 시법평등 무유고하 시명아누다라삼막삼보리
復次 須菩提 是法平等 無有高下 是名阿耨多羅三藐三菩提

이무아무인무중생무수자 수일체선법 즉득아누다라삼막
以無我無人無衆生無壽者 修一切善法 卽得阿耨多羅三藐

삼보리 수보리 소언선법자 여래설 즉비선법 시명선법
三菩提 須菩提 所言善法者 如來說 卽非善法 是名善法

"또 수보리야! 이 법은 평등하여 높고 낮음이 없으니 이러한 것을 아누다라삼막삼보리라 이름하느니라.

나라는 것도 없고, 사람이라는 것도 없고, 중생이라는 것도 없고, 오래 산다는 것, 즉 사상이 없이 모든 선법을 닦는다면 곧 아누다라삼막삼보리를 얻게 되느니라.

수보리야! 선법이라 말한 바를 여래께서 설하시되, 곧 선법 아님을 말씀하시는 것이니, 그 이름을 선법이라 하느니라."

일체가 선법善法이면 곧 청정자성淸淨自性이다. 왜냐하면 청정자성은 일체 악법惡法까지도 버리지 않거니, 항차 선법을 버리겠는가.

이는 역설적인 말로, 선법을 택하는 즉시 악법이 따라붙기 때문이다. 그러므로 선법 악법을 모두 여의게 되면 이를 이름 하여 진정한 선법이라 할 것이므로 곧 청정자성을 의미한다.

따라서 선법이든 악법이든 4상만 여의면 곧 자성自性이요, 자성이든 보리법이든 4상이 있으면 곧 선악법善惡法이 되는 것이다. 이와 같이 일체 선법을 행하되 4상이 없으면 곧 아누다라삼먁삼보리가 될지니, 이는 선법에서 4상을 여읨으로써 정각을 이루게 되는 까닭이다.

만약 선법을 행하여 아상이 없어지면 남의 허물을 보지 않을 것이요, 남의 허물을 보지 않으면 인상이 없을 것이며 인상이 없으면 중생이 있을 수 없으니 중생상이 없을 것이다.

중생상이 없으면 선법이 없을 것이요 선법이 없으면 청정 선법인 수자상이 될지니, 수자상이 없으면 다시 선법, 악법을 여의지 아니하고 청정자성을 나투게 된다. 이 같이 해나가면 필경에는 아누다라삼먁삼보리를 얻을 수 있을 것이다.

그렇다면 이 일체법이란 무엇인가? 일체법은 정한 법이 없는 것을 말한다. 4상을 여의려 할 때의 일체 선법일 뿐이다. 선법은 피안에 도달하는 배일 뿐이고 피안은 아닌 까닭이다.

선법이라면 설사 피안에 도달케 하는 선법이라 하더라도 선법이 아니어야 피안이 되는 것이니, 이것이 선법이 없다는 이유가 된다. 그러므로 부처님께서 말씀하시기를 "수보리야! 말한 바 선법도 곧 선법이 아니니 여래가 선법이라 함은 이 이름이 선법이니라" 하시었다.

간단히 말하자면, 좋고 싫은 분별심만 없다면 저절로 신구의 삼업이 청정하게 되는데, 그 어떤 삼업일지라도 분별하지 않으면 완벽히 청정한 행이 된다. 이를 이름 하여 선법이라 하고, 선법을 행하는 것이라 한다.

세상의 직업 가운데 가장 좋은 업종은 무엇일까? 우리나라의 경우는 공무원을 가장 선호한다는 통계가 있다. 그중에서도 선생님을 꼽는다 한다. 삶에 있어서 직업이 주는 영향은 지대하다. 인생의 향방을 결정짓는다 해도 과언이 아니다.

그러나 먼저 알아야 할 것이 있다. 직업에서 오는 행幸 불행不幸이 먼저가 아니라는 것이다. 자신의 마음 모양인 업장에 따라 아무리 좋은 직업도 좋은 직업이 아닐 수 있고, 아무리 힘든 직업도 나쁜 직업이 아니게 된다는 사실이다.

결론부터 말하자면, 업장이 좋은 사람은 좋은 직업을 만나게도 되는 동시에 나쁜 직업도 불행하지 않게 된다. 또 업장이 좋지 않은 사람은 당연히 나쁜 직업을 만나게도 되지만, 설사 좋은 직업을 만난다 하더라도 결코 좋은 직업이 되지 않는다.

이는 직업이 문제가 아니라, 자신의 업장이 좋아야 한다는 뜻이 된다. 그렇다면 업장을 어떻게 좋게 할 수 있을까? 우선 전생부터 쌓여온 좋지 않은 업장을 좋은 업장으로 전환시켜야 한다. 가장 좋은 방법은 좋고 싫은 고락의 분별심을 갖지 않는 것이다.

분별심을 갖지 않기가 어렵다면, 차선책으로 복을 지어야 한다. 최고의 작복作福은 욕심을 내려놓는 것이다. 그래서 보시행을 해야 한다. 내 것이라는 아상은 복을 까먹는 원인이다. 그러므로 내 것이라는 아상을 내려놓아야 한다. 그래서 보시하라는 것이다.

보시 가운데는 불사佛事 보시가 최고다. 법보시라 한다. 부처님의 법을 널리 전하는 데 홍보함으로써 많은 사람들이 일주문一住門이라는 무분별심無分別心의 문 안으로 들어올 수 있도록 도움을 주는 것이다. 그리하여 마음의 평안케 하기 위한 보시가 법보시이다.

따라서 그 어떤 직업의 인연을 만나든 그 직업에 대해 좋다 싫다는 마음을 가져서는 안 된다. 그리고 감사해야 한다. 감사한다는 것은 욕심을 더 이상 부리지 않겠다는 의지다. 그러면 싫은 것과 나쁜 것이 피해 가게 된다.

불만을 갖지 않고 감사하며, 좋고 싫은 고락의 분별심을 갖지 않고, 보시와 법보시를 통해 복을 짓고, 그리하여 싫고 나쁜 것을 피하게 되니, 따라서 직업의 좋고 나쁨이 문제가 아니라 나의 업장을 소멸시켜 나가는 것이 결국 좋은 직업을 갖게 하는 선법이 된다는 것을 명심해야 할 것이다.

앞서 수보리가 부처님께 말씀드리기를 "여래께서는 본래부터 있는 아누다라삼먁삼보리심을 얻었다고 하실 뿐이지 별달리 얻음이 아니시라는 말씀이시죠?" 하였다. 이 말에 부처님은 옳다고 인가를 하신 후, "나는 조금의 법도 얻은 바가 없다"고 하신 것이다.

일체 선법을 좀 더 자세히 살펴보자면, '용적用的' '체적體的'으로 나눌 수 있다. 우선 '체적'이라 함은 '관심 있는 하나의 법이 모든 행을 갈무리한다'고 한 관심법觀心法이 그것이니, 그렇다면 이 마음을 어떻게 관할 것인가?

이 법은 지극히 평등하여 모든 하늘에 대해 더함이 없고, 일체 축생에 대하여 덜함이 없으며, 성인에 있어 늘어남이 없고, 어리석음에 있어서 줄어듦이 없으며, 예와 지금이 다르지 않고, 멀고 가까움이 차이가 없으며, 옳고 그름이 없고, 남자와 여자가 구분이 없으며, 귀함과 천함의 차별이 없어서 오직 일심一心으로 관하는 것을 말한다.

용적用的이라 함은 일체중생이 맡은 바 직업 그리고 책임을 말한다. 각자가 맡은 직업 행동은 곧 수행법이 되고, 그 장소인 직장은 곧 수도장修道場이 되는 것이다.

불교적 관점에서 보자면 직업 행동은 곧 불사佛事 행동이 되는 것이고, 이러한 장소인 직장, 즉 우주 법계는 그대로 부처님 몸인 불신佛身이 된다. 따라서 모든 법은 그대로 불법佛法이요 모든 일은 그대로 불사佛事가 되는 것이다.

일체의 사람이 각기 직장을 다니면서 상하 귀천이 없이 대법계를 도량으로 삼고 자기에게 주어진 일을 충실히 이행한다면, 이는 무상대도無相大道를 닦는 대수행인이 된다는 것을 알아야 한다. 이 같은 선상에서 각기 맡은 바 직책에 충실하는 것이 곧 일체 선법을 닦는 것이 되니 이 법이 평등한 이유가 되는 까닭이다.

평등한 까닭에 직업에 귀천이 없고, 그 어떤 미천한 직업이더라도 일체의 선법이 되니 공기를 호흡하는 미물과 곤충에게 있어서 그들이 숨 쉬는 공기는 평등히 대자연의 공기인 것과 같이 미물 곤충이 공기를 자기 것으로 알고 호흡한다는 것을 알아야 한다.

왜냐하면 이 공기는 평등하여 대소大小와 고하高下를 가리지 않고 미물과 곤충에게까지 자기 것이 되어 주기 때문이다.

말하자면, 그 어떤 곳이든 그 어떤 일을 하든 차별과 분별심을 갖지 않는다면, 무슨 일을 하더라도 그 행동이 곧 자비행이 되고, 그 마음이 곧 자비심이 된다. 그러니 제발 가타부타하지 말고 그 어떤 일이 벌어지더라도 좋고 싫은 분별심을 갖지 않아야 한다. 그러면 저절로 움직여지고 그 움직임은 곧 일체 선법이 된다.

어릴 때 절에 있으면서 가장 참기 어려운 것은 뛰어놀거나 오락을 하지 못하는 것이었다. 하다못해 바둑이나 장기를 두는 것조차 어른 스님들로부터 제지를 당하기 일쑤였다. 숨어서 잠을 잔다거나 뛰어노는 것은 생각지도 못했다. 불호령이 떨어지기 때문이다.

그때는 야속한 생각만 들었지 전혀 이해가 되지 않았다. 그저 고약하고 못된 스님으로만 생각했다. 만약 요즘의 행자나 사미에게 그렇게 했다가는 단 한 사람도 남아 있지 않을 것이다. 아마도 노동청이나 인권위에 고발 당하기 십상이겠다.

왜 놀지도 못하게 하고 작은 오락도 허용하지 않을까? 당연히 분별심을 없애기 위함이고 고락의 인과를 짓지 않도록 하기 위함이다. 노는 것에 빠지게 되면 노는 것에 대한 집착과 미련으로 다른 일을 하기 싫어지게 된다. 오락에 젖게 되는 것 또한 큰 노름으로 이어질 수도 있기 때문이다.

노는 것이 되었든 오락이 되었든 취미가 되었든 그 어떤 것도 즐거움과 기쁨, 행복을 찾기 위함일 것이다. 하지만 그와 동시에 싫고 불행하고 괴로움의 인과가 따르게 되어 언젠가는 치러야 할 빚으로 남을 것이기 때문에 마냥 좋아할 수만은 없다.

그러니 일상의 생활에 있어서도 이를 참작하여 무엇이 되었든 중독으로까지 이어지지 않도록 해야 한다. 왜냐하면 고락의 인과로 인하여 반드시 힘들고 괴로운 과보의 시간이 다가오기 때문이다. 노는 입에 염불하라는 옛말이 있다. 바로 이런 경우를 두고 하는 경책의 말씀이다.

오락이나 취미를 통해 생활의 활력소를 가지는 것도 좋지만, 자칫 잘못하다가 오히려 마음을 다치게 하는 경우가 다반사일 것이니, 차라리 분별심을 갖지 않는 방법으로 노는 입에 염불을 한다거나 기도, 참선, 보시, 정진의 행습行習을 기른다면 참 좋은 근사한 삶의 모습이지 않을까?

분별하지 않는 법이 곧 선법善法이라 한다면 이러한 분별심 없는 수행인이야말로 산 부처가 아닐까? 그런데 산 부처는 물론 산 부처님의 행동을 하는 이를 눈을 씻고 봐도 볼 수 없는 것은 왜일까?

이는 산 부처님을 보려고 하는 자신에게 4상(아·인·중생·수자상)이 있기 때문이다. 자신에게 4상이 있으므로 모두 분별된 마음으로 보고, 그렇기에 결코 보이지 않게 되는 것이다.

만약 실제로 석가모니 부처님을 본다 할지라도 석가모니 부처님의 말씀과 행동에 대해 분별된 마음으로 보게 될 것이고, 그러므로 믿고 싶은 마음뿐 아무리 부처님이라도 마음에 들었다 안 들었다 할 것이기 때문이다.

누구나 스스로 4상이 없고 분별심이 없다면, 모든 사람을 볼 때도 분별하지 않고 있는 그대로 보려 할 것이므로 잘되고 못되고가 없을 것이며 좋고 싫을 것이 없을 것이니, 산은 산이요 물은 물로 보게 될 것이다.

따라서 4상이 없으면 분별심이 없을 것이요, 분별심이 없으면 언제 어느 곳에서 무슨 일을 하고 어떤 말을 하더라도 걸림이 없으리니 직업이 무슨 상관이 있을 것이며, 어떤 사람을 만나더라도 좋고 싫은 마음이 왜 들겠는가. 곧 자신이 산 부처가 되는 것이다.

만약 자신이 이러한 경지에 들어서 청정한 삼업의 행을 한다 하더라도 남이 나를 알아봐 주지 않는다는 생각이 조금이라도 있다면 이 사람은 4상에서 아직 벗어나지 못한 것으로서 참다운 수행자는 아니다.

몇 년 전 5월의 일이다. 경북 김천의 한 터널에서 차량을 운전하던 한 여성이 의식을 잃는 바람에 차량이 차선을 넘나들며 이리저리 비틀거리며 서행하고 있었다. 마침 출근 중이던 소방대원이 이를 목격하고 추월하여 정차한 뒤 온몸을 던져 차량의 전진을 막으려 했다. 힘이 딸려 차량을 멈추지 못하는 모습을 본 시민 3명이 합세하여 겨우 차를 세울 수 있었다. 대형 사고로 이어질 뻔했으나 다친 사람은 한 명도 없이 무사히 마무리되었다 한다.

대단한 미담이다. 종종 이런 일이 있긴 하지만 시민의 용기 있는 행동에 찬사를 보내는 바이다. 차를 막아선 소방대원은 급박한 상황에서 생각하기 이전에 몸이 저절로 움직였을 것이다. 만약 생각이 많았더라면 선뜻 용기가 나지 않았을 수도 있다.

이렇게 사람은 생각하기 이전에 몸부터 움직이는 일이 종종 있다. 이를 불법에서는 걸림 없는 행동, 무애행無礙行이라 한다. 분별심을 갖지 않고 저절로 행동하는 것을 말한다. 일상의 모든 일에 있어서도 찰나찰나 이렇게 움직여야 한다. 분별심이 없으니 집착할 틈도 없다. 이를 부처님께서는 일체 선법이라고 말씀하셨다.

모든 대상을 보는 것에서나 모든 행동에 있어서 좋고 싫은 분별심이 붙음으로써 좋은 것을 선택하려 한다. 이를 분별하는 즉시 고민이 생기게 되고 괴로움이 생기게 된다. 그러므로 선악도 미추도 고락도 본래는 없는 것이나 이 가운데 좋은 것을 분별함으로써 싫고 나쁜 인과가 생기게 된다.

인간은 본래 선한 존재다. 여기서 선이란 분별이 없는 상태를 말한다. 그러면 저절로 선행으로 이어지게 된다. 무엇이 되었건 좋다 싫다 분별심 없이 행하고 저질러라. 결과 또한 분별심이 없으니 좋고 싫은 고락의 업이 없을 것이므로, 고민과 집착 없이 여여함과 무애자재無礙自在만 있을 뿐이다.

나머지는 인연 연기 인과의 부처님 법에 맡기면 된다. 어차피 무여

열반의 공으로 돌아갈 것이고, 성주괴공의 연기 모습으로 이어질 뿐이기 때문이다. 도저히 잘 안 된다 싶으면 기도와 참선, 보시와 정진으로 닦아나가야 할 것이다.

부처님께서는 선악의 분별이 없는 평등성이 곧 정각을 증득하는 것이라 하시고, 이를 증득치 못한 이는 분별이 없는 평등성을 훈련하여 돈증頓證할 것을 말씀하시었다. 즉 점수돈증漸修頓證으로써 돈오점증頓悟漸證하는 것이다.

이는 돈오 없이는 점수가 있어도 돈증이 생기지 않기 때문이다. 왜냐하면 선악의 분별이 없는 평등성을 행함으로써 자성을 밝히게 되는 것이므로, 자성은 본래 죄와 복이 없어서 선악을 밝힐 것이 없는 까닭이니, 이를 깨달은 연후에 행이 닦아질 것이요, 따라서 증득이 생기기 때문이다.

이를 알지 못하고 행하는 것은 얻음도 없을 것이요, 다함도 없을 것이며, 얻을 수도 닦을 수도 없는 탓이다. 그러므로 아무리 행할지라도 믿음은 곧 사라질 것이요, 의지를 가질 수가 없기 때문이니, 그러하므로 점수돈증을 하기 위해서는 돈오점증의 뜻이 붙게 되는 것이다.

그러나 분별없는 평등으로 정각을 삼는 돈오점수頓悟漸修를 이해하지 못하는 이는 어떻게 얻을 수 있는가? 즉 머리로는 아직도 분별 문제가 남아 있는 사람은 어떻게 하라는 것인가? 가령 부처님께서 말씀하신 일체법이 일체법이 아닌 줄 모르고 선법으로 알고 있거나,

또 일체 세간법이 일찍이 불법인 줄 모르고 악법으로 간주하는 이는 어떻게 할 것인가이다.

이러한 이들은 아직도 악을 싫어하고 선을 좋아하는 근성이 남아 있는 것이다. 그렇다면 이들은 자기 근성에 적합한 일체 선법으로써 이 법을 얻게 해야 할 것이다.

그러하여 부처님께서는 선악 경계에 있는 이들을 위하여 점수돈증의 법이자 돈오점증의 법문을 열어 주시되, 아가 없고 인이 없고 중생이 없고 수자가 없음으로써 일체 선법을 닦으면 아누다라삼먁삼보리를 얻으리라고 하시었다.

그렇다면 일체 선법이란 어떤 것인가? 맡은바 직책에 충실한 행이다. 육바라밀六波羅蜜과 고집멸도苦集滅道 사제법四諦法, 삼십칠조도법三十七助道法 등을 행하는 것이고, 무엇보다 기도와 참선, 보시와 정진을 행하는 것이다.

24

복지무비분
福智無比分

복과 지혜는 견줄 수 없음

第二十四 福智無比分
제 이 십 사 복 지 무 비 분

수보리 약삼천대천세계중 소유제수미산왕 여시등칠보
須菩提 若三千大千世界中 所有諸須彌山王 如是等七寶

취 유인 지용보시 약인 이차반야바라밀경 내지사구
聚 有人 持用布施 若人 以此般若波羅蜜經 乃至四句

게등 수지독송 위타인설 어전복덕 백분불급일 백천
偈等 受持讀誦 爲他人說 於前福德 百分不及一 百千

만억분 내지산수비유 소불능급
萬億分 乃至算數譬喩 所不能及

24. 복과 지혜는 견줄 수 없음

"수보리야! 만약 어떤 사람이 삼천대천세계 가운데 모든 수미
산만 한 칠보 덩어리로 보시하더라도, 또 다른 어떤 사람이 반야
바라밀경에서 네 글귀로 된 한 게송만이라도 받아 지니고 읽고
외우며 다른 사람을 위해 알려준다면, 앞 사람의 복덕으로는 이
공덕의 백천만억 분의 일에도 미치지 못할뿐더러 온갖 계산이나
비유로도 능히 다 미칠 수 없느니라."

24. 복지무비분福智無比分
복과 지혜는 견줄 수 없음

수보리 약삼천대천세계중 소유제수미산왕 여시등칠보취
須菩提 若三千大千世界中 所有諸須彌山王 如是等七寶聚

유인 지용보시 약인 이차반야바라밀경 내지사구게등 수
有人 持用布施 若人 以此般若波羅蜜經 乃至四句偈等 受

지독송 위타인설 어전복덕 백분불급일 백천만억분 내지
持讀誦 爲他人說 於前福德 百分不及一 百千萬億分 乃至

산수비유 소불능급
算數譬喩 所不能及

"수보리야! 만약 어떤 사람이 삼천대천세계 가운데 모든 수미산만 한 칠보 덩어리로 보시하더라도, 또 다른 어떤 사람이 반야바라밀경에서 네 글귀로 된 한 게송만이라도 받아 지니고 읽고 외우며 다른 사람을 위해 알려준다면, 앞 사람의 복덕으로는 이 공덕의 백천만억 분의 일에도 미치지 못할뿐더러 온갖 계산이나 비유로도 능히 다 미칠 수 없느니라."

부처님께서 얻음이 없는 것을 정각이라 하셨으니, 이러한 정각을 이룸에 있어서 복덕이 필요한 것인가, 필요치 않은 것일까? 이것이 대중들의 의심할 바가 되는 것인즉, 여기에 부처님께서는 경전의 공덕으로 돌려 말씀하심이다.

삼천대천세계에 널려 있는 수없는 수미산만큼 많은 칠보로 조불조탑造佛造塔의 불사도 하고, 공익과 중생 구제사업 등으로 일체 선법을 행하는 큰 선업을 짓는다 하더라도 금강반야바라밀의 뜻과 사구게 등으로 세상을 깨우치게 함에는 미치지 못할 것이니 칠보로 온갖 보시를 끝없이 한다 해도 전법의 복덕에 비하면 십만억 분의 1에도 미치지 못할 것이다.

다른 선법을 행하는 보시로는 아름답고 많은 보시를 한다 할지라도 다함이 있고 4상이 있으므로 자성의 미혹을 부르게 될지니, 그 복덕은 모래성과 같을지어다.

이 경의 내용대로 선법을 행하는 복덕은 비록 사구게에 그친다 할지라도 무위無爲, 무상無相, 무루無漏에 통하므로 이 법이 저 혼자 스스로 생사를 벗어던질 뿐만 아니라 남으로 하여금 일체의 미혹함을 깨우쳐 주게 되는 것이니, 어찌 자타自他가 일시에 불도佛道를 이룸이 아니라 함이겠는가.

정리하자면, 이해하기 어려운 말이 너무나 많다. 한마디로 이것저것 생각을 하지 말라는 말씀이다. 왜냐하면 이것을 원하면 반대의 저것이 반드시 생기게 된다는 것을 알아채어 더 이상의 의존함이 없이 무소의 뿔처럼 홀로 개척해야 한다는 말이다.

예를 들어 남을 돕기 위하여 많은 돈과 물질로 보시를 한다면 그

보시를 주는 측에서는 준다는 생각으로 기쁨을 맛볼 것이요, 받는 측에서는 받는다는 생각으로 기쁨을 맛볼 것이지만 이에 의한 인과의 과보가 발생하는 고로 조만간 슬픔과 괴로움으로 이어지게 된다는 말이다.

따라서 이와 같이 보시와 복덕은 한계가 있으므로 아무리 많은 보시와 공덕을 짓는다 하더라도 업이 다하는 그날까지 업보를 치르고 난 연후에 좋은 인연이 다가오게 될 것이라는 말씀이다.

잘 아는 지인들과 만나서 이야기할 때가 있다. 때로는 낯 모르는 사람들과 어울릴 때도 있다. 지인이 되었건 모르는 이가 되었건 의견이 서로 맞을 때도 있지만 경우에 따라서는 견해가 전혀 맞지 않을 수도 있다. 의기투합하여 서로 기분이 좋기도 하지만 때로는 의견이 안 맞아 다툼이 일어나기도 하고 기분이 망가질 때도 있다.

상대방의 이야기를 잘 경청하는 것은 일종의 매너이고 예의이다. 설사 자신의 견해와 다르다 하더라도 일단 들어주는 것이 좋은 방법이고 습관이겠다. 때로는 황당한 이야기를 들었을 때 조심스럽게 이의를 제기한다거나 또는 강하게 반박하기도 할 것이다.

그러나 가능하면 상대의 주장이 너무나 확고하다고 판단되면, 다소 내 견해와 다르더라도 굳이 강하게 되받아칠 필요는 없을 것 같다. 그렇게 되면 이야기의 본질을 벗어나기 일쑤고, 결국 본말本末이 전도되어 서로 기분이 좋지 않게 될 가능성이 높기 때문이다. 이때는 조용히 참는 것이 낫겠다.

대화를 하다 보면 상대의 말에 따라 좋고 싫은 고락의 감정이 요동치게 된다. 이야기에 집중하는 것이 기본이겠으나 그보다 더 중요한 것은 자신의 감정 처리를 어떻게 하느냐에 있다 하겠다. 내가 말을 하든 상대의 말을 듣든 항상 여여하고 중도로운 감정을 유지하는 것이 기본 중의 기본이겠다.

그러므로 옳고 그른 말을 잘 구분하되 그 말에 대하여 좋다 싫다는 고락의 감정을 얹지 않도록 조심해야 한다. 어떤 말을 하고 어떤 행동을 하며 어떤 생각을 하더라도, 즉 신구의 삼업에 대해 집중하는 것은 좋으나 절대로 좋고 싫은 감정을 드러내지 않아야 싫고 나쁜 인연의 업을 만나지 않게 된다는 것을 알아야 한다.

사람들은 자신이 원하는 성취를 위해 노력한다. 그래야 기분이 좋고 행복하기 때문이다. 그러나 아이러니하게도 좋은 것은 싫은 것 때문에 존재하게 되고, 싫은 것을 피하기 위해 좋은 것을 찾으려 부단히 노력한다지만, 좋은 것을 찾을수록 싫은 것 또한 똑같은 분량으로 생겨나고 따라붙는 것이 마음의 모습임을 깨달아야 한다.

그러니 세상에 아무리 좋은 것도 내 마음 안에 싫은 마음이 있는 한 싫고 나쁜 것이 사라지지 않는다는 것을 알아야 한다. 그리하여 부처님께서는 좋은 것을 찾는 것보다는 좋고 싫은 분별을 없애라 하셨다.

그래야 일체 모든 것이 평등하여 고통과 괴로움을 벗어날 수 있기 때문이다. 그러므로 좋은 것을 밖에서 찾을 것이 아니라 나의 좋고 싫은 분별심을 멸하는 방법부터 찾아야 할 것이다. 이를 중도의 마음이라 하고, 피안과 해탈이라 이름 한다. 분별심을 지우기 위해서는 우선 기도와 참선, 보시와 정진으로 멸도의 대장정을 시작해야 할 것이다.

사람들은 모두가 재수財數 좋기를 바란다. 재수란 재물을 얻거나 좋은 일이 생기는 것을 뜻한다. 어떻게 하면 재수가 좋을까? 재수가 좋으려면 어떤 방법을 써야 하나? 재수란 복이 있다는 것과 동일한 맥락이다.

재수나 복은 일단 기분이 좋아지는 과정을 말한다. 즉, 재물이 생기면 기분이 좋아지고, 좋은 일이 생기면 즐겁고 기쁘고 행복하기 때문이다. 복이 있다는 것 역시 마찬가지로 복이 있으면 재수가 좋을 것이고, 기분 좋은 일이 많이 생기게 되는 것이다.

그런데 문제는, 재수 좋고 복이 많아서 기분이 좋아지고 행복해지는 것까지는 더 말할 나위가 없겠으나 세상에 공짜가 어디에 있겠는가. 이렇게 재수 좋고 복 있는 것도 인과에 의해 생기는 것이므로, 다음의 결과는 재수 없고 복이 다하는 인과로 말미암아 기분이 나빠지게 되는 과보를 받는다는 사실이다.

부처님께서는 이런 인과의 굴레를 벗어날 수 있는 방법을 49년이라는 기나긴 세월을 할애하여 미혹한 우리 중생을 위하여 줄기차게 가르쳐 주셨다. 그 가운데《금강경》이라는 위대한 경전이 탄생되었으니, 아직도 이를 깨닫지 못하고 탐진치 삼독심에 빠져서 고통과 괴로움의 과보를 받으면서도 재수를 찾고 복을 비는 악습을 버리지 못하고 있는 것이다.

그럼에도 불구하고 부처님께서는 이를 깨닫는 이가 과거에도 있었고 현재도 있으며, 500세 후에도 있을 것이라고 희망을 주고 계신다. 왜냐하면 부처님께서도 500생 동안 환생을 거듭하며 수행을 통해 깨달음을 얻었기 때문이다.

이를 깨치기 위해서는 한 점 의심 없는 신심信心을 가져야 한다. 신심이란 마음을 믿는 것 또는 마음으로 믿는 것을 말한다. 무엇을 믿는가? 인과를 믿는 것이다. 그리고 연기와 공을 믿는 것이다. 이는 부처님께서 말씀하신 법이기 때문이다. 인과를 믿고 연기와 공을 믿으면 곧 부처님을 믿는 것과 같은 것이니, 일체의 고통과 괴로움에서 벗어날 수가 있다는 말씀이다.

이와 같이 신심을 지닌 중생들은 지금도 깨칠 수 있고, 앞으로도 깨칠 수 있다. 그러므로 인과와 연기와 공을 완벽히 믿는 신심을 가진다면, 저절로 재수가 좋아지고, 복이 생길 수밖에 없을 것이니, 신심이야말로 공덕이 되고 복덕과 지혜를 얻는 최첨단의 기술이라 할 것이다.

인과와 연기와 공을 믿는다는 것은, 일상생활에 있어서 평상심을 유지케 하고 일체의 장애가 사라지면서 근심과 걱정, 고통과 괴로움을 여읠 수 있는 손오공의 여의봉이 내 손안에 쥐어지게 되는 것이다.

25

화무소화분
化無所化分

가르쳐도 가르친 바 없음

第二十五 化無所化分
제이십오 화무소화분

須菩提 於意云何 汝等勿謂 如來作是念 我當度衆生
수보리 어의운하 여등물위 여래작시념 아당도중생

須菩提 莫作是念 何以故 實無有衆生 如來度者 若有
수보리 막작시념 하이고 실무유중생 여래도자 약유

衆生 如來度者 如來卽有我人衆生壽者 須菩提 如來說
중생 여래도자 여래즉유아인중생수자 수보리 여래설

有我者 卽非有我 而凡夫之人 以爲有我 須菩提 凡夫者
유아자 즉비유아 이범부지인 이위유아 수보리 범부자

如來說卽非凡夫
여래설즉비범부

❀

25. 가르쳐도 가르친 바 없음

"수보리야, 어떻게 생각하느냐? 너희들은 '내가 마땅히 중생을 제도한다'라고 여래가 생각한다고 보지 말지어다.

수보리야, 그러한 생각을 하면 안 된다. 왜냐하면 참으로 어떠한 중생도 여래가 제도할 자가 없느니라.

만약 여래가 '제도할 중생이 있다'라고 한다면 여래에게는 곧 나다, 사람이다, 중생이다, 오래 산다는 사상이 있게 되느니라.

수보리야, 여래가 설하는 나라는 것은 곧 나가 있지 않음이니, 다만 범부들이 내가 있다고 생각하는 것이니라. 수보리야, 범부라 하는 것도 여래가 설할 때는 곧 범부가 아님을 말하는 것이다."

25. 화무소화분 化無所化分
가르쳐도 가르친 바 없음

須菩提 於意云何 汝等勿謂 如來作是念 我當度衆生 須菩
수보리 어의운하 여등물위 여래작시념 아당도중생 수보

提 莫作是念 何以故 實無有衆生 如來度者
리 막작시념 하이고 실무유중생 여래도자

"수보리야, 어떻게 생각하느냐? 너희들은 '내가 마땅히 중생을 제도
한다'라고 여래가 생각한다고 보지 말지어다.

수보리야, 그러한 생각을 하면 안 된다. 왜냐하면 참으로 어떠한 중생
도 여래가 제도할 자가 없느니라.

4상을 여읜 선법善法을 말씀하시기 전에 이 법이 평등하여 좋고 싫
은 고락과 높고 낮은 고하高下가 없으므로 정각이 된다고 하셨다.

그렇다면 평등이라는 것에는 고락과 고하가 없으므로 부처와 중생
이 없을 것임에도 부처님께서는 여전히 중생제도를 말씀하시는 것
은 어찌된 영문인가?

제도를 한다는 것은 곧 중생이 있음이고, 중생이 있으므로 4상이

없을 수 없으며, 4상이 있음에는 얻음이 없다는 것도 말이 되지 않는 까닭이니, 부처님께서는 이 대목에서 심려하시어 수보리를 불러 말씀하신 것이다.

"수보리 네 뜻은 어떠하냐? 여래가 과연 4상이 있겠는가? 너희들은 여래가 중생을 제도한다고 보는가? 수보리야! 이러한 생각을 하지 말아라."

그러면 여래께서 '이런 생각을 하지 않는다'라고 볼 것인가? 아니면 수보리에게 '이러한 생각을 짓지 말아라'라고 볼 것인가?

둘 다 아니다. 이 말씀은 수보리와 여래 자신까지 이러한 생각을 짓지 말 것을 말씀하심이다. 더 정확히 말하면 이러한 생각을 지음이 애초에 없었다고 하셨다고 봐야 한다.

왜냐하면 인아상人我相을 모두 떼어낸 상태, 즉 인아人我가 본래 없는 평등성平等性이므로 이러한 생각을 지음이 본래 없음이니, 나와 부처와 중생이 따로 없으므로 제도할 대상도 없다 할 것이다.

저 평등자성平等自性에는 여래가 멸할 중생이 있지 아니함이다. 즉 평등자성 자체에는 부처와 중생이 따로 있지 아니하여 제도할 대상도 없는 것이다. 그러나 청중의 중생심에서는 자꾸 평등이라고 하면서도 부처와 중생을 분별하여 중생을 제도한다는 고정된 생각을 버리지 못하고 고락苦樂 고하高下를 스스로 지음으로써 오류가 생기는 것이다.

평등처에서 제도할 중생이 있다는 부당한 지견知見이 생기게 됨이고, 이는 오히려 평등을 사량함에서 생긴 오류라고 할 것이니, 이러한 오류에서 다시 평등견平等見과 중생견衆生見과 멸도견滅度見까지 생김으로써 결국 평등하지 않은 도로아미타불이 되는 것이다.

그러므로 부처님께서 말씀하신 "실로 여래가 멸도할 중생이 없다" 고 하신 이 말씀이, 중생은 평등성품을 헤아림으로써 멸도할 중생이 없다는 것에 대해 의심이 생긴 것이요, 여래께서는 평등성을 헤아리는 지견까지 없음으로써 실로 멸도할 중생이 없다고 하신 것이다.

그리하여 여래께서는 이러한 생각을 짓지 말 것을 전제로 말씀하신 것인데, 중생은 평등지견平等知見을 두게 되고, 여래께서는 평등지견을 두지 않으심이 다르니, 평등성에 대하여 지견을 두지 않고 평등을 그대로 깨달을 때 중생과 멸도가 적멸해져서 부처와 중생이 모두 사라지게 됨이다.

출가한 아들에게 어머니는 절절한 편지를 썼다.

"자식이 어미를 버린다 해도 어미는 자식을 버릴 수 없으니, 아들아, 네가 돌아올 때까지 나는 기다리겠노라."

"어머니, 저는 목숨이 다하더라도 깨닫지 못한다면 집에 돌아가지 않을 터이니 아들에 대한 애착을 버리시고 정반왕과 마야부인을 본받으십시오."

그럼에도 불구하고 어머니는 동구 밖에 나와 눈도 깜빡이지 않고 아들인 동산양개洞山良价 선사를 매일 기다리다가 결국 눈마저 멀게 되었다.

눈이 멀자 집을 절로 개조하여 지나가는 객승客僧을 묵게 하면서 발을 씻어주었는데, 아들의 왼쪽 발 복숭아뼈 옆에 사마귀를 찾기 위해서였다.

양개 선사는 깨달음을 얻은 후 어머니에 대한 소식을 듣고 집에 당도하여 오른쪽 발을 담가 씻은 다음 왼쪽 발을 담그는 대신 다시 씻었던 오른쪽 발을 담가 어머니를 속였다.

그리고는 동구 밖을 빠져나오는데 마을 노인이 알아보고는 어머니에게 이 사실을 알렸다.

이 말을 들은 어머니는 아들을 부르며 뛰어오다가 강물 가운데 이미 이른 아들을 보지 못하고 그만 강물에 빠져 죽었다. 이 광경을 지켜보던 양개 선사는 조용히 삼매三昧에 들어 어머니를 천도하였다.

같이 간 도반이 이 모습을 보고 왜 어머니를 구하지 않았냐고 물었다. 양개 선사는 나지막이 말했다.

"어머니의 한 생은 남의 집 머슴으로 지낼 업이고, 다음 생은 눈먼 봉사로 지낼 업이며, 그다음 생에는 물에 빠져 죽을 업인데, 이 업들을 이제 한 생에 끝냈으니 다음 생엔 천상에 올라갈 것이오."

소위 팔자라고 하는 업의 모습이란 자기 스스로의 고락 분별의 인과업에 따라 이루어진다. 그러므로 이런 모습 저런 모습, 그런저런 모습들은 모두가 자신의 팔자, 업에 의해 철저히 스스로 만들어진다.

사실은 어떤 상황, 어떤 환경, 어떤 모습이든 별로 상관이 없다. 자신의 마음이라 할 수 있는 좋고 싫은 고락업의 분별 크기가 어느 정도인가가 절대적이니, 빈부나 미추, 권력과 명예의 관계는 크게 영향을 끼치지 않는다.

보통의 생각으로는, 잘생기고 건강하고 수명이 길고 돈을 잘 벌고, 권력과 명예가 높으면 가장 이상적이고 행복할 것이라고 생각하지만, 그러나 세상과 마음이 그리 단순하지는 않다.

아무리 잘살아도 고락업이 크면 괴로움도 크게 되고, 아무리 어렵게 살아도 고락업의 분별이 작으면 괴로움도 작아진다. 이는 욕심의 크기와 정비례한다.

자신이 지은 업은 스스로 받고 스스로 멸해진다. 스스로 받는다는 것은 욕심을 부릴수록 즐거움도 크게 되지만, 그에 따른 과보인 괴로움도 똑같이 크게 나타난다는 것이다. 만약 사고를 당하거나 불의의 사건으로 인해 목숨을 잃는 경우 이는 자신의 고락업과 깊이 인연 지어진다.

자신의 좋고 싫은 고락의 분별업이 크면 클수록 언제 어디서 어떤 불행을 당할지 모른다. 반대로 좋고 싫은 고락의 분별업이 작으면 작을수록 언제 어디서 어떤 행운이 다가올지 모른다. 그러나 그 행운에 집착하지 않는 무분별심無分別心이어야 한다.

그러므로 지금 자신도 모르게 오는 행운에 도취되어 즐거움을 만끽한다면 대단히 위험한 생각이다. 크게 노력하지 않고 오는 행운은 지나가는 인연의 모습일 뿐인데 이를 대가 없이 덜컥 받아서 즐기는 것은 대단히 위험한 일이 아닐 수 없다.

자신의 노력 없이 부모덕에 엄청난 재산을 상속받는 이들이나 복권 1등에 당첨된 이들이 특히 여기에 해당할 것이다. 세상에 공짜는 없다. 갑자기 복권 1등에 당첨된 사람들 가운데 많은 이들의 이후 삶의 행적을 보면 패가망신한 경우가 대부분이다. 이는 당장의 업보를 받는 것이다.

이렇듯 업이란 한 치의 오차 없이 다가오는 것이므로 억울하다고 화를 내거나, 재수가 없다고 분을 삭이지 못하거나, 하물며 부모와 조상을 탓하거나 남의 탓을 하는 경우들은 스스로 누워서 침 뱉는 꼴에 지나지 않는다.

가장 현명한 삶의 방법은, 좋고 싫은 고락을 분별하지 않는 것이고, 내게 다가오는 모든 현상은 나의 업보라고 받아들이며 참회하는 마음을 갖는 것이고, 좋은 것을 너무 찾지 말고 나쁜 것을 무조건 멀리하지 말며, 이래도 좋고 저래도 좋은 마음을 갖는 것이다. 그래서 항상 편안한 마음을 가져야 하는 것이니, 매일 기도, 참선, 보시, 정진으로 업장 소멸의 긴 시간과 경험을 통해 여여한 참회의 시간을 가져야 한다.

만약 여래가 제도할 중생이 있다 함은, 여래는 그 즉시 아와 인과 중생견, 수자견이 붙어 있음이고, 따라서 제도할 능력이 없다 할 것이다. 부처님께서 아와 인이 있으면, 곧 부처와 범부가 분별이 끊임없을지니, 이를 있다 하심은 곧 나의 아가 있음을 인정하는 꼴이 되므로 이 또한 인연의 소치로 생각한다.

범부들의 아는 언제든지 범부들의 아요, 여래의 아는 아니다. 중생을 제접함에 있어서 방편이 소용됐을 뿐이다. 그러므로 "수보리야, 여래가 경에 그 무엇이 있다고 설하는 것은, 곧 여래가 아가 있음이 아니요, 범부들이 아가 있기 때문에 저들의 경우로 내가 아라고 칭함이니라"라고 하신다.

이 말뜻을 잘 알고 보면 이번에 또 말씀하신바, 범부라 함에 여래께서 또 범부를 범부라고 보실 것인가? 만일 그렇다면 이는 위에서 말씀하신 뜻을 잘 알지 못함이니, 여래가 범부를 말씀하심은 곧 범부가 아니요, 범부의 경계를 쓰는 속간俗間의 그 범부로 하여 여래께서도 범부를 말씀하시게 되는 것이다.

그러므로 여래께서 아무리 중생이다 범부다 말씀하시더라도, 중생과 부처를 어느 것이 더 좋다거나 싫다는 분별을 하지 않음이요, 범부와 천재를 구분할 줄은 알되 실제로 범부와 천재를 뛰어넘을 수 있는 마음의 능력이 생기게 되면, 아무리 선악 시비의 경계에 머문다 해도 마음은 물론 일체의 감정이 일어나지 않도록 하는 것이 참다운 수행자의 자세라 할 것이다.

요즈음 반려견이라 하여 개를 키우는 사람들이 많아졌다. 개뿐만이 아니다. 소위 반려동물로 다양한 종류의 동물들을 키우는 것을 많이 볼 수 있다. 옛날 같으면 상상하기 힘든 광경들이다. 왜 이런 현상들이 일어나는 것일까?

단적으로, 예뻐하는 마음에서일 것이다. 예뻐한다는 것은 사랑스러운 감정이 생겨나서이다. 예뻐하고 사랑한다는 것은, 그렇게 함으

내가 보살의 마음이 되어야
보살의 자비를 얻을 수 있다.
남을 탓하지 않으며 무엇을 보거나 듣더라도
좋다 싫다 마음 내지 않으며
집착을 버리고 있는 그대로 바라보라.

로써 스스로 기분을 좋게 하기 위함일 것이다. 기분이 좋다는 것은 곧 기분 좋지 않은 감정을 대신 채워 주고 없애기 위함도 된다. 소위 스트레스를 해소하기 위한 방법 가운데 하나라고 볼 수 있다.

그렇게 본다면 반려동물을 키우든 반려식물을 키우든 이 모든 취미 생활들은 스스로 좋은 감정을 갖기 위한 수단으로서의 감정 놀이라 할 것이다. 다만 정을 주는 대상이 때에 따라 달리 선택될 뿐이다. 그러므로 이런 행위들을 좋다 나쁘다로 구분 지을 수는 없을 것 같다.

형제 간에 싸우는 경우를 흔히 보게 된다. 특히 돈이 많은 부자들이 그렇다. 하물며 부모 자식 간에도 다투는 현상이 많아졌다. 이는 재산과 재물이 원인인 경우가 대부분이다. 이를 극단적으로 분석해 보자면 부모 형제보다도 재산과 재물이 더욱 소중하다는 반증이 된다.

돈과 재산을 좋아하고 사랑하게 되는 정이 더 크게 작용하고 있다는 뜻이 된다. 이런 의미로 볼 때 가족이라는 개념이나 취미 또는 일의 개념에 있어서도, 결국은 나의 기분 좋은 감정을 극대화시키려는 대상, 바로 그 이상도 이하도 아니라는 결론으로 귀결된다 하겠다.

따라서 스스로 자기가 좋으면 그 어떤 것도 좋아하고 사랑할 수 있고, 자기가 싫으면 부모 형제나 그 어떤 대상도 배척할 수 있다는 서글픈 현상이 현실로 이어지고 있다. 그래서 부처님께서는 그 어떤 것에도 마음이 머물러 집착하지 말라는 결론을 내어 주셨으리라.

결론적으로 모든 것은 결국 좋고 싫은 고락 감정의 분별심에서 비롯된다는 것을 알 수 있다. 대상이 무엇이든 기분 좋은 감정을 갖기 위해 온갖 수단으로써 행위하고는 있지만, 그 인과로 인하여 싫고 나쁜 감정이 생기게 되고, 또 싫고 나쁜 감정을 없애려고 좋은 것을 찾게 되는 탐욕의 악순환이 거듭되고 있는 것이다."

그러므로 이러한 악순환이 계속되는 것을 끊기 위하여 분별심을 없애고 중도심을 깨치라는 간곡한 부처님의 가르침을 다시 한번 깊이 깨달을 시점이다.

따라서 반려견이 되었건 부모 형제 가족이 되었건, 또는 재산이나 돈이 되었건 그 어떤 대상을 막론하고 정을 쏟는 행위는, 물론 틀린 것은 아니겠으나 정의 인과가 계속 악순환된다는 측면에서는 어떤 무엇에 집착하기보다 먼저 자신의 고락 감정의 인과업을 잘 다스려서 그 무엇에도 집착하지 않고 평안하고 편안한 중도심을 갖출 수 있도록 기도와 참선, 보시와 정진으로 정을 다스려 나가야 할 것이다.

약유중생 여래도자 여래즉유아인중생수자 수보리 여래
若有衆生 如來度者 如來卽有我人衆生壽者 須菩提 如來
설유아자 즉비유아 이범부지인 이위유아 수보리 범부자
說有我者 卽非有我 而凡夫之人 以爲有我 須菩提 凡夫者
여래설즉비범부
如來說卽非凡夫

만약 여래가 '제도할 중생이 있다'라고 한다면 여래에게는 곧 나다, 사람이다, 중생이다, 오래 산다는 사상이 있게 되느니라.
수보리야, 여래가 설하는 나라는 것은 곧 나가 있지 않음이니, 다만 범부들이 내가 있다고 생각하는 것이니라. 수보리야, 범부라 하는 것도 여래가 설할 때는 곧 범부가 아님을 말하는 것이다."

여래의 입장에서는 '있다 없다' 하는 분별이 없으므로 만약 제도할 중생이 있다고 한다면 이미 제도하지 못한 중생이 생기는 것이므로, 영원히 제도하지 못한 중생이 생기고 마는 것이다. 이는 아상, 인상, 중생상, 수자상의 4상이 생기게 되는 것이므로 결코 여래라 할 수 없다.

그래서 여래께서 범부라 한다면 분별상이 없는 가운데 범부인 것이니, 이는 그 이름만을 범부라 하는 것이다. 이를테면 어느 한 사람을 볼 때 그 사람이 좋은 사람이라고 분별을 한다면 동시에 싫고 나쁜 사람이라는 분별상이 생기게 됨이니, 분별상이 없는 가운데서는 그냥 그 이름만이 사람일 뿐인 것과 같다.

그러므로 이러한 평등성平等性에서 평등이라는 생각의 지견知見을 지으면 안 된다. 이러한 분별된 지견을 갖지 않는다면 중생이 스스로 적멸하여 여래가 멸도할 중생이 생기지 않을 것이다. 그렇지 않고 여래가 멸도할 중생이 있다고 한다면 이는 지견이 생긴 것이므로 아상, 인상, 중생상, 수자상의 4상이 생긴다. 이는 여래의 성품이 아니다.

이렇듯 여래께서는 이 4상을 말씀하시지만 이 4상에 머무름은 아니다. 그러므로 여래께서 아我를 말씀하시는 것은 곧 아가 있어서 말씀하시는 것은 아니라는 것이다. 여래의 경계에서는 본래 아가 없지만 범부의 지견에 맞추어 아라고 하심이다. 그러니 여기서의 아는 곧 범부들의 아요, 여래의 아는 아니다.

비유하면 원숭이의 음성을 아는 사람이 있어서 원숭이와 접촉할 때 원숭이의 언어를 사용했다 하여 이 사람이 원숭이가 되는 것은 아님과 같다. 따라서 여래께서 범부라 한 것은 곧 범부가 아님을 말씀하신 것이니, 그 이름이 범부일 뿐이라는 말씀이다.

스스로를 소심小心하다고 생각하는 이들이 의외로 많다. 혈액형으로 보면 A형을 가진 이들이 주로 생각이 많고 뒤끝이 있다 하여 소심파로 분류하기도 한다. 물론 의학적으로나 통계적으로 증명되지 않은 속설이다. 아마도 A형이 인구의 절반을 넘으니 그런 속설이 생긴 것 같다.

소납의 생각으로는 욕심이 적은 이들이 소심한 성격의 소유자들이 아닐까 싶다. 역설적으로 큰 욕심이 없다는 반증도 된다. 매사 돌다리도 두드리는 조심성과 함께 상대의 뜻 없는 말에도 자주 오해를 하게 되는 경향도 있는 것 같다.

한마디로 배짱이 약하다고 볼 수도 있겠다. 이는 자신감이 떨어져서일 수도 있으나, 불교적인 관점에서 본다면 부처님 법에 대한 신심이 부족하다 할 수 있다. 인과 인연 그리고 연기에 대한 이해와 믿음이 부족하다는 뜻이다. 그리고 분별심이 원인이기도 하다.

소심하다는 의미는 걱정 근심이 많다는 뜻이 된다. 그러니 이제부터 배짱 있게 살아야 한다. 그러려면 인과에 대한 확고한 신심을 가져야 한다. 어차피 좋고 싫은 고락의 인과가 달라질 수는 없다.

왜냐하면, 하나를 원하면 원하지 않는 하나가 생기게 되고, 열을 원하면 원하지 않는 것 또한 열이 생기는 것이 인과이기 때문이다. 따라서 원하는 것이 없으면 원하지 않는 것 또한 생기지 않는다.

그러니 이렇게 되든 저렇게 되든, 인연 연기에 맡기고 마음을 놓아 버리면 걱정 근심과 불편한 마음이 사라지게 되어 있다. 문제는 마음을 놓지 못하는 것이다. 잘돼야지 하면 잘되지 않는 것이 생기게 되고, 그것이 현실로 이어지게 된다. 잘되는 것을 굳이 분별하지만 않는다면 잘되지 않는 것도 나타나지 않게 되고 보이지 않게 된다.

잘되는 것과 잘되지 않는 것을 분별하지 않으면 연기의 모습만 보일 뿐이다. 연기하는 모습을 있는 그대로 보는 것이 바로 중도이고 정토이다. 거기에 분별심을 얹게 되면 생사와 생멸이 생기고 사바세계가 펼쳐진다. 보는 그대로 있는 그대로가 정토임에도 불구하고 좋고 싫은 고락을 얹어 집착하면 예토穢土(괴로움의 세상)가 되는 것이다.

그러니 배짱을 가지고 살아야 한다. 여기에서 배짱이란 겁을 내지 않는 것을 말한다. 불법을 잘 믿으면 배짱이 생긴다. 불법은 인과 인연 연기법이고 중도법이기 때문이다.

그러니 걱정 근심할 필요도 없고 화낼 필요도 없다. 마음의 여유를 가져라. 그러면 용기와 힘이 생긴다. 그러하여 불만이 없어지면 욕심도 사라지게 되고, 욕심이 없으면 지나친 행동을 자제하게 된다. 그렇게 되면 순리를 따르게 된다. 순리는 곧 중도행이고 무애행無礙行이다.

26

법신비상분
法身非相分

법신은 상이 아니다

제이십육 법신비상분
第二十六 法身非相分

수보리 어의운하 가이삼십이상 관여래부 수보리언
須菩提 於意云何 可以三十二相 觀如來不 須菩提言

여시여시 이삼십이상 관여래 불언 수보리 약이삼십이
如是如是 以三十二相 觀如來 佛言 須菩提 若以三十二

상 관여래자 전륜성왕 즉시여래 수보리백불언 세존
相 觀如來者 轉輪聖王 卽是如來 須菩提白佛言 世尊

여아해불소설의 불응이삼십이상 관여래 이시세존 이
如我解佛所說義 不應以三十二相 觀如來 爾時世尊 而

설게언 약이색견아 이음성구아 시인행사도 불능견여래
說偈言 若以色見我 以音聲求我 是人行邪道 不能見如來

26. 법신은 상이 아니다

"수보리야, 어떻게 생각하느냐? 가히 삼십이상을 여래라고 볼 수 있겠느냐?"

수보리가 대답하였습니다.

"그러합니다. 삼십이상으로써 여래를 볼 수 있습니다."

이에 부처님께서 말씀하셨습니다.

"수보리야, 만약 삼십이상으로써 여래를 볼 수 있다면 전륜성왕도 곧 여래라고 하겠구나."

수보리가 부처님께 말씀드렸습니다.

"세존이시여, 제가 부처님께서 말씀하시는 뜻을 알기로는 삼십이상으로서는 여래를 뵐 수 없습니다."

그때 세존께서 게송으로 말씀하셨습니다.

"만일 모양으로 부처를 보거나, 음성으로 부처를 찾는다면, 이 사람은 삿된 도를 행함이니, 능히 여래를 볼 수 없으리라."

26. 법신비상분 法身非相分

법신은 상이 아니다

수보리 어의운하 가이삼십이상 관여래부
須菩提 於意云何 可以三十二相 觀如來不

"수보리야, 어떻게 생각하느냐? 가히 삼십이상을 여래라고 볼 수 있겠
느냐?"

삼십이상三十二相이란 서른두 가지로 보는 상법相法이 만점滿點이
라는 뜻이다. 이러한 구족상具足相은 부처님과 전륜성왕轉輪聖王만
이 소유한 것이다.

태자 시절에 선인仙人이 정반왕에게 말하기를, 태자의 상像은 32상
을 구족하고 있으니 전륜성왕이 아니면 부처를 이룰 것이라고 하면
서, "그 가운데 부처님이 되어 무상법륜無上法輪을 굴리실 것이온데
내가 나이가 많아 이 법을 듣지 못할 것 같아 슬퍼하노라"라고 한 연
유이다.

관觀과 견見은 뜻이 전혀 다름이니, 견은 눈으로 보는 경지이고 관

은 지혜로 보는 경지를 말한다. 앞에서 수보리가 여쭙기를, "부처님이 얻으신 아누다라삼먁삼보리는 얻은 바가 없습니까?" 하니 이때 부처님께서 "그러하고 그러하다"고 인가印可 하시었는데, 이를 듣는 청중들은 의심이 이는 대목이 있었다.

만일 부처님께서 아누다라삼먁삼보리를 얻은 바 없이 얻으셨다고 한다면, 이는 얻음이 없는 것이다. 얻음이 없다고 하는 것은 본래 그대로가 청정한 본성이므로 얻고 얻지 않음조차 없음이며 새로이 얻을 것이 없음이다.

이렇게 본래 얻을 것이 없다 한다면 청중이나 부처님 그리고 일체 중생이 다 그러할 것이거늘 어찌하여 여래만 32상이 있을 것인가? 여래만이 얻는 것이 아닌가 의심함이다.

그러한 고로 부처님께서는 수보리에게 32상을 여래라고 볼 수 있겠느냐 되물으신 것이다. 이를 물으신 뜻은, 본래 청정 본성에 있어서 '너희들이 본성과 색신色身을 달리 보고 있구나' 하는 뜻이 들어 있는 것이다.

본래 구족한 본성은 곧 구족한 법신法身이 되는 것이므로 법신과 색신을 따로 보는 분별分別 지견知見을 내지 말라는 말씀이시다. 법신이 곧 색신인 줄 알 때, 32상과 범인상凡人相이 함께 실답지 못하다는 것을 알게 될 것이니, 여래가 32상이 있다는 망상을 일으키지 못할 것이라는 말씀이다.

한마디로, 여래가 32상이라는 특별한 상이 있다고 생각한다면 이미 32상이 없는 범인상이 또 생기게 되는 분별을 일으키게 되므로 이는 아직 깨치지 못한 마음으로 좋고 싫은 고락의 인과를 겪게 됨은 물론, 스스로 괴로움을 자초한다는 뜻이 된다.

또 하루가 지났다. 과연 어제 하루는 얼마나 보람이 있었으며 또 보람이 없었던가? 얼마나 좋은 일이 있었으며, 얼마나 좋지 않은 일이 있었던가? 지난 하루의 잘잘못에 대해, 좋았고 싫었던 일에 대해 깊이 생각하여 되돌아보며 복기하는 이들이 과연 얼마나 될까?

사람이 움직이고, 생각하고, 말을 하는 이유, 즉 신구의 삼업을 행하는 것은, 누구나 당연히 싫고 나쁜 기분을 갖지 않기 위함이고 좋은 기분을 유지하려는 본능의 발로에서일 것이다.

세상을 구하는 큰일을 하거나 교양 있고 덕 높은 삶을 살거나, 역사적인 인물이 되거나 전쟁의 영웅이 되거나, 사람들로부터 사랑과 존경을 받거나, 부자나 권력자 등등 엄청난 인물이라 할지라도 스스로 좋고 싫은 고락의 분별된 마음을 갖고 있는 이상 나머지 현상은 인연 연기라는 공의 껍데기에 불과할 뿐이다.

이를 테면 이런 엄청난 일을 함으로써 그 일에 의한 혜택으로 모든 사람들에게 도움을 주고 즐거움을 느끼게 해준다 할지라도 이는 각자의 고락 인과에 있어서는 결과적으로 도움을 주는 것이 결코 아닐 뿐더러 이 또한 언젠가는 사라질 허상에 불과하다는 것이다.

예를 들어 과학이 발달하기 이전의 원시적 삶에 있어서나, 과학의 발달로 인한 현대 문명을 최대로 누리고 사는 현재의 삶에 있어서나 정도의 차이는 있겠으나, 각 개개인의 좋고 싫은 고락의 인과는 특별히 달라진 것이 없다는 말이다. 생로병사는 물론 상대적인 즐거움과 괴로움에 있어서의 차이가 그리 다르지 않다는 뜻이다.

그러므로 소위 마음이라고 하는 자신의 감정을 중도中道롭게 하지 아니하고, 좋은 것을 분별하는 탐진치 삼독의 마음을 갖는 이상 그 질량만큼 어느 곳, 어느 때, 무슨 일을 하든 이를 막론하고 싫고 나쁜 고락 인과의 감정이 항상 따라붙게 된다는 것은 불멸·불변의 법칙이라 할 것이다. 그리하여 스스로 만든 괴로움이 나타나는 것이다.

따라서 좋고 싫은 고락의 인과를 짓지 않고 이를 분별하지 않는 마음을 갖는다면 그대로가 부처요, 아누다라삼먁삼보리가 되는 것이니 그 어떤 마음, 그 어떤 감정도 그대로 놓고 놓아 버림으로써 스스로 마음을 편안하고 평안케 해야 할 것이다.

물론 결코 쉽지 않다. 어렵고도 어렵다. 그러나 이 방법 이외에는 평안한 중도심을 갖지 못하고 항상 고통과 괴로움을 벗어날 길이 없다 할 것이다.

그러니 화두를 항상 놓지 말아야 한다. 여기서 화두란 팔만사천의 부처님 법문이다. 즉 좋은 것을 찾으면 찾을수록 싫고 나쁜 과보가 따른다는 인과의 법을 아는 것이 화두이다. 이를 화두로 삼으면 이 화두 안에 선이 들어 있고, 반야, 적멸이 들어 있으며, 인과, 연기, 공과 중도, 열반이 들어 있다.

분별심을 갖는 이상 극락에서도 지옥이 생긴다. 따라서 육신통을 부리고, 유체이탈의 재주를 부린다 할지라도 좋고 싫은 고락의 분별 인과를 안고 있는 이상 괴로움은 피할 수 없다. 그래서 화두를 놓치지 않아야 바로 지금 현재 평안할 수 있다. 지금 편치 않으면 영원히 편치 않다. 우선 기도와 참선, 보시와 정진으로써 화두를 챙겨서, 신구의 삼업을 청정히 한다면 마음은 항상 평안해질 것이다.

須菩提言 如是如是 以三十二相 觀如來 佛言 須菩提 若
以三十二相 觀如來者 轉輪聖王 卽是如來

수보리가 대답하였습니다.

"그러합니다. 삼십이상으로써 여래를 볼 수 있습니다."

이에 부처님께서 말씀하셨습니다.

"수보리야, 만약 삼십이상으로써 여래를 볼 수 있다면 전륜성왕도 곧 여래라고 하겠구나."

수보리 존자가 과연 32상을 모르고 여쭈었을까? 수보리가 누구인가? 공과 중도에 대해서는 부처님에 버금갈 만큼의 지혜를 갖추고 있는 해공 제일의 아라한이다. 그런 분이 이를 몰라서 물은 것이 아니다. 바로 미혹한 중생의 생각을 대변하고 있는 것이다.

전륜성왕은 사천하를 관장하는 성왕이다. 그 복업이 비록 복이 다하면 사라지게 되는 유루복이지만 그 큰 복으로서 색신만큼은 여래에 비견할 만한 구족신을 가지고 있다 하겠다.

여래께서는 복과 지혜가 양족하시어 유루복과 무루복이 함께 구족하기 때문에, 색신에도 구족한 신상을 갖추고, 성리의 지혜에도 구족한 법신상을 갖추고 계시니, 단순한 32상의 색신만을 구족하고 있는 전륜성왕과는 비교할 수 없다 하겠다.

그러함에도 불구하고 여래가 32상을 구족하고 있다고 생각하는 것조차 잘못된 지견이라는 것을 지적하기 위하여 부처님께서는 전륜성왕을 예로 들어 32상이 여래가 아님을 알려 주시려 하신 것이니, 32상을 여래로 보는 잘못된 지견에 대해 다시 한번 강조하신다.

근래 들어 성형을 하는 사람이 많아졌다. 성형이 잘된 사람은 표가 별로 나지 않지만, 잘못된 사람은 뚜렷이 표가 나는 경우를 보게 된다. 칼을 대는 성형은 아니지만, 주사를 맞아서 주름을 없앤다거나 피부를 탱탱하게 하는 기술도 많이 있다고 한다.

누구나 젊음이 유지되기를 원한다. 남에게 잘 보이려고 하는 경우도 있겠지만, 자기만족을 위한 것일 수도 있다. 아무튼 이 모든 행위는 스스로 즐거움과 기쁨을 얻기 위한 수단인 것이다. 그러나 모든 즐거움과 기쁨, 만족과 행복에는 그만큼의 대가가 따르게 된다. 세상에 공짜는 없기 때문이다.

따라서 여기서 얻은 즐거움과 기쁨, 그리고 만족과 행복함은 저기서 과보가 따르게 될 수도 있다. 쉽게 말해 즐거움과 괴로움은 반반이다. 기쁨과 슬픔, 만족과 불만족, 행복과 불행은 각각 서로 반반씩 나타나게 된다. 인과의 법칙으로 볼 때, 더 좋거나 더 싫고 나쁜 것은 없다는 뜻이다.

그러므로 여기서 얻은 행복은 다른 것에서 불행의 과보를 치르게 되고, 지금 현재 얻은 만족은 다른 것에서 다른 시간에 불만족한 인연 과보를 만나게 된다. 인과의 마음이란 바로 이런 것이어서, 다만 좋은 시간, 싫고 나쁜 시간이 서로 다르게 나타날 뿐이다. 이를 인연 또는 시절 인연이라 한다.

그러니 마치 풍선처럼 여기서 누르면 다른 곳에서 튀어나오게 되고, 다른 곳에서 눌림을 당하게 되면 바로 이곳에서 불러 나오는 것처럼, 즐겁고 행복함은 인과의 과보를 받기 때문에 즐겁고 행복한 것만으로 그치지 않는다.

대개의 사람들은 나에게 유리하고 이득이 되는, 그리하여 기분이 좋아지는 것에 탐닉하게 되지만, 이는 태어나면 죽어야 하고, 생겨나면 사라지게 되는 인과의 법칙처럼, 다른 시간 다른 장소에서 불리한 과보를 얻게 되고, 손해보는 과보를 치르게 됨을 알아야 한다.

따라서 부처님께서는 이런 인연 저런 연기 작용, 즉 있는 그대로 여여하게 보라 하심은, 좋고 싫은 분별심으로 보게 되면 항상 인과를 벗어나지 못하는 것이라고 말씀하신다. 고로 고통과 괴로움, 슬픔과 불만족, 불평등, 불행의 과보가 따르게 된다고 모든 경전을 통해 말씀하고 계신다.

그러므로 좋은 것과 싫고 나쁜 것에 대한 분별을 하지 않는 것이 인과를 피할 수 있는 유일한 방법이 된다. 그러니 성형을 하든 하지 않든 좋은 기분을 느낀 만큼 싫고 나쁜 기분을 느끼게 되는 것은 바로 업력, 즉 분별심을 일으키는 동시에 좋고 싫은 기분이 함께 생겨나기 때문이다.

하여 매사에 좋고 싫은 분별심을 일으키지 말 것이다. 그렇게 되면 완벽한 지견知見과 지혜를 갖추게 될 것이니, 항상 분별하지 않고 감정을 다스리는 일에 화두를 들어야 할 것이다.

결론적으로, 좋은 것을 군이 찾지 말라는 말씀이다. 좋은 것을 찾거나 얻은 만큼, 싫고 나쁜 인연을 만나게 되는 것은 만고불변의 인과의 법칙이니, 항상 기도와 참선, 보시와 정진으로써 분별심을 멸해 나가는 노력을 게을리해서는 안 될 것이다.

수보리백불언 세존 여아해불소설의 불응이삼십이상 관
須菩提白佛言 世尊 如我解佛所說義 不應以三十二相 觀
여래
如來

수보리가 부처님께 말씀드렸습니다.

"세존이시여, 제가 부처님께서 말씀하시는 뜻을 알기로는 삼십이상으로서는 여래를 뵐 수 없습니다."

수보리는 앞에서는 여래를 32상으로 볼 수 있다고 했다가, 왜 이번에는 32상으로 여래를 응당히 볼 수 없다고 상반된 말을 한 것일까? 당연히 해공 제일이신 수보리 존자가 이를 모를 리가 없음이다.

32상은 유루복有漏福(한계가 있는 복)을 지을 수만 있으면 누구든지 가질 수가 있는 것이다. 그러므로 전륜성왕도 32상을 지니고 있다고 했으니, 여래만이 32상을 지닌다고 보는 것은 맞지 않다.

설혹 32상을 여래만이 가질 수 있다 하더라도, 32상이 32상이 아니니, 또 범인凡人의 상이 범인의 상이 아닌 것과 같다.

왜냐하면 32상과 범인상凡人相을 구별하기 이전에 본래의 상은 이미 구족해 있는 것이므로 32상이니 범인상이니 분별한다면, 곧 32상이 아닌 것, 범인상이 아닌 것이 생기게 되므로 마치 좋은 것보다 더 좋은 것이 생기면 좋은 것은 상대적으로 나쁜 것이 되는 것과 같이, 좋고 싫은 분별이 끊임없이 악순환된다.

따라서 중생 스스로가 구족하지 못한 상을 본다면, 중생 스스로가 미혹하고 망령된 상을 갖고 있기 때문이며, 32상을 구족하게 본다 하더라도 또한 중생 스스로가 미망迷妄하기 때문이라 할 수 있다.

그러하므로 32상과 범인상이라는 분별을 함께 모두 놓아야 하며 여래지견如來知見과 범인지견凡人知見 또한 함께 놓아야 한다. 따라서 법신法身이다, 색신色身이다 하는 상을 놓아야 그 이름이 법신이 되고 그 이름이 색신이 되는 것이니, 여래나 32상이나 이러한 미망이 어디서 나올 것인가.

프랑스의 세계적인 축구선수 지네딘 지단Zinedine Zidane은 어릴 때 축구화가 없어서 부모를 원망하며 매일 울었다고 한다. 어른이 되어 다리와 발이 없는 사람을 보고 어릴 적의 철없던 생각을 떠올리며 한없이 부끄러워했다.

사람들은 대부분 자신보다 못한 처지의 사람을 잘 보려 하지 않는다. 오히려 자기보다 더 나은 조건을 가진 사람을 보며 부러워한다. 그리고 자신이 더 못한 것에 대해 불만족하여 불평하고 불쾌해한다.

또 화가 나기도 하고 시기 질투를 하기도 한다.

이럴 때는 위를 보고 기분이 좋지 않기보다 아래를 보고 위안을 삼는 것이 훨씬 나을 것이다. 물론 나보다 더 잘난 사람을 보고 희망과 용기를 가질 수도 있지만, 이는 자칫 아래를 볼 줄 모르고 만족할 줄 모르는 우를 범할 수도 있으니 항상 자신을 살피어 조심해야 한다.

가장 좋은 마음가짐은 역시 위와 아래를 막론하고 분별하지 않는 마음을 가지는 것이다. 위를 분별하면 아래가 생겨나고 아래를 분별하면 위가 생겨나며, 좋은 것을 분별하게 되면 싫고 나쁜 인과가 생겨남이니, 이는 분별의 습이 되어 좋고 싫은 고락의 인과를 낳게 된다. 이런 습관은 정신을 차리지 못하게 할 뿐만 아니라 스스로 마음을 분간키 어렵게 만든다.

《금강경》 사구게처럼, 그 어떤 형상과 모양, 모습들에 현혹되면 마음에 지옥이 생기게 된다. 말하고 생각하고 행동하며 성실히 살아가더라도 그 어떤 신구의 삼업에도 마음이 머물러서 집착하게 되면 생사고락으로 말미암아 우비고뇌가 생기게 된다.

그러므로 육근(눈·귀·코·혀·몸·생각)으로 나타나고 감지되는 모든 형상과 모습에 대해, 그렇게 이름만이 그러할 뿐이라는 생각으로 있는 그대로 보고 대하되, 좋고 싫은 고락의 감정을 없게 되면 인연 연기에 대해 반항하는 것에 지나지 않으니, 항상 마음을 비우고 중도심을 가져야 할 것이다.

무엇이 되었든 인연 연기의 모습으로 바라보고, 그 어떤 것도 그대로 그대로 받아들여서 항상 마음을 놓고 놓아 평안한 마음을 유지해야 할 것이다.

이 시 세 존　이 설 게 언　약 이 색 견 아　이 음 성 구 아　시 인 행 사 도
爾時世尊　而說偈言　若以色見我　以音聲求我　是人行邪道
불 능 견 여 래
不能見如來

그때 세존께서 게송으로 말씀하셨습니다.

"만일 모양으로 부처를 보거나, 음성으로 부처를 찾는다면, 이 사람은
삿된 도를 행함이니, 능히 여래를 볼 수 없으리라."

부처님께서는 대중들에게 게송으로 다시 한번 말씀하시었다.

"너희들이 나의 자금색紫金色 몸과 푸르고 맑은 눈동자 등의 구족
한 신상身相으로 나를 본다면, 이는 청황적백흑靑黃赤白黑의 색깔과
방원장단方圓長短의 공간 등 모든 모양에 집착하는바, 그릇된 생각으
로 참 성품을 가리고 보는 것으로서 망령된 생각과 망령된 알음알이
에 지나지 않는다.

이는 모양의 상에 머물러서 도를 구하는 까닭으로서 우치한 생각
으로 삿된 도를 행하는 것이 된다. 왜냐하면 본래가 상이 없음이요,
본래 집착함이 없는 여래의 본지풍광本地風光을 보지 못하기 때문이
다. 또 청아하고 융화融和한 음성을 들음으로써 나를 찾으려 하는 것
은, 이는 궁상각치우宮商角徵羽 오음五音과 희로애락喜怒哀樂 환오歡
惡 등의 모든 음성에 집착하는바, 잘못된 지각知覺으로서 나를 구하
는 것이 되니, 이러한 망각妄覺으로 도를 행하려 하는 것은 사도邪道

에 떨어지고 말게 될 것이다.

따라서 본래 망각을 여읜 여래의 땅[如來地]에 이르지 못할 것이다. 그리하여 이를 말씀하시는 것은 여래가 여래가 아니요, 그 이름만이 여래인 줄 알아야 한다.”

사구게의 요지를 한마디로 정리하면, 육근으로 보는 대상은 모두 허상에 불과하다는 말씀이다. 이 또한 분별심으로, 첫째는 육근으로 감지되는 모든 대상은 모두 변하고 사라지는 것으로 나라고 할 만한 것이 하나도 없다. 그러므로 집착하면 할수록 속고 마는 것이다.

둘째는, 어떤 하나를 좋다고 한다면 싫고 나쁜 것이 동시에 생기게 되니, 한마디로 생사와 생멸이 항상 윤회할 수밖에 없다. 그러므로 좋은 것을 찾으면 찾을수록 싫고 나쁜 것이 똑같이 생기는 인과가 발생하게 되니, 이 또한 집착할수록 혹독한 대가를 스스로 짓게 된다는 말이다.

따라서 좋은 것이 좋은 것이 아니고 그 이름이 좋은 것이다. 또 그 어떤 형상과 모습이라도 좋고 싫은 고락을 분별하게 되면 고통과 괴로움의 대가를 치르게 되니, 그 어디에도 집착하지 않아야 하거늘 그렇게 그렇게 그 이름만이 그러할 뿐이라는 뜻이다.

“스님께서는 고고한 말씀만 하셔요. 요즘 얼마나 살기 힘들고 어렵고 팍팍한데, 잘되는 방법은 말씀하지 않고, 맨날 '마음을 비우라, 분별하지 말라'는 등 현실과는 전혀 동떨어진 말만 하고 있으니 솔직히

별로 도움이 되지 않아요."

　직접적으로 이렇게 말씀하시는 분은 없지만, 여러 의견을 종합해 들어보면 대강 이런 생각을 대부분 하고 있음을 감지하게 된다. 어찌 보면 솔직한 생각이기도 하고 맞는 말이기도 하다.

　배고픈 사람에게 밥을 주는 것은 자비심이다. 그러나 계속하여 밥을 주는 것은 기회를 뺏는 것이 된다. 이때는 스스로 밥을 구하는 방법을 가르쳐 주는 것이 자비심이다. 하지만 또 자비심만으로는 근본적인 굶주림을 해결할 수 없다.

　왜 배가 고프고 고통이 생기는가에 대한 근본적 이유를 알아야 배고픔과 고통을 없앨 수 있다. 그래서 지혜가 필요하다. 마찬가지로 지금 만약 근심 걱정 그리고 고통과 괴로움을 겪고 있다면 그에 대한 근본 원인을 알려줌으로써 고통의 씨앗을 없애게 해주는 것이 진정한 지혜이고 전법이다.

　당면한 문제가 있다 치자. 그 문제만 풀게 되면 모든 것이 다 해결되느냐? 전혀 그렇지 않다. 고통과 괴로움이란 지금 피한다고 오지 않는 것이 아니다. 이보다 더 큰 고통이 없다고 생각한다면 아직 더 큰 고통을 모르는 탓이다.

　그리고 고통은 외부의 환경 탓으로 생각을 하지 고통을 스스로 만들고 있다는 사실을 본인만 모르는 경우가 대부분이다. 그러므로 이를 알게 하는 것이 출가수행자의 의무이자 책임이다. 따라서 낙숫물이 돌을 뚫듯이, 매일매일 똑같은 말을 반복해 듣다 보면 어느 날 문득 이치를 알게 될 것이다.

27

무단무멸분
無斷無滅分

끊음도 사라짐도 없음

수보리   여약작시념   여래불이구족상고   득아누다라삼
須菩提 汝若作是念 如來不以具足相故 得阿耨多羅三

막삼보리   수보리   막작시념   여래불이구족상고   득아누
藐三菩提 須菩提 莫作是念 如來不以具足相故 得阿耨

다라삼먁삼보리   수보리   여약작시념   발아누다라삼먁
多羅三藐三菩提 須菩提 汝若作是念 發阿耨多羅三藐

삼보리심자   설제법단멸상   막작시념   하이고   발아누
三菩提心者 說諸法斷滅相 莫作是念 何以故 發阿耨

다라삼먁삼보리심자   어법   불설단멸상
多羅三藐三菩提心者 於法 不說斷滅相

27. 끊음도 사라짐도 없음

"수보리야, 만약 네가 생각하되, '여래께서 원만히 갖춰진 모습이라 생각하지 않음으로써 아누다라삼먁삼보리를 얻었다' 할 수 있겠느냐?

수보리야, '여래께서 원만히 갖춰진 모습이라 생각하지 않음으로써 야누다라삼먁삼보리를 얻으셨다'고 생각하지 말지니라.

수보리야, 네가 만일 '아누다라삼먁삼보리심을 낸 사람은 모든 법이 다 단멸하는 것이구나'라고 생각한다면 그렇게 생각하지 말아라.

왜냐하면 아누다라삼먁삼보리심을 가진 사람은 법에 있어서 단멸상을 말하지 않기 때문이니라."

27. 무단무멸분無斷無滅分

끊음도 사라짐도 없음

수보리 여약작시념 여래불이구족상고 득아누다라삼막삼
須菩提 汝若作是念 如來不以具足相故 得阿耨多羅三藐三
보리
菩提

"수보리야, 만약 네가 생각하되, '여래께서 원만히 갖춰진 모습이라
생각하지 않음으로써 아누다라삼먁삼보리를 얻었다' 할 수 있겠느냐?

청중은 부처님의 설법을 듣고 32상이 여래와는 상관이 없는 줄 알
았다. 여래께서 32상을 쓰지 않고서 여래가 된 줄 아는 것이다. 달리
말해서 모든 경계에 걸리지 않은 까닭에 여래를 얻은 것으로 생각한
다는 말이다.

맞는 말이다. 그러나 여래가 32상이라는 생각을 전혀 하지 않음으
로써 여래지如來地(여래의 땅)를 얻은 줄 아는 이러한 생각조차도 하나
의 망령된 생각이라는 것이다. 즉 상이 없어야 깨달음을 얻는다고 하
는 생각조차도 잘못된 망심妄心이라는 말씀이다.

부처님께서는 이를 이미 아시고 수보리를 불러 물으셨던 것이다. 이 말씀 가운데는 여래가 아누다라삼먁삼보리를 얻은 바 없이 깨달음을 얻었다는 말씀을 이미 하신바, 물론 여래께서는 이에 대한 상이 없음은 당연한 사실이다.

그러나 이같은 32상의 구족상을 전혀 생각하지 않으며 쓰지 않고 여래가 되었다는 생각 또한 일종의 상이라 할 수 있으므로, 다시 이런 상마저 없어야 한다는 것을 알아야 한다는 것이다. 이것마저 떼어 주시고자 물으신 것이니, 이를 여실히 알게 되면 활구처活句處가 드러나게 됨이다.

그렇다면 이러한 활구처는 도대체 무엇인가? 상이 없어야 한다는 생각의 상마저 떼어내야, 비로소 양변兩邊과 삼제三際(과거·현재·미래)가 떨어지는 고로 어디에도 걸림이 없음을 말함이다. 이를 활구처라 함이요, 최후의 공空에 다다라서 최후의 공마저 떼어내게 되면 드디어 단멸처斷滅處를 벗어나서 성성惺惺한 활구活句가 됨이다.

단멸처란 모든 것을 멸해야 한다는 생각에 걸려 있는 상태를 말함이고, 성성惺惺 활구活句란, 마음을 깨친 상태를 말함이니, 육근이 청정하여 그 어떤 것을 대하더라도 마음에 고락의 동요가 전혀 없이 한 점 걸림이 없으며, 맑디맑은 마음을 말함이다.

여래께서 염려하시어 다시 말씀하시는 바는, 청중들이 32상을 여래지로 보고 여래를 공경하다가, 32상이 상이 아니고 이름이 상일 뿐 결국 공하다고 하신 말씀에 공경하는 마음이 풀어지고, 그동안 대중이 알았던 여래지가 설 곳이 없어졌기 때문이다.

이렇게 대중이 단멸공斷滅空에서 헤매게 됐을 때, 여래께서는 너희들은 이러한 생각을 하되, 여래지는 32상이라 생각하지 않은 이유로 여래가 깨침을 얻었다고 생각하지 말라고 하심이니, 양변兩邊(분별)으로 헤매던 마음을 구해 주심이다.

무엇이 양변에서 구하심인가? 일변一邊은 공空에서 구해 주심이니, 단멸상斷滅相이 여래지가 아님을 말씀하시사, 단멸상에서 구해 주심이다. 그렇다면 여래의 땅은 과연 어디일까?

"왜 나 몰래 단지에 여인을 숨겨 두었어?"
"왜 나 몰래 남정네를 숨겨 두었어?"
옛날 산속에 한 노부부가 살았는데 한때 큰 독에 술을 담가 두었다. 술이 익을 무렵 할머니가 술 단지를 들여다보니, 어떤 할머니가 단지 속에 들어 있었다. 그래서 할아버지에게 웬 여인을 숨겨 두었느냐고 따졌다.

그 소리를 듣고 할아버지가 술 단지를 들여다보니 웬 영감이 들어 있는 것이었다. 놀란 할아버지는 할머니에게 웬 영감을 숨겨 두었느냐며 노발대발하였다. 노부부는 종일토록 싸웠다.

거울이 없던 시절 자신의 모습을 한번도 보지 못한 노부부가 본인의 얼굴이 비춰지는 것을 보고 서로 의심을 했다는 웃지 못할 이야기이다.

이 이야기는 많은 생각을 하게 해주는 내용이다. 실제로 세상에 비춰진 모든 모습들은 사실 모두가 내 마음의 모습이 현현顯現한 것이다.

시안견유시豕眼見惟豕 불안견유불의佛眼見惟佛矣, 즉 돼지 눈에는 돼지만 보이고, 부처 눈에는 부처만 보인다는 뜻이다. 내 마음에 들어 있지 않은 것은 세상에 존재하지 않는다. 그러니 결국 내 마음에 있는 것이 나타날 뿐이라는 말이다.

사람들은 남을 향해 화를 낸다. 화가 난다는 것은 기분이 좋지 않고 괴롭다는 표현이다. 괴로움은 즐거움을 알고 찾음으로 하여 그 인과로 생기는 것이니, 행복을 찾을수록 불행이 동시에 똑같이 생기는 것과 같다.

좋은 것을 분별하고 찾는 이상 좋지 않은 괴로움이 생기는 것은 너무나 당연지사요, 인과의 모습이다. 따라서 좋은 것과 좋지 않은 것을 분별하는 마음이 있는 이상 좋은 것과 좋지 않은 것이 보이고 나타나는 것은 필연적이다.

그래서 일체一切가 유심조唯心造요, 만법萬法이 유식唯識이라 하였다. 즉 모든 것은 내 마음에서 나온 것이라는 말이다. 그러므로 좋고 싫은 분별심이 없어야 좋은 모습 나쁜 모습이 사라질 것이요, 좋은 일 나쁜 일이 나타나지 않을 것이다. 업이 없어지면 동시에 생사와 생멸이 사라져서 고통과 괴로움의 지옥이 없어지게 된다.

좋은 일이 생기든 나쁜 일이 생기든 좋고 싫은 인연이 나에게 나타나는 것은, 결국 나의 좋고 싫은 고락업의 분별심에서 시절 인연이 되어 현실로 인연 짓게 되는 것이니, 이를 자업자득이라 했다.

나에게 일어나는 모든 일에 대하여 항상 나의 분별심이 나타난 것이로구나 하고, 일어나는 일과 자신의 마음을 대조하여 관하는 행습行習을 길러야 한다. 이와 같은 생각과 감정과 마음을 놓치지 말고 늘 화두로 삼아서, 모든 것을 내 탓으로 돌려 나간다면, 언젠가는 업이 멸해지고 업장과 팔자가 달라지게 될 것이다.

須菩提 莫作是念 如來 不以具足相故 得阿耨多羅三藐三
菩提

수보리야, '여래께서 원만히 갖춰진 모습이라 생각하지 않음으로써 아누다라삼먁삼보리를 얻으셨다'고 생각하지 말지니라.

여래께서는 앞에서 구족상具足相을 부인하셨고, 지금 와서는 구족상이라 생각하지 않는 것 또한 공한 것이나, 이 공함마저 쓰지 말라고 수보리에게 말씀하신 것이니, 그 이유가 무엇인가? 과연 어떤 것을 생각하지 말라고 하신 것일까?

구족상견具足相見을 내지 말며, 단멸공견斷滅空見을 내지 말며, 중도지견中道知見을 내지 말 것이다. 그럼으로써 본연의 얼음(본성)인 그 마음을 내게 하라는 말씀이다.

구족상견이란 빈틈없이 완전히 충족하다는 상을 보는 견해이다. 그러나 이 같은 생각을 하는 즉시 구족하지 못한 상이 동시에 생기기 때문에 벌써 분별상을 냄이 되니, 구족이 구족이 아닌 것이다.

마찬가지로 단멸공견斷滅空見이란, 상을 멸하여 공하여졌다는 견해이다. 그러나 이 또한 멸하고 공하여졌다는 생각을 냄으로써 멸하지 못하고 공하지 못하였다는 분별상分別相이 생김으로써 완전한 구족이 되지 못하므로 이름 하여 단멸공견이라 한다.

그렇다면 어떠한 것이 얻음이 아닌 진정한 여래의 땅, 여래지如來地인가? "여래는 구족상具足相을 생각하지 아니하였으므로 아누다라삼먁삼보리를 얻었느니라". 이 말씀이 바로 그것이다. 더 이상의 말이 필요 없는 말이다.

이쯤 되면 말과 생각으로는 도리어 구족상과 단멸상만 생기게 되므로 이 정도의 경계에 다다르게 되면 동정일여動靜一如가 되어 움직이든 움직이지 않든, 또 어떤 현상이 닥쳐와도 감정의 흔들림 없이 항상 평안하고 평안해진다.

만약 이론과 뜻은 이해하겠지만 감정과 마음이 아직도 움직이고 있다면, 달마선達磨禪이든 화두선話頭禪이든 참선과 함께 관심법觀心法으로써 수행 참구해야 할 것이다.

수보리 여약작시념 발아누다라삼먁삼보리심자[12] 설제법
須菩提 汝若作是念 發阿耨多羅三藐三菩提心者　說諸法

단멸상 막작시념 하이고 발아누다라삼먁삼보리심자
斷滅相 莫作是念 何以故 發阿耨多羅三藐三菩提心者

어법 불설단멸상
於法 不說斷滅相

수보리야! 네가 만일 '아누다라삼먁삼보리심을 낸 사람은 모든 법이

다 단멸하는 것이구나'라고 생각한다면 그렇게 생각하지 말아라.

왜냐하면 아누다라삼먁삼보리심을 가진 사람은 법에 있어서 단멸상을 말하지 않기 때문이니라.

세존께서 수보리에게 말씀하시기를 실법實法이 이러함에도 불구하고 아누다라삼먁삼보리심을 얻음 가운데서 모든 것을 멸했다고 하는 단멸된 생각이 포함되겠는가? 이러한 생각을 해서는 안 되느니, 단멸하였다느니 하는 생각을 한다면 진정한 아누다라삼먁삼보리심이 아닌 것이다.

이같이 드러낸 이 한 실물實物은, 일체의 사념思念을 불허하고 더불어 실념實念이라고 하는 생각 자체도 용납해서는 안 된다는 것이다. 여기서 이름 하여 실물이란 단멸된 생각마저 해서는 안 된다고 하는 바로 그것을 말함이다.

왜 이러한 일체의 생각이 끊어졌다고 하는 단멸된 생각마저 해서는 안 되는 것일까? 아누다라삼먁삼보리심을 발하는 이는 본래에 있어 사량분별思量分別을 해서는 안 되기 때문이다.

이렇게 분별 사량의 양변兩邊을 여의는 것은, 본래 청정자성淸淨自性의 아누다라삼먁삼보리심이란 상주불멸常住不滅이며, 상주불멸의 정등정각正等正覺의 본체인 까닭이다. 이런 곳에 어찌 단멸공斷滅空을 말할 수 있을 것이며, 어떻게 상에 집착함을 말할 수 있겠는가.

아누다라삼먁삼보리심은 모든 티끌마저 벗어나고 모든 시간과 공간처소空間處所에서도 벗어나며, 모든 공과 상에서도 벗어나고, 그러그러하여 두루 둥글고 통하여 비었으니, 무엇이 되고 안 되고가 없으므로 사실은 본래부터가 단멸할 것조차 없는 것이다.

일체 현상을 바라볼 때, 연기의 법칙에 따라 당연히 그러그러하게 나타나는 것인 줄 알아야 하느니, 이렇고 저렇고 사량분별함으로써 좋고 싫은 감정을 일으키게 하는 것은, 순전히 본인 스스로 짓고 받는 자작자수自作自受요, 스스로 만들고 짓는 자업자득自業自得에 불과하다.

그러므로 시비 고락 분별의 인과업을 없앰으로써 늘 편안하고 평안한 중도의 무분별심無分別心으로 살아야 할 것이다. 유일하게 딱 하나 해야 하는 것은 그 무엇도 아닌 업장소멸이니, 기도와 참선, 보시와 정진으로만 할 수 있는 일이다.

상대와 대화를 할 때, 전혀 말이 통하지 않아서 속이 터질 정도로 답답한 경우를 종종 경험할 것이다. 때로는 결국 싸움으로까지 이어지기도 한다. 물론 어느 일방의 문제일 수도 있겠으나 대부분 서로가 자기의 주장을 굽히려 하지 않는 고집에서 비롯된다.

사람은 누구나 자기가 원하는 것을 얻으려 한다. 유리한 고지를 점령하기 위해서다. 자기가 하고 싶은 것을 관철하려고 하는 근본 원인은 어디에서 오는 것일까? 그렇게 해야 기분이 좋아지기 때문이다. 바꿔서 말하면, 그렇게 하지 않으면 기분이 나빠진다.

이는 바로 좋고 싫은 고락의 인과업에 갇혔기 때문이다. 그런데 나의 주장이 관철되어 기분이 좋아졌다고 한다면, 그 인과로 말미암아 기분 나쁜 과보가 한쪽에 남아 있게 된다. 그렇다면 이러한 버릇이 그대로 마음의 업식에 남게 되므로 다음에 또다시 기분 나쁜 것을 피하고 기분 좋은 것을 얻기 위하여, 굳이 자기의 주장을 또다시 관철시키려고 고집할 것이다.

결국은 기분이 좋고 나쁜 인과의 업은 계속 이어지게 될 것이고, 이러한 시시비비는 끊임없이 계속될 것이기 때문에 항상 좋고 싫은 고락의 업은 계속되므로 늘 마음을 불편하게 만들게 된다.

그렇다면 대화를 할 때, 자기의 주장이 관철되어야만 한다는 강박관념에 집착할 것이 아니라, 나의 주장이나 상대의 주장에 대해 좋다 싫다는 고락의 감정을 놓아버리는 것이 가장 이상적인 대화법이라 하겠다.

그리하여 나의 주장이 잘 먹히지 않는다고 판단이 되면, 감정을 일으키면서까지 고집하지 말고, 마음에 들지는 않겠지만 상대의 주장에 대해 잘 들어주는 편이 훨씬 현명한 방법이 되겠다. 그렇게만 된다면 스스로 마음의 여유를 찾게 될뿐더러 평안한 마음을 가질 수 있을 것이다.

상대의 주장대로 하게 된다면 잘못될 것이 뻔한데도 불구하고 그렇게 해야만 할까? 절대 그렇게는 못하겠다는 생각을 하게 될 것이다. 이러한 마음까지도 내려놓아야 한다. 근본적이고 본질적인 것은, 생각했던 일이 잘되고 못되고에 있는 것이 아니라, 잘되어서 좋고 못되면 싫다는 고락 감정의 업에 있다는 사실이다.

그러나 세상의 모든 일은 풍선효과와 같아서, 한쪽을 누르면 다른 한쪽이 불어나게 되므로, 지금 현재 원하는 것이 성취되어 기분이 좋아졌다고 한다면, 그 인과로 인하여 언젠가는 그만큼의 원하지 않는 것이 나타나서 기분이 나빠지게 되는 과보가 생긴다. 때문에 설사 현재의 자기 주장이 관철되었다고 하여 결코 좋은 것만으로 귀결되지는 않는다는 것을 알아야 한다.

그러므로 고집을 부려서 나의 주장이 관철되었다 할지라도, 그만큼의 과보가 남을 것이기 때문에 굳이 집착할 일이 아니다. 또한 나의 주장이 관철되지 않았다 하더라도, 그 과보가 그대로 남아 있어서 언젠가는 그만큼의 성취를 맛보게 될 것이므로 이 또한 나쁜 과정만은 아니다.

가장 좋은 방법은 역시, 관철되든 관철되지 않든 좋고 싫은 고락의 마음 감정을 내려놓고, 분별심 없는 중도의 마음을 가지고 집착하지 않는 것이다. 이때 조심해야 할 것은, 인과의 도리를 항상 생각하면서 미련과 집착을 무조건 내려놓아야 한다. 이렇게 큰 마음을 갖기 위해서는 깊은 내공을 쌓아야 하는데, 이 또한 부단한 노력과 수행을 쉼 없이 해야 하느니, 반드시 기도와 참선, 보시와 정진의 끈을 놓지 말아야 한다.

28

불수불탐분
不受不貪分

받지도 탐하지도 않음

제이십팔 불수불탐분
第二十八 不受不貪分

수보리 약보살 이만항하사등세계칠보 지용보시 약
須菩提 若菩薩 以滿恒河沙等世界七寶 持用布施 若

부유인 지일체법무아 득성어인 차보살 승전보살 소
復有人 知一切法無我 得成於忍 此菩薩 勝前菩薩 所

득공덕 하이고 수보리 이제보살 불수복덕고 수보리
得功德 何以故 須菩提 以諸菩薩 不受福德故 須菩提

백불언 세존 운하보살 불수복덕 수보리 보살 소작
白佛言 世尊 云何菩薩 不受福德 須菩提 菩薩 所作

복덕 불응탐착 시고 설불수복덕
福德 不應貪着 是故 說不受福德

28. 받지도 탐하지도 않음

"수보리야, 만일 보살이 항하의 모래알 수와 같은 세계에 칠보를 가득 채워 보시하는 것보다, 만약 또 다른 사람이 일체의 법에 내가 없음을 알아서, 무생법인無生法忍의 지혜를 이루어 얻을 지면, 이 보살이야말로 앞의 보살이 얻은 바의 공덕보다도 훨씬 수승하니라.

왜냐하면 수보리야, 모든 보살들은 복덕을 받지 않기 때문이니라."

수보리가 부처님께 여쭈었습니다.

"세존이시여, 어떤 연유로 보살이 복덕을 받지 않습니까?"

"수보리야, '보살은 지은바 복덕에 대해 마땅히 탐하고 집착하지 않는다. 그러하여 복덕을 받지 않는다'라고 하는 것이다."

28. 불수불탐분 _{不受不貪分}
받지도 탐하지도 않음

수보리　약보살　이만항하사등세계칠보　지용보시　약부유
須菩提 若菩薩 以滿恒河沙等世界七寶 持用布施 若復有

인　지일체법무아　득성어인　차보살　승전보살　소득공덕
人 知一切法無我 得成於忍 此菩薩 勝前菩薩 所得功德

"수보리야! 만일 보살이 항하의 모래알 수와 같은 세계에 칠보를 가득
채워 보시하는 것보다, 만약 또 다른 사람이 일체의 법에 내가 없음을
알아서, 무생법인無生法忍의 지혜를 이루어 얻을 지면, 이 보살이야말로
앞의 보살이 얻은 바의 공덕보다도 훨씬 수승하니라.

"일체법에 내가 없다"는 것은, 일체의 대상에 대해 나의 육근(눈·귀·
코·혀·몸·생각)으로 보고 듣고 생각하더라도, 좋고 싫은 고락 분별의
인과업이 생기지 않는다는 뜻이다. 이를 상이 없다고 하는 것이다.

　그 무엇을 보고 대하더라도 좋다 싫다는 고락의 분별 감정이 없다
면, 그 어떤 것이 어떻게 되든 무슨 상관이 있을 것인가. 따라서 보리
법과 일체법이 같고 다름을 찾을 수 없을 것이니, 이는 아我가 없고

상相이 없는 탓이다.

일체법을 상으로 본다면 삼라만상이 되는 것이요, 상이 없는 무상無相으로 본다면 선악善惡, 정사正邪, 고락苦樂 등이 있더라도 이와 같은 상과 무상의 일체법이 그대로 산은 산이요, 물은 물이요, 색깔은 색깔대로, 착한 것은 착하고 악한 것은 악하며, 각기 모든 상이 그대로요, 모든 법이 그대로인 것이다.

그러나 구경究竟에는 모두가 좋고 싫은 고락을 분별하지 않게 되느니, 이때에는 자아自我가 없게 됩이다. 이러한 자아가 없다는 것은, 곧 그 무엇에도 마음이 걸리지 않는 것이니, 이름 하여 항상 평안하고 편안한 상태가 된다는 말씀이다.

이러한 경지에 이르게 되면 인아人我와 4상四相이 없을 것이며, 굳이 구별하지 않아도 하나하나가 모두 선명하게 드러나서 마음의 그늘이 없을 것이다. 즉 일체법 속에는 아상이라는 고락을 분별함이 없으므로 그대로 자유자재가 된다.

세상천지에 아무리 좋은 것이라도 좋은 것이라는 분별심, 즉 나라는 아상이 있는 이상 좋은 만큼의 좋지 않은 인과가 생기게 되는 것이니, 이는 결국 진정한 복덕이라 할 수 없다. 그러므로 칠보를 삼천대천세계의 모든 중생에게 보시한다 할지라도 이는 결국 한계가 있는 것이다.

따라서 이렇게 무한無限함이 없는 보시보다도 분별심을 멸하여 한限이 없는 완전하고 완벽한, 마음에 걸림 없는 무애자재無礙自在 무생법인無生法忍의 지혜를 얻게 된다면, 이야말로 무상정등정각을 이루고 아누다라삼먁삼보리를 이루어 영원히 이고득락離苦得樂하게 될 것이다.

꾀를 부리다 자기 꾀에 넘어가서 낭패를 보는 경우를 많이 본다. 남을 잡으려고 구덩이를 파 놓고 그 구덩이에 자기가 빠지는 꼴이다. 그런데 이 꾀를 부리는 자가 바로 나라는 것을 스스로가 잘 모르고 있다는 사실이다.

사람이 하는 모든 행위는 싫고 괴로운 것을 피하고, 좋고 즐거운 것을 얻기 위함이다. 그러나 세상에 공짜는 없는 법, 좋고 즐거운 만큼 싫고 괴로운 것이 똑같이 생기는 것을 인과라 했다.

즉, 생긴 것은 반드시 사라지는 법이니, 다만 생기는 때와 사라지는 때가 서로 다르게 나타날 뿐이다. 이와 같이 좋고 싫은, 즐겁고 괴로운 때가 서로 다르게 나타나는 것을 시절 인연이라 했다.

따라서 좋은 것을 구하려 하는 것은 본능에 해당하는 것이긴 하나, 좋은 것을 구해서 기쁘고 즐겁고 행복하다면, 그에 따른 인과가 이미 생겨서 그 과보로 괴롭고 불행한 시절 인연이 반드시 나타난다.

그럼에도 불구하고 한없이 끝없이 좋고 즐겁고 기쁘고 행복하고 만족하려고만 발버둥치니, 이를 추구하면 할수록 인과가 발생하게 되고, 딱 그만큼의 싫고 괴롭고 슬프고 불행한 과보가 어떤 형태로든 반드시 나타나게 된다는 사실을 기억해야 한다.

그러니 무조건 좋은 것만을 취하려 하고, 싫고 나쁜 것을 피하려고 하거나, 옳고 그른 시비를 끝없이 분별하려는 것은 스스로 구덩이를 파고 빠져버리는 것과 같은 모양이 되니, 이와 같은 어리석음을 벗어나기 위해서는 분별심을 여의고 중도심을 가져야 할 것이다.

분별 없는 중도의 마음이 되지 않고서는 절대 평안하고 안온적정安穩寂靜한 마음이 될 수 없다. 그냥 지지고 볶다가 죽을 뿐이다. 그 또한 인과적으로 보면 얻은 것만큼 잃는 것이어서 손해는 없겠으나, 공짜를 바라는 마음이 문제가 되니, 항상 노심초사만 하다가 사라지게 된다. 《금강경》은 바로 분별을 없애고 중도심을 갖게 하는 최고의 방법을 제시하신 것이니, 늘 항상 마음 수행을 놓아서는 안 될 것이다.

하 이 고[13]　수 보 리　이 제 보 살　불 수 복 덕 고　수 보 리　백 불 언　세
何以故　須菩提　以諸菩薩　不受福德故　須菩提　白佛言　世

존　운 하 보 살　불 수 복 덕
尊　云何菩薩　不受福德

왜냐하면 수보리야! 모든 보살들은 복덕을 받지 않기 때문이니라."
수보리가 부처님께 여쭈었습니다.
"세존이시여! 어떤 연유로 보살이 복덕을 받지 않습니까?"

어찌하여 칠보를 가득 보시하는 것보다 일체법에 상을 내지 않는 것이 더 낫냐 하면, 앞 보살의 공덕이 비록 많을 것이긴 하나, 보시한다는 상의 원인을 심어서 나의 상이 남을 것이니, 이는 반드시 새는 공덕에 지나지 않음이다.

뒤 보살의 공덕은 나와 법이 공한 것이며, 내가 공하므로 공덕을 받을 곳도 공하였고, 법이 공한 줄 앎이니 모든 공덕법功德法이 공할

것이다. 이같이 복덕이란, 주는 물건과 받는 사람 모두 공하여 없으므로, 받네 안 받네 하는 분별이 없음이다.

그렇다면 복과 받음이 없으니 이를 단멸이라 할까? 그렇지 않다. 이것은 본래부터 공덕이었으므로, 공덕을 받는 것이 아니라 공덕이 본래 받아 있음이니, 공덕을 받는다는 것은 애초에 말이 되지 않음이다.

그러므로 부처님께서는 내가 본래 없는 법을 성취한 공덕이라 함은 칠보로 보시하는 공덕보다 더없이 나으니, 보살이 복덕을 받지 않기 때문이라 하셨다.

수보리는 "왜 보살이 복덕을 받지 않는 것입니까?" 하고 대중이 궁금해하는 것을 알고 대신 부처님께 여쭙는다. 그렇다면 부처님은 왜 꼭 수보리의 물음을 기다려서 말씀하시는 걸까? 대중이 정말 절실히 궁금해해야 이해를 잘하기 때문이다. 그렇지 않으면 궁금해하는 것 이전의 것에 아직 의문의 생각이 머물러 있어서 그다음의 말을 이해하지 못한다.

한마디로, 세상에 그 어떤 귀한 것보다 나의 좋고 싫은 분별 감정의 상을 멸하는 것이, 이름 하여 더 없는 공덕과 복덕이 된다는 말씀이다.

요즘은 옛날보다 여름이 일찍 찾아오고 날씨도 매우 무덥다. 메마르고 무덥든 폭우가 쏟아지든, 해야 할 일은 일정에 맞춰 진행해야 한다. 얼마 전 모 사찰의 착공식에 참석하였다. 한여름 오후 2시라 뙤약볕 아래서 문자 그대로 땀이 비 오듯 흘렀다. 당연히 참아야 하고 또 참지 못할 만큼 어려운 상황은 아니었기에 굳이 구구절절 사연을 늘어놓을 필요는 없겠으나 말하고자 하는 뜻은 따로 있다.

몸과 마음이 즐겁거나 행복할 때는 두말할 나위가 없을 것이다. 그러나 반대로 몸이나 마음이 힘들고 어려울 때, 이때는 과연 어떤 자세를 취해야 할까? 무조건 참는 것도 한 방법이긴 하겠으나 이는 항상 힘들게 참아야만 하는 버릇으로 이어진다. 물론 인과적으로 더 좋거나 나쁜 것은 아니다. 좋은 만큼 싫고 나쁜 과보가 생기는 것이니 결과적으로 손해는 없다.

좋고 싫은 차이가 너무 난다거나 그 진폭이 크면 클수록, 즐겁고 좋은 시간은 크게 생각나지 않고 그 과보로 인한 고통과 괴로움은 크게 다가오게 된다. 따라서 고통과 괴로움을 능히 이겨내려면, 평소에 마음 다스림에 대한 훈련을 해두는 것이 꼭 필요하다 하겠다.

방법은 간단하다. 항상 하는 얘기지만 인과에 대한 충분하고 깊은 이해이다. 좋은 것만큼 싫고 나쁜 것이 생기는 것이니만큼 만약 몸과 마음이 힘들고 괴로운 시간을 맞이한다면, 좋고 즐거웠던 시간을 가졌던 과보라고 생각하고 빠르게 받아들이면서 긍정하는 마음을 가져야 한다.

대부분 다른 곳에서 이유를 찾거나 상대를 탓하거나 재수가 없다고 생각하는 것이 보통이겠으나, 이런 생각으로는 근본적인 문제가 해결되지 않는다. 왜냐하면 상대나 주위 환경 때문이 아니라, 좋고 싫은 것은 엄연히 내 마음에서 나오는 것이기 때문이다. 내 마음에 고락 감정의 업이 없다면 그 어떤 것을 대하더라도 좋고 싫음이 없을 것이기 때문이다.

그래도 이를 받아들이지 못하고 스스로 감정을 주체하지 못한다고 생각된다면, 평소에 인과에 대한 이해를 충분히 할 수 있도록 습을 기르고 배워야 한다. 그와 함께 어렵더라도 기도와 참선, 보시와 정진을 항상 끊임없이 행하도록 해야 한다.

수 보 리　보 살　소 작 복 덕　불 응 탐 착　시 고　설 불 수 복 덕
須菩提　菩薩　所作福德　不應貪着　是故　說不受福德

"수보리야! '보살은 지은바 복덕에 대해 마땅히 탐하고 집착하지 않는다. 그러하여 복덕을 받지 않는다'라고 하는 것이다."

본래의 그것이 본래 그것이 아님을 아는 사람이라야 바로 알아듣는 자이다. 본래 그것이 본래 그것이 아니요, 그 이름이 본래 그것이며, 본래 그것이 아닌 것이 본래 그것 아님이 아닌 것이니, 그 이름이 본래 그것이 아닌 까닭이다.

본래의 것과 본래의 것이 아님이 모두 없다면 곧 단멸이라 하지 않겠는가? 그렇지 않다. 본래 항상 있으므로 불생불멸不生不滅인 것이다. 그러니 본래의 것이라 함은 가정의 말이고, 본래 그것이 아닌 것 또한 가정의 말에 불과하다.

그렇다면 본래 그것이란 무엇을 이름함인가? '본래가 복덕이요, 본래 받음이어서 보살은 복덕을 받지 않는다'고 한 말이 곧 본래 그것을 가리킨 말이다.

복덕성福德性이 공하니 가히 일체 경계에 물들지 말 것이며, 일체 복에도 탐착하지 말 것이니, 보살이 짓는 복덕은 응당 복덕 경계에 탐착이 없음이다. 자연 본래로 복덕이 이루어져 있음이니, 복덕을 받는 것도 이미 받아 있음이다. 그런 까닭에 "복덕을 받지 않는다"고 한 것이다.

왜냐하면 본래 있는 것을 설명하기 위함이다. 그러니 복덕을 따로 받을 것이 없다. 이를테면 복덕을 받는다는 것은 내가 원하는 것이 있고 모자란 것이 있다는 증거이니, 항상 탐착하는 마음이 있게 된다.

그러므로 사실은 진정한 복덕이 아니다. 복덕이라는 분별심分別心이 없으면, 복덕을 받는다 안 받는다는 분별 자체가 없을 것이므로, 이를 이름 하여 본래 복덕이 이미 차 있다고 가정하는 것이다. 따라서 복덕에 대한 분별과 탐착이 없으면 이미 복덕은 차고 넘쳐 있게 된다는 말이다.

하여 일상의 모든 생각과 행동에서도 이와 마찬가지로, 더 얻을 것도 더 잃을 것도 없다는 생각을 하며, 얻고 잃고에 대한 분별을 없앰으로써 들고 나는 것에 초연한 마음을 가질 수 있다면, 상황이 어떻게 흘러가든 집착할 것도 탐할 것도 없이 늘 마음이 평안하게 된다.

장관이나 다선 국회의원, 지자체장과 업무 협의차 만나서 막간에 세상사, 인간사에 대한 이야기를 나눌 때가 있다. 당연하다는 생각은 했지만, 이분들 역시 생각보다 고민이 많았다. 오히려 일반인들보다 훨씬 더 스트레스가 많다는 인상을 받았다.

편안한 마음을 갖는 방법에 대해 몇 가지 조언을 주긴 했으나, 기억을 얼마나 유지하고 실행해 나갈지는 모르겠다. 한결같이 세속에 살면서 어떻게 수행을 전문으로 하는 스님들을 따라가겠느냐며 엄살을 부린다.

물론 마음 수행에 있어서, 세속을 떠난 자체가 유리한 조건인 것만은 분명하다. 그러나 마음을 편안하게 한다는 것은 불편함이 없이는 가능치 않다. 거꾸로 불편함이 없이는 편안하지도 않다는 말이 된다.

다만, 불편과 편안함이 서로를 의지해서 둘 다 생겨나는 것이므로 계속 윤회할 수밖에 없으니, 이를 벗어나려면 이 중 어느 하나만이라도 끊어서 둘 다 사라지게 하는 지혜가 필요하다.

따라서 세속에 산다 하더라도 몸은 그대로되 마음은 출가하여, 좋은 것과 싫은 것에 머물지 말고, 이 둘의 마음 모두를 벗어나는 것이 진정한 출가요 깨달음이다. 그러므로 항상 그 어떤 것에도 감정이 머물지 않도록 습을 들여야 할 것이다.

그러니 무슨 말을 하든 무슨 생각을 하든 어떤 행동을 하더라도, 좋다 싫다는 고락의 분별심을 내지만 않는다면, 그 자체가 여래요 부처일지니, 고통과 괴로움, 기분 나쁜 감정은 모두 사라질 것이다. 그것뿐이다. 뭐가 뭔지 잘 모르겠다면, 기도라도 참선이라도 보시라도 정진이라도 해야 할 것이다. 이때는 묻지도 따지지도 말고 무조건 믿고 행해야 한다. 이것이 신심이다.

29

위의적정분

威儀寂靜分

위엄과 바름이 고요하고 고요함

수보리 약유인언 여래 약래약거약좌약와 시인 불해아
須菩提 若有人言 如來 若來若去若坐若臥 是人 不解我

소설의 하이고 여래자 무소종래 역무소거 고명여래
所說義 何以故 如來者 無所從來 亦無所去 故名如來

29. 위엄과 바름이 고요하고 고요함

"수보리야, 만일 어떤 사람이 말하기를 '여래께서 오기도 하고 가기도 하고 앉기도 하고 눕기도 한다.'라고 한다면 이러한 사람은 여래가 말한 뜻을 알지 못함이니라. 왜냐하면 여래는, 어디로부터 온 바가 없으며, 또 어디로 가는 바도 없으므로 여래라고 이름하느니라."

29. 위의적정분 威儀寂靜分

위엄과 바름이 고요하고 고요함

수보리 약유인언 여래 약래약거약좌약와 시인 불해아소
須菩提 若有人言 如來 若來若去若坐若臥 是人 不解我所

설의 하이고 여래자 무소종래 역무소거 고명여래
說義 何以故 如來者 無所從來 亦無所去 故名如來

"수보리야, 만일 어떤 사람이 말하기를 '여래께서 오기도 하고 가기도
하고 앉기도 하고 눕기도 한다'라고 한다면 이러한 사람은 여래가 말한
뜻을 알지 못함이니라. 왜냐하면 여래는, 어디로부터 온 바가 없으며,
또 어디로 가는 바도 없으므로 여래라고 이름하느니라."

여래如來는 그 이름이 여래라고 하느니, 그러므로 여래는 일체지를
말함이며 유루 무루의 모든 것이 포함된다. 따라서 여래는 육근으로
감지되는 모든 것이다.

그러하여 본래를 말함도 아니요, 본래 아닌 것을 말함도 아니니, 머
물지도 나지도 사라지지도 않는 본지를 말함이다. 그러므로 상이 있
는 것도 아니요, 상이 없는 것도 아니며, 본래도 아니요 본래 아닌 것

도 아님을 뜻한다.

청중이 구족상에 머물러 여래의 복을 보는 것은, 부처님께서도 이에 머물러 생각하는 것으로 착각한 것이니, 이에 여래께서는 착상을 없앤 후 다시 공에 머무를 것도 없다고 하시고, 이는 여래와는 아무런 관계가 없다고 하시며 다시 무상마저 떼어냄이다.

즉 상과 무상 모두를 떼어낸 상태를 여래의 본형이 드러남이라 하심이다. 대중이 이 말을 알지 못하고, 상을 없애면 무상이 되고 무상이 되면 복덕을 받는다고 생각하는 것이다. 그러나 이는 삼신일체를 알지 못하는 데서 나온 것이다.

청중이 행주좌와하는 응화신, 즉 사람과 같은 육신의 형태지만 완벽한 32상을 보고 가지도 오지도 않는 법신으로 생각한다면, 물론 응화신으로서 복을 받았다고 볼 것이다. 다시 말해서 여래의 복은 응화신으로 나투어 받는 줄 아는 까닭이다.

그러나 여래는 본래 오고 감이 없으므로 본래의 것과 본래 아닌 것까지도 없다는 것인데, 청중은 이를 잊어버리고 행주좌와의 움직임에서 32상의 완벽함만을 생각하므로 이는 잘못된 생각이라는 것이다.

동시에 보살의 복덕은 비록 탐하지 않는 것이라 하여도 복덕을 받는 것은 사실 아니냐? 그래서 여래의 복을 비추어 생각하는 것이다. 이 또한 상과 무상을 여의고 본래와 본래 아닌 것을 여읜 여래의 땅을 맛보지 못한 연고이다.

한마디로, 무엇에든 생각이 머물러서 이러쿵저러쿵 궁구하지 말라는 말씀이다. 또한 좋고 싫은 분별심을 갖지 말라는 것이다. 한 점이라도 궁리하고 분별하게 되면 본지에서 벗어나게 되니, 인과가 곧바로 생겨서 마음이 편치 않게 되기 때문이다.

일반적으로 감정을 잘 드러내지 않고 말과 행동이 품위롭고 품격 있는 사람을 교양인으로 치부한다. 옛날 선비들의 모습이 여기에 부합되지 않을까 싶다. 그런데 요사이는 여기에 해당하는 사람을 찾기가 쉽지 않다.

감정이 한 점도 없다면 곧 부처이다. 부처님은 감정이 없다. 그래서 유정有情이 곧 중생이고, 무정無情이 곧 부처이다. 아니 유정도 무정도 없어야 부처이다. 감정이 없다는 것에 대해 상상이 안 될 것이다. 그러나 감정은 곧 업이다. 좋고 즐겁고 기쁘고 행복한 감정이 있으면, 싫고 괴롭고 슬프고 불행한 감정도 있다. 이를 인과라 한다.

사람은 감정으로 살아간다. 좋은 감정을 갖기 위해 오욕五慾(식욕·수면욕·재산욕·성욕·명예욕)이 생긴다. 그런데 문제는 이러한 오욕을 찾을수록 그 반대의 인과가 똑같이 생기는 것이다. 그래서 이를테면 극락에 있다 하여도 좋고 싫은 감정이 있는 한 이미 극락이 아니다.

극락에서도 좋은 사람 나쁜 사람이 생기고, 지옥에서도 좋은 이 나쁜 이가 생긴다. 아무리 교양 있는 사람들이 모여 있어도 그 가운데 교양 없는 사람은 항상 보인다. 극악한 사람들이 모여 있는 감옥 가운데서도 좋은 사람이 있기 마련이다.

이 모든 현상은 나 스스로 좋고 싫은 감정의 고락업을 갖고 있기 때문이다. 그러므로 옳고 그른 것은 내 감정에 따라 달라진다. 고락의 감정이 없다면 옳고 그른 시비 현상도 일어나지 않는다. 따라서 좋고 나쁜 인연도 본래는 없다. 모두가 나의 고락업에 따라 시절 인연으로 좋고 나쁜 것들이 나타나게 되는 것이다.

그러므로 나고 죽는 생사가 되었든, 옳고 그른 시비가 되었든, 좋고 나쁜 인연이 되었든, 이 모든 현상은 나의 고락업에 따라 이렇게 보이고 저렇게 들리게 되는 것이니, 내 마음 감정의 고락업 밖에서 고락시비를 따지는 것은 곧 내 상의 그림자를 보고 고락시비를 하는 격이다.

따라서 내가 대하는 사람이나 대상에 대해 좋고 싫은, 옳고 그른 고락시비를 하게 될 때, 반드시 나의 고락업에 의해 나타난 인연들이라는 것을 잊지 말아야 한다. 그 즉시 탐진치(탐욕·성냄·분별망상) 삼독심과 고락시비의 마음을 일으키지 말며, 마음을 가라앉히도록 힘써야 할 것이다.

따라서 모두가 내 업의 모습이다. 사람이건 대상이건 좋은 것이 나타나면 나의 낙업樂業이 작동하는 것이고, 싫고 나쁜 것이 나타난다는 것은 나의 고업苦業이 작동하는 것이다. 나의 인과업이 스스로 인연을 짓게 한다.

그러므로 일체 모든 것은 유심조唯心造(내가 만듦)요 만법유식萬法唯識(오직 마음)이니, 나의 고락업을 완전히 멸하게 되면 부처가 되는 동시에 세상은 극락정토가 된다. 진정한 교양인이 되고 선비가 되려면, 나의 감정 업을 없애서 중도 적멸의 마음이 되어야 한다.

감정을 스스로 조절하기란 참으로 어렵다. 그래서 기도와 참선, 보시와 정진으로 다듬어 나가야 한다. 우선 좋고 싫은 분별의 감정을 없애는 것이 급선무다.

여래가 화신化身으로 나투는 것이 여래의 복인 줄로 생각한다면, 이는 여래를 바로 보지 못한 것이라고 하였다. 여래의 32상, 즉 완벽한 몸이 곧 여래가 닦은 수행의 대가로 나타난 복이고 이 모습을 여래라고 한다면 잘못 생각하는 것이다.

왜냐하면 이렇게 완벽한 여래의 몸을 보는 이는 바로 대중 자신이기 때문이다. 내가 여래를 볼 때 여래의 복으로서 나타난 완벽한 몸이라고 생각한다면, 이는 이미 좋고 나쁜 분별심이 생긴 것으로 중도의 마음이 아니므로, 이러한 상을 가지는 것은 곧 중생심에 불과하다는 뜻이다.

여래의 법신 또한 실다움이 없기 때문이기도 하지만, 법신 역시 실답지 못하다는 단멸상을 가지는 것 또한 중도中道롭지 못한 상을 가지는 것이 되므로, 화신상化身相이 곧 법신임을 알지 못하여, 법신이 곧 화신이요, 화신이 곧 법신임을 알지 못함에서 오는 망상이다.

이는 아직도 4상의 지견知見을 잊지 못한 탓이니, 또한 담적湛寂하여 공으로 돌아간 진실된 무상無相으로 볼 때에는 여래의 몸인 화신상도 잊어버리고, 행주좌와의 구족상具足相을 볼 때에도 법신상法身相을 잊어버려야 진정한 상주불멸의 여래를 보게 된다는 것이다.

그러므로 여래를 32상의 화신상이나 법신상에서 찾는 것은 아직도 행주좌와에 집착함이니, 그래서 부처님께서 "여래를 볼 때 온다

간다, 앉는다 눕는다 등으로 보게 되면 이 사람은 나의 말한바 뜻을 알지 못한다"고 하셨다.

왜냐하면 여래는 행주좌와에 있는 것이 아니요, 가고 안 가고에 있지 않으며, 오고 안 오고에 있지 않은 까닭이다. 따라서 여래는 가는 것도 아니요, 오는 것도 아니며, 앉음도 아니요, 누움도 아니다. 그렇다고 가고 오고 앉고 눕는 상이 여래를 떠나서 있지 않음도 알아야 한다.

도대체 무슨 말이냐? 정리하자면 이렇다. 무엇을 보고 듣더라도 좋고 싫은, 즐겁고 괴로운, 기쁘고 슬픈 등등의 감정을 가져서는 안 된다는 뜻이다. 왜냐하면 한 점의 감정이라도 일으키게 된다면 좋고 싫은 고락의 인과가 생기기 때문이다.

여래가 아무리 좋고 기쁠지라도 이러한 감정의 상을 내는 즉시 인과가 생겨서, 여래가 아닌 다른 것을 보게 될 때 싫고 괴로운 감정의 과보가 생기는 것을 알아야 한다. 그러므로 좋고 싫은 고락의 상에 집착하면 안 된다는 말씀이다.

사람이 어떻게 감정을 안 가질 수가 있느냐고 할 것이나, 그렇기 때문에 기도와 보시, 참선과 정진을 통하여 나의 찌들은 좋고 싫은 고락 감정의 업을 없애고 중도심中道心과 무애자재심無礙自在心을 가지라는 것이다.

부부 간의 싸움, 자식과의 갈등, 연인 사이의 다툼 등 가장 가까운 사람과의 시시비비는 비일비재하게 일어난다. 물론 이 모든 사건에는 나름대로 원인과 이유가 있을 것이다. 그러나 겉으로 드러난 사유와 사연들은 근본적인 원인의 그림자에 불과하다는 것을 알아야 한다.

시시비비의 싸움을 왜 하게 되는 것일까? 당연히 나의 기분을 맞추기 위함이다. 기분 나쁜 감정에서 기분 좋은 감정으로 전환시키기 위한 행동이다. 본인이 기분 좋으면 시시비비의 싸움도 잘 하지 않으려하겠지만, 반대로 본인 기분이 나쁘게 되면 시비의 싸움을 통해 자신의 기분 나쁜 감정을 없애고 기분 좋은 희열로 전환시키려고 한다.

그렇다면 시비를 통한 싸움을 왜 하는 것인가의 원인이 명백해진다. 기분이 좋고 나쁜 고락의 마음 감정이 근본적인 원인이 분명하다. 기분이 좋으려는 것은 기분 나쁜 것을 없애려 함이다. 그러나 기분 좋음이란 기분 나쁜 것 때문에 생기고, 기분 나쁨이란 기분 좋은 것 때문에 생기니, 이 둘의 관계는 서로를 만들게 하는 의지처이자 원인이 된다.

그렇다면 기분이 좋고 나쁜 것은 인과의 작용으로 생기는 것이니, 기분 좋은 과보에 의해 기분 나쁜 시간이 나타나게 되고, 기분 나쁜 과보에 의해 기분 좋은 시간이 나타나게 되는 것이므로, 기분 좋은 과보가 생길 때의 시절 인연이 되면 기분 좋은 말이나 행위가 인연으로 나타나게 된다.

반대로 기분 나쁜 과보가 생길 때가 되면, 시비로 인한 싸움이 벌어지면서 기분이 나쁘거나, 매우 나쁘거나, 심하게 나쁘게 되는 말이나 행동으로의 인연이 나타나게 된다.

그러므로 만약 시비에 따른 말다툼이나 싸움을 통해 기분이 나빠지는 것은, 상대가 잘못하는 것 이전에 나의 고락업의 인과에 의해 기분 나쁜 원인과 행위가 나타나는 것이므로, 근본적인 원인은 나의 고락 분별업에 있다는 것을 필히 알아야 한다.

만약 나의 마음 안에 좋고 싫은 고락의 분별심이 없다면, 시비를 하게 되는 상대가 생기지도 않을 뿐만 아니라, 설사 상대가 시비를 걸어온다 할지라도 기분이 좋거나 기분 나쁜 분별심이 일어나지 않을 것이므로 나는 아무렇지도 않겠지만, 상대는 스스로의 업에 의해 좋고 싫은 고락의 분별심이 작용하게 되는 것이니, 나의 감정과는 아무런 상관이 없다.

따라서 시비와 싸움이 벌어지는 것은 두 사람 모두의 마음에 좋고 싫은 고락의 분별 인과가 작동하는 것이니, 상대 때문에 생기는 시비 싸움으로 기분이 나빠지는 것이 아니라, 나의 고락의 분별 인과업이 나타날 시간이 되었기 때문에 현실에서 싸움을 하게 되는 상대가 나타나게 된다.

그러므로 시비와 싸움을 하게 될 때, 그 즉시 '나의 고락업에 의해 기분 나쁜 과보가 나타나는구나' 하고 자신의 업을 먼저 살펴서 기분 나쁜 감정을 재빨리 추스르고 시비와 싸움을 중지하여 감정을 누그러뜨려야 한다.

그리고 아무리 감정이 복받치더라도 인욕행을 해야 하며, 감정을 일으킨 데 대해 스스로 참회하는 습을 길러야 한다. 시비와 싸움을 통해 기분이 나빠지게 되면 고스란히 업장으로 쌓이게 되어 다음에 분명히 기분 나쁜 일이 계속 나타날 것이니, 엄격히 조심해야 한다.

기도와 참선, 보시와 정진으로 업장을 소멸하여, 기분 나쁜 일들이 생겨나지 않도록 스스로 다짐해야 할 것이다.

여래라는 것은 행주좌와行住坐臥의 모습을 말하는 것이 아님을 설명하기 위하여 이렇게 말씀하신다.

"여래란, 본래 여여如如하여 오는 것도 아니요, 본래 여여하여 가는 것도 아닌 그 진리처眞理處를 말함이니, 그 진리라고 하는 것은 여여하기 때문에 없는 일이 없으며, 여여하기 때문에 있는 일도 아니다. 그러하여 여래는 오고 가고 앉고 누움이 없으며, 오고 가고 앉고 누움이 없는 것도 아니요, 또 일찍이 아니 계신 곳도 없으나, 그 모양을 찾을 수도 없는 것이다. 한마디로, 있지도 않고 없지도 않은, 있고 없고를 떠난 생각과 감정 밖의 모습이니, 분별심分別心을 여읜 그 자리를 말함이다."

여래는 본래 여래가 되어야겠다고 하여 구할 수 있는 것이 아니며, 또 여래가 여래를 구한다 한다면 여래는 이미 달아나고 없을 것이다. 그렇다고 여래를 설하지 않을 수는 없으니, 여래가 여래를 설하지 않으면 중생이 여래를 알 길이 없는 까닭이다.

그러니 여래께서 중생에게 여래를 설하시게 되는 것은 중생이 스스로 모르는 허물이 있음이니, 이 법을 듣는 중생은 불가불不可不 자기의 허물을 알고 들어야 할 것이다.

중생이 여래라고 생각하는 것은, 여래는 모든 상에서 벗어나서 전지전능하고 무애자재無礙自在하다고 믿는 마음에서다. 이 같은 생각이 틀린 것은 절대 아니다. 다만, 내가 이렇게 생각하는 것은 아직도 깨치지 못한 나의 마음에서 나온 것이므로, 충분히 생각할 수는 있는 것이다.

그러나 만약 여래 스스로가 내가 여래라고 생각한다거나 여래는 이러이러하여 여래라 한다고 말한다면, 이는 이미 여래가 아니라는 말씀이다. 왜냐하면 여래는 이것이다 저것이다 하는 분별심에서 벗어났으므로, 말을 하는 즉시 인과가 생겨서 이것과 저것의 분별이 나타남이니, 여래가 될 수 없다는 말이다.

그렇다면 부처님께서 중생의 근기에 맞추어 '여래는 이런 것이다'라고 설명하는 것은 그 이름이 그러할 뿐, 오고 가고 앉고 서고의 행주좌와에서 벗어나서, 감정상으로는 좋다 싫다 하는 고락의 분별업이 없는 상태라는 것을 알아야 할 것이다.

따라서 진정한 여래는 한마디로 옳고 그름의 시비와 좋고 싫은 고락의 분별심에서 벗어났으므로, 이는 인과의 업에서 완전히 해탈되었다 할 것이므로, 고락시비는 인과의 업만 일으켜서 고통과 괴로움을 스스로 만들게 되니, 어떠한 상황에서도 좋다 싫다는 분별심을 가져서는 절대로 여래가 될 수도 없거니와 여래를 볼 수도 없을 것이다.

얼마 전 서울의 지하철역에서 묻지마 폭행 사건이 벌어져 사회적으로 크게 화제가 되었다. 이뿐만이 아니라 근래 들어 묻지마 폭행이 자주 벌어지곤 한다. 당한 사람은 얼마나 억울하고 분노스러울까?

자다가도 벌떡 일어날 일이다. 평생 트라우마로 고생할 수도 있다.

폭행을 하는 사람은 정신이상자일 수도 있고 순간적인 착란일 수도 있으며 습관적으로 그럴 수도 있다. 아무튼 나쁜 사람이다. 그러나 당한 측에서 보면 딱히 당할 만한 이유가 없음은 물론, 재수가 없기로 이렇게 황당할 수가 없다. 무엇으로도 설명이 안 된다. 그러나 누구나 이런 일을 당하지 말라는 보장이 없다.

당한 입장에서 본다면 화가 날 이야기일 수도 있겠으나, 이런 일을 당할수록 좀 더 냉정한 안목이 필요하겠다. 이미 당했으니 다시 돌이킬 수도 없음이다. 세상에는 원인 없는 결과는 없다. 세상이 그냥 우연히 그럭저럭 돌아가고 있는 것 같지만, 실은 한 치 오차 없이 완벽히 돌아가고 있다는 사실을 우선 알아야 한다. 이를 인과 인연 연기라 한다.

달마 스님께 법을 구하려고 혜가 스님은 팔을 스스로 잘랐다. 비로소 달마 스님은 혜가를 받아들였다. 팔을 자른 혜가 스님은 이미 득실得失과 시비是非에 대한 분별심이 없으므로 인과因果도 없다. 팔을 자른다 하여 마음에 장애가 되는 것은 아니기 때문에 팔이 있으나 없으나 별 상관이 없다.

누구나 좋고 싫은 고락의 인과를 가지고 있다 했다. 좋은 것과 싫고 나쁜 것은 그 부피와 무게가 똑같다고도 했다. 질량불변의 법칙이다. 이것이 있으면 저것이 반드시 생기기 때문이다. 삶이 있으니 죽음이 있고, 젊음이 있으니 늙음이 있으며, 건강이 있으니 병이 있다.

얻음이 있으면 얻은 만큼 잃게 되어 있고, 즐거움을 즐긴 만큼 고

불교는 철저히 자신의 마음을 깨닫는 종교이다.
모두가 내 마음의 표상에 불과하다.
내 마음 내 생각에 없는 것은 나타날 수 없다.
좋다 싫다, 두 가지 분별 인과를 벗어나라.

통과 괴로움의 질량도 똑같이 생기는 것이 인과 법칙이다. 다만, 해가 뜰 때와 질 때가 다르듯이, 그러나 해가 뜨면 반드시 지는 것과 같이, 즐거울 때와 괴로울 때가 다르고, 또한 즐긴 만큼 반드시 괴로운 때가 있기 마련이다.

그래서 극도로 즐겁고 행복했던 사람일수록 극도로 괴롭고 불행한 때가 오고야 마는 것이 너무나 당연한 인과의 현상이다. 한 가지 더 상기할 것은 전생과 내생을 포함해야 계산이 맞아떨어지게 된다는 점이다.

이러한 이치를 알면 내가 왜 즐거운 때가 있고 괴로운 때가 생기는지 짐작할 일이다. 좋을 때와 싫고 나쁠 때가 다를 뿐, 좋고 싫은 고락 인과에 의한 응보와 과보는 한 치 오차 없이 나타난다. 마치 밀물이 들어온 만큼 그대로 썰물이 되어 나가는 이치와 같다.

국가적으로나 역사 문화적으로, 또는 사회적으로 완벽한 것은 없다. 설령 극락이라 할지라도 나 자신 좋고 나쁜, 즐겁고 괴로운, 호오好惡 고락苦樂 시비是非의 분별심을 갖고 있는 이상 싫은 것과 나쁜 것, 더러운 것, 괴로운 것, 좋고 나쁜 분별된 모습은 항상 보이게 될 것이고 나타나게 될 것이다.

그래서 모든 것은 나의 분별식에서 나오는 것이니, 보는 것 듣는 것 등의 현상들은 내 마음 업의 그림자들일 뿐이다. 그러므로 나의 분별심을 없애지 않는 한, 좋고 싫은 온갖 일들은 항상 벌어지게 되어 있다. 그러므로 나의 업장 소멸이 모든 일을 해결해주는 것임을 직시하고 명심할지어다.

중생이 여래를 구하면 구할수록 여래는 달아난다고 하였다. 중생이 여래를 구함이 그릇된 생각이라는 것을 여래께서 말씀하심이다. 그러나 여래를 설하시는 것 자체가 이미 분별이 되는 것이니, 그 이름이 그러할 뿐으로서 여래의 마음에 분별이 있어서 그런 것은 아니다.

그래서 여래께서 설하시는 말씀을 허물이 없이 잘 들어야 한다. 그러므로 여래께서 아누다라삼먁삼보리를 얻을 수 있느냐고 물으시는 것은, 이미 얻음이 없다고 하는 것을 전제로 한 것이다. 또 여래가 과연 법을 설했느냐고 물으심 또한 한 법도 설함이 없다고 하는 것을 전제로 말씀하심이다.

또 중생이 곧 중생이 아니요, 아누다라삼먁삼보리가 아누다라삼먁삼보리가 아님이니, 다만 그 이름이 중생이요, 아누다라삼먁삼보리이므로 이렇게 하시는 말씀은 본래 중생이 없고, 중생이 아님도 없다고 하시어 중생의 허물조차 없음을 강조하신 것이다.

이와 같이 중생이 없으므로 중생 아님도 공하고, 중생 아님이 공했으니 깨달을 것이 없어서 각도 공하며, 깨달음이 공하니 부처도 공하고, 이렇게 부처와 중생이 모두 공했으니 부처와 중생의 허물도 없으므로 모두가 공한 것이다.

이러한 모습을 여래의 땅, 즉 여래지如來地라고 이름 한다. 그러하여 여기서 눈곱만큼이라도 아는 체를 하면 이는 같거나 다름의 여부如不에 떨어지는 것이니, 여래의 복덕이 어떻고, 신상身相이 어떻고, 행주좌와가 어떻고 하는 분별이 생겨서 인과업에 갇히게 된다.

이렇게 생각하는 사람은 여래를 스스로 만들어 보게 되니, 여래 법신法身은 본래 상이 없어서 복덕 또한 받음이 없으나, 여래 화신化身은 상이 있다고 보게 되고, 그래서 복덕을 받는 것으로 잘못 생각하고 만다.

그래서 부처님께서는 여래가 오고 가고 앉고 눕고 하는 것이냐 하고 물으심으로써 이렇게 보는 것은 옳지 않다는 반문을 하시게 됨이니, 법신法身과 화신化身이 한 몸인가? 또는 다른 것인가? 이렇게 반어법으로써 법신과 화신을 분별하지 말라고 하심이다.

또 보살은 복덕을 받지 않는다고 하심으로써 중생이 복덕에 탐착하는 어리석음을 경계하셨다. 왜냐하면 법신과 보신, 화신의 삼신이 본래 같고 다름이 없으며, 그래서 복덕을 받고 안 받고를 떠나는 것이야말로 진정한 복덕을 받는 것이기 때문이다.

그리하여 여래의 복덕은 본래 구족하여서 얻을 것도 없고 오고 갈 것도 없으니, 비로소 상주불멸常住不滅하고 상주본연常住本然한 여래의 땅[如來地]이 환연하게 드러날 것이요, 이를 제대로 알게 될 때 묘한 맛이 생길 것이다.

30

일합이상분
一合理相分

이치와 상은 하나임

수보리 약선남자 선여인 이삼천대천세계 쇄위미진
須菩提 若善男子 善女人 以三千大千世界 碎爲微塵

어의운하 시미진중 영위다부 수보리언 심다 세존
於意云何 是微塵衆 寧爲多不 須菩提言 甚多 世尊

하이고 약시미진중 실유자 불 즉불설 시미진중
何以故 若是微塵衆 實有者 佛 卽不說 是微塵衆

소이자하 불설미진중 즉비미진중 시명미진중
所以者何 佛說微塵衆 卽非微塵衆 是名微塵衆

세존 여래소설삼천대천세계 즉비세계 시명세계
世尊 如來所說三千大千世界 卽非世界 是名世界

하이고 약세계 실유자 즉시일합상 여래설일합상
何以故 若世界 實有者 卽是一合相 如來說一合相

즉비일합상 시명일합상 수보리 일합상자
卽非一合相 是名一合相 須菩提 一合相者

즉시불가설 단범부지인 탐착기사
卽是不可說 但凡夫之人 貪着其事

30. 이치와 상은 하나임

"수보리야, 만약 선남자나 선여인이 삼천대천세계를 부수어 작은 티끌들로 만든다면, 어떻게 생각하느냐? 이 작은 티끌들이 많다고 생각하느냐?"

수보리가 대답하였습니다.

"대단히 많습니다, 세존이시여. 왜냐하면 만약 이 먼지들이 진실로 있는 것이라면 부처님께서 이를 티끌들이 많다고 하지 아니하셨을 것입니다.

이유가 무엇이냐 하면, 부처님께서 말씀하시는 먼지들은 곧 작은 티끌들이 아니라 그 이름이 작은 티끌들입니다. 세존이시여, 여래께서 말씀하신바 삼천대천세계도 곧 세계가 아니라 그 이름이 세계입니다.

왜냐하면 만일 세계가 참으로 있는 것이라 한다면, 곧 그것은 하나로 된 일합상의 모습이기 때문입니다.

여래께서 말씀하시는 하나로 된 일합상의 모습은 곧 하나로 된 모습이 아니라 그 이름이 하나로 된 모습이라 하신 것입니다."

"수보리야, 일합상, 즉 하나로 된 모습은 곧 말로는 가히 표현할 수 없을 것이나, 단지 범부들이 그 일을 탐하고 집착하느니라."

30. 일합이상분 ─合理相分

이치와 상은 하나임

수보리 약선남자 선여인 이삼천대천세계 쇄위미진 어의
須菩提 若善男子 善女人 以三千大千世界 碎爲微塵 於意

운하 시미진중 영위다부
云何 是微塵衆 寧爲多不

"수보리야, 만약 선남자나 선여인이 삼천대천세계를 부수어 작은 티 끌들로 만든다면, 어떻게 생각하느냐? 이 작은 티끌들이 많다고 생각 하느냐?"

〈제29 위의적정분威儀寂靜分〉에서 법신, 보신, 화신의 삼신이 본래 다르거나 같음이 없음을 말했다. 그럼에도 대중은 이를 알지 못하고 법신과 화신을 각각 따로 보거나, 또는 본래 다르지 않다 하여 하나 의 지견知見을 내게 되는 것은, 하나도 아님을 알지 못한 탓이다. 더 나아가 하나가 곧 다르다라는 융통지견融通知見을 내는 것 또한 옳지 못한 것이다.

같음이 곧 다름이라거나, 다름이 곧 같음이라거나 또는 같거나 다

르다거나, 같지도 않고 다르지도 않다거나 등등의 이러한 생각 모두 해당되지 않는다는 것을 알지 못하는 탓이다.

이러한 까닭에 그 근원이 워낙 무궁하여 단멸斷滅, 즉 이것도 저것도 아니라는 생각 또한 아닌 것이니, 이는 무궁무위無窮無爲의 구족처具足處가 되는 것이다.

이를 알리기 위해 부처님께서는 비유적인 말씀으로, "삼천대천세계를 모두 부수어 가루를 만들었다면, 그 티끌이 얼마나 많겠느냐?"고 물으셨으니, 이 말씀인즉 세계를 법신에 비교하심이요, 먼지를 화신에 비유하심이다.

왜냐하면 대중은 법신을 거래去來가 없는 담연淡然한 하나로 보고, 화신을 거래去來가 있는 행주좌와行住坐臥의 다름으로 보는 까닭이다.

그러나 세계를 부수면 먼지가 되고, 먼지를 뭉치면 곧 세계가 되는 것이니, 세계를 먼지로 보면 세계가 아니요, 먼지를 세계로 보면 먼지가 아니며, 그렇다고 세계를 세계로 보면 먼지가 없을 것이요, 먼지를 먼지로 보면 세계가 없을 것이다. 결국 각자의 성품을 단정 지을 수 없게 된다.

이러한 까닭에 하나인 성품性品도 아니요, 다름인 성품도 아닌 것이다.

30여 년 전부터 혼자 있을 토굴을 물색해왔으나 썩 맘에 드는 곳을 구하질 못했다. 사람들을 안 만나기 위해 외딴 섬에 조그만 암자를 구하기도 했다. 나중이라도 시절 인연이 되면 가서 살아볼 생각이다. 그런데 무슨 놈의 팔자가 짬을 주질 않는다. 혹자는 혼자 있을 의지가 없기 때문이라 한다. 꼭 그렇지는 않은 것 같고, 다만 인연에 끌려서 가지 못하는 것은 분명하다.

그런 까닭에 혼자 있는 것을 가장 선호한다. 한 달이고 1년이고 사람을 안 만나도 전혀 상관없다. 혼자 있어도 상당히 바쁘다. 참선도 해야 하고, 책 보는 것을 좋아하진 않지만 가끔은 책도 보고, 글도 쓰고, 아무것도 하지 않고 가만히 있기도 하는 등등 시간이 너무 빨리 지나가서 애가 탈 지경이다.

예전 같으면 도시라고 하면 소스라치면서 단 하루도 머물러 있지를 못했다. 이제는 거의 포기했다. 포기했다기보다 인연에 맡겼다. 될 대로 되라는 식이다. 원하는 대로 안 돼서 기분 나빠 그런 것은 절대 아니다. 나이를 먹어 의욕이 떨어져서 그런지 나름 중도심中道心(?)을 가져서 그런지는 잘 모르겠으나, 여기 있든 저기 있든 별 상관이 없어졌다.

임제 스님 말씀 가운데 수처작주隨處作主 입처개진立處皆眞이라는 구절이 있다. 어디에 있든 주인공이 되면 바로 참 진리가 열린다는 말씀이다. 쉽게 말해서 마음에 분별이 없는 주인공이면 어디에 있든 무엇을 만나든 무애자재無礙自在하다는 뜻이다.

마음에 좋고 싫은 분별심이 있으면, 극락에 가서도 좋고 싫은 고락의 인과가 생긴다고 했다. 반대로 마음에 분별심이 없다면, 지옥에 가서도 중도심으로서 한 점 불편함이 없다고 했다. 그러므로 때와 장소, 즉 시공은 아무 문제가 되지 않는다. 물론 마음을 깨쳐 분별심이 사라지게 되면 안 좋은 인연을 만나지 않게 되므로 발붙이는 곳이 바로 극락이다.

사람들은 자리나 장소에 집착한다. 하지만 스스로의 마음에 좋고 싫은 분별심이 강할수록 좋은 장소도 물론 만날 수 있겠으나, 그 과보로 인해 극히 좋지 않은 장소 역시 인연으로 반드시 다가오게 된다는 것을 알아야 한다.

그러므로 장소나 현상에 집착하게 되면 그 과보를 면할 수 없으므로 언젠가는 고통의 인연으로 다가오게 된다. 따라서 풍수라든지 명당이라든지, 이런 것은 정말 어리석은 생각이 아닐 수 없다. 인과 과보의 이치에서는 전혀 해당되지 않기 때문이다. 세상에 요행과 운은 본래 없다. 내가 인과로 만드는 것이다.

아무튼 마음 밖의 경계에 집착하여 고락을 느끼게 되는 이유는, 마음 밖에 있는 현상에 끄달리다 보니 항상 문제가 발생하면서 인과가 나타나게 되기 때문이다. 그러므로 나 자신의 고락 업장을 소멸시켜야 한다. 누구나 이것만이 영원한 자유자재인自由自在人으로서 티끌만 한 고통도 사라지게 된다.

우선 기도, 참선, 보시, 정진으로 수행 훈련을 항상 살펴야 한다.

수보리언[14] 심다 세존 하이고 약시미진중 실유자 불 즉
須菩提言 甚多 世尊 何以故 若是微塵衆 實有者 佛卽

불설 시미진중 소이자하 불설미진중 즉비미진중 시명
不說 是微塵衆 所以者何 佛說微塵衆 卽非微塵衆 是名

미진중 세존 여래소설삼천대천세계 즉비세계 시명세계
微塵衆 世尊 如來所說三千大千世界 卽非世界 是命世界

수보리가 대답하였습니다.

"대단히 많습니다, 세존이시여. 왜냐하면 만약 이 먼지들이 진실로 있는 것이라면 부처님께서 이를 티끌들이 많다고 하지 아니하셨을 것입니다.

이유가 무엇이냐 하면, 부처님께서 말씀하시는 먼지들은 곧 작은 티끌들이 아니라 그 이름이 작은 티끌들입니다. 세존이시여, 여래께서 말씀하신바 삼천대천세계도 곧 세계가 아니라 그 이름이 세계입니다."

여기서 수보리가 대단히 많다고 한 것은 중생의 입장에서 많은 것이요, 여래의 땅에서는 많다 적다의 분별이 없다. 이런 까닭에 심히 많다는 것은 절대의 많음, 즉 이보다 더 많음에서 보면 항상 부족한 상태일 수밖에 없기 때문에 많다는 것은 곧 부족함을 말하는 것이 된다.

또한 앞에서 살펴본 바와 같이, 세계와 티끌은 모두 실체가 없으므로 먼지가 본래 없는 것이니, 숫자로 헤아릴 수도 없는 것이다.

이러한 세계와 먼지를 여래지如來地, 즉 여래의 땅에서 본다면, 이는 일이생멸一異生滅을 떠나 있는 곳이 되므로 언설로도 문자로도 표현할 수가 없다. 따라서 부처님께서 먼지라는 말을 하시지 않은 것이다.

하지만 부처님께서는 중생의 경계에 맞추시느라 먼지라는 표현을 쓰신 것이니, 수보리도 역시 중생 경계를 쓰느라 "심히 많습니다"라고 장단을 맞추었다. 그래서 실상實相의 본지本地에서 보자면 먼지도 없고 심히 많다는 말도 해당되지 않는 것이다.

따라서 부처님이나 수보리 모두 그 실체를 말하는 것이 아니라 그 이름을 부를 뿐이다. 왜 그런가? 세계와 먼지 모두 자성自性이 공한 까닭이다. 중생은 스스로의 업에 의해 나 밖의 모습이 정말로 있는 것으로 생각하겠으나, 결국 공함에 지나지 않음이다.

결국 모든 것은 아무것도 아니다? 그렇게 생각해도 무리는 아니다. 염세적이라 해도 어쩔 수 없다. 문제는 단 하나, 마음에 장애가 있느냐 없느냐이다. 그래서 평안하냐 평안하지 않냐이다. 마음을 깨치지 못하면 괴로움의 과보를 받게 된다. 그러니 마음을 깨쳐서 티끌만큼의 괴로움도 없어야 한다.《금강경》은 바로 이를 말하면서 이를 인도하는 것이다.

마음을 깨쳐 평안치 못하면 그 무엇도 의미가 없다.

"스님, 이것만큼은 꼭 될 수 있도록 기도해주세요."

어느 신도의 절박한 부탁이다. 당연히 기도 축원을 한다. 물론 성취되는 것도 있고 그렇지 않은 것도 있다. 이렇게 간절한 마음을 가진 이에게 업이 어쩌니, 분별이 어쩌니, 인과와 공이 어쩌니 하는 것은 자칫 화만 돋게 할 뿐이다.

강도의 차이는 있겠으나 누구나 원하고 바라는 것은 있다. 그런데 문제는 인과가 따른다는 것이다. 얻은 만큼 잃게 되고, 좋은 만큼 싫게 되고, 성취한 만큼 실패가 생긴다. 그런데 아무리 그렇다 치더라도 지금 현재 이루어져야 기분이 좋아진다. 지금 현재 시점에서의 인과는 다음 일이다. 그리고 막상 과보를 받아 괴로운 일이 벌어지면 이때는 또 괴롭다고 울부짖는다.

소납도 바라는 일이 많다. 그리고 어떤 일은 당장 이루어졌으면 한다. 이런 마음이 들 때는, 만약 일이 잘되지 않으면 어쩌나 조급하고 불안함이 생긴다. 성취될 때까지 마음이 편치 않고 불안하다. 그리고 정작 일이 잘되지 않으면, 머리가 아프고 식욕이 떨어질 정도로 엄청난 스트레스를 받게 된다.

이런 경험은 누구나 했을 법하다. 그러나 이미 설명했듯이 모든 것은 인과를 따라 일어나기 때문에 바라는 바가 성취됐다고 하여 끝은 아니다. 그만한 대가를 치러야 한다. 세상과 마음의 이치가 그렇게 되어 있다. 더 얻거나 더 잃거나, 더 좋거나 더 좋지 않거나는 없다. 결국 거기서 거기다.

그렇다면 아무리 소중하고 중요한 일이라 하더라도 스트레스 받으면서까지 신경 쓸 필요는 없다. 내가 애쓰지 않더라도 모든 것은 인과 연기적으로 움직인다. 그야말로 거대한 우주 법계가 여여하게 움직이고 있으니 힘도 없는 내가 개입할 문제가 아니다. 그저 행위만 할 뿐 되고 안 되고는 인과의 흐름에 맡겨야 할 것이다.

한마디로 될 것은 되고 안 될 것은 안 된다. 아니, 본래 되고 안 되고가 없다. 내가 스스로 분별하는 것이다. 그러니 최선을 다하되 그 다음 일에 집착하지 않는 것이 현명한 처사다. 마음을 졸이는 것 자체가 인과업의 과보를 받는 것이기 때문에, 또다시 인과업에 걸리지 않으려면 되어가는 대로 두리라 하고 마음을 내려놓아야 한다.

매사에 있어서 항상 인과를 생각하면서 애간장 태우지 말라는 말이다. 비는 올 때가 되면 반드시 온다. 그러나 비가 올 때까지 기우제를 지내면서 애간장을 태울 필요가 없다. 마음을 비우면 빈 곳을 채워주게 되는 인연이 생긴다. 그래서 비움은 곧 채움이다.

세상이 돌아가는 것은 모두 연기라 했으니, 모든 것은 인과 연기에게 맡겨 놓고 최선을 다하며 살아갈 것이다. 다만, 집착하지 않으면 된다. 기도, 보시, 참선, 정진으로 마음을 내려놓으면, 곧 이어 깨달음이 얻어질 것이다.

何以故 若世界 實有者 卽是一合相 如來說一合相 卽非一
合相 是名一合相

왜냐하면 만일 세계가 참으로 있는 것이라 한다면, 곧 그것은 하나로 된 일합상의 모습이기 때문입니다.
여래께서 말씀하시는 하나로 된 일합상의 모습은 곧 하나로 된 모습이 아니라 그 이름이 하나로 된 모습이라 하신 것입니다."

일합상一合相, 즉 일에 합하는 상이란 천 가지 만 가지의 생각을 합하여 하나로 만드는 것을 말한다. 이를 이름 하여 여래지如來地, 곧 여래의 땅이라 하고, 얼음이 없이 스스로 얼음이 되는 땅이라는 뜻이다.

이 땅은 만법萬法이 여여하여 한 가지도 도망치지 못하고 이 한곳에 돌아와 합쳐지는 곳이다. 모든 것이 용광로 속에 녹아서 흔적도 없이 사라짐과 같으니, 모든 감정과 생각이 모두 녹아서 감정도 전혀

없고 한 생각도 일어나지 않는 그것이다.　　　·

　왜 세계가 아니요, 먼지도 아니라고 하는가? 세계와 먼지는 세계와 먼지라는 생각을 하는 즉시, 곧 변하여 그 실체가 없으므로 허망하고 실성實性이 없다. 이를 알지 못하고 참으로 있다고 생각한다면 이가 곧 탐착이요 망견妄見이며, 간사하고 망령된 계교計巧로서, 참 세계에 절대 들어갈 수가 없다.

　그러나 마지못해 일합상이라 이름한 것에 대해 또다시 집착하여 머무른다면, 이는 여래의 땅이 될 수 없다. 이를 가리켜서 수보리는 곧 일합상이 아니라고 한 것이다.

　부처님께서 《금강경》을 통해 일관되게 말씀하시는 것은, 그 어디에도 마음이 머무르지 말라는 것이다. 아예 생각을 하지 말라는 것이니, 이는 바보 멍청이처럼 생각을 하지 말라는 뜻이 아니라, 옳고 그른, 좋고 싫은 시비고락을 하지 말라는 것이다.

　이러한 분별심을 멸滅하라는 뜻으로 여러 가지 비유를 들어 말씀하시는 것이니, 이 뜻을 알았다면 우선 시비고락의 상을 내지 말아야 할 것이다. 그리고 마지막 니르바나(열반), 즉 상이라는 상과 깨쳤다는 보리상菩提相까지도 불어서 꺼야 하니(니르바나, 열반), 이외의 모든 것은 인과의 고苦만 낳을 뿐이다.

　이를 알았다면 이제부터 수행에 전념해야 하니, 업으로 뭉쳐진 분별심을 없애기 위해서는 우선 기도, 참선, 보시, 정진부터 시작하는 것이 수행의 첫걸음이 된다는 것을 명심해야 한다.

남에 대해 흉을 보거나 험담을 할 때 옆에서 같이 맞장구를 쳐주지 않으면 몹시 섭섭해한다. 부부나 친구 사이는 더더욱 그렇다. 연인과 친구 등의 관계에서는 싸움으로까지 번지는 경우도 종종 본다.

살아가면서 남 얘기 빼면 할 말이 없을 정도로 사람 간의 화제는 역시 사람이 그 타깃이 될 수밖에 없다. 그러나 작은 얘기가 큰 얘기로 번지게 되고, 더군다나 고락의 업식에까지 영향을 미치게 되므로, 가능하면 있는 사실만을 얘기하는 것이 좋다.

특히 남을 평가할 때나 남의 이야기를 할 때는, 있는 그대로 사실만 이야기하는 게 좋다. 이럴 것이다 또는 저럴 것이다라는 추론으로 상대에 대한 나쁜 이미지를 조장한다면, 자칫 원성을 사는 일이 생기기도 한다. 미리 예단한 것이 나중에 틀리는 경우가 심히 많다는 것을 명심할 것이다.

아무리 가족·부부·친구 간이라도 상대의 사정을 어떻게 그리 자세히 알겠는가. 사람은 결국 각자의 고락업으로 살아간다. 남의 얘기를 하면서도 고락업은 나 스스로가 받는다.

어떤 사람에 대해 험담을 함으로써 나 스스로 속이 시원해지고 기분이 좋아진다고 한다면, 이는 고스란히 기분 좋은 만큼의 과보를 받게 되는 것이요, 또 험담을 통해 통쾌한 기분을 느꼈다면, 그만큼의 인과로 인해 기분 나쁜 과보가 생기게 되는 것이다.

반대로 남 얘기 하면서 스스로 기분 나쁜 상태였다면, 이 또한 스스로 기분 나쁜 과보를 받는 것이므로, 어떠한 경우에도 좋다 싫다로 남을 평가해서는 안 될 일이다. 모든 것에는 잘잘못의 시비란 애

초에 없다. 시비는 나 스스로 만들어서 고락의 인과로 이어지게 할
뿐이다.

구업口業은 신구의 삼업 가운데 하나이다. 업이 크고 두터우면 고
업苦業의 과보를 많이 받는다. 구업이 청정하려면 항상 말을 조심해
야 한다. 말은 나의 고락업을 만드는 주역이다. 남의 얘기를 할 때나
말을 할 때는, 좋고 싫은 분별심을 놓아야 한다. 구업이 청정치 못하
면 고업의 과보만 남을 뿐이다.

　수 보 리　 일 합 상 자　즉 시 불 가 설　단 범 부 지 인　 탐 착 기 사
　須菩提　 一合相者　卽是不可說　但凡夫之人　 貪着其事

"수보리야, 일합상, 즉 하나로 된 모습은 곧 말로는 가히 표현할 수 없
을 것이나, 단지 범부들이 그 일을 탐하고 집착하느니라."

일합상一合相이란, 곧 보고 듣고 말하고 생각하고 행동함에 있어서
시비고락의 분별을 일으키지 않는 것이니 따로 상이 있을 리가 없다.
그러므로 부처님께서는 본래가 여여하여 그 이름이 일합상이라 하
시고, 이는 말을 할 수도 없고 생각할 수도 없는 것이나, 중생의 경계
로는 이에 탐하고 집착할 것이라고 하심이다.

왜냐하면 일합상은 언설言說이 붙지 못하고, 사량思量을 할 수 없
으며, 수량으로도 헤아릴 수 없기 때문이다. 범부들은 이를 알지 못
하니, 부질없이 말을 꺼내고 분별하여 서로서로 사량을 일으키고, 이
를 또 스스로 증득하려 하는 그 모습이 곧 탐착貪着이라 할 것이다.

아누다라라삼먁삼보리! 이 법이야말로 수행을 함으로써 멀어지고, 사량함으로 틀려지고, 증득함으로 깨어지고, 말함으로써 어그러지는 것이다. 이는 곧 수행도 없고, 사량도 없고, 증득도 없고, 말로써도 붙지 않을 때 스스로 여여한 것이니, 그 어떤 행이든 그대로 분별을 놓아야 함이다.

그러므로 수행을 하겠다는 생각과 증득을 하겠다는 생각 자체가 도리어 도적이 되어 나를 훔치는 격이 되니, 흐린 날에 해와 달을 보지 못한다 하여 일월日月을 만들려는 것과 다름 아니다. 이와 같이 해와 달은 본래 그대로 여여히 있는 것이나, 다시 찾을 일이 아닌 것과 같다.

이와 같이 자성自性을 밝히려거든 사량분별思量分別이 없어야 하고, 언설논쟁이 없어야 하며, 노심수행勞心修行이 없어야 하고, 착각증득錯覺證得이 없어야 한다. 그리하여 여여하게 수행 없음을 수행으로 삼고, 사량하지 않음을 사량으로 삼는다면, 일념一念을 일으키지 않아도 증득함이 없이 증득을 이루니 그 이름을 증득이라 할 것이다.

이를 어기지 않으면 업 구름이 다할 때에 이르러 증득 없이 증득이 될 것이니, 이와 같이 하지 않고 별달리 탐구하거나 수행한다거나 증득이라 하는 것은, 다 범부의 어리석음으로 탐착하는 꼴이 된다.

겨울의 눈을 굳이 녹이려 하지 않아도 스스로 봄은 오고, 빙설은 스스로 몸을 녹이며, 매화는 스스로 향기를 뿜어 낼 것이다.

소납이 어렸을 때 차림새가 너무나도 남루한 스님 한 분이 내가 있는 절에 자주 오곤 하였다. 겨울이나 여름이나 해질 대로 해진 누더기옷을 입고 다녔다. 겨울에는 그나마 괜찮았으나 여름에는 냄새가 코를 찌를 정도로 심해서 가까이 하기엔 너무나 힘겨운 스님이었다. 그런데 나를 보면 항상 편안한 얼굴로 자비스럽게 웃으셨다.

화를 잘 내지 않는 분이라는 것을 파악한 나는 마음 놓고 까불기도 하고 거지 같은 스님이라고 놀려대기도 하였다. 대신 잠자리와 공양은 내가 책임을 졌다. 그러는 내가 귀여웠는지 영어 사전을 선물로 주기도 했다. 어느새 정이 많이 들었다.

나중에야 알았지만 당시 선방에서는 유명한 스님이었다. 크게 회자되지 않은 스님이었지만 지금 생각해보면 스님들끼리의 말로 한소식[初見性] 한 분이 아닌가 생각한다. 왜냐하면 절대로 눕지 않으시고 장좌불와長坐不臥하시며 묵언默言을 하셨다. 한방에서 같이 자는데 가끔 눈을 떠보면 항상 꼿꼿이 앉아서 좌선을 하셨다. 그리고 내가 심하게 놀리고 까불어도 한번도 화를 내지 않으셨다.

법명은 해수 스님이시다. 언제 어떻게 돌아가셨는지 정확히 확인은 되지 않았으나, 여러 설이 분분하다. 내가 만난 스님 가운데 최고의 스님이 아닌가 생각한다.

해수 스님을 생각하면 마음이 평안하다. 내가 본 해수 스님은 항상 평안하셨다. 안이비설신의 그 어떤 근식根識에서도 분별이 없었다. 색성향미촉법 모두에 초연했다. 육근과 육경과 육식이 하나요, 또 따로이 자유자재다. 분별함이 없으니 장애도 없다. 그대로 여여하다. 평안하고 적멸하다.

여기에 괴로움과 고통, 걱정 근심, 번뇌 망상이 어디 감히 발붙일 수 있을 것인가. 그럴 시간도 없고 들어설 자리도 없다. 이렇게 평화로운 스님을 보고 거지 같다는 생각을 한 나 자신이 불편했을 뿐이다. 전혀 불편함을 모르는 스님을 보고 내가 불편하다는 것은 나의 업식이요, 나의 몫이다.

이제는 나도 이만큼 부처님 밥을 먹었으니 흉내는 내야 하지 않을까 생각한다. 그러나 스님을 생각하면 부끄러운 마음이 든다. 아직도 바깥 경계에 끄달릴 때가 있기 때문이다. 육근이 청정치 못해서이다. 눈으로 귀로 코로 혀로 몸으로 생각으로 아직도 걸리는 것이 있으니 말이다.

31

지견불생분
知見不生分

지견을 세우지 않음

第三十一 知見不生分
제 삼 십 일 　지견불생분

수보리 약인언 불설아견인견중생견수자견 수보리 어
須菩提 若人言 佛說我見人見衆生見壽者見 須菩提 於

의운하 시인 해아소설의부 불야세존 시인 불해여래
意云何 是人 解我所說義不 不也世尊 是人 不解如來

소설의 하이고 세존설아견인견중생견수자견 즉비
所說義 何以故 世尊說我見人見衆生見壽者見 卽非

아견인견중생견수자견 시명아견인견중생견수자견
我見人見衆生見壽者見 是名我見人見衆生見壽者見

수보리 발아누다라삼먁삼보리심자 어일체법 응여시
須菩提 發阿耨多羅三藐三菩提心者 於一切法 應如是

지 여시견 여시신해 불생법상 수보리 소언법상자 여
知 如是見 如是信解 不生法相 須菩提 所言法相者 如

래설 즉비법상 시명법상
來說 卽非法相 是名法相

31. 지견을 세우지 않음

"수보리야, 만약 어떤 사람이 '부처님께서 나라는 소견, 사람이라는 소견, 중생이라는 소견, 오래 산다는 소견을 말씀하셨다' 라고 한다면, 수보리야, 어떻게 생각하느냐? 이 사람이 내가 말한 뜻을 안다고 하겠느냐?"

"아닙니다, 세존이시여. 이 사람은 여래께서 말씀하시는 뜻을 알지 못하는 것입니다

왜냐하면 세존께서 말씀하시는 나라는 소견, 사람이라는 소견, 중생이라는 소견, 오래 산다는 소견은 곧 나라는 소견, 사람이라는 소견, 중생이라는 소견, 오래 산다는 소견이 아니고 그 이름이 나라는 소견, 사람이라는 소견, 중생이라는 소견, 오래 산다는 소견입니다."

"수보리야, 아누다라삼먁삼보리막삼보리의 마음을 낸 사람은 법에 대하여 마땅히 이렇게 알고, 이렇게 보고, 이렇게 믿고 이해하며, '법이라는 상'을 내지 않아야 하느니라.

수보리야, '법이라는 상'을 여래는 곧 '법이라는 상'이 아니라고 설하니, 그 이름이 '법이라는 상'이라고 말한다."

31. 지견불생분 _{知見不生分}
지견을 세우지 않음

須菩提 若人言 佛說我見人見衆生見壽者見 須菩提
<small>수보리 약인언 불설아견인견중생견수자견 수보리</small>

於意云何 是人 解我所說義不
<small>어의운하 시인 해아소설의부</small>

"수보리야, 만약 어떤 사람이 '부처님께서 나라는 소견, 사람이라는
소견, 중생이라는 소견, 오래 산다는 소견을 말씀하셨다'라고 한다면,
수보리야, 어떻게 생각하느냐? 이 사람이 내가 말한 뜻을 안다고 하겠
느냐?"

일합상一合相이란, 만물 등등이 일선상一線上으로 돌아감을 말한
다. 즉 일합상에서는 세계도 없고 티끌도 없으며, 수의 많고 적음도
없음이다. 또한 아도 없고 인도 없고 중생, 수자도 없음이다. 이와 같
이 만 가지 상과 만 가지 이치가 다 일합상으로 돌아가 일합상일 뿐
이다.

그렇다면 어이하여 이러한 분상分上에서 아상, 인상, 중생상, 수자

상을 분별하여 말씀하셨을까? 아마도 부처님은 아·인·중생·수자의 4상견四相見을 갖고 계심이 아닐까? 대중은 의심을 하는 것이다.

부처님께서는 이를 아시고 수보리를 불러 힐난하듯 물으신 것이다. 만약 부처님께서 이러한 4상견을 갖고 계시다면 망령된 지견知見을 일으키신 바와 다름 아니라고 생각하는 대중들이 있다면 아직도 부처님의 말씀을 이해하지 못한지라, 이렇게 생각하는 대중 스스로가 망령된 지견이요, 부처님 자신의 망령된 지견이 아님을 일깨우심이다.

부처님께서 말씀하시는 4상은, 부처님 자신이 4상에 대한 지견을 갖고 계시는 것이 아니라, 중생이 4상에 대한 지견을 갖고 있는 것임을 지적하시는 것이다.

중생이 생각하는 상에는 아상, 인상, 중생상, 수자상의 4상이 있는데, 이러한 4상견을 가지고 있으면 인과에 의한 고업을 면치 못한다는 것을 일차 설명하시고, 그다음 단계에서 4상견을 가지면 안 된다는 또다른 4상에 대한 지견을 가지고 있는 것 또한 없어야 한다는 설명을 하심이다.

그런데도 오히려 부처님께서 그렇게 4상견을 가지고 계시지는 않는가 하고 의심하는 대중들에게 다시 한번 그러한 생각을 하는 것은 또다시 잘못된 견해를 가지게 된다는 것을 환기시키는 차원에서 수보리에게 물으심으로써 대중의 의심을 불식시키는 것이다.

젊은 두 스님이 큰소리로 논쟁을 하며 싸운다. 바람에 흔들리는 깃

발을 보고, 한 스님은 바람이 분다고 하고, 한 스님은 깃발이 펄럭인다고 서로 우긴다. 이를 지켜본 육조 혜능 스님께서 결론을 지으셨다.

"깃발이 펄럭이는 것은 바람 때문도 아니요 깃발 때문도 아니네. 자네들 마음이 흔들리는 것이네."

유명한 이야기이다. 상식적으로 생각하면 바람이 불어서 깃발이 펄럭인다고 할 것이다. 하지만 한번 더 생각하면, 바람이라는 것, 깃발이라는 것, 흔들린다는 것, 이 모두가 나의 관념에서 비롯된다는 것을 알 수 있다. 이러한 현상을 규정짓는 것은 내가 이미 인식하고 있는 범위가 투영된 것뿐이다. 즉 내가 인식하고 있는 것과 물고기가 인식하고 있는 세상은 전혀 다른 것과 같다.

사람은 동업同業 중생이므로 서로 비슷하게 인식한다. 그 가운데서도 서로 인식이 달라서 매일 시비가 붙는다. 하지만 이 모든 현상은 나타났다 사라지는 환영과 같아서 영원한 것이 없다. 그럼에도 불구하고 사람들은 잘못된 인식으로 허깨비에도 집착한다.

세상에는 결국 두 부류만이 존재하는지 모른다. 하나는 마음을 깨쳐서 분별을 여의고 자유자재한 부류이다. 소위 아라한(조사祖師)과 보살과 부처이다. 이들 존재는 고업苦業이 없다. 그래서 교외별전教外別傳이요 언어도단言語道斷이며, 직지인심直指人心이다. 즉 가르침 밖에 있으며, 말과 생각을 할 수 없는 인식 범위 밖이다. 마음을 바로 직통한다. 분별을 여의기만 하면 이렇게 된다.

또 한 부류는 사람을 비롯한 중생이다. 이들은 지위고하와 빈부귀천을 막론하고 자업자득自業自得의 존재다. 즉 본인이 짓고 본인이 받는다. 좋은 것을 찾으면 찾을수록 싫고 나쁜 과보를 받게 된다. 누구의 탓도 소용없다. 욕심을 부리면 부릴수록 부린 만큼 고통의 업보를 받는다. 무엇이 어쩌니 저쩌니 아무런 소용도 없다. 인과에 갇혀 있기 때문이다.

너무나 간단하고 분명하다. 그러니 마음을 깨쳐야 한다. 그렇지 않으면 자업자득의 인과만 윤회한다. 즉 좋고 싫은 것이 반복된다는 뜻이다. 분별된 인식은 그대로 남는다. 설사 몸은 사라져도 고락 업식은 계속된다.

그러니 쓸데없이 분별 망상을 피우지 말고 마음 닦는 데 진력해야 한다. 하기 싫으면 안 해도 된다. 그러나 끊임없이 고통이 따를 것이다. 협박이다. 그래서 아무것도 모른다 하더라도 무조건 기도, 참선, 보시, 정진해야 한다. 그러면 길이 나타날 것이다.

불야세존　시인　불해여래소설의　하이고　세존설아견인견
不也世尊　是人　不解如來所說義　何以故　世尊說我見人見
중생견수자견　즉비　아견인견중생견수자견　시명아견인견
衆生見壽者見　卽非　我見人見衆生見壽者見　是名我見人見
중생견수자견
衆生見壽者見

"아닙니다, 세존이시여. 이 사람은 여래께서 말씀하시는 뜻을 알지 못하는 것입니다.

왜냐하면 세존께서 말씀하시는 나라는 소견, 사람이라는 소견, 중생이라는 소견, 오래 산다는 소견은 곧 나라는 소견, 사람이라는 소견, 중생이라는 소견, 오래 산다는 소견이 아니고 그 이름이 나라는 소견, 사람이라는 소견, 중생이라는 소견, 오래 산다는 소견입니다."

수보리는 부처님의 말씀을 알아듣고 망설이지 않고 "아니옵니다" 하고 부정하는 말씀을 드렸다. 그렇다면 무엇이 아니라는 것인가? 부처님께서 4상견四相見을 말했다고 생각하는 이들은 여래의 뜻을 알지 못한다는 뜻이다. 왜냐하면 부처님께서 4상견을 말씀하신 뜻은, 사실에 있어서 4상견을 가지고 계시다거나 4상견을 새로이 일으키신 것이 아니라, 중생에게 4상견이 있으므로 이를 버리게 하기 위하여 이를 설명하고 교정하신 것이다.

그렇다면 이러한 4상견은 중생의 것이요, 세존의 것은 아닌 것이다. 따라서 부처님께서 설하신 4상견은 곧 4상견이 아니요, 그 이름이 4상견일 따름이다.

또한 중생이 생각하는 4상견도 본래는 허망한 것이니, 4상의 경계를 나눌 곳은 어디에도 없거늘 중생 스스로가 망령에 사로잡혀 4상에 머물러 집착하는 것이다. 이런 이유로 중생의 4상견도 결국 4상견이 아니요, 그 이름이 4상견일 뿐이다.

이와 같이 부처님의 4상견도 4상견이 아니요, 중생의 4상견도 4상견이 아니니, 4상견이라 할 만한 것은 어디에도 찾을 곳이 없고 발붙일 곳도 없으니, 실다운 것이 아니요, 참다운 것이 아니다.

또한 삼천대천세계도 그러하고 미진 중생도 그러하며, 부처와 중생도 그러하고 세계와 티끌도 그러하니, 마음을 밝히려는 이가 망상을 어느 곳에서 낼 것이며, 그 어느 곳에서 망령된 지견知見을 낼 것인가?

또 어느 곳에 단멸斷滅이 있을 것이며, 집착이니 수행이니 증득이니 등의 생각을 낼 수 있단 말인가? 하물며 부처님께서 4상견이 있다는 망상을 어찌 일으키실 것인가? 이러한 까닭에 수보리가 '아니옵니다'라는 한마디로 중생의 망상처妄想處를 말함과 동시에, 부처님께서 망상지견妄想知見을 일으키시지 않는다는 것까지 정리하였다.

정리하자면, 본래 부처가 없으니 중생도 없고, 중생이 없으니 부처도 없다. 그러므로 부처를 찾는 것도 망령된 것이요, 그렇다고 중생에서 벗어나려는 것도 망령된 것이다. 부처다, 중생이다 하는 분별망상을 하지 않아야 그대로 본래本來고 여여如如다.

다만, 중생이란 스스로 부처를 찾으려 하니 중생이 저절로 되는 것이므로, 증득證得, 즉 아누다라삼먁삼보리를 찾으려 하면 할수록 스스로 미중으로 남아 영원히 아누다라삼먁삼보리를 찾을 수밖에 없으니 절대로 증득이 될 수가 없다. 그러므로 4상을 버리려 하면 할수록 4상이 남을 뿐이므로 그 이름을 붙일 뿐이어야 한다.

"스님, 이번에 취직이 되지 않으면 저희 가족은 모두 죽습니다. 병든 아버지와 다리 불편한 어머니 그리고 어린 동생들은 학교도 가기 어렵게 됩니다. 꼭 도와주십시오."

어느 지인의 애절한 소망이다.

그 후 취직이 한번 실패하기는 했으나, 이제는 비교적 좋은 직장

얻어서 그나마 형편이 나아진 상태에 있다. 세상에는 이보다 더한 일도 많이 보게 된다. 참으로 딱하기 그지없는 노릇이기는 하나 이런 현상은 흔히 볼 수 있는 경우다.

왜 이런 현상이 일어날까? 근본적인 원인은 당연히 업연業緣이겠다. 그놈의 업 타령 인연 타령이 지겹다고 생각을 할 수도 있겠으나, 엄연한 사실이고 현실임을 어찌할 것인가. 세상에는 우연히 일어나는 일은 없다.

문제는, 이럴 때 마음을 어떻게 가져야 할 것인가이다. 부처님께서 말씀하신《금강경》의 뜻이 현실에 적용되어야 한다.《금강경》은 현실을 떠난 형이상학적인 말씀이 아니다.《금강경》뿐만이 아니라 부처님께서 말씀하신 모든 법이 마찬가지다. 현실에 부합되지 않는 법이 무엇에 필요하단 말인가.

한마디로 상을 상으로 보면 인과로 이어져서 고통이 된다. 지금 힘들고 괴롭고 고통스럽다면 다른 탓이 아니라 스스로 만든 상에 집착하고 있다는 증거이다. 이를 알지 못하는 것은 스스로를 더욱 힘들게 한다. 알지 못한다고 달라지지는 않는다.

현실이라는 상에 대해 누구의 탓을 하는 것은 스스로를 늪에 빠지게 하여 그렇게 생각할수록 자신을 더 힘들게 할 뿐이다. 생각이 많고 말이 많고 그래서 더욱 삼독심을 내게 되고, 그럴수록 그에 따른 고업의 과보는 가중된다.

병든 아버지를 건강한 사람들과 비교 분별하고, 다리 불편한 어머니를 정상적인 사람들과 비교 분별하고, 어린 동생들을 잘사는 아이들과 비교 분별하고, 취직이 안 된 자신을 멋진 직장인들과 비교 분별하고, 돈 없는 것을 잘 먹고 잘사는 사람들과 비교 분별하게 되니, 얼마나 힘들고 고통스러울까?

업이 다른 게 아니다. 현실의 모습을 업연이라 하지만 이보다 더 근본적인 업은 바로 비교 분별하는 분별심이다. 분별의 업만 빼고 나면 나머지 모든 모습은 연기 현상일 뿐이다. 부처님께서는 바로 이를 지적하시고 중중무진으로 설법하심이다.

불자라고 자부하는 우리 수행자와 신도들은 과연 부처님의 법을 이행하고 있을까? 모두 거꾸로 가는 것은 아닐까? 지금 고통받고 있는 분들에게 이런 말을 하면 화를 낼 수도 있겠지만, 수술을 해야 하는 환자에게 진통제만 놓는다고 해결되지 않는 것과 흡사한 모습들이다.

힘들 때 고통스러울 때일수록 분별하지 말지어다. 세상에는 결과적으로 더 좋고 더 좋지 않은 것은 없다. 스스로 지은 것을 시절 인연으로 만나게 될 뿐이다. 인욕하고 감수하라. 안 되면 안 된다는 생각의 분별에서 벗어나라. 그리하여 인과에 대한 믿음과 신심을 가져라. 그러면 곧 평안한 인연이 다가올 것이다. 자기의 업은 각자가 스스로 업멸業滅로 해결해야 한다. 무소의 뿔처럼 철저히 혼자서 가야 하기 때문이다. 그래서 기도, 참선, 보시, 정진을 꼭 해야 한다.

수 보 리 발 아 누 다 라 삼 막 삼 보 리 심 자 어 일 체 법 응 여 시 지
須菩提 發阿耨多羅三藐三菩提心者 於一切法 應如是知

여 시 견 여 시 신 해 불 생 법 상
如是見 如是信解 不生法相

"수보리야! 아누다라삼먁삼보리먁삼보리의 마음을 낸 사람은 법에 대하여 마땅히 이렇게 알고, 이렇게 보고, 이렇게 믿고 이해하며, '법이라는 상'을 내지 않아야 하느니라.

부처님께서는 수보리의 답변에 대하여 더 이상 할 말이 필요치 않으므로, 수행에 대한 상을 내지 않음으로써 저절로 수행이 되는, 진정한 수행을 가르치신 것이다.

이렇게 알고, 이렇게 보고, 이렇게 믿고, 이해한다는 것은 곧 꼭 어떻게 해야 한다는 집착된 상을 내지 않음으로써 저절로 알게 되고, 저절로 보게 되며, 저절로 믿고 이해하게 되는 상 없는 참다운 수행을 일러주심이다.

곧 상을 멸해야 한다는 것에 머물러 집착하여, 또 다른 상을 내지 않는 것, 즉 단멸이 아님이요, 수행과 증득에 집착하여 머물지 않는 그것이 곧 아누다라삼먁삼보리가 된다는 것을 알려주심이다.

그러나 중생들은 곧 아누다라삼먁삼보리가 따로 있는 것처럼 이를 찾고자 하니, 이는 곧 또 다른 상을 내는 것이요, 머물러 집착하게 되니, 자기의 그림자를 떨어뜨리고자 힘껏 도망가는 모습과 흡사하여 허망하기 이를 데가 없다.

이쯤 되면 과연 보리의 진성眞性이 진정 있는 것인가 하고 의심을 하게 될 것이다. 또 내가 보고 듣고 하는 일체의 상은 곧 무엇인가 하고 의심할 것이다. 그러나 일체의 상을 볼 때 분별을 지음으로써 보리가 저절로 생겨남이니, 그래서 보리를 찾게 되고, 보리는 또 보리가 아닌 일체상을 만들어내므로 이 둘 가운데 어느 하나를 선택하는 즉시, 저절로 다른 하나가 생겨나게 되어 윤회한다.

그리하여 지금까지 부처님께서 금강의 방망이로 겹치고 겹친 중중 重重한 허망을 깨뜨리시고, 본래의 아누다라삼먁삼보리의 땅을 드러 내게 하려 무주상보시와 4상의 법을 설하신 것이다.

일체상에 집착하게 되는 원인은, 아·인·중생·수자의 4상이 있기 때문이요, 4상에 집착하는 원인은 탐욕이다. 그러나 탐욕도 고업苦業 의 과보를 낳게 되어 허망한 고로 부처님께서는 보시로써 대치케 하 셨으나, 이 보시 또한 허망하다는 것을 알아야 하느니, 즉 보시를 한 다는 상이 생김으로써 결국 이 또한 탐욕이 되는 것이다.

인간이 가진 다섯 가지 본능, 즉 식욕, 수면욕, 재물욕, 성욕, 명예욕 의 기본 욕심 오욕五慾 가운데 가장 데미지가 큰 것이 바로 명예욕이 라 한다. 다른 표현으로는 자존심이라 하기도 한다. 곧 아상이라고도 하는데, 나의 존재를 나타내려고 하는 심산을 말한다.

한마디로 나를 알아주기를 바라는 마음과 함께 한편으로는 나의 자존심에 금이 가는 것을 극도로 싫어하는 마음이기도 하다. 이곳에 이르게 되면 극단적인 선택에 대해 피할 생각을 하지 않게 된다. 정 신력이 극도로 약해지기 때문이다.

인과적 측면에서 보면, 괴로움과 고통, 악업惡業과 고업苦業이 다다 르게 되는 시절 인연이 도래한 것이다. 물론 피할 수 있는 방법은 얼 마든지 있다. 한 생각만 돌리면 된다. 인과와 무상, 공, 연기 가운데 어느 하나만이라도 이해하고 체득하게 되면 그 어떤 어려운 현상에서도 벗어날 수 있다.

소납이 그동안 수없이 반복하여 설명한 내용 가운데 단 한 문장이라도 제대로 이해하고 깨닫기만 한다면 얼마든지 현실의 벽을 넘을수 있을 것이다. 그러니 제발 기계적으로 눈으로만 읽지 말고, 스스로 이해되고 납득될 수 있도록 마음으로 읽어 주기를 간절히 바란다.

모든 현상은 생로병사 성주괴공하므로 허망하기가 그지없다. 그러므로 허무하기 이를 데 없는 물거품 같은 현상에 마음이 끄달리고 집착하는 것은, 스스로를 힘들게 하는 근본적인 요인이 되므로 현상을분별하는 버릇에서 하루빨리 벗어날 수 있도록 평소에 꾸준한 훈련이 필요하다 하겠다.

티끌보다도 못한 알량한 자존심 때문에 자신을 힘들게 할 필요가과연 있겠는가. 정히 못 견딜 정도라고 할지라도 현실에서 벗어나 절에라도 들어가서 맘껏 마음을 쉬게 하는 것도 한 방법일 것이다. 설사 죄가 있다 하더라도 한 생각 돌리면 얼마든지 참회함으로써 죄를씻을 수가 있음이다.

죄무자성종심기罪無自性從心起라 했다. 죄 또한 자성이 없고 실체가 없음인데, 내 마음이 끄달리게 되면 죄라는 것이 생겨나고 마는것이다. 그러므로 죄라고 분별하는 마음 자체를 참회하면 된다. 만약상대가 있다면 상대의 것은 상대의 몫에 맡기고 내 할 일만 하면 된다. 죄의식을 갖지 말라는 차원이 아니다. 분별하는 마음을 없애면나머지는 저절로 해결되게 되어 있다.

오히려 큰 사건일수록 나를 전환할 수 있는 가장 좋은 기회일 수가 있다. 분별심만 내려놓으면 말이다. 그러니 사고를 칠수록 전화위복의 길이 있으니 제발 스스로 무덤을 파지 말지어다. 따라서 뭐니 뭐니 해도 마음공부가 최우선이다. 평소에 기도, 참선, 보시, 정진으로 난관을 극복하고 악연을 멀리하며, 스스로 평안해지기를 권청하는 바이다.

보시를 한다는 생각을 하게 되면 이 또한 내 것이라는 아상을 벗어나지 못하여, 얻는다 잃는다는 인과에 걸리게 되니, 결국 괴로움의 고업을 받게 되므로, 부처님께서는 마음이 머물지 않는 무주상보시를 말씀하시어 본연의 성품으로 돌아가게 하심이다.

이 또한 중생을 위해 설하시는 것으로 부처님 자신을 위한 것은 아니다. 그러하여 부처님께서 4상견四相見을 말씀하시었으나 4상견에 머물러 계심이 아니요, 중생의 허망성을 타파하기 위함이니, 곧 4상견이 아니라 그 이름이 4상견일 뿐이다.

또 중생이 허망하게 집착하는 4상견 또한 4상견이 아니니, 그 이름이 4상인 것이다. 그러므로 아누다라삼먁삼보리는 본래 한 물건도 아니니, 이는 단멸이 아니라고 하심이다. 본성은 그대로이므로 이를 멸한다, 멸하지 않는다고 할 것이 없으므로 단멸이 아닌 것이다.

이러한 고로 아누다라삼먁삼보리 자체는 여기에서 일체가 떠나지도 붙지도 않아서, 무위본성無爲本性은 항상 담적한 상태에 있으므로 집착을 할 것도 없고 집착을 하지 않을 것도 없다. 또 그러하여 아누다라삼먁삼보리는 허망을 타파하여 생겼으나, 이를 증오證悟(깨달음)가 아니라 한 것이니 본연한 각성覺性은 본래 깨달아 있음이기 때문이다.

그런 고로 이러한 아누다라삼먁삼보리를 깨닫지 못한 이는 이를 깨달을 길이 없지는 않을 것이나, 그렇다고 수행이라 하는 것도 맞지 않다. 수행이라 하면 이미 목적이 생기므로, 본래 성품은 그대로인데 그 성품에서 벗어나게 되는 것이고, 그러니 청정본성에 있어서 망상을 하나 보탤 뿐이다.

이러한 마음을 알아서 일체의 그곳과 일체의 시간 때, 일체의 모든 일과 일체의 모든 법에 대하여 법法이라는 상相, 즉 법상法相마저 넘어서면, 곧 아누다라삼먁삼보리를 얻음이다. 그리고 보리를 행함이 되는 것이다.

그러하여 경에 이르기를 "아누다라삼먁삼보리를 이룬 자는 일체 법에 대해 이와 같이 알며, 이와 같이 보며, 이와 같이 믿어서 법상法相을 내지 말라"고 하셨다.

정리하자면, 모든 것, 모든 상, 모든 일은 그대로 본래 청정성품인데, 나 스스로 좋다 싫다, 옳다 그르다 시비고락을 분별하므로, 아누다라삼먁삼보리를 이룬다거나, 수행을 한다거나, 법이 어쩌고 한다거나, 이러한 것 또한 상에 불과한 뿐이니, 이와 같이 그러할 뿐 덜어낼 것도 보탤 것도 없다. 분별상을 내지 말고 마음을 항상 편히 할지어다.

요즘 사회적으로 복잡다단한 일들이 많이 벌어지고 있다. 실은 요즘뿐만이 아니라 동서고금, 남녀노소를 불문하고 복잡하지 않을 때가 없었다. 한 사람 한 사람 모두가 분별심을 갖고 있기 때문이다. 분별심을 갖고 있는 한, 개인은 물론 사회, 국가, 세계에 있어서도 완전한 평화는 영원히 성립되지 않는다.

당연히 이것이 있으므로 저것이 생겨나기 때문이다. 그래서 나고 죽음, 좋고 싫음, 옳고 그름, 전쟁과 평화 등은 동전의 양면과 같다. 따라서 각자가 스스로 철저히 분별에서 벗어나야 한다. 그 누구의 도움도 받지 못한다. 자등명법등명自燈明法燈明, 즉 '스스로 등불을 밝히고 법의 등불을 밝혀라'요, 여서각독보행如犀角獨步行, 즉 '무소의 뿔처럼 혼자서 가라'고 했다.

그 무엇에도 마음이 머물러 집착하지 말아야 한다. 설사 세상이 거꾸로 돌아간다 해도 이는 인과에 의한 연기의 모습일 뿐이니 간섭할 일이 아니다. 간섭하는 마음이 분별심이요, 스스로 세상이 거꾸로 돌아가게 만드는 것도 나의 분별심이다.

내가 하는 말과 생각 그리고 모든 행동에 있어서 시비고락의 분별심을 갖지 않아야 한다. 말에 집착 분별하고, 생각에 집착 분별하고, 행동에 집착 분별하고, 이렇게 하면 할수록 괴롭고 힘든 과보를 받게 되기 때문이다. 잘하려고 하면 할수록 못하게 되는 과보를 받는다는 말이다. 그러니 극도의 괴로움이 생기게 되고, 결국 극단적인 선택을 하게 되기도 한다.

그러니 얻고 잃는 분별심을 놓고, 좋고 나쁜 분별심을 놓고, 즐겁고 괴로운 분별심을 놓고, 옳다 그르다는 분별심을 놓아야 한다. 모든 집착 분별을 놓아버리면, 저절로 말하게 되고 저절로 생각하게 되고 저절로 행동하게 되니, 이를 신구의 삼업이 청정하다는 것이다.

한마디로, 그 어떤 것에도 토를 달지 말아야 한다. 나머지는 연기 인연에 맡기면 된다. 세상 그 어떤 것에도 더 좋거나 더 나쁘거나, 더 옳거나 더 그르거나, 더 얻거나 더 잃거나가 없다. 모두가 내가 만든 인과의 과보일 뿐이니, 이 또한 나의 전도몽상顚倒夢想에 불과하다.

그러하여 따지면 따질수록 스스로 마음만 복잡하게 되니, 더 알려고도 하지 말고 이제 더 이상 묻지도 따지지도 말며, 그저 기도, 참선, 보시, 정진에 힘쓰기만 하면 된다.

수 보 리   소 언 법 상 자   여 래 설   즉 비 법 상   시 명 법 상
須菩提 所言法相者 如來說 卽非法相 是名法相

수보리야, '법이라는 상'을 여래는 곧 '법이라는 상'이 아니라고 설하니, 그 이름이 '법이라는 상'이라고 말한다."

부처님께서는 일체법이 이러하니 법상法相을 내지 말라고 하셨으나, 이미 부처님부터 법상이라는 두 글자를 말씀하셨으니, 이 법상이라는 두 글자에 대해 부처님 자신이 법상지견法相知見을 가지셨다고 할 수 있을까?

이는 수차례 반복했듯이 부처님께서 말씀하시는 4상지견四相知見은 곧 4상지견이 아니요, 그 이름이 4상지견이다. 따라서 근본적인

것을 모르는 중생을 깨우치기 위해 '법상'이라는 가명假名을 사용했을 뿐이다.

그러므로 부처님께서 "일체법을 이와 같이 알고, 이와 같이 보고, 이와 같이 믿어서 법상을 내지 말지니라"고 하시어 최종적인 결론을 말씀하신 것에 대해서도, 중생이 혹여라도 또다시 집착하지 않을까, 또다시 본신本身, 즉 분별하지 않는 본래의 모습에 대해 무엇인가로 또 분별하지 않을까 하여 끝까지 집착을 떼어 주신 것이다.

수보리야, 내가 말한 법상이라는 것 역시 여래의 경계에서는 법상이라는 분별상을 내지 말아야 하느니, 곧 법상이 아니라 그 이름이 법상이라 하심에 최후까지 법상이라는 것에 집착할까 염려하시어, 중생의 경계에서 볼 때, 더 이상 분별하지 않는 곳까지 가게 하심이다.

그러니 더 이상 그 어떤 말에도 머물러 집착하지 않고, 그 어떤 생각에서도 머물러 집착하지 않고, 그 어떤 것을 보고 듣고 부딪치는 것에도 머물러 집착하지 않는 것이 청정본성이요, 아누다라삼먁삼보리라 할 것이니, 이를 곧 적멸이라 하고 열반이라 하며, 해탈과 피안, 성불이라 하므로 고업(고통의 업)을 완전히 끊어내어 영원히 평안하고 편안한 마음을 이루게 함이다.

한 남자가 강둑을 지나는데 한 아이가 물에 빠져 허우적거리는 모습을 보았다. 구해주고 싶었으나 잘못하면 자신도 위험하다 싶어 잠시 갈등하다가 모른 척하고 그냥 지나쳤다. 아이는 결국 죽고 말았고 나중에 죽은 아이가 자신의 아들인 것을 알고 통곡하며 후회했다는 이야기를 들은 적 있다.

시사하는 바는 무엇일까? 우선 인간의 도리가 아니다. 상식적으로 생각하더라도 자신이 위험하고 귀찮더라도 좀 더 적극적인 행동을 해야 했다. 자신의 아들인 것을 알았더라면 그냥 지나쳤을 리 만무할 것이다. 여기까지는 일반적인 분석이다.

심층적으로 분석해보자. 모든 존재는 자신의 업으로 살아간다 했다. 업의 본질은 좋고 싫은 고락의 마음이다. 모든 행위는 자신의 마음이 편안하고 즐겁고 기쁘고 행복하기 위한 것이다. 가족을 위한 것이나 재산을 모으는 것이나 연애와 결혼을 하는 것, 먹고 자고 일하고 명예를 얻고 하는 모든 것이 다 그렇다.

특수한 경우도 있다. 일반적으로는 모두 비슷한 행위를 통하여 자신이 원하는 것을 얻고자 하지만 정신적으로 문제가 있거나 약물이나 노름, 시비 등 소위 마음이 일반적이지 않은 곳에 꽂혀 거기에서 만족을 얻으려 하는 경우도 있다. 또는 모든 것을 버리고 출가를 하거나 홀로 사는 경우도 있다.

수없이 설명했듯이, 무엇을 선택하든 누구나 자신의 만족을 위해 살아간다. 그러나 원하는 만큼의 대가를 치르게 되어 있다고 했다. 바로 인과이다. 무엇을 원하든 자신의 만족에 따른 불만의 과보가 생긴다. 즉 얻는 만큼 잃게 되고, 즐긴 만큼 괴로움이 따른다. 좋은 것을 분별하면 할수록 싫고 나쁜 인과가 생겨서 그 대가를 치르게 된다. 지겹도록 강조해온 말이다.

물에 빠진 아이를 구하려고 애를 썼다면, 애쓴 만큼의 좋은 업이 생겨서 아들을 잃고 고통을 당하는 고업은 면할 수도 있었다. 그렇다고 하여 전체 업이 달라지진 않는다. 좋은 것을 분별하는 이상 또 다른 현상으로 고락 인과업은 계속될 것이다.

여기서 죽은 아들은 어떠할까? 한마디로 아들은 아들대로의 업이 작동했을 뿐이다. 아이가 무슨 죄가 있어 그렇게 되는 것인가? 당연히 전생의 업까지 따져봐야 한다. 그래서 업은 삼세三世(전생·금생·내생)를 통해 이어지는 것이다.

매정하고 야속하게 들릴 수도 있겠으나 근본적으로는 물에 빠진 아이를 볼 때도, 정작 죽은 아들을 대할 때도 고통이 없어야 한다. 분별하지 않아야 한다. 물에 빠진 현상도, 아들이 죽은 현상도 모두가 인연 연기의 현상이다. 문제는 죽은 아들이나, 이를 겪는 아버지나 모두가 각자의 고락업이 작동한 것이다. 생로병사 성주괴공은 연기의 현상이다. 문제는 좋고 싫은 고락의 업식이다.

만약 이를 읽고 있는 독자 가운데 어떻게 그럴 수 있냐며 화를 내거나 기분이 좋지 않다면, 독자의 고업이 발생하는 시절 인연의 업이 도래한 것이다. 굳이 좋은 업을 원한다면, 아들이나 아버지나, 고락에 대한 분별심이 없어야 물에 빠져 고통을 당하거나 아들이 물에 빠져 죽는 현상이 일어나지 않게 된다. 따라서 결론적으로, 각자 자신의 고락 인과의 분별업이 없어야 좋지 않은 일이 생기지 않는다는 뜻이다.

그러므로 어떠한 사건이나 사고, 벌어지는 현상에 대해 이렇게 했다면, 저렇게 했다면, 이러쿵저러쿵하는 것은 별 의미가 없다. 문제는

각자 자신의 고락업을 멸해야 한다. 그러기 위해서는 최소한 기도와
참선, 보시, 정진으로 분별심을 없애고, 자업自業을 청정히 해야 한다.

32

응화비진분
應化非眞分

나투어진 몸은 참된 것이 아님

第三十二 應化非眞分
제삼십이 응화비진분

須菩提 若有人 以滿無量阿僧祇世界七寶 持用布施 若
수보리 약유인 이만무량아승기세계칠보 지용보시 약

有善男子善女人 發菩薩心者 持於此經 乃至四句偈等
유선남자선여인 발보살심자 지어차경 내지사구게등

受持讀誦 爲人演說 其福勝彼 云何爲人演說 不取於
수지독송 위인연설 기복승피 운하위인연설 불취어

相 如如不動 何以故 一切有爲法 如夢幻泡影 如露亦
상 여여부동 하이고 일체유위법 여몽환포영 여로역

如電 應作如是觀 佛說是經已 長老須菩提 及諸比丘
여전 응작여시관 불설시경이 장로수보리 급제비구

比丘尼 優婆塞優婆夷 一切世間 天人阿修羅 聞佛所
비구니 우바새우바이 일체세간 천인아수라 문불소

說 皆大歡喜 信受奉行
설 개대환희 신수봉행

32. 나투어진 몸은 참된 것이 아님

"수보리야, 만일 어떤 사람이 한량없는 아승기 세계에 칠보로 가득히 채워서 보시한다 하더라도, 만일 어떤 선남자나 선여인이 보살심을 내어 이 경을 받아 지니되, 사구게 가운데 한 게송만이라도 읽고 외우며 다른 사람을 위하여 잘 일러주면, 그 복이야말로 저 보시의 복보다도 더 수승하리라.

어떻게 하는 것이 남을 위하여 잘 일러주는 것인가? 상을 취하지도 않으며, 여여하여 움직이지 않는 것이니라.

어찌한 연고이냐? 일체의 인연 따라 일어나는 모든 현상은 꿈, 환상, 물거품, 그림자 같고, 이슬 같으며 번갯불과 같으니, 마땅히 이와 같이 여길지니라."

부처님께서 이 경을 설하여 마치시니, 장로 수보리와 여러 비구, 비구니, 우바새, 우바이와 모든 세간의 하늘, 사람, 아수라 등이 부처님의 말씀하신 바를 듣고 모두 크게 기뻐하며 믿고 받아들여 받들어 행하였다.

32. 응화비진분 應化非眞分
나투어진 몸은 참된 것이 아님

수보리 약유인 이만무량아승지세계칠보 지용보시 약유
須菩提 若有人 以滿無量阿僧祇世界七寶 持用布施 若有

선남자선여인 발보살심자 지어차경 내지사구게등 수지
善男子善女人 發菩薩心者 持於此經 乃至四句偈等 受持

독송 위인연설 기복승피 운하위인연설 불취어상 여여
讀誦 爲人演說 其福勝彼 云何爲人演說 不取於相 如如

부동
不動

"수보리야! 만일 어떤 사람이 한량없는 아승기 세계에 칠보로 가득히
채워서 보시한다 하더라도, 만일 어떤 선남자나 선여인이 보살심을 내
어 이 경을 받아 지니되, 사구게 가운데 한 게송만이라도 읽고 외우며
다른 사람을 위하여 잘 일러주면, 그 복이야말로 저 보시의 복보다도
더 수승하리라.

어떻게 하는 것이 남을 위하여 잘 일러주는 것인가? 상을 취하지도 않
으며, 여여하여 움직이지 않는 것이니라.

지금까지 경을 어떻게 해야 제대로 지니는가에 대해 부처님께서 여러 방편을 들어 말씀하시었다. 이제 더 이상 마음이 이를 데가 없는 곳까지 오게 되었으니, 지금부터는 스스로가 부처님이 되어 남을 위하여 최고의 수승한 복덕을 지을 일만 남게 되었다.

어떻게 하면 남을 위해 잘 일러줄 것인가? 이 경전의 진정한 뜻은 일체상에 집착하지 않고 여여하며, 일체상을 여의었다고 단멸이 아니니, 즉 언어와 동작, 신구의 삼업에 걸림 없이 자유롭고, 적연하여 공하며, 말과 행동에 있어서 찬연히 안다 하여도 여여부동如如不動하여 머물고 집착함에 끌리지 아니하니, 이 법을 전함에 있어서도 그러히 그러히 여여부동해야 할 것이다.

그렇다면 어떤 것이 부동不動인가? 일체법 그 어떤 것에도 분별하지 않고 여여한 마음이니, 이를 듣는 이로 하여금 여여한 마음을 갖게 하는 것이고, 듣는 이가 여여하니 듣는 상이 없고, 말하는 상, 듣는 상이 모두 공하였으니 아상, 인상이 공한 것이다.

또 법이 여여하고 얻는 데 있어서의 득得도 여여한 것이다. 득이 여여하니 득의 모습이 공하고, 법이 여여하니 법상法相이 공하며, 법상과 득상得相이 공하니 중생상과 수자상이 공함이다.

이렇게 법상法相이 공하고 설법의 상이 공하였으니, 설법이 곧 설법이 아니고 그 이름이 설법이며, 또 듣는 상과 얻는 상이 공하였으니, 중생이 곧 중생이 아니요 그 이름이 중생일 따름이다.

이와 같이 법을 듣는 중생이 공하고, 따라서 설한 법이 공한 이상, 종일 설해도 설이 아니요, 육도 중생이라 하더라도 중생이 아닐 것이요, 무진법문無盡法門이라 해도 법이 아닐 것이다.

이를 일러 여여하고 부동不動하다는 것이니, 이 같은 자세로 남을 위해 일러주라는 말이다. 능히 남을 위하여 전법함에 있어 상에 취하지 아니하고 여여부동해야 함이다. 이 법이 이러하여 상에 취하지 아니하므로 여여부동이니, 이때 모든 세계와 티끌들로 법을 설할 것이요, 모든 중생들도 스스로 법을 설할 것이다. 법이 본래 이러하므로 설하는 것도 이러할 것이니, 이때 어떤 설상說相이나 법상法相에 있어서 취할 것이 어디 있을 것인가. 본래가 여여하여 부동일 뿐이다.

무슨 일이 벌어지더라도 분별하지 말라는 것은, 곧 아무것도 하지 말라는 것인가? 그렇다면 세상에 의미 있는 일은 무엇이며, 할 일이라곤 아무것도 없지 않은가? 하고 묻는 이도 있을 것이다. 결론적으로 말하면, 성불하거나 하지 않거나, 이 둘 가운데 하나를 선택하면 된다. 성불이란 부처가 된다는 뜻이다. 이는 모든 괴로움에서 벗어남을 말한다. 나머지 하나는 중생으로 사는 것이다. 다만 좋고 싫은 인과의 그물에 걸려서 생사 윤회가 계속될 것이다.

부처가 되려면 분별상을 없애면 된다. 이것이라는 분별이 생기면, 저것이라는 인과가 생기는 것이다. 즉 극락이라는 분별이 생기면 지옥이라는 인과가 생긴다. 좋은 것을 구하려 하면 할수록 싫고 나쁜 인과가 생긴다. 그러니 윤회를 거듭한다.

이러한 분별심, 분별상을 업이라 한다. 이를 없애야 업이 멸하고 인과가 없어지며 윤회가 멈춘다. 이름 하여 좋지 않은 일이 사라진다.

괴로움과 고통, 슬픔과 불행, 불만과 미움, 싫고 나쁜 모든 것이 멸해진다. 분별을 하는 이상, 지옥은 영원히 내 곁에 있다.

그렇다면 어떻게 해야 하나? 모든 것은 나의 분별심에서 좋고 싫은 인과가 만들어지므로, 그 어떤 것이든 해도 좋고 하지 않아도 좋다. 결국 싫고 나쁜 것을 피하려 하고 좋은 것을 구하려 하는 신구의 삼업이 생기고 마니, 자업자득自業自得의 인과에 의해 살아가게 될 뿐이다.

그러니 이렇게 살든 저렇게 살든, 사는 모습이 문제가 아니라, 탐진치 삼독심에 의해, 그에 따라 과보를 받게 될 뿐이다. 분별이 크면 괴로움도 클 것이요, 분별심이 작을수록 고업苦業도 줄어들 것이다. 결국 분별심이 공이 되어야 부처를 이루게 된다.

따라서 어떠한 행위로 어떻게 살아가든 탐진치 삼독심이 얼마나에 따라서 삶이 편안하냐 불편하냐가 결정될 것이다. 시시비비는 아무런 의미가 없다. 시비가 문제가 아니라 시비를 하는 가운데 좋고 싫은 고락을 분별하는 마음이 문제이다.

좋고 싫은 것에 관심이 없으면 시비가 일어날 수가 없다. 설사 극락이라 한들 나 스스로 좋고 싫은, 옳고 그른 시비고락의 마음이 있다면, 극락에서조차 좋고 싫은 것이 생기고 옳고 그른 시비고락의 분별이 생기게 될 것이다.

세상 삼라만상은 모두 연기의 법에 의해 한 치 오차 없이 돌아간다. 그물이 서로 연결되어 있듯, 세상은 서로 간 상의상존相依相存하면서 이런 모습 저런 모습으로 변화한다. 나도 예외일 수는 없다. 그러니 이렇게도 되고 저렇게도 될 수 있다. 이를 좋다 싫다 분별하는 것은 바로 나 자신이다. 이렇게 분별하는 마음이 있는 한 좋고 싫은 고락의 인과에서 벗어날 수 없다.

그러니 업을 멸하는 일만 남는다. 업을 어떻게 멸하나? 우선 분별하지 않는 마음을 가져야 한다. 결코 쉽지 않다. 수 억겁에 걸쳐서 굳어져 왔다. 쉽게 풀리지 않는다. 그럴수록 분별하지 않아야 한다. 이것이 기도요, 참선이며, 보시이고 정진이다.

이렇게 분별하지 않는 자세를 가지게만 된다면, 내가 하고 있는 행동이 저절로 이루어질 것이다. 더 이상 분별하지 않으니, 내가 어떤 행동을 한들 문제가 되지 않는다. 그저 연기의 모습일 뿐이다. 따라서 당연히 마음 가는 대로 행동하면 된다. 분별하지 않으면 더 이상의 집착과 미련을 갖지 않게 된다. 분별하지 않으니 말이다.

복덕이 없으면 아누다라삼먁삼보리를 통달하기 어렵다. 그 복덕이란, 세상에서 가장 크고 좋은 보시를 하는 것보다 더 이상 복덕이 필요치 않을 정도로 완벽하고 완전한 것을 말한다. 이는 곧 이 경 가운데 사구게 하나만이라도 지니고, 읽고 이해하여, 중생에게 잘 전법함으로써 이를 알아들은 중생이 여여부동한 마음을 갖도록 하는 것이다.

일체상一切相이란, 글자 그대로 모든 대상에 대해 분별하는 모습을 가리킨다. 보이고 들리는 형상뿐만 아니라 생각과 느낌까지도 상이라 이름 한다.

여여와 여여부동이란, 마음에 동요가 전혀 없는 상태를 말한다. 보고 듣고 생각하는 것에 더 이상 분별하지 않으니, 좋고 싫은 고락이 없고, 마음이 고요하며 완전하고 완벽히 평온한 상태를 이른다.

단멸斷滅은, 이제 더 이상 분별하지 않고 모든 상에서 벗어나 모든 것을 멸했다는 생각을 하는 것이다. 이렇게 자신이 깨달아 멸했다고 하는 생각이 남아 있으므로 아직도 완전한 단멸이 이루어지지 않았다는 것이다. 본래 단멸이란 없는 것이고, 그 이름이 단멸이기 때문이다.

법法과 법상法相이란, 법에 대해 이런 저런 분별된 생각을 하는 것이다. 세상의 모든 모습을 법이라 하고, 이 법에는 아무런 문제가 없다. 다만, 연기법으로 완벽히 돌아가는 세상의 모습에 대해 분별하는 나의 마음 모습을 법상이라 하고, 이보다 진짜 법상의 본질은 법에 대해 더 이상 분별하지 않고 법을 완전히 깨달았다고 하는 또 하나의 분별상分別相을 갖는 것이다. 이러한 분별 법상이 남아 있는 한 아직 아누다라삼먁삼보리를 이루지 못함이다.

또한 법과 설법 그리고 모든 상은 공하여 이러쿵저러쿵할 것이 없다. 그러므로 법에 대해서나, 설법에 머물러 집착하는 설상說相 등에 대해 이런저런 분별을 짓는 것, 그 자체가 오류이니, 다만 설명을 하기 위해 그 이름을 부르는 것에 불과하다는 것을 알아야 한다.

따라서 복덕이든 법이든 보리든, 그 어떤 현상에서도 좋고 싫은 시비 고락의 분별 없이 항상 마음이 여여부동하여 평안해야 한다. 만약 옆에서 이를 지켜보는 이가 있다면 이 역시 분별하지 않는 마음으로 여여부동해야 한다. 따라서 신구의 삼업에 있어서 무조건 그 어느 것에도 분별하지만 않는다면, 이를 아누다라삼먁삼보리라 이름 한다.

대화를 나눌 때, 상대의 말에 대해 마음에 들지 않을 때가 많을 것이다. 대부분 마음에 들지 않더라도 참으려 애는 쓴다. 상대가 나보다 강한 사람일수록 그렇다. 비교적 나보다 약하거나 아랫사람이라면 살짝 화를 내거나 충고를 하는 경우도 있다.

어느 경우든 다 좋다. 기분이 나쁘지 않고 화가 나지 않으면 말이다. 내가 기분이 나쁘고 화가 나는 것은 상대 때문이 아니라, 내 마음속에 있는 기분 나쁨과 진심嗔心(화내는 마음)이 상대라는 인연으로 나타난 것이다.

만약 내 마음 안에 기분 좋고 싫은, 또는 화나는 마음의 업이 없다면, 상대가 무슨 말을 한다 해도 동요되거나, 좋다 싫다 분별하지 않고 그대로 받아들일 것이다. 그렇다면 과연 상대 때문일까? 당연히 나의 업연이 상대의 말에 걸림의 모습으로 나타난 것이다.

왜 이런 마음이 생긴 것일까? 누차 설명했듯이, 좋다 싫다, 옳다 그르다는 고락시비의 분별을 하기 때문이다. 따라서 좋은 것은 싫은 것의 고락 인과를 낳고, 옳은 것은 그르다는 시비의 인과를 낳으므로, 좋은 사람과 싫은 사람이 계속하여 인과로 나타나게 된다.

이러한 인과에 따른 악연을 만나지 않고 평안한 사람만을 만나기를 원한다면, 분별심을 없애는 길밖에 없다. 어떻게 없앨 것인가? 싫은 마음이 들거나 화가 날 때, 상대에게 불만을 표하면 안 된다. 그 즉시 나의 업식임을 깨달아서 스스로 분별심을 잠재우고 마음을 차분히 해야 한다. 한마디로 성질을 죽여야 한다.

끓어오르는 마음을 잠재우기란 참으로 힘들다. 그럼에도 불구하고 참고 또 참아내며 스스로 훈련으로 감내해야 한다. 그렇지 않으면 마음에 들지 않는 사람이나, 마음에 들지 않는 대화나 말, 마음에 들지 않는 광경들은 계속적인 인과로 나타날 것이기 때문이다.

모든 수행은 분별심을 없애는 것이다. 분별심을 완전히 없애게 되면 해탈 열반이다. 생사고락生死苦樂에서 영원히 벗어나게 된다. 그렇게 되면 좋지 않은 인연이나, 안 좋은 주변은 사라지게 된다. 내 마음 분별심의 크기에 따라 선연善緣과 악연惡緣은 비례하여 나타난다는 사실을 항상 명심해야 할 것이다.

그래서 기도, 참선, 보시, 정진으로 악연을 만나지 않고 끊어내야 한다.

하 이 고　　일 체 유 위 법　　여 몽 환 포 영　　여 로 역 여 전　　응 작 여 시 관
何以故　一切有爲法　如夢幻泡影　如露亦如電　應作如是觀

어찌한 연고이냐? 일체의 인연 따라 일어나는 모든 현상은 꿈, 환상, 물거품, 그림자 같고, 이슬 같으며 번갯불과 같으니, 마땅히 이와 같이 여길지니라.”

이 경의 네 가지 사구게 가운데 마지막 게송이다. 부처다 중생이다 하는 것은 본래 거짓됨이요, 모든 물질의 모습 상相까지도 환화幻化이며 공화空華인데, 이에 그릇되이 집착하여 중생을 보게 되고, 법을 보게 되고, 말하는 것을 보게 되고, 태어남을 보게 되고, 죽음을 보게 되고, 티끌을 보게 되고, 삼라만상을 보게 되고, 고통을 보게 되고, 즐

거움을 보게 되고, 슬픔을 보게 되어, 모든 괴로움을 보게 된다. 이 모든 것들은 그 이름이 다하는 때가 있는바, 세간의 일체 색연상色緣相, 즉 산하대지, 허공 등과 일체 심연상心緣相, 즉 시비고락의 분별과 일체의 보리법이 모두 공중에 헛보이는 꽃과 같은 것이요, 잠 속의 헛것인 꿈과 같은 것이다.

만약 이 모든 것들이 허망 무실한 헛것인 줄 안다면, 이 모든 것들에 대해 스스로 여여부동한 것이었음을 알게 됨이다.

이 사구게는, 다함이 없는 저 땅의 여여부동함을 보이는 것으로서 스스로 여여부동한 저 다함이 없는 땅을, 안팎으로 허망함으로 된 땅임을 보여주는 것이다.

이러한 사구게의 여여부동하여 다함이 없는 땅, 즉 무위지는, 이를 곧 깨달은 후의 삼단수행三段修行에 있어서 마지막으로 남은 하나를 보이게 된다.

동적動的인 일용법과 정적靜的인 일용법을 이미 보였지만, 즉 움직이거나 움직이지 않거나 마음이 흔들리지 않고 분별하지 않는, 이 동정動靜의 두 가지 수행법에 있어서 아직 근기가 모자라거나, 설사 근기가 된다 하더라도, 마음과 대상 즉 내심외경內心外境에 또 다시 부딪칠 때에는, 이 사구게로서 마음을 수리하고 채찍질하여 일용日用을 삼아야 한다.

또한 반야의 힘이 약해지고, 번뇌의 힘이 성할 때는 고요히 앉아서 이 사구게를 관함으로써 모든 망상의 마군을 물리쳐야 한다. 또 어느 때와 어느 곳, 어느 대상, 어느 사건 사고를 접촉하더라도 이 사구게의 뜻을 관하여 깨달은 후의 수행을 완전히 해야 한다.

어떻게 관하는가? 안으로 일체 희로애락의 유위심有爲心과 밖으로 색성향미촉법의 모든 대상 모두는, 근본이 허망하고 꿈과 같이 없는 사실이며, 환상같이 헛된 존재들이며, 거품같이 약한 존재이며, 그림자같이 실없는 존재이며, 이슬같이 순간인 존재이며, 번개같이 순식간의 존재이며, 구름과 무지개같이 오래가지 못하는 존재이다.

그러므로 여실히 관찰하여 탐하고 집착하지 말고, 따르고 쫓지 말며, 끌리고 매달리지 말며, 생각하고 그리워하지 말며, 섬기고 위하지 말며, 사랑하고 좋아하지 말며, 항상 그 마음을 가벼이 하지 말아야 한다.

또 깨끗이 하고 바르게 하며, 고요히 하고 성성惺惺히 하여 살도록 해야 한다. 이것이 깨달은 후의 수행, 즉 오후수행悟後修行에 있어서 열등한 근기로서는 꼭 해야 할 일용법이다.

스님이나 신도를 막론하고 일상의 일에 있어서 부처님 말씀, 즉 불법이 무색할 때가 너무나 많다. 이를테면 어떤 문제가 생겼을 때 또는 문제를 풀고자 할 때, 시비가 생기거나 온 나라가 떠들썩할 이슈가 생겼을 때 등에 있어서 불교적 관점에서 부처님 말씀을 인용할라치면, 교과서적인 얘기 정도로 취급하면서 도통 들으려 하지 않는 경우가 허다하다.

불교佛教, 즉 부처님께서 하신 말씀은 너무나 당연히 그리고 너무나 지극히 현실에 적용해야 할 금언金言이다. 그러나 작금에 있어서 현실은 현실의 이해타산과 임기응변으로만 임하려 하고, 부처님 말씀은 장경각이나 박물관에나 들어 있을 내용들로 취급하는 현실이 되었다.

설법과 법문을 들을 때는 금방이라도 깨달을 것처럼 감탄사를 연발하면서, 정작 자신의 의견과 맞지 않거나 아주 작은 불편함이라도 느끼게 되면, 눈에 불을 켜고 입에 침이 튀길 정도로 거칠어지는 모습을 보게 된다.

불교는 지극히 현실에 적용되어야 한다. 그래야 살아 있는 현실 불교가 되고 나의 부처님이 된다. 불교 따로 현실 생활 따로는 불교도 아니요 불자佛子도 아니다. 그러므로 매 순간 인과를 적용하고, 공의 본뜻을 생각하며, 분별하지 않으려는 습習을 길러야 한다.

그럼으로써 매 순간 매 찰나에 마음을 평안히 해야 한다. 지금 이 순간 불자들이 현실에서 불교를 제대로 적용하지 않는다고 불만의 글을 쓰고 있는 소납 역시도 "이 또한 인과려니, 이 또한 공이려니, 이 또한 분별이려니" 하면서 마음을 평안히 하고 글을 쓰고 있는 것이다.

"이것이 생기므로 저것이 생긴다."

즉, 차생고피생此生故彼生이라는 인과의 원리만 제대로 알아도, 상황 상황을 연기 인연의 모습들로 보아서 좋다 싫다 분별하지 않고, 여여부동한 마음으로 받아들일 줄 알게 되니, 마음을 항상 평안히 할 수 있는 것이다. 이것이 불교요 불자의 도리라 할 것이다.

나에게 닥친 모든 인연, 세상의 모든 모습은, 좋든 싫든 당연한 연기의 현상일 뿐이다. 그리고 실은 실체 없는 무상無常일 뿐이다. 그러니 각자가 분별하지 않음으로써 스스로 마음을 평안히 해야 한다. 그러기 위해서는 고통을 고통으로 느끼지 않을 정도로까지 마음을 닦아야 한다.

따라서 불교를 제대로 해야 한다. 온 몸과 마음으로 체득하지 않고는, 불교 따로 현실 따로가 될 수밖에 없으니, 현실이 불교요, 불교가 현실이 되어야 한다. 아무리 해도 잘 되지 않는다고 생각한다면 우선 기도, 참선, 보시, 정진으로 마음을 다져 나가야 할 것이다.

모든 대상을 대할 때 모두가 허망하다는 것을 어떻게 아는가? 이는 내심외경內心外境을 여의어야 한다. 그럼 이 말이 무슨 뜻인가?

허망虛妄하다는 것은 마음 밖에 있는 것이요, 허망을 버린다는 것은 마음 안에 있다. 허망은 말 그대로 허망일 뿐이니, 버린다는 것 자체가 스스로 없는 것이다. 이를 버린다는 것이 다시 허망할 일이니, 이 허망을 안이라 하는 것이다.

또 하나, 모든 세계 모든 티끌의 모습 그 자체가 법을 설하고 있다? 어떻게 법을 설하며 어떠한 법을 설한다는 말인가?

이러한 물음이 왜 생기느냐? 당연히 여여부동을 알지 못함에서 나오는 것이다. 일체의 모든 것, 즉 일체유위법은 꿈과 같고 환과 같으며, 거품과 같고 그림자 같으니 허망한 것이요, 또 이슬과 같고 번개와 같이 순간일 따름이니, 응당히 이와 같이 알지니라 하는 무상無常의 설법에서 나온다.

그러므로 이런 모습에서도 여여하고, 저런 모습에서도 여여하며,

어디에서든 여여를 잊지 않고 변치 않으며 부동不動해야 한다.

이와 같이 부처님께서는 모든 세계, 모든 중생, 모든 모습의 법이 각각 유상有常으로 또는 무상無常으로 설하는 것이니, 이 법을 여실히 보고 들을 줄 알아서 귀가 없이 들어도 안 들리는 법이 없고 못 들음이 없어야 한다.

또 입을 벌리지 않고 말해도 상에 취하지 않고 이 법을 설해야 한다. 이런 까닭에 경에 말씀하시기를, 이 법을 아는 선남자 선여인의 연설은 상에 취하지 아니하여 여여부동如如不動한다 하심이다.

다시 입을 열고 상에 취하였다 할지라도 그 이름을 말하는 것뿐이다. 그러므로 스스로 무상無常을 설한다 할지라도 스스로 보고 듣는 일체 유상有相은 부동不動일지니, 그야말로 여여부동이다. 이것이 법을 아는 자의 설법이라 할 것이다.

바로 이것이 이 경의 뜻이요, 곧 금강반야바라밀이요, 아누다라삼먁삼보리다. 그러나 동시에 번뇌망상煩惱妄想이요, 분별제법分別諸法이니, 왜냐? 반야라 한들, 번뇌라 한들, 보리라 한들, 분별이라 한들 마음은 여여부동이므로 무슨 상관이 있겠는가이다.

따라서 보고 듣고 생각하는 모든 일체유위법은 그대로 그러할 뿐이요, 이미 좋고 싫은 분별심이 없다.

불 설 시 경 이　　장 로 수 보 리　　급 제 비 구 비 구 니　　우 바 새 우 바 이
佛說是經已　　長老須菩提　　及諸比丘比丘尼　　優婆塞優婆夷

일 체 세 간　　천 인 아 수 라　　문 불 소 설　　개 대 환 희　　신 수 봉 행
一切世間　　天人阿修羅　　聞佛所說　　皆大歡喜　　信受奉行

부처님께서 이 경을 설하여 마치시니, 장로 수보리와 여러 비구, 비구니, 우바새, 우바이와 모든 세간의 하늘, 사람, 아수라 등이 부처님의 말씀하신 바를 듣고 모두 크게 기뻐하며 믿고 받아들여 받들어 행하였다.

일체 세간이라 함은 삼천대천세계를 뜻한다. 아수라는 육도 중생 가운데 삼선도三善道에 해당하는 중생 세계의 이름이다. 이 경에 있어 하늘과 사람, 아수라만 언급하고 지옥과 아귀, 축생을 말하지 않은 것은, 삼악도三惡道의 중생은 죄업을 다 씻을 때까지 이 경을 들을 지혜가 없기 때문이다.

부처님께 이 경에 대해 설법해주실 것을 청하였던 수보리와 이때 같이 모인 비구, 비구니, 재가자인 우바새와 우바이의 남녀신도, 그리고 하늘, 사람, 아수라의 상근기 중생들은 이 경을 마치신 부처님께 환희심과 함께 여여부동한 반야의 땅, 즉 반야지般若地에 도달하였으니, 곧 피안의 저 언덕에 다다름이다.

이제는 더 이상 놀랄 일도 없고 무서움도 없으며, 겁내는 마음도 모두 사라져서 모두들 크게 기뻐함이다. 지금부터는 이 경의 깊은 뜻을 믿고 받들어 신수봉행信受奉行하면서, 이 신성한 경을 남을 위해 알려주는 일만 남았다.

이러한 연유로, 영겁토록 이 법이 여실하게 행하여지고, 필경에는 중생이 모두 없을 때까지 이 경의 깊은 뜻이 후세 중생들에게 알려지게 된다면, 스스로 영원한 정토淨土를 이룰 것이며, 처처안락국處處安樂國, 즉 이르는 곳마다 평안한 국토가 될 것이다.

또한 이 경의 뜻을 여실히 잘 알아 체득한다면, 부처님의 지극한 자비를 몸소 깨달을 것이요, 부처님과 함께 스스로 소중한 은혜를 갚아 입게 될 것이다.

【 미주 】

제2 선현기청분

1 아누다라삼먁삼보리阿耨多羅三藐三菩提의 耨는 '누'로 통일해서 읽는다. 아누다라의 산
   스크리트 anuttara[아눗따라]의 음가와도 가깝고 한자 耨의 한글 독음도 '누'이기 때
   문이다.

제9 일상무상분

2 해인사 고려대장경본에는 이 부분에 世尊이 없다.

제14 이상적멸분

3 해인사 고려대장경본에는 無人相에 無가 없다.
4 해인사 고려대장경본에는 無衆生相에 無가 없다.
5 해인사 고려대장경본에는 無壽者相에 無가 없다.
6 해인사 고려대장경본에는 卽非第一波羅蜜에 卽이 없다.
7 해인사 고려대장경본에는 이 부분에 是名忍辱波羅蜜이 없다.

제17 구경무아분

8 해인사 고려대장경본에는 若善男子善女人에 若이 없다.
9 해인사 고려대장경본에는 發阿耨多羅三藐三菩提心者에 心이 없다.
10 해인사 고려대장경본에는 發阿耨多羅三藐三菩提心者에 心이 없다.

제18 일체동관분

11 해인사 고려대장경본에는 有如是沙等恒河에 沙가 없다.

제27 무단무멸분

12 해인사 고려대장경본에는 發阿耨多羅三藐三菩提心者에 心이 없다.

제28 불수불탐분

13 해인사 고려대장경본에는 이 부분에 何以故가 없다.

제30 일합이상분

14 해인사 고려대장경본에는 이 부분에 須菩提言이 없다.